# O JEITO GEEK

**Também de Andrew McAfee**

*Mais com Menos*

*Machine | Platform | Crowd* (com Erik Brynjolfsson)

*A Segunda Era das Máquinas* (com Erik Brynjolfsson)

*Novas Tecnologias versus Empregabilidade*
(com Erik Brynjolfsson)

*Empresas 2.0*

# O JEITO GEEK

## O Mindset Radical que Gera Resultados Extraordinários

PREFÁCIO DE REID HOFFMAN

ANDREW McAFEE

ALTA BOOKS
GRUPO EDITORIAL
Rio de Janeiro, 2025

# O Jeito Geek


ISBN: 978-85-508-2572-4

Alta Books é uma Editora do Grupo Editorial Alta Books.

*Translated from original The Geek Way © 2023 by Andrew McAfee. ISBN 978-0-316-43670-0. This translation is published and sold by Hachette Book Group, the owner of all rights to publish and sell the same. PORTUGUESE language edition published by Starlin Alta Editora e Consultoria Eireli, Copyright © 2025 by* STARLIN ALTA EDITORA E CONSULTORIA LTDA.

Impresso no Brasil — 1ª Edição, 2025 — Edição revisada conforme o Acordo Ortográfico da Língua Portuguesa de 2009.

Dados Internacionais de Catalogação na Publicação (CIP)
**(BENITEZ Catalogação Ass. Editorial, MS, Brasil)**

M111j
1.ed. McAfee, Andrew
O jeito geek : o mindset radical que gera resultados extraordinários / Andrew McAfee ; tradução Leandro Menegaz. - 1.ed. - Rio de Janeiro : Alta Books, 2025.
320 p.; il.; 15,7 x 23 cm.

ISBN 978-85-508-2572-4

1. Ciência da computação. 2. Comunicação de massa e cultura. 3. Cultura Geek. 3. Inovações tecnológicas. 4. Projetos - Desenvolvimento. 5. Transformação digital. I. Menegaz, Leandro. II. Título.

03-2025/108 CDD 302.23

**Índice para catálogo sistemático:**
1. Cultura Geek : Administração : Aspectos sociais 302.23

**Aline Graziele Benitez - Bibliotecária - CRB-1/3129**



**Grupo Editorial Alta Books**

**Produção Editorial:** Grupo Editorial Alta Books
**Diretor Editorial:** Anderson Vieira
**Editor da Obra:** Gorki Starlin
**Vendas Governamentais:** Cristiane Mutüs
**Gerência Comercial:** Claudio Lima

**Produtor Editorial:** Thiê Alves
**Tradução:** Leandro Menegaz
**Copidesque:** Daniel Salgado
**Revisão:** Denise Himpel
**Diagramação:** Joyce Matos

ALTA BOOKS
GRUPO EDITORIAL

Rua Viúva Cláudio, 291 — Bairro Industrial do Jacaré
CEP: 20.970-031 — Rio de Janeiro (RJ)
Tels.: (21) 3278-8069 / 3278-8419
**www.altabooks.com.br** — altabooks@altabooks.com.br
**Ouvidoria:** ouvidoria@altabooks.com.br

Editora **afiliada à:**
ASSOCIADO

*Ao meu irmão David McAfee, que sempre esteve presente*

Um tecerá a lona; outro derrubará uma árvore à luz de seu machado. Ainda outro forjará pregos, e haverá aqueles que observam as estrelas para aprender a navegar. E ainda assim todos serão como um. Construir um barco não é sobre tecer lonas, forjar pregos ou ler o céu. É sobre fazer nascer um gosto compartilhado pelo mar, à luz do qual você não verá nada contraditório, mas sim uma comunidade de amor.

— *Antoine de Saint-Exupéry*

# Sumário

# Prefácio

*por Reid Hoffman*

Acredito firmemente que grandes empreendedores de tecnologia não são apenas geeks de tecnologia, eles também são geeks de negócios. Nas palavras da famosa campanha publicitária da Apple, encontram maneiras de "pensar diferente". Eles aplicam sua curiosidade insaciável e amor pela experimentação ao desafio de construir produtos e empresas melhores. Mas enquanto a maioria das pessoas reconhece que agora vivemos em uma verdadeira Era do Reino Geek, ninguém parece ter analisado e explicado os princípios e mecanismos centrais do jeito geek nos negócios. Até mesmo meus próprios livros, como *A Aliança* e *Blitzscaling,* que são definitivamente geek em relação à gestão de pessoas e à construção de negócios multibilionários, respectivamente, não examinam a meta questão de por que os geeks dominaram o mundo.

Com seu novo livro, *O Jeito Geek,* Andrew McAfee (que é ele mesmo um geek alfa dos negócios) aborda as questões centrais sobre o que são os geeks, no que acreditam e por que têm sido tão bem-sucedidos nas últimas décadas. Ao combinar teoria de gestão, estratégia competitiva, ciência da evolução, psicologia, história militar e antropologia cultural, ele produziu um trabalho notável de síntese que finalmente explica, com uma única teoria unificada (que ele chama de "o jeito geek"), as razões pelas quais a abordagem das startups de tecnologia tomou conta de grande parte do mundo.

Embora muitas de suas conclusões venham de uma análise aprofundada de startups e gigantes de tecnologia bem-sucedidas, como Amazon, Google, Microsoft e Netflix, ele também tira lições de crianças em idade escolar, planejadores militares e chimpanzés, e explica por que fragilidades aparentemente humanas, como excesso de confiança, prestígio e fofoca, são, na verdade, essenciais para organizações bem-sucedidas.

Neste percurso, você descobrirá por que tantas organizações caem na burocracia e no comportamento antiético, e os quatro princípios-chave que você pode usar para construir uma cultura capaz de combater esses males destruidores de valores. Acredito que a maior contribuição duradoura deste livro será a maneira como ele apresenta uma explicação clara, detalhada e baseada em evidências de como a cultura funciona e por que ela é tão importante. Você nunca mais verá a cultura como um chavão vago e irrelevante de gestão.

*O Jeito Geek* é uma leitura essencial para qualquer líder que deseja entender como construir uma organização do século XXI. Para aqueles fora do setor de tecnologia, McAfee desmistifica conceitos-chave como testes A/B e desenvolvimento ágil de software. Mas mesmo veteranos da tecnologia podem se beneficiar ao entender como tantas boas práticas e crenças do setor derivam de elementos subjacentes da natureza humana que evoluíram ao longo de milhões de anos. Eu me considero um estudante e cronista de longa data do Vale do Silício, e ainda assim tomei notas abundantes sobre as muitas coisas novas que aprendi lendo este livro. Acredito que você terá a mesma experiência.

# Introdução

*A Revolução Incompreendida*

> Aqui está um princípio essencial da educação: ensinar detalhes é trazer confusão; estabelecer a relação entre as coisas é trazer conhecimento.
>
> — *Maria Montessori*

Nunca me esquecerei de quando questionei minha mãe sobre cartões perfurados.

Aconteceu em 1978, quando eu tinha 11 anos. Meus pais haviam se divorciado no ano anterior e minha mãe voltou a estudar para obter um diploma em contabilidade para poder conseguir um emprego. Um dos cursos obrigatórios dela era programação de computadores, que na época ainda era feito com cartões perfurados. Eram cartões de papel rígido, cerca de 30% maiores do que uma nota de um dólar, que continham tanto as instruções quanto os dados necessários para executar um programa.*

Uma noite, minha mãe trouxe para casa seu dever de casa: uma caixa cheia de cartões perfurados. Eu os achei fascinantes e perguntei para que serviam. “Eles são para programar um computador”, ela disse (enquanto, imagino, se preparava para o que sabia que estava por vir).

“O que é um computador?”

“É uma máquina que faz o que você manda.”

* Muitos computadores daquela época não tinham unidades de disco ou outras mídias de armazenamento, porque tinham um custo muito alto, então tudo tinha que ser armazenado nos cartões.

"Você quer dizer como um robô faz?"

"Não, o computador com o qual estou trabalhando não se move."

"Então para que serve?"

"Bem, você pode fazer coisas como imprimir uma lista de endereços."

"Então um computador é apenas uma máquina de escrever?"

"Não, ele pode fazer mais do que isso. Por exemplo, pode colocar os endereços em ordem alfabética."

"Então... é uma máquina de escrever que coloca as coisas em ordem alfabética?"

Esqueci quanto tempo aquilo durou (muito mais do que minha mãe queria, certamente), mas lembro-me de ter sido fisgado. Aquilo era *interessante.* Aquilo era *para mim.* Há crianças que imediatamente se entregam ao violino, ao xadrez ou à pesca. Eu me dediquei aos computadores.

## Retrato do Autor como um Jovem Geek

Meu interesse por essas máquinas novas e estranhas me levou a um caminho previsível. A equipe de matemática da escola. Os primeiros videogames. Assinaturas das revistas *Byte* e *Omni.* Ler grandes quantidades de ficção científica. Descobrir o *Monty Python's Flying Circus,* e achá-lo hilário. Participar de um acampamento de informática. Não ir ao baile de formatura.

Eu era um geek.

Essa palavra veio para o inglês de línguas germânicas, onde se referia a "um tolo ou louco"[1]. Durante grande parte do século XX, foi usada principalmente nos Estados Unidos para se referir a um grupo de verdadeiros forasteiros: artistas em shows de circo que mordiam as cabeças de galinhas e faziam outras coisas degradantes e extravagantes. No início dos anos 1980, o termo também estava sendo usado para se referir a outro grupo de forasteiros: jovens que realmente gostavam de computadores. Então, era absolutamente o termo certo para mim.

Em 1984, fui admitido no MIT. Imediatamente me senti em casa ali e mergulhei nos estudos. Concluí duas graduações e duas pós-graduações em seis anos, o que pareceu mais do que suficiente. Quando terminei meu mestrado, a única coisa que eu tinha certeza sobre mim mesmo era que tinha concluído o ensino superior e estava pronto para viver no mundo real. Mas acontece que eu não me conhecia muito bem. Fiquei entediado com meu trabalho e, quando pensei em fazer uma mudança, percebi que sentia falta da academia. Então, em 1994, comecei um doutorado na Harvard Business School.

Mil novecentos e noventa e quatro também foi o ano em que o Netscape Navigator, o primeiro navegador comercial da web, foi lançado. Foi o ano, em outras palavras, em que computadores e redes realmente começaram a se unir e cobrir o planeta. O nascimento da World Wide Web deu início a um dos maiores projetos da humanidade, e que ainda está em andamento: interconectar as pessoas do mundo por meio da tecnologia e nos dar acesso sob demanda a uma boa parte do nosso conhecimento acumulado e a enormes quantidades de poder computacional.

Este projeto forneceu muitas oportunidades de pesquisa para um acadêmico da área de negócios. Entrei para o corpo docente da HBS em 1999 e dediquei minha vida profissional a investigar como as inovações digitais — softwares de e-commerce, mecanismos de busca, computação em nuvem, smartphones e assim por diante — estavam ajudando as empresas a ter melhor desempenho e competir melhor. Como parte deste trabalho, escrevi diversos estudos de caso: documentos concisos descrevendo situações de negócios que são usados como base para discussões em sala de aula em Harvard e outras escolas de negócios.

Esses estudos de caso foram abrangentes. Escrevi sobre como a rede de farmácias CVS reescreveu seu software para tentar melhorar o atendimento ao cliente e como a varejista global de "fast fashion" Zara usou a tecnologia móvel para perceber o que as pessoas em todo o mundo queriam vestir e responder rapidamente a essa demanda. Escrevi sobre um banco de investimento europeu que estava experimentando uma incipiente plataforma interna de blog e sobre uma nova e estranha referência online chamada Wikipédia. Viajei para a Argentina para observar um inovador produtor de soja; para o Japão, onde o dono de uma empresa de táxi construiu um serviço automatizado de transporte por aplicativo vários anos antes da Uber; e para o porto de Dubai, que queria monitorar melhor todas as cargas que recebia. E, claro, eu ia ao Vale do Silício com frequência. Escrevi casos sobre varejistas online, startups de software e hardware e tipos inteiramente novos de empresas, como mecanismos de busca e redes sociais. Todo esse trabalho me deu um lugar na primeira fila para ver como as tecnologias digitais estavam remodelando o mundo dos negócios.

Em 2009, depois de uma década no corpo docente da HBS, retornei à MIT Sloan School of Management. Comecei a colaborar com o economista Erik

Brynjolfsson, um grande estudioso de tecnologia e informação*. Compartilhamos a sensação de que algo grande estava se desenrolando bem na nossa frente — algo tão grande quanto a Revolução Industrial. Como escrevemos em nosso livro de 2014, *A Segunda Era das Máquinas,* "A Revolução Industrial... nos permitiu superar as limitações da força muscular[2], humana e animal, e gerar quantidades massivas de energia útil à vontade... Agora vem a segunda era da máquina. Computadores e outros avanços digitais estão fazendo pelo poder mental — a capacidade de usar nossos cérebros para entender e moldar nossos ambientes — o que a máquina a vapor e seus descendentes fizeram pela força muscular. Eles estão nos permitindo ultrapassar limitações anteriores e nos levando a um novo território."

## A Palavra Certa

Erik e eu também publicamos outros dois livros sobre transformação digital: *Novas Tecnologias versus Empregabilidade* (2014) and *Machine | Platform | Crowd* (2017). Estávamos escrevendo sobre o tópico certo na hora certa, e nossa "trilogia da máquina" encontrou um público receptivo. A revista *The Economist* chamou *A Segunda Era das Máquinas* de "o mais influente livro recente de negócios"[3], e o *Financial Times* chamou Erik e eu de "os garotos pinup da galera de Davos"[4].

Esse tipo de atenção não fez minha carreira de modelo decolar, mas levou a muitas ofertas para falar com líderes do mundo todo sobre as mudanças tectônicas que estão ocorrendo em setores, economias e sociedades. E para continuar aprendendo, andei em um carro autônomo do Google, observei robôs correndo por um depósito da Amazon, conversei com economistas da Uber e da Airbnb sobre o uso de dados e algoritmos para equilibrar dinamicamente a oferta e a demanda, e tive inúmeras outras experiências reveladoras.

Muitas empresas da era industrial também estavam tendo experiências reveladoras na época, e nada agradáveis. A icônica varejista americana Sears, fundada em 1886, faliu. O mesmo aconteceu com nomes conhecidos como Kodak (1881), JCPenney (1902), Radio Shack (1921) e Polaroid (1937).

A General Electric foi uma das empresas incluídas quando o Dow Jones Industrial Average foi calculado pela primeira vez em 1896. Em 2018, a GE foi deslistada[5] do Dow devido ao fraco desempenho de suas ações.

* E uma excelente pessoa.

À medida que avançávamos mais profundamente na segunda era das máquinas, setores inteiros entraram em colapso. As receitas de publicidade em jornais dos EUA caíram[6] em dois terços entre 2000 e 2015, apagando meio século inteiro de crescimento. As revistas não se saíram muito melhor[7]; sua receita de anúncios caiu 40% entre 2008 e 2018. A crescente popularidade dos serviços de streaming de música não chegou nem perto de compensar a quase eliminação de CDs e outras mídias físicas; as receitas de música gravada caíram[8] mais de 46% entre 1999 e 2021.

Esses exemplos e muitos outros indicam que a transformação digital de setor após setor está dividindo as empresas em duas categorias: aquelas que conseguem participar com sucesso e aquelas que não conseguem. Ouvimos muito sobre empresas da "nova economia" versus empresas da "velha economia", disruptores versus incumbentes, o setor de tecnologia versus o resto da economia e o Vale do Silício versus todas as outras regiões dos EUA e do mundo. Em cada caso, a primeira categoria tem o ímpeto; é onde a ação está, onde o valor está sendo criado, onde o futuro deve ser encontrado e assim por diante.

Todas essas categorizações faziam sentido para mim e usei todas elas, mas nenhuma delas parecia exatamente a correta. Algumas das empresas que se destacaram, por exemplo, estão na categoria "errada". A Amazon não está no Vale do Silício. A Apple era uma fabricante de computadores até que o iPhone a transformou em uma das maiores disruptoras que o mundo já viu. A Microsoft é uma empresa incumbente *e* não é do Vale do Silício; parecia estar completamente fora da "nova economia" (seja lá o que for isso), até que voltou com tudo nos últimos anos para se tornar uma das empresas mais valiosas do mundo. E com o passar do tempo, o rótulo "tecnologia" deixou de ser um diferenciador útil. Como o estrategista Ben Thompson disse em 2021, atualmente temos "um problema de definição[9]... A Warby Parker é uma empresa de tecnologia? A Carvana é? A DoorDash é? A lista continua e continua... Chamar tudo de empresa de tecnologia é como chamar um shopping de empresa de automóveis; claro, foi possibilitado e sustentado pelo automóvel, mas o que naquela época não era?" A transformação digital estava claramente criando vencedores e perdedores, mas não parecia que tínhamos encontrado a maneira certa de falar sobre o que distinguia os dois grupos.

E então meu agente literário com olhos de lince, Rafe Sagalyn, encontrou. Em *Machine | Platform | Crowd*, Erik e eu incluímos alguns parágrafos sobre o estilo de liderança "geek" que observamos em muitas empresas de tecnologia bem-sucedidas. Usamos esse adjetivo porque os líderes sobre os quais estávamos falando eram geeks clássicos de computadores que fundaram empresas.

Mas Rafe disse: "Há algo grande aqui. Você não está falando apenas sobre o fato de que alguns programadores fundaram empresas. O que você está insinuando é uma maneira totalmente nova de administrar uma empresa".

Rafe me enviou um monte de artigos para estimular meu pensamento. Um deles foi uma entrevista de 2010 com Bill Gates[10], onde ele expandiu a definição de um geek: "Bem, quando geek significa que você está disposto a estudar coisas... então eu me declaro culpado, de bom grado". Geeks nem sempre são loucos por computadores, é o que Gates aponta. Em vez disso, eles são pessoas obsessivas de qualquer tipo (exceto, espero, do tipo que arranca a cabeça das galinhas): pessoas que ficam fascinadas por um tópico e não querem (ou não conseguem) deixá-lo de lado, não importa o que os outros pensem.

Os geeks se importam muito mais com suas paixões do que com a opinião popular. Como diz o Dictionary.com, um geek é "uma pessoa peculiar, especialmente alguém que é percebido como excessivamente intelectual, fora de moda ou socialmente desajeitado". Jeff Bezos abraçou o aspecto fora de moda do reino geek na reunião de acionistas da Amazon em 2011. Em resposta a uma pergunta sobre como a empresa inova, ele respondeu: "O mais importante é que estamos dispostos a ser mal compreendidos[11] por longos períodos de tempo". Os geeks não estão preocupados em seguir o fluxo. Eles irão aonde quer que seus questionamentos os levem.

Durante uma das minhas conversas com Rafe, estávamos discutindo os pontos que Gates, Bezos e outros estavam levantando. Ele me perguntou: "Você está dizendo que há uma nova geração de geeks de negócios por aí?" Foi como se ele tivesse tirado uma mordaça da minha boca. Comecei a balbuciar para ele: "Sim! *Exatamente!* Por que você acha que Bezos está sempre falando sobre empresas do Dia 1 versus Dia 2? Você já ouviu falar sobre o deck cultural da Netflix? Tenho aprendido sobre o nascimento da programação Agile, que funciona *muito* melhor. E eu estava em uma reunião maluca há algum tempo na HubSpot, onde um novo contratado contradisse categoricamente o CEO na cara dele *e ninguém percebeu.* Olha, a empresa está recebendo uma atualização. E se você não puder instalar essa atualização, será como se estivesse executando o Windows 95..."

"Andy. Andy? *Andy.*" Rafe finalmente me fez calar a boca. "Esse é o livro. Escreva esse livro."

Este é o livro. Não é sobre o que um bando de geeks de computador criou. Em vez disso, é sobre as criações e realizações de um bando de geeks de negócios: pessoas que ficaram devidamente obcecadas com o difícil problema de administrar uma empresa moderna, criaram soluções não convencionais e as implementaram. Muitos desses geeks de negócios são encontrados em empresas do setor de alta tecnologia ou no Vale do Silício. Mas nem todos eles. Muitos deles são fundadores. Mas nem todos eles. O que os une não é o setor ou a geografia ou o tamanho da participação acionária que eles têm. O que os une é que eles são geeks — rebeldes obsessivos — em relação a negócios e empresas. Finalmente encontrei a palavra que estava procurando. Ela descrevia com mais precisão o que estava acontecendo, e estava escondido à vista de todos. Prestamos muita atenção à revolução dos computadores iniciada pelos geeks. Mas acho que temos entendido mal a outra revolução que eles iniciaram: uma que ainda está em desenvolvimento na empresa em si.

Rafe fez outra pergunta-chave durante nossas primeiras conversas: "Você está dizendo que o jeito geek é o jeito certo para *todas* as empresas? Há alguma situação em que não funcionaria ou seria uma má ideia?" Eu tive que pensar sobre isso por um tempo. Aqui está minha resposta: o jeito geek é o jeito certo para empresas modernas, porque as empresas modernas precisam se mover mais rápido e inovar mais do que suas antecessoras.

Existem algumas grandes razões para esta aceleração, incluindo a globalização e o aumento da concorrência. Acredito, porém, que a razão mais fundamental é que as empresas hoje têm *muito* mais tecnologia digital do que costumavam ter, e a extraordinária taxa de mudança e inovação em todas essas tecnologias significa que o ritmo geral dos negócios é mais rápido do que costumava ser, em todos os setores e em todas as regiões. Como o capitalista de risco Vinod Khosla me disse: "Sempre houve muita disrupção baseada em tecnologia em setores high-tech. Começando há cerca de quinze anos, tornou-se uma disrupção tecnológica em todas as áreas do PIB."

O ex-CEO do Google, Eric Schmidt, me explicou uma das maiores consequências dessa mudança: "No modelo corporativo clássico, tudo é administrado de forma hierárquica, os escritórios ficam maiores com o tempo e as burocracias abundam. Empresas como essa foram bem-sucedidas por muito tempo porque têm alguns pontos fortes: são previsíveis e atendem bem seus clientes, desde que continuem precisando da mesma coisa. A razão pela qual a cultura não funciona muito bem na era da informação é que os clientes precisam de mudanças, e você precisa ser capaz de mudar mais rapidamente do que, enfim, a cada cinco anos."

O jeito geek é um conjunto de estratégias para prosperar neste mundo em rápida evolução. São soluções culturais, não tecnológicas. Por mais que os geeks de negócios amem tecnologia, eles não acham que nenhum conjunto específico de tecnologias seja a chave para construir uma grande empresa moderna. Não existe um aplicativo revolucionário para obter sucesso nos negócios. O que existe é o que sempre existiu: pessoas, grupos e o desafio de fazê-los trabalhar de forma eficaz em busca de objetivos comuns. Depois de pensar muito sobre esse desafio, os geeks de negócios descobriram algumas maneiras poderosas e não convencionais de enfrentá-lo. Eles pegaram a cultura corporativa padrão da era industrial e a atualizaram.

Há uma grande surpresa nessa atualização, e uma não surpresa. A não surpresa é que tipo de cultura organizacional os geeks de negócios criaram. Eles são exatamente o que se espera ao reunir um grupo de solucionadores de problemas inteligentes, apaixonados por debates, orientados por dados e com tendência à discordância, que detestam ser instruídos sobre o que fazer, para reimaginar a forma como uma empresa deve ser conduzida. Como veremos, o estilo geek privilegia debates e abomina a burocracia. Valoriza a iteração sobre o planejamento, evita a coordenação excessiva e tolera certo grau de caos. Seus praticantes são vocais, igualitários, e não têm medo de falhar, desafiar a liderança ou perceber que estão errados. Em vez de respeitar hierarquias e credenciais, eles valorizam a agilidade e as habilidades. Em resumo, as culturas das empresas geek refletem, de fato, as características dos próprios geeks.

A grande surpresa é o quão bem essas culturas funcionam. Em vez de colapsarem na anarquia ou no ressentimento, as empresas geek provaram que podem crescer e se manter ao longo do tempo. Como veremos, elas entregam um valor extraordinário a clientes e investidores, além de serem ambientes altamente desejáveis para trabalhar. Nas próximas páginas, exploraremos detalhadamente como elas alcançam esse resultado.

Os geeks de negócios mais experientes com quem conversei — pessoas como Eric Schmidt e o ex-CEO da Autodesk Carl Bass — me dizem que aspectos do estilo geek já estavam presentes nas empresas de hardware e software do norte da Califórnia bem antes da virada do século XXI. Em 1971, o jornalista Don Hoefler escreveu um artigo descrevendo uma área especialmente rica em empresas de fabricação de chips como "Vale do Silício, EUA". O nome pegou, e o Vale logo se tornou o epicentro global dos geeks de negócios. Ao longo das décadas seguintes, esses inovadores iteraram e experimentaram, moldando o futuro da tecnologia.

Uma declaração clara de muitos aspectos do jeito geek surgiu em 2009, quando o CEO da Netflix, Reed Hastings, e sua diretora de talentos, Patty McCord, carregaram uma longa apresentação em PowerPoint[12], intitulada "Cultura Netflix: Liberdade e Responsabilidade", no SlideShare, um serviço online que faz exatamente o que seu nome indica. O baralho cultural da

Netflix se tornou tanto um modelo quanto uma afirmação para muitas pessoas tentando construir empresas, e se espalhou como um boato (foi visto mais de 17 milhões de vezes[13]). Aqueles de nós que escrevem livros de negócios não gostam da ideia de que o que "pode muito bem ser o documento mais importante já saído do [Vale do Silício]" é uma apresentação em PowerPoint. Mas foi isso que a COO do Facebook, Sheryl Sandberg, disse[14] sobre o deck de cultura da Netflix. As ideias de Hastings sobre como construir e sustentar uma cultura de liberdade e responsabilidade impressionaram tanto Sandberg e seus colegas que eles pediram que Hastings se juntasse ao conselho de administração[15] do Facebook em 2011.

Ao longo dos anos, continuei vendo quanta atenção os geeks estavam dando à cultura. Em 2014, por exemplo, Jeff Bezos disse em uma entrevista com o jornalista Henry Blodget: "Minha principal função:[16] trabalho duro para ajudar a manter a cultura". Em 2018, logo após a empresa de armazenamento em nuvem Dropbox abrir o capital, entrevistei seu fundador e CEO, Drew Houston, no palco do MIT. Pedi a ele que compartilhasse algumas das coisas mais importantes que aprendeu ao longo de sua jornada empreendedora. Ele respondeu: "Quando a empresa estava apenas começando, sentei-me com alguns dos profissionais em tecnologia que mais admirava e apenas pedi conselhos. Eu esperava ouvir sobre como lidar com investidores de risco e conselhos administrativos, ou como construir um produto viral, ou coisas assim. Em vez disso, todos disseram a mesma coisa: me aconselharam a focar, desde o início, construir a cultura certa e nunca deixar de trabalhar nisso".

Esses exemplos e muitos outros estavam em algum lugar em meus pensamentos enquanto eu balbuciava com Rafe. O que sua orientação e questionamento desbloqueou não foi apenas um rótulo, mas uma janela para o coração do fenômeno: um bando solto de rebeldes obsessivos convergindo para um conjunto de práticas que permitem que as empresas tenham um melhor desempenho enquanto, não por coincidência, fornecem ambientes de trabalho saudáveis e desejáveis.

## Solucionando Problemas Como Maria

Então, quais são essas práticas? O que torna as empresas geek e suas culturas radicalmente diferentes do mainstream da era industrial? Vou passar a maior parte deste livro respondendo a essas perguntas. Deixe-me dar uma amostra de todas as minhas respostas descrevendo um grande presente que meus pais me deram. Desde cedo, tornei-me parte de uma organização fundada pela santa padroeira dos geeks. Não estou falando de Nikolai Tesla, Thomas Edison ou Steve Jobs. Estou falando de Maria Montessori.

Em 2004, a jornalista Barbara Walters entrevistou os cofundadores do Google, Larry Page e Sergey Brin. Ambos tinham pais que eram professores e cientistas, e Walters perguntou se essa origem familiar era uma parte importante do sucesso deles. Mas tanto Brin quanto Page destacaram outra coisa. Como Page disse, "Nós dois fomos para a escola Montessoriana[17], e acho que isso fazia parte desse treinamento de não seguir regras e ordens, e ser automotivado, questionar o que está acontecendo no mundo, fazer as coisas de um modo um pouco diferente".

Eu posso confirmar isso. Minha iniciação no mundo geek aconteceu muito antes de eu questionar minha mãe sobre cartões perfurados e computadores. Aconteceu quando meus pais me matricularam em uma escola Montessori aos 3 anos de idade.

Para aqueles que não estão familiarizados com o método Montessori, aqui vai uma explicação rápida. As salas de aula Montessorianas são concebidas como laboratórios de aprendizagem autodirigida para crianças. Lembro-me da minha primeira sala como um ambiente amplo e iluminado, com áreas dedicadas a diferentes atividades. Em uma seção, havia contas presas a fios formando linhas, quadrados e cubos — uma maneira eficaz de ensinar a diferença entre $x$, $x^2$ e $x^3$. Outra área tinha letras de tecido que facilitavam a introdução à leitura. Em outras, havia polígonos para traçar, formas 3D para explorar, ábacos simples, além de canetas, lápis e papel, entre outros recursos.

Os equipamentos nas salas de aula eram ótimos, mas o que eu realmente amava na minha escola Montessoriana era a liberdade. Havia algumas atividades programadas todos os dias — almoço, recreio, "hora do círculo", quando professores e alunos sentavam no chão em um círculo e conversavam sobre assuntos variados — mas na maioria das vezes eu podia fazer o que quisesse. E o que eu e meus colegas queríamos não era quebrar coisas, correr gritando ou aterrorizar uns aos outros. Em vez disso, queríamos sentar em silêncio e aprender.

Um dos insights mais radicais de Montessori foi que até mesmo crianças pequenas são capazes de concentração e estudo profundo no ambiente certo. Elas não são criaturas inerentemente selvagens que precisam ser encurraladas. Em vez disso, são aprendizes inerentes. Elas têm reservas de autodisciplina que são ativadas quando estão curiosas sobre algo. Montessori escreveu que "uma criança que se tornou mestre de seus atos[18]... e que foi encorajada pelas atividades agradáveis e interessantes nas quais se envolveu, é uma criança cheia de saúde e alegria e notável por sua calma e disciplina". Jeff Bezos tinha muita disciplina. Como Brin e Page, ele também foi uma criança Montessoriana[19]; de acordo com sua mãe, ele ficava tão absorto no que estava fazendo na sala de aula que seus professores tinham que, literalmente, carregá-lo quando era hora de mudar de lugar.

Lembro-me de que, quando criança, experimentei muitas vezes esse tipo de estado de fluxo em sala de aula. Mas essas experiências pararam depois da terceira série, que era até onde minha escola Montessoriana ia. Depois disso, a escola pública era a única opção viável na cidade de Indiana onde eu cresci.

Passei o primeiro dia da quarta série na escola pública primária me perguntando se eu tinha irritado meus pais de alguma forma e estava sendo punido. Nenhuma outra explicação fazia sentido. Ficar sentado na mesma carteira o dia todo? Girar entre as disciplinas de acordo com o relógio na parede, em vez dos meus interesses? Cobrir conceitos que eu havia dominado anos antes? Fazer exercícios e planilhas que entorpeciam a mente? Esta escola não parecia uma instituição educacional; parecia um campo de reeducação projetado para quebrar meu espírito.

O mistério mais profundo era por que minha autonomia e liberdade tinham sido substituídas por tanta hierarquia e estrutura inúteis. Não fazia sentido algum. Acabei aprendendo a me dar bem e a me adaptar à minha nova escola. Mas nunca aprendi a gostar dela, ou a ver sentido naquilo.

Nem Maria Montessori. Suas escolas, cuja primeira foi inaugurada em Roma em 1906, aboliram os horários rígidos, a instrução conduzida por professores, as fileiras de carteiras, as notas e muitos outros elementos típicos da educação primária no mundo industrializado. A visão predominante, tanto em sua época quanto na nossa, é que esses elementos são essenciais para garantir que as crianças adquiram as habilidades necessárias. A ideia é que deixar as crianças fazerem o que querem durante o dia escolar pode deixá-las felizes e até mesmo torná-las criativas, mas não as tornará boas em leitura, escrita e aritmética.

Montessori continuou provando o quão errada essa visão é. No início do século XX, ela demonstrou que crianças desfavorecidas — mesmo aquelas traumatizadas pela Primeira Guerra Mundial — poderiam, por meio de seus métodos, fazer um progresso notável na aquisição de todas as habilidades básicas de que precisavam. Quase cem anos depois, em 2006, um estudo publicado na revista *Science*[20] pelas psicólogas Angeline Lillard e Nicole Else-Quest descobriu que crianças de famílias de baixa e média renda em Milwaukee que estavam matriculadas em escolas Montessorianas se saíram melhor do que seus pares em vários dos domínios cognitivos e sociais avaliados, e não se saíram pior em nenhum deles.

Montessori é uma heroína para os geeks de negócios de hoje por três motivos. Primeiro, ela era uma verdadeira geek e mergulhou em um problema difícil e importante — como as crianças aprendem melhor? — criou soluções não convencionais e então as defendeu incansavelmente. Segundo, seus métodos educacionais promovem os tipos de inovação e criatividade que contribuem para o sucesso no mundo dos negócios. Depois de pesquisar mais de quinhentos profissionais criativos, os pesquisadores de gestão Hal Gregerson e Jeff Dyer ficaram surpresos com quantos começaram em escolas Montessorianas[21]. Esta pesquisa revelou a importância da curiosidade e de fazer muitas perguntas. Como Gregerson disse,

> Se você observar crianças de 4 anos, elas estão constantemente fazendo perguntas[22] e se questionando como as coisas funcionam. Mas quando chegam aos 6 anos e meio, elas param de fazer perguntas porque aprendem rapidamente que os professores valorizam mais as respostas certas do que perguntas provocativas... Acreditamos que os empreendedores mais inovadores tiveram muita sorte de terem sido criados em uma atmosfera onde a curiosidade era encorajada... Vários [deles] foram para escolas Montessorianas, onde aprenderam a seguir sua curiosidade.

Terceiro, e mais importante, Maria Montessori nos mostrou algo alegre: *Isso pode ser melhor*. Não precisamos continuar educando crianças pequenas da mesma forma. Podemos melhorar muito o status quo educacional, e essas melhorias *não* virão com muitas desvantagens. Se dermos grande autonomia às crianças em idade escolar, não estaremos sacrificando sua capacidade de dominar habilidades básicas ou ter um bom desempenho em testes padronizados. Elas não precisam que lhes digam o que, quando e como estudar para progredir; elas se saem muito bem sozinhas.

É difícil exagerar o quão radicais eram as abordagens de Montessori. Os pioneiros da educação infantil universal nos EUA e em outros lugares foram fortemente influenciados pelo sistema escolar primário prussiano de meados do século XIX*. E os educadores prussianos foram, por sua vez, influenciados

* A Prússia foi pioneira em tornar a educação financiada pelo Estado obrigatória e universal, e em ensinar habilidades práticas. Em 1843, o reformador educacional norte-americano Horace Mann viajou para lá para estudar e aprender. Quando retornou, ajudou a convencer Massachusetts, Nova York e outros estados a seguir o modelo prussiano.

pelo filósofo Johann Gottlieb Fichte, que deixou claro que a escolaridade realmente deveria ser sobre quebrar o espírito das crianças. Ele escreveu em 1807:

> A educação deve ter como objetivo destruir o livre-arbítrio[23], de modo que, depois que os alunos forem educados dessa forma, eles sejam incapazes, durante o resto de suas vidas, de pensar ou agir de outra forma que não seja como seus professores teriam desejado.

A visão de mundo de Montessori estava tão distante da de Fichte quanto se poderia imaginar. E, no entanto, seus métodos educam as crianças tão bem quanto, ou melhor que, os métodos destruidores do livre-arbítrio defendidos por Fichte. Montessori demonstrou que o ambiente educacional padrão de sua época (e, infelizmente, da nossa também) pode ser melhorado simultaneamente em todas as dimensões importantes, e que fazer isso não requer professores heroicos ou gastos adicionais massivos. Requer apenas abandonar algumas suposições incorretas e fazer as coisas de uma maneira diferente, mesmo que essa maneira esteja longe do mainstream. Requer a mentalidade radical de um geek.

Um bando de geeks está fazendo agora pelas empresas o que Maria Montessori fez pelas escolas. Eles estão reinventando-as, melhorando-as e expondo falsas premissas. Um grande e crescente grupo de líderes empresariais está agora construindo empresas muito diferentes — e, não por coincidência, muito bem-sucedidas.

Também não é coincidência que, como veremos, as organizações que eles estão criando sejam muito menos hierárquicas, menos rígidas, menos baseadas em regras e menos de cima para baixo do que aquelas que eles estão superando. Montessori mostrou que as crianças podem se destacar sem essas restrições; os geeks de negócios de hoje estão mostrando que as empresas também podem. Nós construímos salas de aula e corporações em excesso durante a era industrial. Os geeks estão nos mostrando o quanto as coisas funcionam melhor quando removemos o excesso de sobrecarga e estrutura de ambas.

## Uma Nova Visão de Mim e de Você

Por que o jeito geek funciona tão bem? Para responder a essa pergunta-chave, vamos recorrer a um conjunto de pesquisas que considera todos os tipos de culturas humanas — não apenas as corporativas — e analisa como elas acumulam conhecimento e know-how ao longo do tempo. Essa pesquisa começa com os primeiros princípios. Ela é baseada na teoria da evolução, que é uma base tão sólida quanto qualquer outra da ciência.*

Agora, olhar para a evolução não é a abordagem dominante dentro dos estudos de negócios. Ela nem se qualifica como uma abordagem minoritária. Até mesmo chamá-la de "marginal" é provavelmente muito generosa. Como o psicólogo Gad Saad coloca, "A grande maioria dos acadêmicos de negócios[24] desconhece, e às vezes é hostil à", ideia de que estudar a evolução possa fornecer insights sobre o comportamento organizacional humano.

Minha experiência corrobora a afirmação de Saad. Em minhas quase três décadas em escolas de negócios, participei de inúmeras conferências, seminários, reuniões de grupos de pesquisa e assim por diante. Só consigo me lembrar de algumas vezes em que alguém sugeriu seriamente que olhássemos para a ciência da evolução.

É hora de mudar isso, pela simples razão de que, como o biólogo Theodosius Dobzhansky disse em 1973, "nada na biologia faz sentido exceto à luz da evolução"[25]. Essa percepção se aplica tanto às mentes quanto aos corpos. A psicóloga Anne Campbell diz isso de maneira muito bela: "A evolução não parou no pescoço"[26]. Se examinarmos muitos aspectos do nosso pensamento e comportamento à luz da evolução, eles farão mais sentido. E é isso que estamos finalmente começando a fazer.

Nas últimas duas décadas, a pesquisa de um grupo multidisciplinar de cientistas sociais se uniu em um campo de estudo chamado evolução cultural. Este campo aborda a clássica pergunta *Por que nós, humanos, fazemos o que fazemos?* começando com uma observação: não somos a única espécie no planeta que forma culturas, mas somos a única espécie com culturas capazes de lançar naves espaciais e fazer outras coisas insanamente difíceis e complicadas. Esta observação rapidamente leva a um monte de perguntas:

*Como as culturas humanas se tornam mais inteligentes ao longo do tempo? O que acelera ou desacelera esse acúmulo de conhecimento? Por que algumas culturas são mais bem-sucedidas do que outras? Quando as culturas entram em choque, quais vencem? Quais são as formas mais comuns de decadência das culturas? Como os indivíduos adquirem, geram e transmitem conhecimento? Como equilibramos nossos interesses individuais com os do grupo? Quando os indivíduos se comportam mal, como suas culturas os colocam de volta na linha?*

* Como o filósofo Daniel Dennett escreveu[27] em seu livro de 1995, *A Perigosa Ideia de Darwin*, "Se eu fosse dar um prêmio para a melhor ideia que alguém já teve, eu daria para Darwin, à frente até mesmo de Newton ou Einstein e todos os outros. Em um único golpe, a ideia da evolução pela seleção natural unifica o reino da vida, significado e propósito com o reino do espaço e tempo, causa e efeito, mecanismo e lei física."

Como veremos, o campo da evolução cultural vem investigando essas questões há algum tempo e chegou a respostas sólidas e verificadas. A boa notícia é que as respostas se aplicam às culturas corporativas tão bem quanto a todos os outros tipos de culturas que nós, humanos, criamos. Para ver o quão úteis são as respostas da evolução cultural, vamos reformular um pouco as perguntas anteriores:

*Como a inovação acontece? O que a acelera ou a desacelera? Por que algumas empresas são mais inovadoras e bem-sucedidas do que outras? Quando as empresas competem, quais vencem? Quais são as maneiras mais comuns de as empresas se tornarem não competitivas ao longo do tempo? O que torna os indivíduos produtivos? O que faz as equipes trabalharem bem juntas? Como podemos alinhar melhor o desejo das pessoas de progredir com os objetivos da organização? Que tipos de mau comportamento devemos esperar dentro de uma organização e como podemos minimizá-los?*

O campo da evolução cultural nos deu uma nova maneira de abordar questões como essas, e nos deu algumas novas respostas. Esta é uma ótima notícia, porque são perguntas obviamente importantes. Para aqueles de nós que querem ficar à frente da concorrência, há notícias ainda melhores: os insights da evolução cultural ainda não se espalharam para o mundo dos negócios. Então, há uma grande oportunidade de estar na vanguarda desse processo.

Não me lembro de ter ouvido nenhum gerente, geek ou não, falar sobre muitos dos conceitos-chave que abordaremos nas páginas a seguir: ultrassocialidade, prestígio versus domínio, perguntas finais versus imediatas, o módulo do assessor de imprensa e assim por diante. Também não me deparei com nenhum desses conceitos em um livro de negócios escrito para um público geral (em oposição a um acadêmico). E embora alguns conceitos que exploraremos nestas páginas sejam mais familiares, como negação plausível, observabilidade, normas, conhecimento comum, equilíbrio de Nash e o dilema do prisioneiro, eles ainda não recebem ênfase suficiente, dada a importância que revelam. Em suma, a nova ciência da evolução cultural ainda não foi transferida das salas de seminários da universidade para as salas de diretoria e salas de reunião corporativas. Não é o que ensinam na Harvard Business School* (acredite, fiquei lá por quinze anos). A oportunidade realmente interessante para mim como autor deste livro — e (espero) para você como seu leitor — é criar um novo entendimento de algumas questões-chave de negócios reunindo teoria e prática. Ou,

* Ou, nesse caso, qualquer outra escola de negócios.

para ser mais específico, alguma nova teoria do campo da evolução cultural e algumas novas práticas de empresas geek.

É uma coincidência fascinante que tanto as práticas que compõem o jeito geek quanto a teoria que explica por que o jeito geek funciona tão bem sejam produtos do século XXI. Como veremos, alguns dos primeiros eventos seminais de negócios geek — o primeiro teste A/B, a gênese da programação Agile — aconteceram bem na virada do século.

As raízes da evolução cultural remontam a um pouco mais longe do que isso, mas o campo realmente começou a florescer nos últimos anos. Muitos dos livros em que mais me baseei foram publicados na última década ou mais. Entre eles estão *Blueprint* (2019), *The Goodness Paradox* (2019), *Social* (2013), *The Ape That Understood the Universe* (2018), *The Folly of Fools* (2011), *Everybody Lies* (2017), *Why Everybody Else Is a Hypocrite* (2010), *The Elephant in the Brain* (2017), *The Enigma of Reason* (2017), *The Secret of Our Success* (2015), *Not Born Yesterday* (2020), *The WEIRDest People in the World* (2020), *Catching Fire* (2009), *The Social Instinct* (2021), e *Hidden Games* (2022). Eles abrangem muitos tópicos diferentes; o que todos eles têm em comum é que contam como a evolução nos moldou para sermos uma espécie de cultura-y única*.

Os pioneiros geeks dos negócios e os pioneiros no campo da evolução cultural têm feito um trabalho fascinante e importante, mas operam em caminhos paralelos que não se cruzaram de forma significativa. Já passou da hora de mudar isso, e este é o objetivo deste livro.

## Por que Devemos Nos Importar com o Por que

Teremos dois grandes benefícios ao unir teoria e prática enquanto exploramos o jeito geek. O primeiro e mais óbvio é que faremos um progresso mais rápido. Quando inventores práticos interagem com cientistas voltados para a teoria, ambos os lados aprendem um com o outro, e todos nós nos beneficiamos.

Os inventores querem fazer algo funcionar melhor. Esse algo pode ser um caiaque oceânico, um veneno feito de pele de sapo, uma máquina a vapor ou uma empresa. Essas pessoas confiam principalmente em sua inteligência, experiência e intuição para orientar seus esforços. Sua pergunta orientadora é "Como posso melhorar isso?" Os cientistas são mais teóricos. Sua pergunta orientadora é "Por que isso funciona do jeito que funciona?" Por que um caiaque oceânico é mais rápido do que outro? Por que o veneno preparado de uma

* Não é um termo técnico.

maneira específica é mais potente? Por que essa máquina a vapor, ou aquela empresa, é mais eficiente?

Perguntas do tipo "Como...?" e "Por que...?" vão e voltam, melhorando o estado do mundo. Os inventores geralmente iniciam o diálogo fazendo uma melhoria que deixa os cientistas curiosos. Por exemplo, as perguntas dos cientistas sobre por que a máquina a vapor de James Watt funcionou muito melhor do que suas predecessoras ajudaram a criar a disciplina da termodinâmica. Os cientistas então aprofundam a compreensão dos inventores e dão a eles melhores ferramentas. A formulação das famosas três leis da termodinâmica ajudou inúmeros projetistas e engenheiros a construir motores melhores. A interação entre como e por que acontece em todos os campos. Antonio Stradivari trabalhou por décadas em como fazer instrumentos de corda soarem melhor. Desde sua morte em 1737, aprendemos muito sobre por que suas criações soam tão maravilhosas, e agora podemos fazer violinos que soam ainda melhor do que um Stradivarius.[28] Os fazendeiros estavam experimentando a rotação de culturas por séculos antes de George Washington Carver usar a química para mostrar por que era uma ideia tão boa. Ele fez com que os plantadores do Sul dos Estados Unidos melhorassem seus rendimentos alternando o algodão, que empobrece o nitrogênio, com o amendoim ou a soja, que fornecem nitrogênio.

Estamos em um momento fascinante agora. Uma massa crítica de ambos os tipos de pessoas curiosas — curiosos que perguntam como e cientistas que perguntam por que — se formou em torno de questões de organizações, cultura e aprendizado. Este livro é baseado na premissa de que, ao reunir esses dois campos, faremos um progresso mais rápido em relação a essas coisas chamadas empresas.

Além do mais, essas melhorias permanecerão. O segundo grande benefício de combinar teoria e prática é que fazemos um trabalho melhor de aderir a novas práticas quando temos uma teoria sobre por que elas funcionam melhor — quando entendemos os primeiros princípios em ação. Clay Christensen, o falecido e brilhante estudioso de gestão, que também foi meu mentor, afirmava com convicção que "os gerentes são consumidores vorazes de teoria".[29] Acho que isso se aplica não apenas aos gerentes, mas a todos nós. Não queremos apenas saber *que* algo funciona; também queremos saber *por que*.

Coisas que fazem sentido dentro de nossas teorias sobre como o mundo funciona são fáceis de assimilar. Coisas que não fazem sentido com nossas teorias existentes, por outro lado, são fáceis de rejeitar. Fácil demais às vezes, como ilustra a trágica história de um médico do século XIX que estava um pouco à frente de seu tempo. Quero contar sua história enquanto começamos nossa explicação do jeito geek porque ela destaca a importância fundamental de não apenas estar certo, mas também ser capaz de explicar de maneira convincente por que. A diferença entre os dois estados pode ser a diferença entre mudar o mundo e perder a cabeça.

## O Germe de uma Ideia

Em 1846, Ignaz Semmelweis, que trabalhava como o que hoje chamaríamos de residente médico chefe no Hospital Geral de Viena, percebeu que uma de suas duas clínicas de parto era muito mais mortal do que a outra. Cerca de 10% das mulheres na Primeira Clínica morriam poucos dias após o parto, do que há muito era chamado de febre puerperal.[30*] Na Segunda Clínica, enquanto isso, as taxas de mortalidade eram duas vezes e meia menores, em torno de 4%. A notícia sobre essa enorme diferença se espalhou[31], e as mulheres imploravam para não ter que ir à Primeira Clínica. Algumas até preferiam dar à luz na rua.

Nenhum dos colegas de Semmelweis pareceu achar essa discrepância interessante, ou se importar muito em reduzir as taxas de mortalidade assustadoras na Primeira Clínica. Como ele escreveu, "O desrespeito demonstrado pelos funcionários para com as [pacientes] da Primeira Clínica me deixou tão infeliz que a vida parecia não ter valor[32]... Tudo parecia inexplicável, tudo era duvidoso. Apenas o grande número de mortes era uma realidade inquestionável". Então, no melhor estilo geek, ele se propôs a estudar e resolver o problema.

Ele começou documentando todas as diferenças entre as duas clínicas. As gestantes eram designadas aleatoriamente entre as clínicas, então não era que as duas estivessem atendendo tipos diferentes de pacientes.[†] A maior diferença que Semmelweis encontrou foi que a Primeira Clínica era composta por estudantes de Medicina, enquanto a Segunda Clínica era composta por parteiras em treinamento. Ele investigou as rotinas diárias dos dois grupos e descobriu que os estudantes de Medicina frequentemente vinham à clínica logo após realizar autópsias. As parteiras não, já que autópsias não faziam parte de sua formação.

Semmelweis levantou a hipótese de que os estudantes de Medicina saíam da sala de autópsia com algum tipo de "partículas cadavéricas" nas mãos, que

* O delicado nome *febre puerperal* obscurece os horrores da doença, que traz febre, sangramento, dores de cabeça e dor incapacitante para as novas mães, mesmo que não as mate. Agora é chamada de febre puerperal ou sepse materna.

† Todas as mães internadas num dia foram para a Primeira Clínica, depois todas as mães internadas no dia seguinte foram para a Segunda.

transferiam para as mulheres enquanto ajudavam em seus partos. Eram essas partículas que deixavam as mães doentes e causavam tantas mortes. Ele experimentou maneiras de impedir a transferência usando o único teste disponível para ele: o que faria as mãos dos estudantes pararem de cheirar a cadáveres pútridos? Ele descobriu que uma solução de cal clorada funcionava melhor e, em maio de 1847, Semmelweis instituiu a lavagem obrigatória das mãos para os estudantes de Medicina antes de entrarem na Primeira Clínica*. Em abril, a taxa de mortalidade materna[33] foi de 18,3%; em junho, foi de 2,2% e em julho, de 1,2%. Os benefícios da lavagem das mãos eram tão grandes que pareciam milagrosos. Em 1848, houve dois meses em que nenhuma mulher morreu na Primeira Clínica.

A história da luta para proteger as mulheres contra a febre puerperal tem um final feliz. Infelizmente, porém, esse triunfo médico não se deve a Semmelweis. Suas ideias sobre como proteger as mães que dão à luz foram repetidamente rejeitadas, embora as melhorias em suas clínicas fossem inegáveis.

Por que os avanços de Semmelweis foram ignorados? Porque ele falhou em mudar o mindset de seus colegas médicos. Em meados do século XIX, a visão dominante era que muitas doenças eram disseminadas por *miasmas,* ou ar fétido que emanava de matéria em decomposição. Essa teoria era baseada em uma cadeia de raciocínio lógica e intuitiva: os cheiros se espalham pelo ar e, depois que um cheiro de podridão aparece, as pessoas geralmente começam a ficar doentes. Portanto (o raciocínio continua) é o próprio ar que espalha a doença. As ideias de Semmelweis sobre partículas cadavéricas não faziam sentido para um estabelecimento médico criado com base na teoria dos miasmas. Nem sua recomendação de lavar as mãos, então ela foi menosprezada e ignorada.

Sua incapacidade de convencer seus pares e parar todo o sofrimento e morte desnecessários deixou Semmelweis louco. Ele se tornou beligerante, deprimido e errático. Em 1865, ele foi internado em um asilo vienense[34] onde, após duas semanas, morreu de gangrena.† Sua morte mal foi notada pela comunidade médica. O diretor que assumiu o lugar de Semmelweis em sua última clínica interrompeu a prática de lavar as mãos. As taxas de mortalidade materna imediatamente aumentaram seis vezes.

* Sim, você leu certo. Ainda na década de 1840, os médicos dos países mais ricos e tecnologicamente sofisticados do mundo não lavavam as mãos entre autópsias e partos.

† Os tratamentos de Semmelweis no asilo incluíam imersão em água fria e alimentação forçada com laxantes. A gangrena que o matou provavelmente começou em um ferimento que ele recebeu durante uma surra violenta dos guardas.

A eliminação virtual da febre puerperal não aconteceu por causa das contribuições de Semmelweis, mas sim graças às de Louis Pasteur. Por quê? Porque Pasteur mudou não apenas um procedimento, mas uma ciência inteira. Na década de 1860, ele conduziu um conjunto de experimentos que demonstraram aos médicos não apenas que Semmelweis estava certo, mas *por que* ele estava certo.

Pasteur mostrou conclusivamente que muitas doenças eram causadas não por miasmas atmosféricos de cheiro ruim, mas sim por organismos muito pequenos chamados germes.* As "partículas cadavéricas" de Semmelweis eram, na verdade, microrganismos responsáveis por mais do que apenas doenças contagiosas — Pasteur mostrou que elas também faziam o pão crescer, o queijo amadurecer, a cerveja e o vinho fermentarem, e assim por diante.†

Ele fundou a ciência da microbiologia, que melhorou muito nossa compreensão do mundo. Depois que entendemos a microbiologia, começamos a pasteurizar leite, desenvolver vacinas e lavar as mãos antes de realizar procedimentos médicos. É difícil entender completamente todos os benefícios que ganhamos com essa compreensão, mas aqui está uma estatística relevante para nossa história: a taxa média *global* de mortalidade materna[35] agora está em torno de 0,2% (na Áustria, a taxa é de 0,004%). Pasteur se tornou uma lenda viva na França, onde um grande instituto de pesquisa foi fundado em seu nome. Quando ele morreu, em 1895, ele recebeu um funeral de Estado e foi enterrado na Catedral de Notre Dame.‡

A diferença entre as carreiras de Pasteur e Semmelweis dificilmente poderia ser mais gritante. Um mudou o mundo. O outro ficou louco porque não conseguiu fazer as pessoas verem o que ele viu. Semmelweis falhou em efetuar a mudança pela qual ele era tão apaixonado em grande parte porque essa mudança não fazia sentido dentro do sistema de crenças e atitudes estabelecidas — o mindset — de seus colegas médicos. Eles estavam perdidos em um

* Em um de seus experimentos mais famosos, Pasteur fez uso de um frasco de vidro que tinha um formato incomum: seu longo gargalo subia da base do frasco, então se curvava 180 graus para baixo, então se curvava de volta 180 graus para cima. A curva para cima servia para prender toda a poeira e outras partículas conforme o ar externo se movia para dentro do frasco. Pasteur colocou um caldo rico em nutrientes na base deste frasco "pescoço de cisne" e ferveu até que tanto o frasco quanto o caldo estivessem esterilizados. Ele então abriu a ponta do longo gargalo, expondo o caldo ao ar externo. Se o ar realmente carregasse doenças, então o caldo apodreceria. Mas isso não aconteceu porque todos os germes (que estavam presos às partículas) ficaram presos na curva para cima e nunca entraram em contato com o caldo. Os experimentos com o frasco pescoço de cisne foram fundamentais para convencer as pessoas de que a teoria do miasma da doença estava incorreta, e a teoria dos germes correta.

† Você consegue imaginar que Pasteur era francês?

‡ Seu corpo foi posteriormente transferido para o Instituto Pasteur.

miasma de crenças incorretas. Como resultado, as ideias de Semmelweis foram repetidamente ridicularizadas, ignoradas e rejeitadas. Mas assim que biólogos e médicos viram a prova de Pasteur, eles se tornaram prontos, dispostos e capazes de mudar não apenas o que acreditavam, mas também como se comportavam. Ao longo do último quarto do século XIX, os médicos na Europa se afastaram da ideia de miasmas[36], adotaram a teoria dos germes e trabalharam duro para evitar a exposição acidental de pacientes a esses microrganismos. À medida que essa teoria e suas implicações práticas se espalharam pelo mundo, a disseminação de doenças diminuiu. (Você consegue imaginar o que aconteceria hoje com um obstetra que se recusasse a lavar as mãos antes de ajudar no parto?)

Aqueles de nós que querem empresas melhores estão em melhor situação do que o pobre Ignaz Semmelweis, porque os equivalentes das demonstrações de Pasteur ocorreram recentemente. Como veremos, muitos quebra-cabeças foram resolvidos em torno do importante tópico de como nós, humanos, criamos nossas culturas. Nós nos entendemos melhor agora, o que significa que temos menos probabilidade de continuar cometendo os erros do passado. Estou confiante de que o jeito geek vai perdurar e se espalhar não apenas porque funciona melhor, mas porque agora entendemos por que funciona tão bem. Nas páginas a seguir, passarei muito tempo explicando como os geeks de negócios administram suas empresas. Mas passarei pelo menos o mesmo tempo explicando por que essas abordagens funcionam tão bem. Com esse entendimento, qualquer empresa que queira pode rapidamente se tornar mais geek.

## Resumo do Capítulo

Nós prestamos muita atenção à revolução dos computadores iniciada pelos geeks. Mas acho que temos entendido mal a outra revolução que eles iniciaram: uma revolução ainda em desenvolvimento nas próprias empresas. Os geeks de negócios pegaram a cultura corporativa padrão da era industrial e deram a ela uma atualização.

O jeito geek é um conjunto de soluções para prosperar em um mundo de negócios que se movimenta rapidamente. São soluções culturais, não tecnológicas.

O jeito geek valoriza os debates e detesta burocracia. Ele favorece a iteração em vez do planejamento, evita a coordenação e tolera algum caos. Seus praticantes são vocais e igualitários, e não têm medo de falhar, desafiar o chefe ou perceber que estão errados. Em vez de respeitar hierarquia e credenciais, eles respeitam a presteza e as habilidades.

Para entender por que o jeito geek funciona tão bem, vamos recorrer a pesquisas do jovem campo da evolução cultural. Os insights da evolução cultural ainda não se espalharam para o mundo dos negócios. Então, há uma grande oportunidade de estar na vanguarda desse processo.

Passarei muito tempo explicando como os geeks dos negócios administram suas empresas. Mas vou passar pelo menos o mesmo tempo explicando por que essas abordagens funcionam tão bem. Com esse entendimento, qualquer empresa que queira pode rapidamente ficar mais geek.

CAPÍTULO 1

# O Caminho Quádruplo para o Reino Geek

> No minuto em que você entende que pode cutucar a vida e... que pode mudá-la, você pode moldá-la. Essa é talvez a coisa mais importante...
>
> Uma vez que aprende isso, você vai querer mudar a vida e torná-la melhor, porque ela é meio bagunçada, de muitas maneiras. Uma vez que você aprende isso, você nunca mais será o mesmo.
>
> — *Steve Jobs*

As empresas geek têm códigos de vestimenta mais flexíveis, lanches melhores e mais cachorros e mesas de totó no escritório do que suas contrapartes da era industrial, mas essas não são as diferenças importantes. Espero que ninguém acredite que serão capazes de aderir ao jeito geek ao adotar moletons e huskies no local de trabalho. Então, quais são as principais diferenças que separam as organizações geek das não geeks? Minha resposta é que há quatro. Deixe-me ilustrá-las com quatro pequenos estudos de caso sobre se afastar das práticas estabelecidas da era industrial e adotar o jeito geek.

## Atividade Incomum na Área 51

Como muitas pessoas, Will Marshall se perguntou se um smartphone funcionaria no espaço sideral. Diferentemente da maioria das pessoas, Marshall estava em posição de descobrir, já que ele era um cientista espacial de verdade.

Desde que começou a trabalhar na NASA, em 2006, Marshall obteve treinamento e experiência inestimáveis na disciplina de engenharia de sistemas, que se preocupa em criar não apenas um único produto, mas sim um conjunto interdependente de componentes. A engenharia de sistemas é inerentemente complexa e requer muito planejamento antes que os componentes sejam construídos, integrados e testados. Como Marshall me explicou,

> A NASA ensina a enfrentar desafios complicados em nível de sistemas. Em software, você pode adotar uma abordagem de "Vamos colocar algo lá fora e ver se funciona". Mas você não pode colocar um satélite e então dizer "Merda, ainda não construímos o software" ou "Na verdade, esse rádio não funciona com esse painel solar. Vamos desmontá-lo e consertá-lo". Bem, você não pode, porque ele está no espaço.

Com o tempo, porém, Marshall ficou frustrado com o tempo que a NASA levou para concluir projetos, especialmente aqueles de menor risco, onde não havia vidas em jogo. Ele também viu quanto planejamento inicial era feito antes que qualquer coisa fosse testada ou construída. Ele passou a acreditar que seria possível obter melhores resultados se movendo mais rápido e aprendendo enquanto age, mesmo nos domínios inerentemente complicados da engenharia de sistemas e exploração espacial. Ao adotar uma abordagem diferente, centrada em ciclos rápidos de iteração e experimentação, além de um modelo de risco diferente (de redundância e baixo custo em vez de remover todos os modos de falha), ele pensou que seria possível pousar uma nave na lua por menos de US$100 milhões. Poucos de seus colegas ou superiores concordaram. Marshall lembrava: "Disseram-nos em termos inequívocos que você não pode fazer isso por menos de US$1 bilhão, então vá embora".

Mas ele não foi. Em vez disso, ele e seus colegas obtiveram permissão (e proteção) do diretor Pete Worden na agência para tentar sua abordagem. Em um pequeno prédio batizado de Área 51 no Centro de Pesquisa Ames da NASA, no norte da Califórnia, eles construíram e testaram sistemas de descida e pouso para um veículo lunar. Eles usaram componentes prontos em vez de componentes de "nível espacial" e conseguiram um sistema protótipo funcionando por cerca de US$300 mil. Como Marshall conta,

> Trouxemos os chefões da NASA e eles disseram: "Merda, você fez a parte mais difícil". E acrescentaram: "Ainda não acreditamos em você, mas aqui estão US$80 milhões, tente". [...] Nós o enviamos para a lua e conseguimos fazer essa missão por US$79 milhões. E isso foi cerca de uma ordem de magnitude menor de custo

[do que o status quo], e a missão lunar de menor custo que a NASA já havia enviado.

Essa missão, LCROSS, ganhou um Breakthrough Award da revista *Popular Mechanics*, em parte porque seu veículo espacial "foi equipado com instrumentos comerciais prontos para uso... economizando tempo para a equipe e o dispendioso desenvolvimento de instrumentos personalizados". Ela também encontrou água na Lua — uma descoberta científica significativa.

Marshall e seus colegas então decidiram lançar alguns smartphones no espaço e ver se os dispositivos poderiam enviar fotos de volta para a Terra. Afinal, eles raciocinaram, os telefones modernos tinham tudo o que precisavam para tirar e transmitir fotos. Pete Klupar, um diretor da NASA Ames abaixo de Worden e um mentor de Marshall, frequentemente segurava um smartphone dizendo: "Por que estamos tornando as naves espaciais tão caras? Isso tem a maior parte do que precisamos". Como Marshall disse, "Se você olhar para o que um satélite de comunicações tem e o que um smartphone tem, 90% é sobreposto". Então, depois de quase ter a permissão negada para fazê-lo e quase ser demitido, Marshall e sua equipe enviaram alguns telefones para o espaço e os fizeram tirar algumas fotos:

> Conseguimos isso com a ajuda de entusiastas de rádio amador que receberam pacotes de dados do rádio do telefone. Então eles nos enviaram esses pacotes por e-mail e nós os juntamos em uma imagem que foi tirada do espaço com um smartphone. E pensamos, bem, esse telefone custou US$500. A maioria das espaçonaves da NASA custa US$500 milhões. *O que esses seis zeros extras estão fazendo por nós?*

A ideia de que era possível tirar alguns zeros do custo de construção de satélites úteis levou Marshall a fundar a Planet Labs com os colegas ex-cientistas da NASA, Chris Boshuizen e Robbie Schingler, no final de 2010. A Planet agora escaneia a Terra todos os dias[2] com uma rede de mais de duzentos satélites de design próprio e vende os dados e imagens que coleta para governos e indústrias. Marshall estima que a Planet tem algo como uma vantagem de custo mil vezes maior em relação aos outros provedores de imagens espaciais.

Essa vantagem vem de três fontes principais. As duas primeiras são a disposição da Planet de usar componentes baratos e disponíveis comercialmente, e sua tolerância a falhas. Como Marshall me disse, "Dissemos que pegaríamos a tecnologia mais recente de coisas como smartphones, a colocaríamos em nosso satélite, e enviaríamos mais unidades do que o necessário. E se apenas

80% ou 90% deles funcionarem, ficaremos satisfeitos com isso". A terceira é a preferência da Planet por trabalhar rápido, iterar depressa e aprender com cada ciclo. Marshall diz que "em média, a cada três meses nos últimos cinco anos, tivemos um novo foguete que sobe e lança cerca de vinte de nossos satélites. Cada lançamento também inclui a tecnologia de última geração que estamos testando — o próximo rádio ou câmera ou o que for. E então, se essa tecnologia funcionar, a próxima frota inteira de satélites a incluirá. Assim, temos uma escala de tempo de iteração que é medida em meses, enquanto a da NASA é medida em uma década ou duas".

Marshall resumiu para mim as diferenças entre a Planet e seu empregador anterior: "Na NASA, fiz parte de cinco missões de espaçonaves em seis anos. E isso foi considerado prolífico; a maioria das pessoas faz uma ou duas em sua carreira na NASA. Posteriormente, nos 10 anos da Planet, lançamos 500 espaçonaves em 35 foguetes, com 18 iterações de design/construção do conceito de espaçonave. É um ritmo diferente de inovação".

## O Botão Mais Difícil de Apertar

Ardine Williams não sabia como finalizar seu trabalho. Depois de estar na Amazon por quase três meses, ela fez um bom progresso em um projeto, mas não conseguia descobrir como concluí-lo.

Williams fazia parte de uma pequena equipe que trabalhava para fazer com que a Amazon cumprisse as regulamentações federais de contratação. Ela achava que tinha uma solução e queria implementá-la, mas não conseguia descobrir como dar o passo final: fazer uma alteração no site Amazon.jobs. O problema era que ela ainda não tinha descoberto quem era responsável por esse tipo de alteração. Na verdade, estava começando a parecer para ela que *ninguém* era.

Williams largou a aposentadoria para se juntar à Amazon. Ela havia trabalhado em diversas funções na Hewlett-Packard e na Intel, onde encerrou sua carreira (pensava ela) como vice-presidente responsável por serviços de recursos humanos, como pessoal, folha de pagamento e distribuição de benefícios. Então, como ela conta, recebeu uma ligação de um recrutador corporativo no outono de 2014.

> Estou sentada no pátio, bebendo um martini, olhando para as montanhas. Eu disse à recrutadora: "Fico feliz em falar com você, mas não vou voltar a trabalhar". E ela disse: "Antes de você me dizer não, deixe-me falar sobre a oportunidade; é com a Amazon". Eu disse: "Amazon, ok. Eu encomendo livros". E ela disse: "Não é essa parte

> da Amazon. É a Amazon Web Services". E eu abaixei meu copo porque sabia que a computação em nuvem estava mudando os negócios. Estava reduzindo o investimento inicial necessário para construir uma infraestrutura de tecnologia e permitindo que as empresas investissem dinheiro em coisas que importavam para os clientes. Pensei: "Ei, sabe de uma coisa? Isso pode ser divertido".

A Amazon Web Services (AWS) empregava apenas algumas milhares de pessoas quando a recrutadora entrou em contato com Williams, mas suas vendas estavam crescendo cerca de 40% ao ano.[3] Estava claro que a computação em nuvem tinha uma chance de ser uma grande parte do futuro da Amazon e que, para concretizar seu potencial, a AWS precisava de executivos que soubessem como ajudar uma organização a encontrar e reter as pessoas certas. Williams se juntou à Amazon no outono de 2014 como vice-presidente com foco em pessoal para a AWS.

Ela rapidamente aprendeu que a Amazon não operava como as outras grandes empresas de tecnologia com as quais ela estava familiarizada. Por um lado, a tecnologia para dar suporte a funções de backoffice como pessoal não era tão madura. Como ela lembra:

> Entrei lá e pensei, como diabos esse lugar funciona? Eu era responsável por um relatório mensal sobre nosso progresso na contratação de todas as pessoas que precisávamos na AWS. E levaria uns três dias para fazer isso em quatro sistemas diferentes e um quadro branco com adesivos amarelos. Portanto, a infraestrutura simplesmente não existia. Mas o que eles tinham era um monte de gente inteligente. Eu tive muita sorte — herdei pessoas que entendiam como a Amazon funcionava, então fomos capazes de fazer algumas coisas bem legais.

Então, um dia, Williams recebeu algo que *não* era nada legal: um telefonema de um advogado. Era um dos próprios advogados da Amazon, ligando sobre um problema em potencial. Como Williams relembra:

> A Amazon havia garantido recentemente uma série de contratos do governo federal para data centers e outros suportes. E uma vez que você se torna um contratado na esfera federal, você tem que cumprir um estatuto que basicamente determina que, ao entrevistá-lo para um emprego, se você estiver trabalhando ou já tiver trabalhado para

> o governo, eu devo lhe perguntar: "Você falou com seu Diretor de Ética? Seu Diretor de Ética sabe que você está sendo entrevistado e ele ou ela aprovou que você seguisse esse processo?" Nosso problema era que não estávamos fazendo essa pergunta para as pessoas que se candidatavam pelo site Amazon.jobs.
>
> Depois de falar sobre isso por um tempo, o advogado disse: "Ei, poderíamos nos autocertificar? E se mostrássemos uma declaração para todos os candidatos dizendo: 'Se você é ou foi um funcionário público, você confirma em sua inscrição que falou com seu Diretor de Ética'?" E concordamos que sim, provavelmente poderíamos fazer isso. Então ele criou a declaração. Fui até um desenvolvedor web que fez o trabalho de programação para incluir essa declaração no site. E pronto.

Então esse projeto rápido ficou atolado porque, como Williams conta:

"Comecei a procurar quem era responsável pela aprovação. Aquilo foi nos meus primeiros noventa dias na empresa, e senti como se tivesse pousado em Marte. Parecia uma espécie de vale-tudo. Eu não conseguia entender como se poderia administrar uma empresa com mais de 100 mil funcionários como se fosse uma startup, mas esse era realmente o clima. Notei que havia poucos processos formais ou estruturas para lidar com questões de conformidade ou implementar mudanças no site."

Williams pediu o conselho de um colega sênior que estava na Amazon há muito tempo:

> Eu disse: "Não consigo descobrir quem pode aprovar isso". Ele disse: "Do que você está falando?" E eu disse: "Estou me preparando para mudar o site Amazon.jobs. Tem que haver algum tipo de comitê de revisão gerencial. Alguém tem que averiguar isso". Ele disse: "Alguém já fez isso — *você*. Você está me dizendo que temos aprovação legal. Também temos aprovação dos negócios; é você. Então por que você não aperta o botão e faz a mudança?"
>
> E eu honestamente não conseguia responder à pergunta. Eu simplesmente não conseguia responder à pergunta. Então ele me perguntou: "O que acontece se essa mudança que você está propondo virar uma bagunça?" E eu disse: "Bem, nós a desativaremos". Ele disse: "Quanto tempo isso vai levar?" E eu disse: "Menos de vinte e quatro horas". Ele disse: "Volto ao ponto inicial, Ardine. Aperte

o botão. Consultar mais pessoas para tomar essa decisão não vai mudar o resultado".

E devo dizer que ligar para o desenvolvedor e falar: "Ok, aperte o botão" foi provavelmente uma das coisas mais difíceis que já fiz em minha carreira, porque era muito contrário ao modo como eu havia crescido.

Como a maioria dos trabalhadores do conhecimento, Williams cresceu profissionalmente em ambientes cheios de maneiras estabelecidas de fazer as coisas. Uma mudança tão importante quanto uma modificação no site para cumprir a regulamentação federal seria submetida a um comitê de revisão gerencial. Haveria um processo para propor mudanças, enviar a documentação e as justificativas necessárias, e assim por diante. Este comitê seria composto por pessoas de muitas partes da empresa, incluindo recursos humanos, sistemas de informação, comunicações e o departamento jurídico. Poderia muito bem haver um subcomitê que determinasse quais mudanças eram significativas o suficiente para serem analisadas por todo o comitê. Quando o comitê se reunisse, aprovariam algumas mudanças, negariam algumas e solicitariam informações adicionais antes de tomar decisões finais sobre outras. Quando perguntei a Williams quanto tempo levaria para um de seus empregadores anteriores fazer a mudança no site que ela propôs, ela respondeu: "Cerca de três meses".

Mas na Amazon, quando os projetos eram concluídos, as pessoas simplesmente apertavam os botões.

## Tornando os HiPPOs uma Espécie em Extinção

Na primavera de 2009, o chefe de design visual do Google, Doug Bowman, estava farto[4] e pediu demissão. Ele gostava de seus colegas "incrivelmente inteligentes e talentosos", aprendia muito e sentiria falta da "comida grátis... daquela massagem ocasional, [e] dos autores, políticos e celebridades que vinham falar ou se apresentar". Mas o que ele não gostava e não sentiria falta era de ter que justificar todas as suas decisões com dados.

Em vez de aceitar os julgamentos de profissionais de design experientes como Bowman, o Google seguiu um processo que ele descreveu em termos mecânicos: "Reduza cada decisão a um problema de lógica simples. Remova toda a subjetividade e apenas olhe para os dados. Dados a seu favor? OK, siga em frente. Dados mostram efeitos negativos? De volta à prancheta".

Como muitos outros em sua área, Bowman achava que essa abordagem era fundamentalmente equivocada. Criar um bom design para uma página da web ou qualquer outra coisa era, em sua opinião, um processo inerentemente subjetivo e criativo — um que dependia muito mais das artes do que da ciência. Como disse o lendário designer Paul Rand, "As raízes do bom design[5] estão na estética: pintura, desenho e arquitetura, enquanto as dos negócios e pesquisa de mercado estão na demografia e estatística; estética e negócios são disciplinas tradicionalmente incompatíveis". Bowman deu alguns exemplos de como as estatísticas interferiam na estética no Google: "Uma equipe... não conseguiu decidir entre 2 azuis, então eles estão testando 41 tons entre cada azul para ver qual deles tem melhor desempenho. Tive um debate recente sobre se uma borda deveria ter três, quatro ou cinco pixels de largura, e me pediram para justificar minha decisão. Não consigo operar em um ambiente como esse".

Esse ambiente nasceu em 27 de fevereiro de 2000, quando uma equipe do Google mostrou uma versão de uma página de resultados de pesquisa[6] para um grupo de visitantes do site escolhido aleatoriamente, e uma versão diferente para um grupo paralelo. Esse foi o primeiro teste A/B conhecido na história da World Wide Web. Houve incontáveis milhões desde então.

À medida que o século XXI avançava, uma cultura de testar e seguir os dados passou a permear a tomada de decisões no Google, mesmo para decisões em áreas supostamente subjetivas como design. Hal Varian, economista-chefe da empresa, enfatizou que "não queremos executivos de alto nível discutindo[7] se um fundo azul ou amarelo levará a mais cliques em anúncios... Por que debater esse ponto, já que podemos simplesmente executar um experimento para descobrir?" Em 2014, o Google estimou que acertar o tom de azul por meio do tipo de teste que Bowman menosprezou gerou um adicional de US$200 milhões[8] por ano em receita com anúncios.

Os testes A/B geraram defensores apaixonados porque mostraram que a intuição dos especialistas sobre as preferências dos usuários era frequentemente imprecisa e, às vezes, simplesmente errada. Experimentos revelaram que nem mesmo designers experientes compreendiam exatamente como as pessoas preferiam a aparência e a navegabilidade dos sites. Os defensores dos testes intensivos criaram uma sigla desdenhosa para descrever a confiança nesse tipo de pessoa: era a tomada de decisão pelo HiPPO, ou "opinião da pessoa mais bem paga*". Como Avinash Kaushik, um evangelista de marketing digital do Google e um dos criadores da sigla, resumiu sucintamente: "A maioria dos sites é péssima[9] porque os HiPPOs os criam".

* Do inglês, *highest-paid person's opinion*. No título da seção, o autor faz um trocadilho com o acrônimo HiPPO e a palavra *hipopótamo* (em inglês, *hippo*). [N. da T.]

O Google ainda emprega designers profissionais[10] — milhares deles. Mas em vez de tomar seus julgamentos sobre o que os usuários querem como a palavra final sobre o tópico, a empresa testa seus julgamentos antes de lançá-los amplamente. O Google confia que seus designers têm boa intuição e profunda experiência. Essa confiança, no entanto, não é o fim do processo de design da empresa. Como sua forte dependência de testes A/B e outros tipos de experimentação mostra, o Google segue o conselho do antigo provérbio russo *Doveryai, no proveryai:* Confie, mas verifique.

## Um CEO, um Professor e um Novo Contratado Entram em uma Reunião

No verão de 2006, Brian Halligan sentou-se no meu escritório na Harvard Business School e começou a me fazer perguntas sobre um artigo que eu havia publicado recentemente. Ele tinha acabado de terminar o programa MIT Sloan Fellows, um MBA de doze meses, e estava prestes a lançar uma empresa com o colega de classe Dharmesh Shah. O artigo que chamou sua atenção era sobre o uso de ferramentas como blogs e wikis (o software que está no coração da Wikipédia) dentro das empresas, e ele queria explorar o tópico mais profundamente. Em nossa conversa inicial, descobrimos que estávamos ambos animados com o potencial da tecnologia para fazer os negócios funcionarem melhor, e que éramos ambos fãs do Boston Red Sox. Formamos um vínculo geek e mantivemos contato.

Em 2009, a HubSpot, a empresa de software de marketing que ele e Shah fundaram, estava crescendo rapidamente. Halligan era o CEO, e ele voltou ao meu escritório para falar sobre montar programas de educação interna para seus funcionários. Ele queria dar aos HubSpotters a chance de adquirir novas habilidades por meio de aulas noturnas. Isso não é incomum; a maioria das empresas oferece treinamento. Mas Halligan fez isso de uma maneira inovadora.

Eu estivera lecionando em escolas de negócios por uma década e participei de muitos programas de educação executiva. Os programas específicos da empresa geralmente ocorrem porque um gerente de alto escalão quer, digamos, preparar sua divisão para a economia da internet e, assim, recorre a uma escola de negócios. O gerente e a escola estabelecem um currículo e o programa se torna realidade.

Halligan adotou uma abordagem diferente. Depois que ele e eu fizemos um brainstorming, ele disse: “OK, venha para o escritório; vamos apresentar essa ideia aos HubSpotters e ver o que eles acham”. E assim fizemos. Achei que foi uma das reuniões mais reveladoras da minha carreira por causa de como Halligan interagiu com seus funcionários.

Depois que ele me apresentou ao grupo reunido de cerca de vinte pessoas, falei sobre o currículo que estivemos discutindo. Então ele falou sobre as habilidades que queria que os HubSpotters tivessem. Ele terminou com "Então, o que vocês acham?" e sentou-se. Na minha experiência, isso foi uma deixa para os funcionários dizerem ao CEO que o que tinham acabado de ouvir dele era ótimo, realmente a ideia certa na hora certa, e eles só tinham algumas sugestões — contribuindo com aquilo que tinham acabado de ouvir — para torná-la ainda melhor.

Em vez disso, a primeira pessoa a falar, que parecia jovem demais para ter sido qualquer coisa além de uma contratação recente, começou com "Há algumas coisas que eu não gosto" e continuou. Eu me senti um pouco mal pelo garoto. Contradizer categoricamente seu CEO em público pode não ser o fim de sua carreira, mas pelo menos serviria como um momento de aprendizado para ele e o resto das pessoas na sala. Claro, Halligan não responderia com algo tão óbvio quanto "Cuidado, jovem", mas ele adotaria a abordagem usual de fazer um comentário autodepreciativo que todos na sala interpretariam implicitamente como um aviso? Os outros participantes se apressariam com "O que eu acho que você quer dizer..." ou "Eu ouço muita concordância aqui!", ou qualquer uma das outras falas padrão destinadas a restaurar a tão importante harmonia?

O que realmente aconteceu foi que Halligan disse: "Sim, boa observação. Eu não tinha pensado nisso", e continuou a partir daí. Sua linguagem corporal não mudou, a tensão na sala não aumentou, e ninguém, exceto eu, pareceu nem um pouco surpreso. Quando ele e eu nos encontramos depois para discutir o que tínhamos ouvido, ele não mencionou o incidente. Para ele, era tudo normal. Ele não queria que o grupo carimbasse suas ideias ou celebrasse sua magnanimidade; ele queria uma troca de opiniões honesta e igualitária sobre um tópico. E foi o que ele conseguiu.

Os esforços de Halligan e Shah para construir uma cultura forte na HubSpot foram recompensados ao longo dos anos. Em 2014, o site de avaliação de local de trabalho Glassdoor começou a publicar uma lista[11] das principais pequenas e médias empresas para se trabalhar nos EUA, com base no que os próprios funcionários das empresas disseram sobre elas. A HubSpot estava em 12º lugar na lista. Dois anos depois, a empresa havia crescido tanto que passou para a lista de grandes empresas da Glassdoor, onde ficou em 4º lugar. Em 2020, a

Glassdoor nomeou a HubSpot como a melhor grande empresa para se trabalhar nos EUA.

## As Normas que os Geeks Formam

Como esses quatro exemplos mostram, o jeito geek não se baseia em um conjunto de tecnologias (como aprendizado de máquina ou robótica) ou em um estilo de pensamento estratégico.

Em vez disso, é sobre *normas:* comportamentos que os membros de um grupo esperam uns dos outros. As normas são extraordinariamente importantes para qualquer organização porque são uma espécie de policiamento comunitário: se você não as seguir, seus colegas irão informá-lo e trabalharão para colocá-lo de volta na linha. Normas não são mantidas somente pelos chefes, e não estão todas escritas no manual do funcionário. Mas mesmo que pareçam nebulosas, são poderosas; elas moldam o comportamento das pessoas de maneiras profundas.

Veremos muitos exemplos de normas nas páginas seguintes. Aqui vai um para esclarecer o conceito. Na primavera de 1995, Barbara Ley Toffler chegou ao escritório de Chicago da empresa de contabilidade Arthur Andersen para uma primeira entrevista de emprego. Como ela disse, "[Eu] me vi flutuando em um mar de camisas de golfe[12]. A empresa não tinha código de vestimenta casual — gravatas eram de praxe — mas o dia tinha sido dedicado a uma série de workshops, então o código de vestimenta era flexível. O engraçado sobre o traje casual era que todos usavam exatamente a mesma coisa… Este era, logo notei, um lugar com uma cultura distinta". Toffler foi perspicaz sobre duas coisas: que as normas são uma parte fundamental da cultura de qualquer organização, e que as da Andersen eram distintas. A empresa tinha uma forte norma de conformidade, sobre a qual Toffler aprendeu mais depois que começou a trabalhar lá. Essa norma era comunicada e reforçada a ela de todas as formas, para além da maneira como os "Androides" se vestiam. Em uma de suas sessões de treinamento iniciais, colegas mais experientes encenaram uma esquete cômica sobre "movimentos que limitam a carreira". A esquete pretendia ser engraçada, mas conseguiu passar sua mensagem. A primeira das cenas foi "personalizar demais seu escritório".[13]

No Capítulo 7 veremos como as normas estupidificantes da Andersen contribuíram para o triste declínio e queda da empresa. Os geeks de negócios modernos querem algo muito diferente: eles querem normas que contribuam para o sucesso e a vitalidade. E decidiram por quatro delas.

A primeira grande norma geek, que é exemplificada pela jornada de Will Marshall da NASA para a Planet, é a *velocidade:* uma preferência por atingir resultados iterando rapidamente em vez de planejar extensivamente. A experiência de Ardine Williams no início de seu tempo na Amazon ilustra a segunda norma, que é a *propriedade.* Comparadas às organizações da era industrial, as empresas geek têm níveis mais altos de autonomia pessoal, empoderamento e responsabilidade; menos processos multifuncionais; e menos coordenação.

Doug Bowman deixou o Google porque a empresa decidiu tomar decisões de design baseadas não em julgamento ou expertise, mas sim na norma da *ciência:* conduzir experimentos, gerar dados e debater como interpretar evidências. Na interação que testemunhei com seus funcionários, Brian Halligan demonstrou a quarta e última grande norma geek, que é a *abertura.* Halligan convocou uma discussão aberta sobre sua proposta, estava aberto a ser desafiado por um subordinado e (o mais crítico, eu acho) estava aberto à ideia de que ele poderia não estar certo e poderia precisar mudar de ideia.

O jeito geek, então, é sobre velocidade, propriedade, ciência e abertura. Assim como este livro. Como as histórias anteriores mostram, o jeito geek pode ser seguido em muitas circunstâncias: em setores tão diversos quanto exploração espacial, computação em nuvem, software e publicidade, e em departamentos que vão de pesquisa e desenvolvimento a recursos humanos e design. As histórias também mostram que o jeito geek não é praticado apenas por cientistas da computação e outros profissionais STEM. Em vez disso, ele permeia empresas e se estende de CEOs fundadores a gerentes e colaboradores individuais.

Agora que temos uma ideia de quais são as quatro grandes normas geek, vamos dar uma olhada em como todas as quatro são praticadas dentro de uma única empresa e os papéis que os líderes desempenham na formação e manutenção delas. Vamos também olhar para outra empresa no mesmo setor que agiu de uma forma decididamente não geek. Aqui estão as histórias de duas startups que queriam sacudir a indústria do entretenimento. Um delas parecia estar numa posição ideal para ter sucesso. A outra parecia não ter chance.

## Um Novo Empreendimento Rapidamente Bate as Botas

À medida que 2020 se aproximava, se você tivesse que apostar em alguém para entender, moldar e lucrar com o futuro do entretenimento audiovisual, você poderia muito bem ter escolhido Jeffrey Katzenberg. Afinal, era isso que ele vinha fazendo durante toda a sua carreira. Embora não fosse tão conhecido pelo público quanto os atores e diretores mais famosos, Katzenberg era uma lenda de Hollywood — alguém que demonstrara ter instintos excepcionais, década após década, sobre como as pessoas queriam se divertir e como o negócio do entretenimento estava mudando.

Toda a sua vida profissional foi dedicada ao desenvolvimento desses instintos. Antes dos 25 anos, ele estava trabalhando para Barry Diller, que era então o presidente da Paramount Pictures. Antes dos 30, Diller o adicionou a uma equipe encarregada de reviver *Jornada nas Estrelas,* uma série de TV com seguidores cult que havia saído do ar quase uma década antes, em 1969. Katzenberg voou pelo país[14] para convencer Leonard Nimoy, o último remanescente do elenco do programa original, a se juntar ao *Jornada nas Estrelas: O Filme,* que foi um grande sucesso quando foi lançado em 1979. Daquele ponto em diante, a franquia *Jornada nas Estrelas* continuou corajosamente indo onde ninguém havia ido antes. O mesmo aconteceu com a carreira de Katzenberg.

Em 1984, ele migrou para a Walt Disney Company e foi encarregado de sua unidade de cinema, que na época tinha as menores receitas de bilheteria de qualquer grande estúdio. Em três anos, subiu para o número 1[15], graças a sucessos como *Três Solteirões e um Bebê, Um Vagabundo na Alta Roda,* e *Bom Dia Vietnã.* Katzenberg também foi responsável pelos programas de TV de longa duração *Supergatas* e *Home Improvement.* Mas seus maiores sucessos na Disney foram os filmes de animação que ele supervisionou: *Uma Cilada para Roger Rabbit, A Pequena Sereia, Aladdin, O Rei Leão* e *A Bela e a Fera* — o primeiro filme de animação a ser indicado ao Oscar de Melhor Filme. Os sucessos de Katzenberg abrangeram vários gêneros, da ficção científica à comédia, do drama à animação, e tocaram públicos de todos os tipos.

Hollywood respeita fazer bons negócios pelo menos tanto quanto fazer bom entretenimento, e aqui também Katzenberg se destacou. Ele foi fundamental na aquisição da Miramax Studios pela Disney e no estabelecimento da parceria da Disney com a Pixar. Em 1994, ele decidiu que era hora de uma parceria própria. Junto com Steven Spielberg e David Geffen, ele lançou o estúdio Dreamworks SKG. Dez anos depois, ele desmembrou a Dreamworks Animation como uma empresa separada. Em 2016, ela foi adquirida pela NBCUniversal[16] (parte da Comcast) por US$3,8 bilhões.

Katzenberg era um especialista consumado no setor: um brilhante criador de sucessos, negociador, criador de carreira para muitos profissionais criativos e, claro, um gerador de lucro. Ele sabia como o showbiz funcionava e conhecia todos os principais participantes. Ele também era um workaholic infinitamente ambicioso. Então, em 2018, quando anunciou seu novo empreendimento para criar vídeos de streaming — a nova e potente fusão de conteúdo e distribuição da indústria do entretenimento — parecia que ele não poderia errar.

Ele parecia, mais uma vez, ter uma visão mais clara sobre o futuro do entretenimento do que a maioria. O futuro não era mais sentar-se à noite na sala de estar para assistir a programas ou filmes de trinta minutos a duas horas. Em vez disso, consistia em consumir rápidos trechos de conteúdo atraente, transmitidos na tela do celular ao longo do dia, enquanto você se desloca ou faz uma pausa.

Essa ideia de algo rápido levou ao surgimento da empresa Quibi, que Katzenberg lançou[17] em outubro de 2018. Era uma startup extremamente bem capitalizada, com US$1,75 bilhão em financiamento de investidores como Disney, 20th Century Fox e muitos outros estúdios; Goldman Sachs; JPMorgan Chase; e o Alibaba Group da China. Katzenberg também havia fechado acordos de produção com celebridades de Hollywood[18] como os atores Idris Elba, Anna Kendrik e Liam Helmsworth; os diretores Guillermo del Toro e Ridley Scott; e as Kardashians. E a Quibi tinha um CEO tão conhecido em alta tecnologia quanto Katzenberg era em entretenimento. Ele havia persuadido Meg Whitman a fazer parceria com ele depois que ela se aposentou da Hewlett-Packard, que havia liderado por sete anos. Antes disso, ela havido sido CEO do eBay por quase uma década.

O aplicativo e serviço de streaming Quibi foi lançado em 6 de abril de 2020. Desde o início, pessoas de dentro e de fora da empresa ficaram de olho em quantas vezes o aplicativo foi baixado.[19] Os números iniciais pareciam bons: número 3 na loja de aplicativos da Apple[20] no primeiro dia e 1,7 milhão de downloads na primeira semana.[21]

Mas o entusiasmo diminuiu rapidamente. As avaliações iniciais dos programas que Katzenberg aprovou e alimentou foram mordazes. Por exemplo, o site de cultura pop *Vulture* intitulou um julgamento de abril de 2020 sobre as ofertas do serviço "Sim, o Quibi É Ruim".[22] A autora Kathryn VanArendonk deu um veredito que desanimaria qualquer um tentando vender assinaturas com base na promessa de um entretenimento imperdível: "Mas sua ruindade não explica por que tudo que assisti também foi incompreensivelmente inesquecível".

O Quibi saiu da lista dos 50 principais downloads de aplicativos gratuitos para iPhone uma semana após seu lançamento e estava na posição 125 em 11 de maio. Em uma entrevista do *New York Times* publicada naquele dia, Katzenberg disse: "Atribuo tudo[23] que deu errado ao coronavírus. Tudo". Outros não tinham tanta certeza. Eles apontaram que o uso de smartphones havia disparado durante a pandemia, assim como a popularidade do TikTok, YouTube e outros aplicativos que apresentavam vídeos curtos. O TikTok, por exemplo,[24] viu seus usuários ativos mensais subirem de 40 milhões no final de 2019 para mais de 100 milhões em agosto de 2020.

Observadores também apontaram que o aplicativo Quibi tinha algumas deficiências desconcertantes.[25] Por um lado, ele não permitia que os usuários compartilhassem trechos de conteúdo que eles particularmente gostavam no Facebook, Instagram e outras redes sociais populares. Em muitos casos, na verdade, os contratos que o Quibi havia assinado com criadores de conteúdo proibiam explicitamente esse tipo de compartilhamento, embora em 2020 fosse um marketing viral importante para muitos programas. Os assinantes também não podiam assistir em nenhum dispositivo, exceto em seus telefones; em casa, eles não podiam mudar para suas TVs.

Para tentar se recuperar diante do crescimento decepcionante, Quibi mudou seu aplicativo para permitir a transmissão para TVs e o compartilhamento de capturas de tela. Para economizar dinheiro, também cortou orçamentos para marketing e criação de conteúdo. Whitman teve um corte salarial de 10%[26] no final da primavera e encorajou outros executivos a seguirem o exemplo. Mas nada parecia fazer com que mais pessoas baixassem o aplicativo ou usassem o serviço. Em junho de 2020, projetava-se que o serviço atingisse 2 milhões de assinantes após o seu primeiro ano, o que ficou bem abaixo da meta da empresa de 7,4 milhões.[27]

Os meses de verão não trouxeram nenhuma melhora e, em setembro, o *Wall Street Journal* relatou que a Quibi estava "explorando várias opções estratégicas,[28] incluindo uma possível venda". A opção escolhida foi cessar as operações completamente. Em 21 de outubro, Katzenberg e Whitman confirmaram que o experimento Quibi estava terminando.[29] A empresa havia levantado quase US$2 bilhões, mas anunciou seu fechamento menos de duzentos dias após seu lançamento.*

## A Autópsia de um Ewok Agressor

O declínio e o desaparecimento surpreendentemente rápidos da Quibi foram uma história suculenta, e jornalistas da indústria do entretenimento partiram

* Após anunciar seu fechamento, a empresa devolveu a maior parte do dinheiro[31] restante — cerca de US$350 milhões — aos investidores. Em 1º de dezembro[32], o aplicativo Quibi parou de transmitir conteúdo. A empresa manteve os direitos de distribuir mais de 75 programas; esses direitos foram vendidos[33] para a empresa de streaming Roku em janeiro de 2021 por "significativamente menos" do que US$100 milhões.

pra cima dela. Enquanto lia os muitos relatos do que aconteceu, um pensamento continuou me ocorreu: *Esta não é nem de perto uma empresa geek.*

A Quibi se posicionou como uma startup da era da internet, mas era estruturada e administrada como um estúdio de Hollywood do século XX. A empresa era liderada por um experiente membro do setor que tomava todas as decisões mais importantes. Na Quibi, havia dois desses líderes: Katzenberg, que tomava decisões sobre conteúdo e experiência do usuário, e Whitman, que supervisionava a comercialização do serviço.

Empresas que são criadas dessa forma sobem ou caem com base em quão bons são os julgamentos e intuições de seus líderes. Na Quibi, eles eram frequentemente ruins. Isso é mais fácil de ver no caso de Katzenberg. Ele parecia fora de sintonia e desatualizado no novo ambiente que estava tentando dominar, e tomou decisões que fizeram observadores coçarem a cabeça e clientes pagantes se afastarem em massa. No entanto, ele raramente demonstrou qualquer abertura para mudar de curso ou mudar de ideia.

A maioria dos relatos e análises que li sobre a curta vida da Quibi enfatizam o quão confiante Katzenberg estava em seus julgamentos sobre como tornar a plataforma bem-sucedida e como ele não estava aberto a ouvir os outros. Uma autópsia no *Wall Street Journal*[30] relatou que, desde o início, os consultores e executivos da Quibi recomendaram que os assinantes tivessem a capacidade de assistir a programas em suas TVs e compartilhar trechos com suas redes sociais. É uma aposta segura que Katzenberg foi o responsável por se recusar a incluir esses recursos. Quando questionado sobre streaming para TVs, ele disse em uma entrevista: "Ninguém fez conteúdo [premium] que fosse nativo e somente para o telefone.[34] Queremos fazer uma coisa que ninguém mais está fazendo e ver se podemos fazê-la realmente bem". O aplicativo Quibi original chegou ao ponto de desabilitar a capacidade padrão dos smartphones de transmitir conteúdo para TVs próximas. Um porta-voz da Quibi se recusou a comentar oficialmente[35] sobre a gênese desse recurso peculiar, mas ele se encaixava na insistência de Katzenberg de que o Quibi era para telefones, e ponto-final.

A falta de abertura de Katzenberg para outras ideias, ou para a noção de que ele poderia estar errado, foi comentada por outros com algo semelhante a admiração. Um criador que foi à sede luxuosa da empresa para propor um programa disse: "Posso dizer honestamente que nunca estive em um ambiente de discurso tão arrogante".[36] Um produtor que trabalhou com a Quibi disse que a certeza de Katzenberg era essencial[37] para a "história da Quibi: 'Todo mundo está errado; eu vou fazer isso'". Um ex-funcionário lembra que "havia uma incrível falta de conhecimento[38] do público e desdém pelo público. Uma coisa que Jeffrey sempre diz é: 'Eu não sou uma criança ou mãe, mas fiz filmes que crianças e mães amaram. Eu conheço a geração Y melhor do que a própria geração Y'".

A norma geek da ciência, baseada na produção e avaliação de evidências, parecia estranha para Katzenberg. Whitman observou em uma entrevista que suas ideias não precisavam ser apoiadas por muitas evidências: "Eu digo, 'Onde estão seus dados?'[39] Ele diz, 'Não há dados. Você só precisa seguir seu instinto'". Em outra entrevista, um "colega de alto nível do Quibi que é na verdade vários anos mais novo que Katzenberg" não identificado comentou de forma mais detalhada sobre sua confiança sem evidências. Como essa pessoa disse, "Eu não finjo saber[40] mais do que as crianças vão gostar. Mas Jeffrey é, como muitos empreendedores, um verdadeiro crente em [suas] próprias ideias subjacentes". (Whitman é vários anos mais novo que Katzenberg.)

O único caso que consegui encontrar em que Katzenberg foi convencido a não seguir seu instinto em uma decisão importante teve a ver com o nome da empresa. O fato de que seu nome preferido para a startup era Omakase,[41] o termo para um menu de degustação em um restaurante de sushi, talvez fosse um sinal de que ele havia perdido o contato com o gosto norte-americano convencional. Whitman o convenceu a não usar esse nome, mas o que eles escolheram não pareceu a todos uma unanimidade. Uma fonte não identificada opinou que "Quibi" soava como um "lanche para cães à base de quinoa"[42] ou "o grito de um Ewok atacando".

E quanto à velocidade? De certa forma, a Quibi era muito rápida. Começando do zero, ela construiu uma grande biblioteca de novos conteúdos e uma infraestrutura tecnológica completa em um ano e meio. Mas esse não é o tipo de velocidade que importa para os geeks de negócios. No jeito geek, velocidade não significa pressa; em vez disso, significa a cadência na qual uma empresa pode iterar. Velocidade se refere à rapidez com que uma equipe pode construir algo, colocá-lo na frente de um cliente ou testá-lo em condições do mundo real, obter feedback e incorporar esse feedback na próxima versão. Como vimos anteriormente neste capítulo, uma das vantagens da Planet sobre os incumbentes como a NASA é sua capacidade de iterar em um ciclo de meses em vez de anos.

A partir dessa definição de velocidade, a Quibi estava correndo sem sair do lugar. Ela não lançou de maneira ampla versões alfa ou beta de seu aplicativo para obter feedback dos usuários antes do lançamento. Em vez disso, a empresa correu para executar a visão de Katzenberg de um serviço de streaming que não permitisse que os membros assistissem ao conteúdo em suas TVs ou compartilhassem trechos nas redes sociais. A Quibi não iterou para determinar se essa era uma visão que teria sucesso no mercado; ela apenas seguiu em frente. Katzenberg mencionou um beta *após* o lançamento público da startup, quando disse em junho de 2020 que o início anêmico do serviço "na verdade nos deu a oportunidade de ter quase um beta...[43] Na verdade, agora vimos tantos aspectos do conteúdo, o que está funcionando para o público, o que é mais atraente para eles, onde estão nossas fraquezas. Tudo isso está sendo reformulado enquanto falamos aqui agora". Os seguidores do jeito geek se perguntariam por que essa reformulação começou tão tarde.

O analista de tecnologia Benedict Evans resumiu a visão do geek sobre a abordagem da Quibi para iteração e feedback com um tweet em 6 de abril[44] de 2020, o dia em que o serviço foi lançado:

> Visão geral [do Vale do Silício] sobre a Quibi nos últimos 12 meses:
> — é uma grande quantia de dinheiro para levantar e gastar antes que o contato com o cliente diga o que funciona
> — essa é uma empresa de entretenimento, não uma empresa de tecnologia
> — ceticismo, mas quem sabe?

O ceticismo de Evans provou ser bem fundamentado, em parte porque a Quibi não adotou a norma geek de velocidade.

A última das quatro grandes normas geek é a propriedade, ou seja, dar às pessoas em toda a organização autoridade para agir e responsabilidade pelos resultados. A propriedade está intimamente relacionada à autonomia, empoderamento e delegação. Nada disso é natural para os microgerentes, e Katzenberg era um microgerente famoso. Na Quibi, ele estava profundamente envolvido com muitos dos programas do empreendimento, fazendo observações sobre "tudo, desde o elenco até o guarda-roupa[45] e o design gráfico". No entanto, seus pontos de comparação[46] eram programas como *America's Funniest Home Videos* (que estreou em 1989), os críticos de cinema Siskel e Ebert (1982) e os vídeos de exercícios de Jane Fonda (1982). Essa forte dependência de exemplos de décadas atrás em uma época em que o cenário do entretenimento estava se expandindo rapidamente parecia fora de sintonia com os criadores de conteúdo mais jovens. Um deles desdenhou da Quibi da seguinte forma: "Pegue as piores partes de Hollywood[47], coloque-as em um telefone, e é isso que você tem". O dispendioso plano de marketing de Whitman também parecia ultrapassado: embora o serviço fosse dirigido principalmente a pessoas mais jovens, a Quibi colocou um anúncio televisivo durante o Oscar, onde o espectador médio tem mais de 55 anos.[48]

Vamos dar a palavra final sobre propriedade na Quibi, e sobre a experiência geral de trabalhar na empresa, para "uma pessoa com conhecimento em primeira mão" (provavelmente um funcionário). Essa pessoa deu um resumo brilhante[49] de como é fazer parte de uma cultura onde as normas geek estão ausentes, e onde os líderes são totalmente seguros de si mesmos, não ouvem os outros, e não delegam autoridade e responsabilidade: "A menos que você concorde com [Katzenberg e Whitman], você é um encrenqueiro. Meg acredita que é uma gênia do marketing; Jeffrey acredita que é um gênio do conteúdo. Então você acaba em empregos de merda onde você está lá para executar a visão deles, na qual ninguém mais acredita". Como essa visão estava tão longe de qualquer coisa que os clientes realmente queriam, aqueles empregos não duravam muito.

Agora, vamos dar uma olhada em uma startup da indústria do entretenimento que *verdadeiramente* seguiu o caminho geek e realmente ajudou a popularizá-lo.

## Final Hollywoodiano

À medida que o ano 2000 se aproximava, se você tivesse que apostar em alguém para entender, moldar e lucrar com o futuro do entretenimento audiovisual, provavelmente não teria escolhido Reed Hastings. Ele não tinha experiência alguma no setor, e nada em sua carreira até aquele ponto sugeria que ele tivesse qualquer interesse em se tornar parte de Hollywood, muito menos transformá-la. Em vez disso, ele parecia ser um exemplo clássico de um geek de computador bem-sucedido.

Hastings era um estudante de matemática que lecionou na Suazilândia como voluntário do Peace Corps, na sequência, em 1988, obteve um mestrado em ciência da computação em Stanford. Depois de trabalhar como depurador de software por alguns anos, ele lançou a Pure Software, que criava ferramentas de depuração. A Pure abriu o capital em 1995, fundiu-se com a Atria Software em 1996 e foi adquirida pela Rational Software em 1997. Naquela época, Hastings não se distinguia como um grande construtor de empresas. Por sua própria estimativa, ele fez um "trabalho medíocre"[50] na Pure, levando-a a se tornar burocrática e lenta. O mercado concordou que era um negócio decepcionante; quando a aquisição pela Rational foi anunciada, os preços das ações de ambas as empresas caíram cerca de 40%.

Hollywood apareceu pela primeira vez no radar profissional de Hastings, quando ele estava com quase 30 anos, devido a uma percepção sobre mudanças tecnológicas e… taxas de postagem. A mudança tecnológica foi o advento, no final da década de 1990, não apenas de sites de comércio eletrônico, mas também de discos de vídeo digitais (DVDs), que eram muito menores, mais finos e mais leves do que os videocassetes que substituíram. Isso significava que os discos podiam ser enviados por correio para todos os lugares nos Estados Unidos como correspondências de primeira classe (baratas) em vez de pacotes (caros). Para testar o quão bem isso funcionaria, Hastings e seu colega Marc Randolph enviaram DVDs para suas próprias casas.[51] Quando os discos chegaram intactos, sem arranhões e perfeitamente assistíveis, a dupla concluiu que tinha uma oportunidade de negócio. Eles lançaram a Netflix em 1997 como uma empresa online de aluguel de DVDs pelo correio.

A Netflix cresceu rapidamente e abriu o capital em 2002. Nos anos seguintes, a empresa se preparou para outra mudança tecnológica: não apenas alugar filmes pela internet, mas também assisti-los dessa forma. Hastings viu que isso se tornaria viável à medida que mais lares tivessem uma conexão rápida com a rede, e ele queria que sua empresa liderasse a mudança para fornecer entretenimento online e sob demanda. O streaming na Netflix começou em 2007[52] com mil filmes que podiam ser assistidos pelo Internet Explorer em PCs. Como todos sabemos, ela se expandiu muito desde então. Em 2019, o streaming da Netflix era responsável por mais de 12,5% de todo o tráfego de internet downstream[53] no mundo e mais de 20% do tráfego de vídeos online do mundo.

A mudança mais recente da empresa, e a mais importante, foi não apenas transmitir conteúdo de outros estúdios, mas também produzir seus próprios programas e filmes. O establishment de Hollywood não encontrou inicialmente nenhum motivo para preocupação. Como o CEO da Time Warner, Jeff Bewkes, disse em 2010, ao discutir o provável impacto da Netflix na indústria do entretenimento, "É um pouco como perguntar se o exército albanês vai dominar o mundo.[54] Eu acho que não". Hastings ganhou um conjunto de dog tags* do exército albanês para usar em seu pescoço como motivação e começou a trabalhar para tentar vencer os estúdios em seu próprio jogo.

Em 2013, a Netflix estreou seu primeiro conteúdo original, a série de sucesso *House of Cards*. Desde então, a empresa se tornou a produtora de conteúdo audiovisual para exibição caseira mais bem-sucedida da indústria do entretenimento. Em 2019, a Netflix estava atrás apenas da HBO[55] em indicações e prêmios no Emmy. Em 2020, a Netflix assumiu a liderança em indicações[56],

* *Dog tag* é o nome dado ao colar de duas chapinhas feitas de aço, normalmente utilizado por militares, com informações do dono. Também pode ser chamado de *chapa de identificação*. [N. da T.]

mas ainda terminou em segundo lugar quanto aos prêmios. Em 2021, foi a número 1 em ambos. Naquele ano, empatou um recorde de quase cinquenta anos[57] de mais prêmios por uma única plataforma. Agora, produz centenas de programas e filmes ao redor do mundo, em idiomas do árabe ao iídiche, e muitas produções estrangeiras cativaram o público norte-americano. Esta é uma conquista particularmente impressionante, dado o quão difícil tem sido superar "a barreira de uma polegada de altura das legendas"[58] (como disse o diretor coreano Bong Joon Ho) e fazer os norte-americanos assistirem a entretenimento em outros idiomas. Mas a Netflix mostrou que essa barreira não era intransponível. O drama distópico coreano *Squid Game* se tornou o programa mais popular da plataforma[59] nos EUA (e em quase uma centena de outros países[60]) após sua estreia em setembro de 2021.

O quanto a Netflix virou a indústria de cabeça para baixo? Em agosto de 2020, o *New York Times* publicou um artigo do colunista de mídia Ben Smith[61] sobre a revolução do streaming iniciada por Hastings e sua empresa. "The Week Old Hollywood Finally, Actually Died" foi um estudo de caso do momento descrito pela ex-executiva da Quibi, Janice Min, como "as cenas finais brutais de Hollywood tal qual era conhecida, com o investimento e a infraestrutura de streaming prevalecendo. A polidez e os acordos de produção para aqueles no topo e, mais importante, a mangueira de incêndio financeira pairando sobre toda aquela burocracia, parecem estar desaparecendo. É como um clube… ficando sem anuidades para cobrir os custos de todos os seus membros".

Esse clube tinha sido particularmente hospitaleiro com seus membros mais antigos. Chefes de estúdio como Katzenberg normalmente recebiam grande poder e deferência, e regalias luxuosas que frequentemente duravam mais que seus empregos. Como Smith disse, "Por décadas, a melhor coisa sobre ser um executivo de Hollywood, na verdade, era como você era demitido. Executivos de estúdio seriam gradualmente, gentilmente, até amorosamente empurrados para o lado, tendo meses para moldar suas próprias narrativas e encontrar novos trabalhos, ou até mesmo ser promovidos". O artigo do *Times* foi motivado por um sinal inequívoco de que os tempos haviam mudado: a demissão em massa, feita com pouco aviso prévio e às vezes por videochamada, de centenas de executivos — incluindo o presidente da divisão de entretenimento — em um dos estúdios mais antigos e famosos dos EUA.

Há uma certa justiça poética no fato de esse estúdio ser a WarnerMedia, cujo CEO, Jeff Bewkes, havia dito uma década antes que a Netflix desestabilizar Hollywood seria como o exército albanês dominar o mundo. No entanto, essa perturbação de fato aconteceu. Barry Diller, que ajudou a lançar a carreira de Katzenberg décadas antes, usou uma metáfora esportiva em vez de militar para descrever seu impacto. As mudanças lideradas pela Netflix, disse ele, fizeram da maioria dos antigos líderes da indústria do entretenimento "carregadores de tacos em um campo de golfe em que eles nunca jogarão".*

Recentemente, no entanto, a Netflix enfrentou uma série de resultados financeiros ruins e um descontentamento crescente entre os investidores. Depois de disparar durante a pandemia, o preço das ações da empresa começou uma queda acentuada no final de 2021. De uma alta de quase US$700 no final de outubro, ele encolheu cerca de 75% ao longo de seis meses. Outras empresas de entretenimento também viram seus preços de ações sofrerem com a intensificação da concorrência no streaming (a Disney, por exemplo, viu o preço de suas ações cair mais de 45%), mas a Netflix foi particularmente atingida[63], pois perdeu assinantes pela primeira vez em uma década e enfrentou críticas por gastar muito em conteúdo e não produzir sucessos suficientes.

Enquanto escrevo, no início de 2023, a empresa enfrenta obstáculos reais, mas ainda é um negócio forte e um rival difícil. Ela tem uma participação de mercado dominante nos EUA, está se expandindo rapidamente ao redor do mundo, além de ter um balanço patrimonial sólido e muitos dos programas mais procurados globalmente. Mesmo com seu menor preço de ação, a empresa foi avaliada em cerca de US$85 bilhões. Shonda Rhimes, a criadora de vários programas de sucesso para a Netflix e outros, resumiu suas perspectivas em maio de 2022: "Eu vivo neste espaço e não apostaria contra a Netflix".[64]

## Excelentes Resultados, Cultura SOSO

À medida que a Netflix continuou a crescer e a revolucionar a indústria do entretenimento, tornou-se uma das empresas mais estudadas e admiradas pelos geeks das organizações. O deck de cultura e o livro de Hastings de 2020, *A Regra É Não Ter Regras,* que ele escreveu com a intelectual de administração Erin Meyer, deixam claro que a Netflix pratica todas as quatro grandes normas geek: ciência, abertura, velocidade e propriedade. Destas, a forte ênfase na ciência dada pela empresa foi o que se destacou. Dentro da indústria do entretenimento, a Netflix foi pioneira no uso de dados e algoritmos para tomar decisões: primeiro sobre a compra de DVDs e depois sobre o desenvolvimento

* A WarnerMedia continuou a passar por tempos difíceis após as demissões. Em 2022, sua controladora, AT&T, combinou-a com a Discovery, outra de suas participações de entretenimento, e transformou-as em uma empresa separada. O *New York Times* estimou que a cisão representou uma perda de US$47 bilhões[62] para os acionistas da AT&T, que foi dona da WarnerMedia por cerca de quatro anos.

de programação original. Ted Sarandos, chefe de conteúdo da Netflix desde 2000 e co-CEO desde 2020, estimou em 2015 que as decisões de programação na empresa eram "provavelmente uma mistura de 70% e 30%[65]... 70% são os dados e 30% é o julgamento. Mas os trinta precisam estar no topo, se isso faz algum sentido". Em outras palavras, a empresa lidera com os dados, mas sempre os interpreta e faz perguntas sobre eles. Como veremos no Capítulo 4, essa interação entre evidências frias e duras e seres humanos de sangue quente é o coração do método científico.

Velocidade — o hábito geek de iterar rapidamente para obter feedback e incorporá-lo — também é uma prática padrão na Netflix há muito tempo. Já em 2006, a empresa estava lançando uma nova versão de seu site a cada duas semanas. Como o designer Joshua Porter colocou[66] após uma visita naquele ano, "Os designers da Netflix.com têm um sucesso estrondoso em suas mãos, mas não os encontramos descansando sobre os louros. Eles querem ficar ainda melhores, e para eles isso significa iterar, iterar, iterar".

Ciência e velocidade são elementos importantes da cultura da Netflix, mas o que mais claramente a marca como uma empresa geek é sua fidelidade às outras duas grandes normas geek: abertura e propriedade. Hastings e seus colegas passaram anos trabalhando para colocá-las em prática e se recusaram a desistir delas, mesmo quando se mostraram inatingíveis.

Hastings acreditava há muito tempo que a abertura era essencial para tomar boas decisões. O deck de cultura, por exemplo, aponta o que seria um colega ideal e diz "Você diz o que pensa, mesmo que seja controverso" e "Você é conhecido pela franqueza e objetividade". Tais colegas, no entanto, eram escassos mesmo alguns anos após o deck de cultura ter sido publicado. Em 2011, Hastings teve uma ideia tão ruim quanto qualquer outra concebida na Quibi. (Em um presságio bastante sinistro, essa ideia também começava com um *Q*.) Hastings se convenceu da necessidade de dividir sua empresa em duas entidades distintas: a Netflix, que lidaria com streaming, e uma chamada Qwikster by Hastings, que continuaria o negócio legado de enviar DVDs pelo correio. A mudança foi anunciada em 12 de julho.

Aquilo foi mal recebido por vários motivos. Primeiro, significava que os assinantes que quisessem manter os dois serviços teriam que entrar em dois sites e gerenciar duas contas separadas. Segundo, eles teriam que pagar cerca de 60% a mais. Comentaristas online começaram a chamar o CEO da Netflix de "Greed" Hastings[67]. E então havia o nome. Ninguém gostou. Um colunista opinou: "Qwikster soa como muitas coisas[68] — uma startup super legal de 1998 que vai ser totalmente radical e revolucionar a maneira como você 'surfa' na 'web'; algo que um policial em um filme falado dos anos 1930 poderia chamar de criminoso esquivo... mas não um serviço de DVD pelo correio em 2011". Acontece que o identificador do Twitter @Qwikster já estava registrado. O nome associado à conta era Jason Castillo; a imagem associada era a de Elmo fumando um baseado.[69]*

Em setembro, Hastings respondeu às crescentes críticas fazendo com que a Netflix postasse um vídeo estranho e amador[70] que simultaneamente defendia a mudança e meio que se desculpava por ela. Em um sinal claro de que as coisas estavam saindo dos trilhos de forma pública, o vídeo foi parodiado no *Saturday Night Live*[71]. Em outubro, todo o plano Qwikster foi abandonado. As ações da Netflix caíram mais de 75% enquanto estava sob consideração e Hastings, que havia sido o Empresário do Ano da *Fortune*[72] em 2010, viu sua reputação seriamente manchada. Como colocou um obituário daquele serviço, "O Qwikster foi uma ideia idiota[73]. Idiota, idiota, idiota. Certamente deveria ser um primeiro candidato ao Hall da Fama das Más Decisões, consagrado ao lado da New Coke, da Lei Seca e daquela vez em que Garth Brooks tingiu o cabelo de preto e tocou rock sob o nome de Chris Gaines. Melhores escolhas foram feitas nas capelas 24/7 de Las Vegas depois de muitas doses de Limoncello".

Na esteira de tudo isso, Hastings se perguntou por que não obteve mais oposição interna ao Qwikster antes de seu lançamento. Afinal, era uma ideia idiota (idiota, idiota, idiota), e ele havia trabalhado para construir uma cultura na qual era aceitável, até mesmo esperado, que colegas dessem feedback negativo quando justificado, mesmo para aqueles nas posições mais elevadas no organograma — quando, por exemplo, um executivo surgia com uma ideia idiota. Então, ele perguntou por aí para descobrir o que havia acontecido. Por que a cultura de abertura falhou, apesar do que o deck cultural dizia?

Ele descobriu que as pessoas dentro da empresa hesitaram em lhe dizer o que pensavam sobre o Qwikster porque ele era muito apaixonado pela ideia e muito seguro de si. Como um de seus colegas lhe disse: "Eu sabia que seria um desastre[75], mas pensei: 'Reed está sempre certo', então fiquei quieto". E, em um padrão que se nota com frequência, ninguém falou porque, bem, ninguém falava. Como um Netflixer lembrou: "Nós achamos que era loucura... Mas todos os outros pareciam estar concordando com a ideia, então nós também concordamos".

* Quando ficou claro que o @Qwikster era uma valiosa peça imobiliária online, seu proprietário tuitou sua estratégia: "Man so much to plan[74] so much deal so much negotiation n I want a plan when I still have part of it n stiL be making bank" [em tradução livre, *"Cara, tanto para planejar, tanto negócio, tanta negociação e eu quero um plano quando ainda tenho parte dele e ainda estou ganhando dinheiro."*] (já excluído do Twitter).

Após o desastre do Qwikster, Hastings percebeu que todo o trabalho feito até aquele ponto para tornar a Netflix um lugar onde o feedback aberto e honesto fluía ainda não era suficiente. Então ele reforçou a norma de abertura ao colocar em prática uma política — uma das poucas políticas formais já instituídas na Netflix — que exigia que os executivos "cultivassem a dissidência" antes de lançar algo grande. Bem antes do lançamento, o executivo responsável escreve um memorando sobre a ideia e convida um grupo de colegas para criticá-la. Em alguns casos, o executivo faz uma enquete pedindo às pessoas que classifiquem a ideia em uma escala de 1 (verdadeiramente terrível) a 10 (verdadeiramente ótima). Pode não ser coincidência que a Netflix não tenha passado por outro fiasco do nível do Qwikster desde que a adoção da dissidência se tornou obrigatória.

Uma versão mais branda para cultivar a dissidência na Netflix é chamada de "socialização" de uma ideia, apresentando-a a vários colegas e coletando seus comentários. Como Hastings escreve em *A Regra É Não Ter Regras,* "Socializar é um tipo de cultivo da dissidência[76] com menos ênfase na dissidência e mais no cultivo". É uma prática que o fez mudar de ideia sobre investir intensamente em programação infantil. Hastings achou que esse não era um bom uso dos fundos da Netflix — como ele disse, "Eu estava convencido de que os adultos escolhem a Netflix porque amam nosso conteúdo. Seus filhos assistirão a qualquer coisa que tenhamos disponível" — mas em uma reunião de alta gerência em 2016, ele decidiu socializar a ideia tendo uma discussão aberta sobre ela. Em um sinal de como as coisas mudaram desde a época do Qwikster, ele encontrou várias pessoas dispostas a discordar dele.

Seus colegas lhe disseram que o ambiente com curadoria da Netflix os fazia se sentir mais seguros deixando seus filhos navegarem por ela do que no YouTube, que seus filhos eram os principais clientes da Netflix em suas casas e que esses jovens consumidores eram francos sobre suas preferências. Hastings percebeu que suas suposições estavam erradas, e a empresa começou a investir intensamente em conteúdo infantil. Na época em que *A Regra É Não Ter Regras* foi publicado, a Netflix havia conquistado mais de uma dúzia de prêmios Daytime Emmy por sua programação infantil.

Um último exemplo mostra o quão bem-sucedida a Netflix se tornou em fomentar a franqueza e a discordância, e em construir uma cultura que incorpora a última grande norma geek de propriedade. Em 2015, Hastings estava convencido de que não seria um bom uso dos recursos de engenharia adicionar ao aplicativo Netflix a capacidade de baixar programas para que pudessem ser assistidos mais tarde. Como ele escreveu em um documento para toda a empresa,

> Estamos focados em streaming[77] e à medida que a internet se expande (aviões etc.) o desejo do consumidor por download irá desaparecer. Nossos concorrentes ficarão presos ao suporte de um caso de uso de download cada vez menor por anos. Acabaremos muito à frente no sentimento de qualidade da marca nesta questão... As complexidades [da experiência do usuário] de download são materiais para um caso de uso de 1%, então estamos evitando essa abordagem. É o nosso julgamento pela utilidade em relação à complexidade.

Em muitas empresas (inclusive, tem-se a forte impressão, a Quibi), este teria sido o fim da discussão. Mas não na Netflix. Embora Hastings e Neil Hunt, que na época era o CPO, fossem contra o download, Todd Yellin, o vice-presidente de produtos (que trabalhava para Hunt), ainda achava que poderia ser uma boa ideia. Ele assumiu a responsabilidade de investigar o problema e pediu ao pesquisador sênior de experiência do usuário Zach Schendel para conduzir entrevistas sobre download com usuários de serviços de streaming nos EUA, Alemanha e Índia.

Pode ser desconfortável para um funcionário de nível inferior assumir uma tarefa que pode revelar que seu CEO está errado. Como Schendel disse[78], "Eu pensei, 'Neil e Reed são contra essa ideia. Está tudo bem em testá-la?' Em qualquer um dos meus empregos anteriores, isso não teria sido uma boa jogada. Mas a tradição na Netflix é sobre funcionários de nível inferior realizando coisas incríveis diante da oposição hierárquica. Pensando nisso, fui em frente".

As entrevistas revelaram que nos três países as pessoas usavam frequentemente a funcionalidade de download em todos os serviços de streaming que a incluíam. Na verdade, a porcentagem mais baixa, encontrada por Schendel em suas entrevistas, daqueles que faziam downloads não chegou nem perto da estimativa de Hastings de 1%; em vez disso, era de 15%. Quando Hastings e Hunt viram os resultados desta pesquisa, perceberam que estavam errados e mudaram de curso. A Netflix agora inclui um recurso de download.*

Schendel fez um resumo autodepreciativo da sua experiência: "Deixe-me esclarecer... Sou apenas um pesquisador.[79] Mesmo assim, fui capaz de resistir a uma opinião forte e declarada publicamente pela alta liderança para despertar

* Que eu uso bastante.

o entusiasmo por esse recurso. É disso que se trata a Netflix". Para um rápido resumo dos benefícios do jeito geek, compare a visão de Schendel com a da fonte interna anônima da Quibi que descreveu os "trabalhos de merda em que você está lá para executar a visão deles, na qual ninguém mais acredita".

## Os Novos Radicais

O jeito geek é novo. Foi incubado por volta do início do século XXI e, como os exemplos que vimos indicam, ele realmente começou a se concretizar por volta de 2010. Ainda é um trabalho em andamento. Os geeks de negócios continuam a trabalhar em questões importantes, como equilibrar testes A/B e outras abordagens científicas com saltos de criatividade humana. O jeito geek nunca será totalmente definido e completo, assim como o microchip ou a teoria da evolução não serão. Todos eles serão alterados e aprimorados à medida que o conhecimento se acumula.

Uma coisa a destacar no início da nossa exploração do jeito geek é que ele é simultaneamente rigoroso e desestruturado. As empresas geek são como o Google no sentido de que adotam uma abordagem rigorosa e baseada em dados para muitas decisões, mas também como a HubSpot no sentido de que lutam por interações igualitárias e não hierárquicas. Em muitas circunstâncias, de fato, os geeks são rigorosos sobre serem desestruturados. O mentor de Ardine Williams deixou claro para ela que, embora a Amazon fosse uma empresa com mais de 100 mil pessoas em 2014, ainda era um lugar onde se esperava que os líderes assumissem a responsabilidade e "apertassem o botão" em vez de coordenar seu trabalho, seguindo processos bem definidos e buscando aprovação. Da mesma forma, embora a Planet tenha saído da cultura lenta e intolerante a falhas da NASA, Will Marshall e seus colegas estavam convencidos de que *não* planejariam tudo com antecedência e, em vez disso, abraçariam a velocidade e a iteração e aceitariam algumas naves espaciais com falhas.

Reed Hastings também foi inflexível. Em *A Regra É Não Ter Regras,* ele escreveu que "na Netflix temos bolsões[80] da empresa onde a segurança e a prevenção de erros são nossos principais objetivos, e lá cercamos uma área para construir uma pequena orquestra sinfônica que toca regras e processos com afinação perfeita". Mas esses bolsões, Hastings aconselhou, devem ser a exceção, não a regra: "Para aqueles de vocês que estão operando... onde inovação, velocidade e flexibilidade[81] são as chaves para o sucesso, pensem em jogar fora a orquestra e se concentrar em fazer um tipo diferente de música".

Nas páginas a seguir, exploraremos por que o jeito geek — esse "tipo diferente de música" — funciona tão bem: por que ser rigoroso sobre ser desestruturado ajuda os geeks a evitar muitas das disfunções crônicas que assolam as empresas da era industrial. Há uma riqueza de insights de pesquisas recentes que mostram por que o jeito geek funciona tão bem.

Como veremos repetidamente, os geeks são obcecados em chegar à natureza fundamental das coisas — ao cerne do que está acontecendo. Will Marshall e Chris Boshuizen se perguntaram por que, para provocação de Klupar, naves espaciais custam US$500 milhões quando smartphones custam apenas US$500. Parece óbvio que deveríamos ouvir especialistas altamente treinados e experientes (e pagos) em domínios como design de sites, mas engenheiros do Google se perguntaram se poderiam construir sites melhores por meio de testes extensivos em vez de ouvir HiPPOs. Brian Halligan passou grande parte de seu tempo como CEO da HubSpot pensando sobre o que torna uma empresa um ótimo lugar para se trabalhar. Reed Hastings passou muito tempo pensando sobre como ele havia levado a Pure Software à esclerose e ao declínio, e de quais de suas crenças sobre administrar uma empresa ele teve que se afastar para se sair melhor na Netflix.

Os geeks de negócios questionaram muitas das suposições básicas que foram construídas durante a era industrial: suposições sobre como construir uma empresa, como tomar boas decisões, como organizar um grande projeto, como as pessoas devem interagir, como as informações devem ser compartilhadas e assim por diante. Os geeks concluíram que muitas dessas suposições são ruins. Às vezes, são ruins porque estão desatualizadas. Confiar no julgamento de especialistas, por exemplo, fazia mais sentido quando os dados digitais eram escassos e os computadores não estavam disponíveis para executar algoritmos. Mas algumas ideias ruins simplesmente sempre foram ruins. Submeter-se aos especialistas sem permitir que outros testem as suas ideias é simplesmente uma péssima ideia, independentemente do estado da tecnologia.

Os geeks de negócios modernos estão se afastando da concorrência porque estão fazendo o trabalho radical de questionar suposições (incluindo as suas próprias) sobre como administrar uma empresa, descartando o que não funciona e substituindo por algo melhor. Em suma, os geeks estão atualizando a empresa. Essa atualização é universalmente aplicável e disponível. Para instalá-la em sua própria organização, você não precisa de financiamento de capital de risco, uma força de trabalho repleta de jovens com PhDs em ciência da computação ou uma sede no Vale do Silício. Você só precisa estar disposto a fazer algumas coisas de forma diferente. O desafio é que essas são coisas fundamentais: organizar grandes esforços, tomar decisões, executar e coordenar o trabalho, interagir com colegas e — talvez o mais importante — decidir quais comportamentos são recompensados e quais são desencorajados.

As empresas que se atualizaram e adotaram o jeito geek estão longe de ser idênticas, mas têm algumas semelhanças marcantes. Elas compartilham normas de ciência, propriedade, velocidade e abertura. Como resultado, suas culturas são mais livres, rápidas, orientadas por evidências, igualitárias, questionadoras e autônomas do que aquelas da típica corporação da era industrial.

Essas culturas alimentam um desempenho impressionante. Os sucessos da Amazon e do Google falam por si. A Planet tem enormes vantagens de custo e desempenho sobre a NASA e outras agências espaciais, e está democratizando o acesso a informações sobre o nosso planeta. Enquanto Halligan liderava a HubSpot desde sua fundação por anos de rápido crescimento e um IPO bem-sucedido, a empresa foi repetidamente nomeada um dos melhores lugares para se trabalhar nos EUA.

Esses não são exemplos isolados. Em vez disso, são indicações de que a mentalidade radical dos geeks de negócios produziu uma maneira nova e melhorada de administrar uma empresa. Está na hora de dar às empresas geek a atenção que elas merecem, por vários motivos. Um é seu excelente desempenho. Outro é que elas realizaram algo sobre o qual minha comunidade de acadêmicos de negócios vem falando há muito tempo: criar e sustentar ambientes que capacitam as pessoas e lhes dão autonomia. "Empoderamento" e "autonomia" são duas das palavras da moda mais comuns na escrita empresarial. Mas elas têm sido muito mais fáceis de encontrar em artigos e livros do que em empresas reais. Isso está finalmente mudando. Como veremos, os funcionários de empresas geek relatam altos níveis de ambas. Não é coincidência que eles também relatem que suas organizações se destacam simultaneamente em inovação, execução e agilidade. Nem é coincidência que essas organizações estejam entre os lugares mais procurados e atraentes para se trabalhar.

Nas páginas a seguir, usarei a palavra *geek* como substantivo e adjetivo: um substantivo para descrever os próprios inovadores (ou seja, os "geeks de negócios" ou "geeks de organização") e um adjetivo para descrever as organizações que eles construíram. Este livro é sobre como essas organizações funcionam, o que estou chamando de jeito geek. O jeito geek nos desafia a repensar nossas noções do que é possível e a reorientar nosso pensamento sobre o que uma empresa pode — e deve — ser. O jeito geek se originou em grande parte no setor de tecnologia, mas, como funciona tão bem, vai se expandir muito além dele.

Como resultado, até mesmo setores que parecem distantes do Vale do Silício serão transformados, gostem ou não.

Deixe-me expor meu argumento principal da forma mais clara possível: Um bando de geeks descobriu uma maneira melhor de administrar uma empresa. Como resultado, eles estão tomando conta da economia. E eles estão apenas começando.

## Resumo do Capítulo

O jeito geek consiste em quatro *normas:* comportamentos que os membros de um grupo esperam uns dos outros.

A primeira é a *velocidade:* uma preferência por atingir resultados iterando rapidamente em vez de planejar extensivamente. A segunda norma é a *propriedade*. Comparadas às organizações da era industrial, as empresas geek têm níveis mais altos de autonomia pessoal, empoderamento e responsabilidade, menos processos multifuncionais e menos coordenação. A terceira é a norma da *ciência:* conduzir experimentos, gerar dados e debater como interpretar evidências. A quarta e última grande norma geek é a *abertura:* compartilhar informações e ser receptivo a argumentos, reavaliações e mudanças de direção.

Devido a essas normas, as culturas das empresas geek são mais livres, rápidas, baseadas em evidências, igualitárias, questionadoras e autônomas do que as das corporações típicas da era industrial.

Essas culturas estimulam um desempenho impressionante, capacitam as pessoas e lhes dão autonomia.

Um bando de geeks descobriu uma maneira melhor de administrar uma empresa. Como resultado, eles estão tomando conta da economia.

CAPÍTULO 2

# Ajustado

*O Desempenho e a Cultura das Empresas Geek*

> O terrível é fingir que o de segunda categoria é o de primeira... ou que você gosta do seu trabalho quando sabe muito bem que é capaz de fazer melhor.
>
> — *Doris Lessing*

Estou afirmando que um bando de geeks de negócios, muitos deles trabalhando no que chamamos vagamente de espaço tecnológico, criaram uma maneira melhor de administrar uma empresa. Isso é melhor de duas maneiras. Primeiro, leva a um desempenho excelente. Segundo, cria um ambiente de trabalho que apresenta altos níveis de autonomia e empoderamento. Essas são alegações bem fortes. Quais são as evidências para elas?

Para abordar essa questão importante, imagine que temos um detector de normas geek que funciona como um contador Geiger. Um contador Geiger emite seu clique característico sempre que encontra radiação ionizante como partículas alfa, partículas beta ou raios gama. Nosso detector de normas imaginário é um pouco diferente. Ele emite seus cliques com base na densidade de normas geek na área — qual porcentagem de todas as normas ao redor dele são normas de ciência, propriedade, velocidade ou abertura. Em uma empresa burocrática e esclerosada, onde os chefes não toleram nenhum desaforo ou discordância de subordinados, e as decisões são tomadas com base nos julgamentos de HiPPOs, o detector seria bem silencioso. Acho, por exemplo, que ele não faria muito barulho se andássemos pelos corredores da Quibi com ele.

Na Netflix, por outro lado, nosso detector de normas geek seria bem barulhento. E se deixássemos a sede da empresa em Los Gatos, Califórnia, e viajássemos por cidades próximas, o detector continuaria a clicar bastante. O coração do Vale do Silício é frequentemente considerado a garagem em Palo Alto onde Bill Hewlett e David Packard conduziram experimentos antes de fundar a Hewlett-Packard em 1939. Se desenharmos um círculo ao redor dessa garagem com um raio de 50km (grande o suficiente para incluir São Francisco), a sede da Netflix ficaria dentro dele, assim como a Planet e a Google, sem mencionar a Apple, PayPal, Zoom, eBay, Cisco, LinkedIn, Dropbox, Adobe e Intel.

Nenhuma dessas empresas segue todas as grandes normas geek o tempo todo — nenhuma empresa segue — mas meu palpite é que o detector estaria clicando em muitas delas. Digo isso com base na experiência pessoal e também porque essas empresas são próximas da Netflix. Geograficamente próximas, sim, mas também próximas em quão intensamente usam tecnologias digitais e de onde obtêm seus talentos. Este último ponto é especialmente importante. Pessoas que se movem entre as empresas do norte da Califórnia ao longo de suas carreiras pegam boas ideias, acrescentam a elas e as passam adiante. Como veremos nas páginas a seguir, esse tipo de aprendizado é um dos superpoderes da nossa espécie. Os testes A/B e o deck cultural da Netflix se originaram em nosso círculo do Vale do Silício. O mesmo aconteceu com muitas outras inovações em como as empresas se administram — inovações relacionadas à ciência, propriedade, velocidade e abertura.

Claro, eles também se espalharam para fora do círculo. No Capítulo 1, aprendemos que a Amazon, que tem sede em Seattle, Washington, tem uma forte cultura de propriedade. Veremos que ela também é inflexível sobre as outras grandes normas geek; nosso detector ficaria barulhento dentro dos escritórios da Amazon. Hoje em dia, também seria barulhento na Microsoft, que fica a leste de Seattle, em Redmond, Washington. No Capítulo 5, veremos como abraçar as grandes normas geek ajudou a Microsoft a realizar um dos retornos mais impressionantes da história corporativa. Cambridge, Massachusetts, é o mais longe possível do norte da Califórnia ou de Seattle, permanecendo nos 48 estados contíguos dos EUA, mas a HubSpot, que tem sede em Cambridge, não deixou que essa distância a impedisse de implementar a abertura e as outras grandes normas geek. Nosso detector, em resumo, poderia começar a clicar em qualquer lugar.

## A Expansão para o Oeste

Vamos dar uma olhada na minha primeira afirmação, de que empresas geeks têm um desempenho excelente. Uma maneira de testar essa afirmação é ver se as regiões com as maiores concentrações de empresas geeks também têm as empresas de melhor desempenho. Esse teste não é perfeito — podem ser as empresas não geeks nessas regiões que têm o melhor desempenho — mas ele nos diz se estamos no caminho certo.

Para empresas de capital aberto, uma medida principal de desempenho é a capitalização de mercado — quanto elas valem aos olhos dos investidores. Se os geeks realmente estão construindo empresas melhores, então o mercado deveria valorizá-las muito. Os preços das ações tendem a flutuar conforme os investidores reagem (e às vezes exageram) a novas informações, mas, a longo prazo, os preços das ações geralmente refletem a capacidade real das empresas de ter sucesso. Como Warren Buffett disse[1] (parafraseando seu mentor Benjamin Graham), "No curto prazo, [o mercado] é uma máquina de votação; no longo prazo, é uma balança".

Veja como o mercado de ações dos EUA pesou as perspectivas de suas maiores empresas em dois pontos no tempo com vinte anos de diferença. A seguir está uma visualização das cem empresas de capital aberto mais valiosas do país no final de 2002. Cada empresa é representada por uma bolha, cujo tamanho é proporcional à sua capitalização de mercado. As bolhas são separadas em dois grupos com base na localização da sede da empresa (na época em que se tornou pública). O grupo à esquerda contém empresas da Costa Oeste, a maioria das quais tem sede no norte da Califórnia. O grupo à direita contém empresas com sede em qualquer outro lugar nos EUA. As bolhas são sombreadas com base em sua idade, com as empresas mais jovens tendo o sombreamento mais escuro. Bolhas com bordas pretas representam empresas em setores de "tecnologia".

Esta visualização mostra que, no final de 2002, a Costa Oeste abrigava um conjunto de grandes empresas de tecnologia que eram comparativamente jovens. No entanto, a maioria das grandes empresas estava em outro lugar. Oitenta e quatro das cem maiores empresas estavam fora da Costa Oeste, assim como mais de 80% do valor total do mercado de ações desse grupo. O cenário de grandes empresas dos Estados Unidos era dominado por nomes que já existiam há algum tempo: Citigroup, J.P. Morgan e American International Group (AIG) em serviços financeiros; Merck, Pfizer e Johnson & Johnson em ciências biológicas; IBM em tecnologia da informação; e o conglomerado General Electric.

**100 Empresas Mais Valiosas dos EUA Agrupadas por Localização da Sede, Final do Ano de 2002**

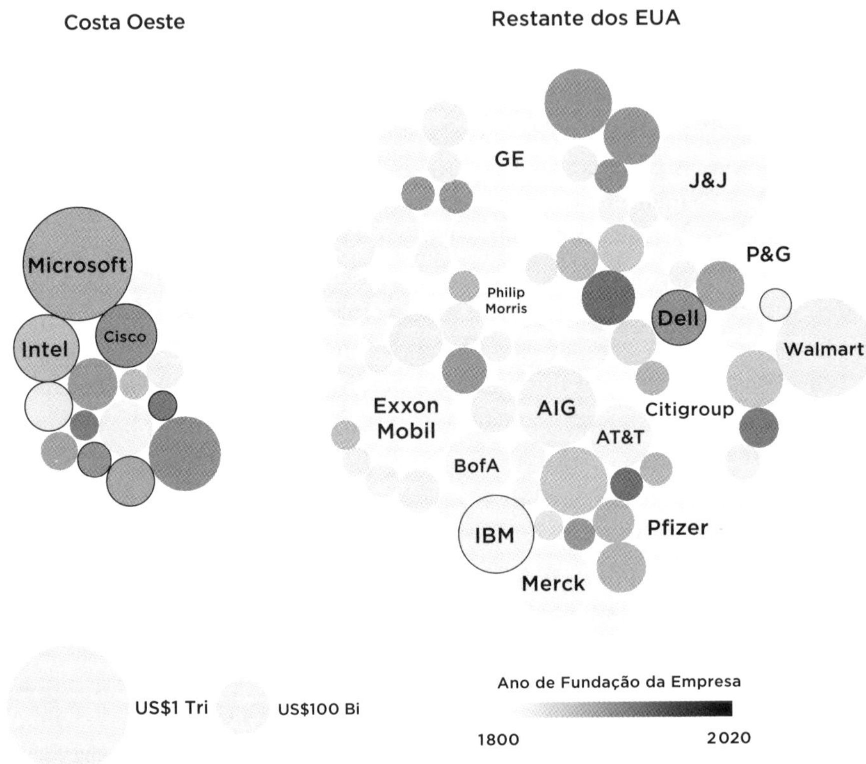


**Borda preta indica uma empresa de tecnologia.** Essas são empresas classificadas pela FactSet como atuando principalmente em um dos seguintes setores: Mídia e Serviços Interativos; Varejo de Marketing Direto e Internet; Semicondutores e Equipamentos Semicondutores; Software; Armazenamento de Hardware de Tecnologia e Periféricos. **Localização da sede avaliada no momento do IPO.** Fonte: FactSet.

Agora, vamos olhar para o mesmo mapa no final de 2022, que foi um ano brutal para muitas empresas que deixariam o detector de normas geek barulhento. O índice Nasdaq, de alta tecnologia[2], caiu quase um terço em 2022 (seu pior desempenho em mais de duas décadas), e empresas como Amazon, Tesla e Netflix perderam 50% ou mais de sua capitalização de mercado. Então, como estava nosso mapa no final de 2022?

**100 Empresas Mais Valiosas dos EUA Agrupadas por Localização da Sede, Final do Ano de 2022**

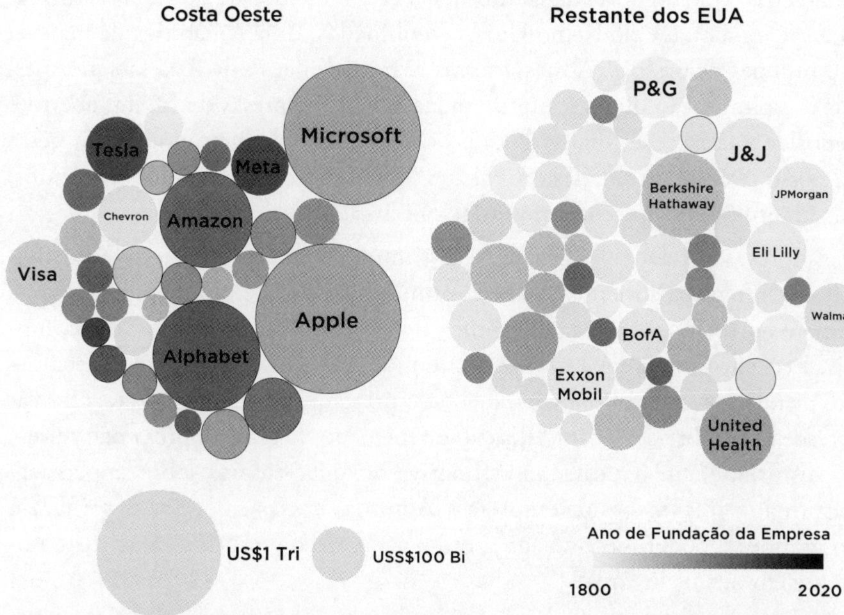


**Borda preta indica uma empresa de tecnologia.** Essas são empresas classificadas pela FactSet como atuando principalmente em um dos seguintes setores: Mídia e Serviços Interativos; Varejo de Marketing Direto e Internet; Semicondutores e Equipamentos Semicondutores; Software; Armazenamento de Hardware de Tecnologia e Periféricos. **Localização da sede avaliada no momento do IPO.** Fonte: FactSet.

Mesmo depois de um 2022 brutal para a área de tecnologia, no final do ano nosso círculo do norte da Califórnia (que contém menos de 0,1% das terras dos Estados Unidos) ainda era de longe o ponto mais frutífero do país para empresas altamente valiosas. Graças à Amazon e à Microsoft, a área de Seattle também se destacou. Enquanto isso, o resto do país não demonstrou muita capacidade de desenvolver grandes empresas de tecnologia ou grandes empresas jovens. Na verdade, a maioria das bolhas no grupo da direita não cresceram muito entre 2002 e 2022, tendo em conta a inflação. No final de 2022, o grupo da Costa Oeste continha quase tanto valor de mercado de ações de grandes empresas (47%) quanto todo o resto do país (53%).

Se olharmos para o outro lado do Oceano Atlântico, para o continente que foi o berço da Revolução Industrial, a comparação é ainda mais nítida. No final de 2022, a capitalização de mercado de todas as empresas de capital aberto em nosso círculo do norte da Califórnia era mais da metade do valor de mercado de ações da UE e do Reino Unido combinados, uma região rica de mais de 500 milhões de pessoas. A massa terrestre e a população da Ásia são enormes, mas a capitalização de mercado de todas as suas empresas de capital aberto é menos de quatro vezes maior do que a capitalização de mercado das empresas em nosso círculo. As cidades do Vale do Silício parecem subúrbios sonolentos, mas se tornaram o epicentro mundial da criação de valor capitalista.

Empresas fundadas lá, na parte do mundo onde o detector de normas geek seria mais barulhento, perturbaram indústrias que vão da publicidade à mídia e entretenimento, da eletrônica de consumo à fabricação de automóveis. Elas surgiram com inovações que mudaram o mundo, como mecanismos de busca e smartphones, e o mercado prevê que elas continuarão a inovar e crescer. (Lembre-se, a capitalização de mercado de uma empresa não reflete sua história; é, em vez disso, a estimativa dos investidores sobre as perspectivas financeiras *futuras* da empresa.)* Algumas dessas empresas se tornaram tão grandes e poderosas que agora estão atraindo o escrutínio antitruste nos EUA e em outros lugares.

A explicação padrão para esse desempenho notável é que o Vale do Silício é o centro do setor de tecnologia dos EUA, que lucrou muito com a digitalização do mundo dos negócios. Há alguma verdade nessa explicação, mas, como vimos, "tecnologia" não é mais uma maneira significativa de categorizar empresas. Então, estou contando uma história diferente sobre a criação de todo esse valor dentro do nosso círculo. Em vez de focar o crescimento de um setor chamado tecnologia, minha história é sobre a ascensão de uma cultura corporativa chamada geek.

Minha história não é sobre estratégia, mas não é porque a estratégia seja irrelevante. Ela é crucial, e as empresas representadas por essas grandes bolhas de 2022 fizeram todos os tipos de movimentos estratégicos inteligentes. Como diz o ditado, porém, "A cultura come a estratégia no café da manhã". Algumas empresas conseguem executar com sucesso as estratégias que criam. Outras não. As diferenças entre esses dois tipos são amplamente culturais.

* A premissa básica da avaliação empresarial é que, em qualquer momento, o valor de uma empresa corresponde ao valor presente de seu fluxo de caixa livre futuro. Se "fluxo de caixa livre" não é um conceito familiar para você, apenas substitua mentalmente por "lucros". Mas não diga a um professor de contabilidade que é isso que você está fazendo, a menos que esteja realmente a fim de receber uma aula.

## Avaliação Privilegiada

O grande problema em fazer alegações sobre culturas corporativas e seus vínculos com o desempenho é que tais alegações têm sido difíceis de sustentar com dados. Até recentemente, não havia muitas evidências boas e sistemáticas sobre culturas corporativas. Elas são notoriamente difíceis de serem mensuradas. Como podemos avaliar com precisão o quanto uma determinada empresa tem uma cultura de abertura, ou velocidade, ou qualquer outra coisa? Devemos entrevistar o CEO? Ler o relatório anual? Está bem claro que não obteremos respostas objetivas dessa forma. Que tal fazer pesquisas com os funcionários? Isso provavelmente renderia conclusões mais confiáveis, mas as pessoas não gostam de preencher pesquisas longas, as empresas não gostam de compartilhar os resultados das pesquisas internas que conduziram, e é difícil administrar tal pesquisa de fora. Como resultado, não tivemos muitas maneiras sólidas e ricas em dados para comparar as culturas das empresas.

A boa notícia é que a situação está começando a mudar. Nossa ignorância sobre as culturas das empresas está dando lugar à percepção. Essa mudança está acontecendo por causa de dois desenvolvimentos recentes. O primeiro é o surgimento de muitas avaliações de empresas, mantidas online por seus próprios funcionários. Assim como as pessoas avaliam os livros que leram e os hotéis em que se hospedaram, elas agora avaliam seus locais de trabalho.* Sites como o Glassdoor coletam essas avaliações anonimamente e tomam medidas para proteger os avaliadores de serem identificados e retaliados por seus empregadores.

O segundo desenvolvimento útil é a ampla disponibilidade de softwares poderosos de machine learning (ML). A variante mais comum de ML, chamada de aprendizado supervisionado, começa com um conjunto de dados de treinamento rotulados. Para analisar dados do Glassdoor, os dados de treinamento podem ser um conjunto de avaliações de funcionários que foram rotuladas por pessoas em duas dimensões: o aspecto da cultura que está sendo discutido e o sentimento do funcionário sobre esse aspecto (por exemplo, "Esta é uma avaliação *altamente favorável* sobre *agilidade* na empresa"). Depois que o software de ML é treinado com dados rotulados suficientes, ele pode passar por todas as avaliações do Glassdoor de um grande grupo de empresas e classificá-las automaticamente. Esse processo produz uma análise consistente da cultura entre as empresas e, portanto, permite comparações e classificações.

* Minha crítica favorita do nosso livro *A Segunda Era das Máquinas* tinha apenas quatro palavras: "Baseado demais em evidências".

Os pesquisadores de negócios Don e Charlie Sull fizeram isso para mais de quinhentas empresas, a maioria delas sediada nos EUA, que têm avaliações suficientes no Glassdoor para permitir análises significativas. Até onde eu sei, seu projeto Culture 500 é a primeira análise quantitativa em larga escala de culturas corporativas que usa as visões dos funcionários. Os resultados são reveladores.

Os Sulls investigaram o que eles chamam de os Nove Grandes valores culturais[3], ou os mais citados pelas empresas em suas declarações oficiais de valores. Eles são (em ordem alfabética) agilidade, cliente, colaboração, desempenho, diversidade, execução, inovação, integridade e respeito. Cada empresa no Culture 500 é classificada em cada valor, com base nos resultados da análise de ML. Então é possível ver, por exemplo, onde a Netflix se classifica em agilidade.* Está no 50º percentil? No 75º? Está no 99º percentil. Não é de se admirar que o deck de cultura tenha sido tão popular.

A pesquisa Culture 500 não investigou diretamente as grandes normas geek de ciência, propriedade, velocidade e abertura, mas se concentrou em conceitos relacionados como agilidade, execução e inovação. Podemos, portanto, usar os dados do Culture 500 para ver se há suporte para meus argumentos sobre o jeito geek. Os Sulls criaram grupos de empresas e colocaram a Netflix em dois deles: Gigantes de Tecnologia e Internet. Vamos combinar esses dois e chamar o conjunto resultante de Prováveis Suspeitos por terem culturas geek. Essas são as empresas onde eu esperaria que nosso detector de normas geek fizesse mais barulho. A tabela abaixo lista os 33 Prováveis Suspeitos, 60% dos quais foram fundados dentro do nosso círculo do Norte da Califórnia.

| | | |
|---|---|---|
| **Airbnb*** | **HubSpot** | **Twitter*** |
| **Akamai** | **IBM** | **Uber*** |
| **Alphabet*** | **Intel*** | **Wayfair** |
| **Amazon** | **LinkedIn*** | **Workday*** |
| **Apple*** | **Lyft*** | **Yahoo*** |
| **Cisco Systems*** | **Microsoft** | **Yelp*** |
| **DoorDash*** | **Netflix*** | **Zillow** |
| **eBay*** | **Oracle*** | |
| **Expedia** | **PayPal*** | |
| **Facebook (Meta)*** | **Postmates*** | |
| **GoDaddy** | **Salesforce*** | |
| **Groupon** | **Stitch Fix*** | |
| **Grubhub** | **Support.com*** | |

*Fundadas no norte da Califórnia

* Para ser um pouco mais preciso, é possível ver onde a visão agregada dos funcionários da Netflix sobre a agilidade da empresa se compara às visões paralelas de todas as outras empresas do Culture 500.

Calculei a média entre os Prováveis Suspeitos de cada um dos Nove Grandes valores do Culture 500 e comparei essa média de grupo com as pontuações da Netflix em cada um deles. O gráfico abaixo mostra os resultados.

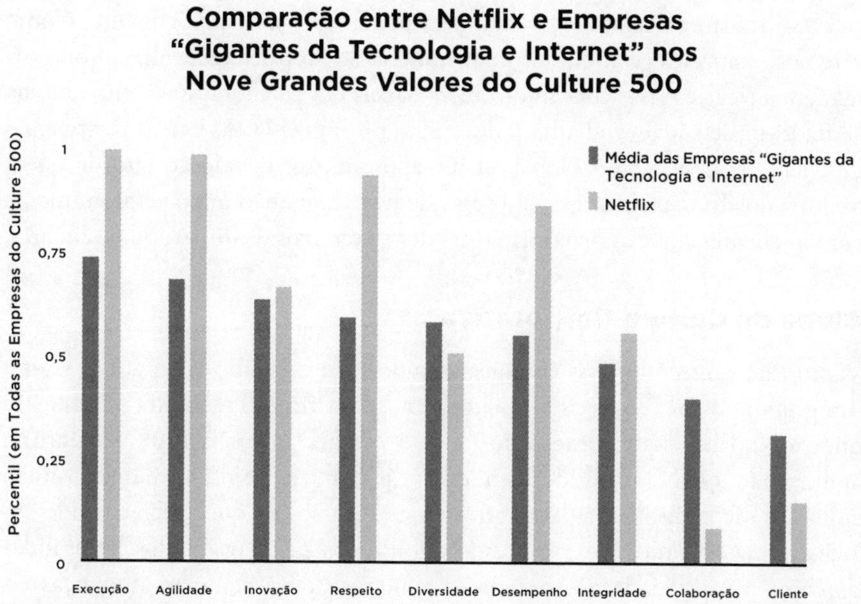


Fonte: CultureX

Os Prováveis Suspeitos são, como grupo, bastante semelhantes à Netflix. Todos estão na metade superior do Culture 500 em seis dos nove valores: execução, agilidade, inovação, respeito, diversidade e desempenho.

A classificação de diversidade relativamente alta das empresas geek é surpreendente, dada a reputação do setor de tecnologia como uma monocultura. E, para ser claro, esta reputação é justificada em vários aspectos. As mulheres representam apenas um terço[4] da força de trabalho nas cinco maiores empresas de tecnologia, por exemplo, e a porcentagem de funcionários técnicos na Microsoft e no Google que são negros ou hispânicos melhorou em apenas um ponto percentual[5] entre 2014 e 2019. Uma análise de 2021 da Bloomberg[6] descobriu que os níveis profissionais e gerenciais nas empresas de tecnologia continham significativamente menos mulheres, negros e hispânicos do que outras grandes empresas. Portanto, a alta pontuação de diversidade das empresas geek pode ser, pelo menos em parte, devido ao fato de que a maioria masculina e branca nessas empresas acredita que não há problema com a diversidade e que as opiniões dessa maioria abafam aqueles que pensam de forma diferente. Num tema tão importante como este, são claramente necessárias mais pesquisas.

Assim como a Netflix, os Prováveis Suspeitos também estão bem abaixo da média em duas áreas da cultura corporativa: colaboração e cliente. A baixa classificação de colaboração não é surpreendente nem preocupante. Como veremos, empresas geek que adotam normas de propriedade e alta autonomia tendem a ficar em posições muito mais baixas em colaboração extensiva e, na verdade, muitas vezes trabalham duro para minimizá-la. As baixas pontuações de cliente podem, como Don Sull me apontou, ser devido ao fato de que a maioria dos funcionários em empresas de tecnologia não interage diretamente com os clientes e que as plataformas tendem a ter mais de um grupo de clientes.

## Clube de Cultura Corporativa

Vamos nos concentrar nas colunas altas no lado esquerdo do gráfico. Como um grupo, nossos Prováveis Suspeitos têm a classificação mais alta exatamente onde a Netflix está: em execução (onde a Netflix ancora o 100º percentil) e agilidade (o 99º). Os Sulls definem execução como a extensão em que "os funcionários são capacitados para agir, têm os recursos de que precisam, aderem à disciplina de processo e são responsabilizados pelos resultados", e agilidade como a capacidade de "responder rápida e efetivamente às mudanças no mercado e aproveitar novas oportunidades". A terceira maior pontuação dos Prováveis Suspeitos é em inovação, uma medida do grau em que "a empresa é pioneira em novos produtos, serviços, tecnologias ou formas de trabalhar".

Se você perguntasse à minha comunidade de acadêmicos de negócios sobre os impulsionadores do desempenho corporativo, o trio de agilidade, execução e inovação estaria no topo da lista de resultados. A pesquisa Culture 500 dos Sulls nos mostra que, de acordo com seus próprios funcionários, nossos Prováveis Suspeitos de terem culturas geek estão se saindo bem em todas essas três atividades críticas. Esta pesquisa também nos permite comparar nossos Prováveis Suspeitos a outros grupos do setor, para que possamos ver se os geeks têm alguma competição de verdade aqui. Como mostra o gráfico a seguir, eles não têm; nem de longe.

## Pontuações Médias de Agilidade, Execução e Inovação da Culture 500 por Grupo de Setor

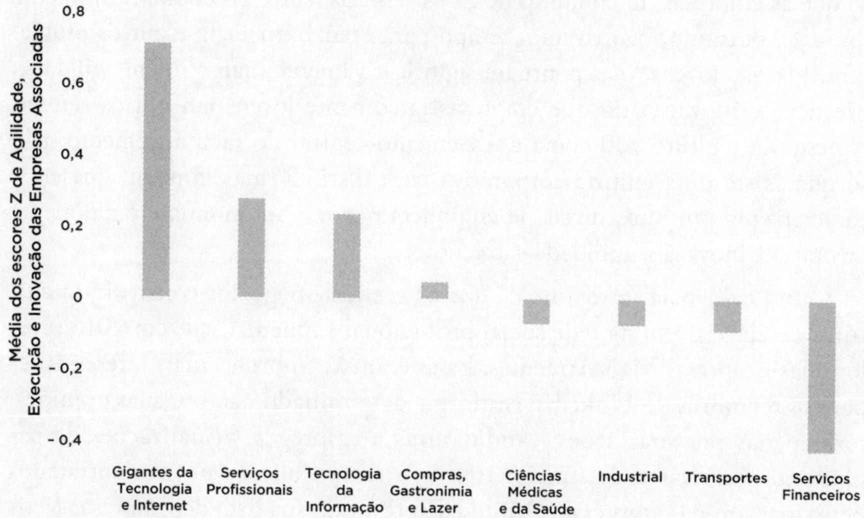


Fonte: CultureX

A pontuação média combinada para agilidade + execução + inovação no grupo de Prováveis Suspeitos é mais do que o dobro da de qualquer outro grupo do setor. Empresas de serviços profissionais e empresas de TI se saem muito bem nessas três atividades (novamente, de acordo com seus próprios funcionários). E é basicamente isso. A maioria dos outros grupos do setor oscila em torno do zero; os serviços financeiros se destacam por suas médias baixas em agilidade, execução e inovação.

Quanto mais olho para este gráfico, mais surpreendente eu o acho. Ao longo das décadas que passei em escolas de negócios, ouvi inúmeras discussões sobre a importância do empoderamento, autonomia e aceitação do novo, e sobre como as culturas corporativas mais saudáveis são aquelas com os mais altos níveis de liberdade, confiança, responsabilidade e responsabilização. Se todos os livros e artigos escritos sobre o poder dessas culturas fossem reunidos em um só lugar, a pilha seria altíssima. Pouquíssimos documentos naquela pilha previram que um bando de geeks da internet seriam os que construiriam essas culturas. No entanto, de acordo com as melhores evidências que temos, foi isso que aconteceu.

Isto é um choque. É como se um grupo de entusiastas de voo inexperientes tivesse aprendido a construir aviões excelentes enquanto o setor da aviação convencional não fosse capaz de evitar que suas máquinas caíssem do céu. E não é só que as empresas no conjunto de Prováveis Suspeitos são comparativamente jovens e, portanto, não tiveram tempo para criar burocracia e outros problemas. Elas *são* jovens, mas pontuam significativamente mais alto em agilidade, execução e inovação do que empresas igualmente jovens em outros setores. A pesquisa Culture 500 apoia um elemento central do meu argumento: não só que existe uma cultura corporativa geek distinta, mas também que ela é caracterizada por altos níveis de empoderamento e autonomia e é altamente favorável à inovação, agilidade e execução.

Outra evidência intrigante de que os geeks de negócios construíram culturas desejáveis vem da rede social profissional LinkedIn, que em 2016 revelou suas Empresas Mais Atraentes. Essas eram as empresas mais interessantes para os membros do LinkedIn conforme determinado não por suas opiniões, mas apenas por suas ações: candidaturas a empregos, visualizações de páginas corporativas e de funcionários e o tempo que os novos contratados permaneciam nas empresas. O LinkedIn resumiu sua lista de Empresas Mais Atraentes como "a primeira classificação desse tipo[7] a ser baseada inteiramente em ações de usuários".*

As ações dos usuários revelaram que nossos Prováveis Suspeitos eram extremamente atraentes. Nos EUA, dez dos onze primeiros lugares na lista das Empresas Mais Atraentes foram ocupados por Prováveis Suspeitos, e todos, exceto a Microsoft, tinham sede no norte da Califórnia (a décima primeira era a Tesla, uma empresa muito geek em aspectos importantes, como veremos no Capítulo 6). Globalmente, a situação era bem parecida, com os primeiros lugares indo para sete das mesmas empresas. A jornalista Suzy Welch destacou[8] o quão assimétricas as Empresas Mais Atraentes eram, e o quanto da era industrial estava ausente da lista:

> A tecnologia compreende menos de 10% do PIB estadunidense, mas cada uma das 10 principais empresas na lista de Empresas Mais Atraentes está no espaço tecnológico. E, olhando para todas as 40 empresas na lista dos EUA, a tecnologia representa 45% do total…

* Nos últimos anos, o LinkedIn substituiu sua lista de Principais Atratores por "Principais Empresas" e expandiu os critérios de inclusão para além das ações dos usuários: "As classificações do LinkedIn [Principais Empresas] são baseadas em sete pilares[9]: capacidade de progredir, desenvolvimento de habilidades, estabilidade da empresa, oportunidades externas, afinidade com a empresa, diversidade de gênero e formação educacional".

> Em contraste, empresas no setor de energia e varejo, que juntas compreendem 7,5% do PIB e 25% das 40 maiores empresas da *Fortune* 500, não aparecem em lugar nenhum. (Repito, em lugar nenhum.) Vale destacar também: a manufatura tradicional... ainda compreende 12% da economia dos EUA e 10% das 40 maiores empresas da *Fortune* 500. Na lista de Empresas Mais Atraentes do LinkedIn, no entanto, a única que chega perto de estar nessa categoria é a Tesla, aparecendo em 8º lugar, mas é tanto uma empresa de manufatura tradicional quanto, bem, uma empresa de tecnologia que faz carros elétricos.

Pode ser que os Prováveis Suspeitos sejam tão atraentes porque pagam muito bem, mas essa visão é difícil de conciliar com o fato de que o setor financeiro, que também paga muito bem, teve um desempenho ruim de apenas quatro empresas na lista das Empresas Mais Atrativas (Visa, no número 13; Blackrock, no número 19; Goldman Sachs, no número 27; e Morgan Stanley, no número 40). O psicólogo Adam Grant tem uma explicação melhor para o motivo pelo qual a lista das Empresas Mais Atrativas é dominada por nossos Prováveis Suspeitos: "As empresas de tecnologia elevaram o nível[10] sobre o que significa ser um ótimo lugar para trabalhar: não apenas comida grátis e mesas de pingue-pongue, mas uma chance de fazer um trabalho criativo em relação aos problemas importantes, colaborar com colegas talentosos e altamente motivados, aprender com especialistas de primeira classe e ser escutado de fato". Welch, Grant e muitos outros continuam a usar um rótulo do setor — "tecnologia" — para descrever os Prováveis Suspeitos. Mas acho que o rótulo cultural de "geek" é mais apropriado. A descrição de Grant de um ótimo lugar para trabalhar, por exemplo, tem tudo a ver com a cultura, não com o setor.

Não estou dizendo que as empresas geek são perfeitas. Claro que não são. Elas falharam em questões importantes como alcançar representação feminina e minoritária suficiente[11] em suas forças de trabalho, minimizar o preconceito nas ofertas que lançam, proteger a saúde de seus trabalhadores da linha de frente, assim como em impedir a interferência estrangeira em eleições e a disseminação de notícias falsas e discurso de ódio em suas plataformas de mídia social. Nas páginas a seguir, veremos muitos exemplos de erros cometidos por geeks de negócios. Também não estou argumentando neste livro que as empresas geek são boas e generosas, ou que são moralmente corretas, ou que devem ser deixadas em paz e não regulamentadas. Meu objetivo aqui não é fazer com que você goste de empresas geek ou confie nelas.

Meu objetivo é mais restrito e simples: mostrar que muitas empresas geeks têm um desempenho excelente, em grande parte por causa das culturas que criaram. Elas demonstraram a capacidade de fazer a principal coisa para a qual as empresas existem: produzir de forma lucrativa ofertas que os clientes valorizam e continuar fazendo isso por longos períodos de tempo. Se você é apaixonado por capitalismo de stakeholders; meio ambiente; critérios sociais e de governança; responsabilidade social corporativa; diversidade, equidade e inclusão; ou qualquer outro movimento que busque remodelar o mundo dos negócios, um desempenho excelente e sustentado ajudará você a atingir seus objetivos.

Se você não gosta do poder e da influência das maiores empresas geeks da atualidade, acho que deveria estudá-las de maneira particular com atenção especial. Afinal, times esportivos observam e estudam seus arquirrivais, e os serviços militares e de inteligência dos EUA passam muito tempo tentando entender os potenciais da China, Rússia e Coreia do Norte. Isso não é porque os EUA acham que esses países são dignos de admiração; é porque eles são adversários dignos — concorrentes que devem ser levados a sério.

Em suma, seja você um fã, inimigo ou concorrente de empresas geek, vale a pena dedicar um tempo entendendo como elas ficaram tão grandes. Meu argumento é simples: as culturas que elas criaram são facilitadoras cruciais de seu crescimento.

## Não Vamos Lá

Ao visitar os geeks alfa da tecnologia e suas empresas ao longo dos anos, percebi algo impressionante: eles raramente falam sobre as culturas ou práticas corporativas da era industrial em termos favoráveis. Na verdade, eles raramente falam sobre elas. Quando o fazem, geralmente é para ilustrar o que querem evitar. Entre os geeks de negócios, os costumes da era industrial são muito mais honrados quando ignorados do que quando seguidos.

Se imagens funcionam melhor para você do que figuras de linguagem shakespearianas, veja da seguinte forma: toda empresa enfrenta o mesmo pequeno conjunto de trade-offs fundamentais — dar autonomia às pessoas versus estabelecer estrutura e processos padronizados; depositar fé em dados, experimentos e algoritmos versus confiar na intuição, experiência e julgamento; agir rápido versus ser metódico; abraçar discussões e discordâncias versus valorizar colegialidade e consenso; utilizar estruturas horizontais versus hierárquicas, e estruturas frouxas versus fortemente integradas. Se cada um desses trade-offs for como um mostrador, as pessoas que projetam e administram as empresas ajustam os mostradores até encontrarem uma configuração que pareça adequada para suas circunstâncias.

Como veremos nos próximos capítulos, os geeks pegam todos esses mostradores e os voltam o máximo possível para a mesma direção — aquela que promove normas de ciência, propriedade, velocidade e abertura, e que cria uma cultura corporativa autônoma, questionadora, igualitária, baseada em evidências e ágil. De acordo com a sabedoria convencional da era industrial, essa não é uma boa ideia. Uma cultura como essa pode ser apropriada para uma startup jovem, ou um grupo homogêneo de tech bros, ou uma Skunk Works (uma pequena divisão criada dentro de uma grande empresa para trabalhar em projetos secretos). Mas em algum momento, o conselho de negócios padrão diz, você tem que crescer. Você tem que mover os mostradores em direção ao centro conforme uma empresa cresce e amadurece, pois ela tem que executar com alta confiabilidade em vez de apenas inovar, e conforme sua força de trabalho cresce e se torna mais dispersa e diversa.

Os geeks parecem ser imunes a esse conselho. Na verdade, eles têm uma objeção quase existencial a ele. Parafraseando a orientação frequentemente atribuída à escritora Dorothy Parker,[12] eles acreditam que mover os mostradores em direção ao centro não é uma ideia para ser descartada levianamente. Em vez disso, deve ser jogada fora a todo custo.

Por que eles acreditam nisso? Em parte porque não estão impressionados com os resultados gerados por esse conselho — com os tipos de empresas e resultados que ele produz. Se isso soa como um julgamento excessivamente severo, considere o seguinte:

- Em uma pesquisa da *Harvard Business Review* de 2017[13], quase dois terços dos entrevistados relataram que suas empresas tinham burocracia moderada a severa, e apenas 1% se sentia livre de burocracia.
- Em 2018, quase trezentos líderes corporativos foram questionados sobre as maiores barreiras à inovação[14] em suas empresas. As duas principais respostas, cada uma citada por cerca de metade dos entrevistados, foram "política/disputas de poder" e, a eterna favorita, "questões culturais".
- A maioria dos grandes projetos é concluída com atraso e acima do orçamento (se é que são concluídos), e muitos, desde construção até eletrônicos de consumo e desenvolvimento de software, sofrem da "síndrome dos 90%[15]": tudo parece estar no caminho certo e no pra-

zo até que o projeto esteja 80% a 90% concluído, momento em que o progresso repentinamente se torna mais lento.

- Um estudo de 2020 realizado com mais de quinhentas grandes empresas dos EUA não encontrou praticamente nenhuma correlação[16] entre os valores corporativos declarados e a cultura real avaliada pelos funcionários.
- Pesquisas no século XXI têm consistentemente revelado que não mais do que metade dos funcionários,[17] e às vezes menos de 10%,[18] sabem o que se espera deles no trabalho, ou como seu trabalho se alinha com os objetivos e estratégias de suas empresas.

Os geeks perguntaram: *Não podemos fazer melhor?* Por que deveríamos tolerar culturas corporativas que são as maiores barreiras à inovação[14] em vez das maiores apoiadoras e fomentadoras dessa atividade crítica? Por que deveríamos aceitar que esforços importantes quase sempre serão tardios, ou que altos níveis de burocracia e hipocrisia são esperados? Por que tão poucos funcionários realmente sabem por que estão fazendo o que estão fazendo?

Os geeks de negócios olharam para a empresa típica do início do século XXI e chegaram à mesma conclusão que Maria Montessori chegou após estudar escolas italianas no início do século XX: *podemos fazer melhor em todas as dimensões que importam*. Os geeks acreditavam ser capazes de construir empresas que se movem mais rápido, executam melhor e inovam mais, ao mesmo tempo em que proporcionam a seus colaboradores um maior senso de pertencimento e empoderamento.

Construir esses tipos de empresas não é importante apenas porque elas produzirão melhores bens e serviços. Também é importante porque serão melhores lugares para trabalhar, e o trabalho é uma parte central da vida da maioria das pessoas. Nos EUA, os trabalhadores em tempo integral passam, em média, quase tanto tempo por semana no trabalho — quarenta e sete horas[19] — quanto dormindo.[20] Durante seus melhores anos de trabalho, eles passam quase tanto tempo com seus colegas de trabalho[21] quanto com seus parceiros, e apenas um pouco menos do que com seus filhos. E eles não estão investindo todo esse tempo apenas pelo salário. Como todos sabemos (e exploraremos nas páginas a seguir), nosso trabalho nos fornece oportunidades de fazer coisas que são da mais alta importância para os seres humanos: sentir-se parte de uma comunidade, ter um senso de propósito, aprender e ensinar, ganhar status e assim por diante.

A imagem de trabalhadores zumbificados batendo ponto em empregos sem saída é um cenário comum tanto para a comédia quanto para a tragédia, mas não é precisa. A Pesquisa Social Geral perguntou aos trabalhadores estadunidenses em 2016: "Se você ganhasse dinheiro suficiente para viver tão confortavelmente quanto gostaria pelo resto da sua vida, você continuaria a trabalhar ou pararia de trabalhar?" 70% disseram que continuariam trabalhando,[22] e essa porcentagem foi realmente mais alta entre os trabalhadores menos educados e aqueles que ocupavam os empregos de menor prestígio. A miséria não vem quando você tem um emprego, mas quando você tem medo de perdê-lo. O cientista social Arthur Brooks[23] descobriu que

> os adultos estadunidenses que relataram que eram "muito" ou "razoavelmente" propensos a perder o emprego em 2018 eram mais de três vezes mais propensos a dizer que "não estavam muito felizes" com sua vida do que as pessoas que sentiam que "não eram prováveis" de serem demitidas... Em 2014, os economistas descobriram que um aumento de um ponto percentual no desemprego reduz o bem-estar nacional em mais de cinco vezes do que um aumento de um ponto na taxa de inflação.

As empresas terão culturas ricas. É quase impossível para elas não terem, dado o quanto dos nossos dias e identidades são ocupados pelo trabalho. Mas "rico" nem sempre significa "saudável". Tampouco "planejado". Muitos líderes empresariais não dedicam muito tempo às culturas de suas empresas. Em vez disso, eles as deixam evoluir em grande parte por conta própria. Como uma equipe de pesquisadores organizacionais colocou em um artigo da *Harvard Business Review*, "Em nossa experiência, é... comum que os líderes que buscam construir organizações de alto desempenho sejam confundidos pela cultura.[24] De fato, muitos a deixam sem gestão ou a relegam à função de RH, onde se torna uma preocupação secundária para o negócio. Eles podem traçar planos detalhados e bem pensados para estratégia e execução, mas como não entendem o poder e a dinâmica da cultura, seus planos saem dos trilhos". Esta é uma enorme oportunidade perdida. É como administrar um supermercado e não prestar atenção em quais produtos vão para quais prateleiras.

Qualquer loja desse tipo rapidamente se tornaria uma bagunça não competitiva. Observando as evidências sobre as culturas empresariais da era industrial e o desempenho dessas empresas em suas disputas com geeks obcecados por cultura, a expressão "bagunça não competitiva" parece, em geral, bastante apropriada. Não há razão para perpetuar a bagunça. As pessoas querem trabalhar em ambientes saudáveis, e agora sabemos como criá-los, graças a duas comunidades muito diferentes: um novo grupo de fundadores e líderes de negócios geeks e cientistas que fazem e respondem a diferentes tipos de perguntas sobre o comportamento humano.

Como vimos neste capítulo, há boas evidências de que os geeks de negócios estão tendo sucesso em suas tentativas de construir algo melhor. Eles estão seguindo o conselho do cofundador da HubSpot, Dharmesh Shah, que diz: "De qualquer maneira, você terá uma cultura[25] — é melhor construir uma que você ame".

## Resumo do Capítulo

As cidades do Vale do Silício parecem subúrbios sonolentos, mas no século XXI elas se tornaram o epicentro mundial da criação de valor capitalista. O Vale abriga mais empresas inovadoras, de rápido crescimento e com potencial transformador do que qualquer outra região do mundo.

A explicação padrão para esse desempenho notável é que o Vale do Silício é o centro do setor de tecnologia dos EUA, mas em vez de focar o crescimento de um setor chamada tecnologia, minha história é sobre a ascensão de uma cultura corporativa chamada geek.

Pesquisas recentes indicam que há uma cultura corporativa geek distinta com altos níveis de empoderamento e autonomia; ela promove inovação, agilidade e execução.

Seja você um fã, inimigo ou concorrente de empresas geek, vale a pena investir tempo entendendo como elas se tornaram tão dominantes. Meu argumento é simples: as culturas que elas criaram são facilitadoras críticas de seu sucesso.

As pessoas querem trabalhar em ambientes saudáveis, e agora sabemos como criá-los, graças a duas comunidades muito diferentes: um novo grupo de fundadores e líderes de negócios geeks e cientistas que fazem e respondem perguntas sobre comportamento humano e evolução cultural.

CAPÍTULO 3

# Ultra e Definitivo

*Uma Nova Maneira de Pensar Sobre Nós*

> Somos o milagre da força e da matéria convertendo-se em imaginação e vontade. É incrível: a Força da Vida experimentando novas formas. Você é uma delas. Eu, outra. O Universo, gritando, se proclamou vivo. E somos um de seus gritos.
>
> — *Ray Bradbury*

Estamos em uma categoria própria, nós, seres humanos. Não há nada como nós no planeta — nem perto disso. Mas o que realmente nos diferencia não é o que a maioria das pessoas pensa.

A maioria das pessoas pensa que o que nos distingue de nossas criaturas semelhantes é nossa inteligência. Essa visão é tão difundida e antiga que se reflete no nome científico de nossa espécie: a parte *sapiens* do *Homo sapiens* significa "sábio". E é verdade que somos muito mais inteligentes em muitos aspectos do que nossos parentes mais próximos. Aos 2,5 anos, as crianças humanas já raciocinam tão bem sobre espaço, quantidades e causalidade quanto os chimpanzés e orangotangos adultos[1] (e, claro, nossa inteligência nesses domínios aumenta durante muito tempo após nossos primeiros anos).

## Um Nome Melhor para Nossa Espécie

No entanto, há alguns problemas com essa noção de singularidade humana definida como "somos muito mais inteligentes". Um deles é que somos, na verdade, piores do que nossos parentes evolucionários mais próximos em alguns tipos importantes de raciocínio. A memória espacial e a velocidade de processamento de informações estão intimamente relacionadas a outros tipos de inteligência em humanos, então parece provável que os adultos superem os chimpanzés nessas áreas.* Os primatologistas Sana Inoue e Tetsuro Matsuzawa testaram se esse era o caso colocando um grupo de estudantes universitários (humanos) contra um grupo de chimpanzés em uma tarefa: os experimentadores mostraram brevemente aos seus sujeitos uma sequência de números consecutivos distribuídos ao redor de uma tela de computador (por exemplo, "1" estava no canto inferior esquerdo da tela, "2" estava perto do meio, "3" estava no canto superior esquerdo e assim por diante), então cobriram todos os números com retângulos em branco. O sujeito tinha que demonstrar sua memória espacial tocando nos retângulos em sequência numérica (ou seja, primeiro o retângulo que estava cobrindo o "1", depois o "2", ...) o mais rápido possível sem cometer erros.

Se um sujeito conseguisse lembrar corretamente a sequência de números ocultos em uma tela que continha, digamos, seis retângulos, a próxima tela que ele via continha sete. A tela mais cheia continha nove números. Além de variar quantos números estavam na tela, os experimentadores também variavam quanto tempo eles ficavam visíveis até que fossem cobertos por retângulos; o tempo mais longo era de 0,65 segundos, o mais curto, de 0,2 segundos. Para medir a velocidade de processamento de informações, o experimento rastreou quanto tempo os sujeitos levavam para começar a tocar nos retângulos depois que eles apareciam.

O campeão geral em memória espacial foi um chimpanzé de cinco anos chamado Ayumu, que demonstrou um sangue-frio admirável apresentando o mesmo desempenho, não importando a rapidez com que os números desaparecessem (todos os outros sujeitos, humanos e chimpanzés, viram seu desempenho se deteriorar). Os humanos foram melhores que os outros chimpanzés na tarefa de memória espacial, mas todos os humanos perderam para todos os chimpanzés no domínio da velocidade de processamento de informações. Os chimpanzés começaram a tocar retângulos mais rápido do que qualquer um dos humanos e, diferentemente dos humanos, não se saíram pior ao começar a tocar mais rapidamente.

Nosso desempenho contra os chimpanzés nesses testes nos afasta um pouco da visão de que "somos muito mais inteligentes". Mas o que realmente desmantela essa visão é o fato de que nós, *Homo* (supostamente) *sapiens* não somos

* Quanto melhor for a sua memória espacial e a sua velocidade de processamento de informações, maior será a probabilidade de você também ser bom em resolução de problemas e raciocínio.

sábios o suficiente para nos mantermos vivos por conta própria, mesmo quando recebemos tudo o que achamos que precisaríamos para sobreviver. Individualmente, não somos nem inteligentes o suficiente para continuar existindo.

Para entender o que quero dizer, considere um experimento mental inquietante: pegue um grupo de crianças humanas logo após serem desmamadas do leite materno e coloque-as no ambiente mais hospitaleiro possível: sem predadores, patógenos, venenos ou inimigos; clima quente e ameno, dia e noite; bastante abrigo, cama e roupas; água fresca abundante; e fácil acesso a infinitas frutas, vegetais, nozes, grãos e até geladeiras cheias de carne crua fresca, aves e peixes. As únicas coisas que faltam neste Éden são pessoas mais velhas e fogo.

Se você fizesse esse experimento com qualquer outro mamífero, o principal problema seria a eventual superpopulação. As crianças humanas, no entanto, enfrentariam o problema oposto. Sem ninguém por perto para ensiná-las a fazer fogo e cozinhar, elas acabariam morrendo de fome.*

Essa situação extraordinária ocorreu porque há muito tempo nossos ancestrais começaram a cozinhar pelo menos parte de sua comida[2].†Alimentos cozidos são mais densos em nutrição e mais fáceis de mastigar e digerir. Esses benefícios são tão grandes que mudaram nossa espécie. À medida que a prática de cozinhar alimentos se tornou universal[3] nas sociedades humanas, a evolução assumiu o controle, encolhendo nossos estômagos e tratos intestinais (já que alimentos cozidos exigiam menos tempo e energia para digerir) e enfraquecendo nossos músculos da mandíbula (já que não precisávamos mastigar tanto). Como resultado dessas e de outras adaptações, os humanos modernos não podem existir com uma dieta de alimentos crus e não preparados.‡ Temos uma "dependência obrigatória"[6] do fogo. Charles Darwin percebeu que aproveitar o fogo era um desenvolvimento fundamental para nossa espécie. Nas

---

* Em 1978, os Robertsons, uma família escocesa, sobreviveram em um barco no Oceano Pacífico por 38 dias. Depois que seus alimentos preparados acabaram, eles sobreviveram com carne crua de peixes e tartarugas que haviam capturado. No entanto, como o primatologista Richard Wrangham escreve em seu livro *Pegando Fogo* de 2009, "sua experiência mostra[4] que com comida abundante, as pessoas podem sobreviver bem com uma dieta baseada em animais crus por pelo menos um mês. Mas as pessoas às vezes sobrevivem sem comida alguma por um mês, desde que tenham água. A falta de qualquer evidência de sobrevivência a longo prazo com alimentos selvagens crus sugere que, mesmo em casos extremos, as pessoas precisam de sua comida cozida".

† Há um debate[5] sobre quando os humanos começaram a cozinhar seus alimentos. Richard Wrangham acredita que a transição aconteceu há cerca de 1,8 milhão de anos, quando a espécie *Homo erectus* apareceu. Outros acreditam que a transição é muito mais recente, ocorrendo nas últimas centenas de milhares de anos.

‡ Dietas "veganas cru" envolvem preparação extensiva de alimentos com liquidificadores e outras ferramentas modernas. A energia e o físico do astro do rock Lenny Kravitz, que está na casa dos 50 e poucos anos e é "essencialmente cru"[8], sugerem fortemente que essas dietas podem ser o caminho a seguir.

suas próprias palavras, o fogo foi "provavelmente a maior [descoberta] já feita pelo homem, com exceção da linguagem".

Se a evolução nos tornou[7] dependentes do fogo, é lógico esperar que a evolução também nos desse os meios para criá-lo. Mas não deu. Praticamente nenhum de nós consegue descobrir sozinho como fazer fogo. Temos que aprender essa habilidade; não somos inteligentes o suficiente para adquiri-la sozinhos. Há muito, muito tempo, os ancestrais de todas as pessoas vivas hoje descobriram pelo menos um método para fazer fogo (batendo os tipos certos de pedras uma na outra para criar faíscas, por exemplo, ou esfregando dois pedaços de madeira um contra o outro tão rápido que eles esquentam o suficiente para fazer a estopa explodir em chamas)*. Essas pessoas então ensinaram esse método aos seus pares, que o ensinaram (talvez com algumas melhorias) aos seus filhos, e assim por diante. Dentro dos grupos humanos, cada geração ensina à seguinte como criar e manter o fogo, e como usá-lo para cozinhar alimentos e fazer outras coisas essenciais.

E não é só fazer fogo. Nós, humanos, temos que ser ensinados por outros como caçar, desintoxicar alimentos, fazer roupas e ferramentas, construir abrigos e fazer muitas outras coisas que são essenciais para nossa sobrevivência. Os humanos aprenderam como viver em desertos, florestas tropicais e em quase todos os ecossistemas intermediários, mas esse aprendizado não acontece do zero para cada indivíduo. Em vez disso, ele é acumulado por muitas pessoas e grupos ao longo de muitas vidas e passado de geração em geração.

Nós fizemos uma fascinante barganha evolucionária. Aceitamos a impotência individual como o preço da fantástica força do grupo. Nossa inteligência sozinha não pode nos manter vivos, mas nossos grupos sociais podem, e o fazem. Nossos grupos detêm o conhecimento e o know-how de que precisamos. Sem eles, estamos perdidos. Dentro deles, ficamos suficientemente inteligentes para construir naves espaciais.

Lançar uma nave espacial é uma conquista impressionante, e uma que é única para nossa espécie. Os chimpanzés não colocaram nada em órbita, e eu acho que é seguro dizer que eles não farão isso tão cedo. Mas por que não? Como vimos, eles são muito inteligentes de maneiras importantes. Eles também aprendem uns com os outros. Os chimpanzés têm culturas: costumes e

* Uma exceção aqui pode ser o povo isolado e raramente contatado da Ilha Sentinela do Norte, na Baía de Bengala. O antropólogo Triloknath Pandit é um dos poucos forasteiros a ter contato com os sentineleses. Ele observou que eles não sabem[9] como criar fogo por si mesmos. Em vez disso, eles levam madeira queimada de árvores que foram atingidas por raios de volta para suas cabanas e mantêm essas fogueiras vivas ao longo do tempo.

aprendizado social que variam entre os grupos e continuam por gerações. As culturas dos chimpanzés diferem umas das outras em muitos aspectos, incluindo a maneira como os membros constroem ninhos para dormir, usam ferramentas para extrair mel dos troncos e cortejam seus parceiros. Outros primatas não humanos também têm culturas, assim como muitos cetáceos — baleias, golfinhos e botos.

A lista de animais detentores de cultura[10] pode ser longa, mas o psicólogo Steve Stewart-Williams enfatiza a principal diferença entre todos eles e nós: "Dez mil anos atrás, o auge da cultura do chimpanzé[11] era usar galhos para extrair cupins de cupinzeiros. Hoje, o auge da cultura do chimpanzé é... usar galhos para extrair cupins de cupinzeiros". Inovações dos chimpanzés, como o uso de ferramentas, são reais e importantes, e se espalham de igual para igual e de pais para filhos, mas não se desenvolvem[12] umas sobre as outras ao longo do tempo.* As inovações humanas, por sua vez, claramente o fazem; avançamos do uso de galhos para o lançamento de lanças e para o lançamento de naves espaciais.

Precisamos de uma definição de nossas culturas que capture o que é único sobre elas. Usarei o que o antropólogo Joe Henrich diz: "Por 'cultura' quero dizer o grande conjunto[13] de práticas, técnicas, heurísticas, ferramentas, motivações, valores e crenças que todos nós adquirimos enquanto crescemos, principalmente por aprender com outras pessoas". Essa parte de "aprender com outras pessoas" captura muito do que nos diferencia dos chimpanzés e de todas as outras espécies. Aprendemos mais variedades de coisas de mais indivíduos diferentes do que qualquer outra criatura na Terra. E, como veremos, também sintetizamos o que aprendemos com os outros, criando sem esforço uma mistura dos melhores exemplos que vemos.

Além do aprendizado, a outra coisa que faz os humanos se destacarem é o quão bem trabalhamos juntos. Somos a única espécie que coopera intensamente em grandes grupos de indivíduos não relacionados. Formigas, abelhas e alguns outros insetos sociais se saem bem na parte de "cooperar intensamente" — eles se comunicam, coordenam e se especializam enquanto obtêm comida, lutam contra invasores e criam seus filhotes — mas fazem tudo isso como membros de uma grande família; todos são geneticamente relacionados. Alguns outros animais cooperam, mas não tão profundamente quanto os insetos

* Alguns primatas aparentemente conseguem aprender com os humanos. Em 2008, uma foto foi tirada em Bornéu de um orangotango exibindo um comportamento até então desconhecido: usar uma vara comprida como uma lança[14] para tentar pegar peixes no Rio Gohong. O macaco presumivelmente viu pessoas pescando dessa forma e as copiou. (Ele também copiou muitos humanos ao não pegar nada).

sociais. Como o psicólogo Michael Tomasello diz sobre a espécie que é nosso parente mais próximo: "É inconcebível ver dois chimpanzés carregando um tronco juntos".[15]

Agora olhe para nós, humanos. Nós rotineiramente cooperamos intensamente e em grande número com não parentes. Havia 70 milhões de combatentes[16] na Segunda Guerra Mundial — 70 milhões de indivíduos, quase todos sem parentesco, que estavam dispostos a arriscar suas vidas para defender uma noção abstrata de "país". E nos reunimos com um grande número de estranhos, mesmo quando não queremos matar uns aos outros. Enviamos naves espaciais para o cosmos; criamos economias e as conectamos por meio do comércio; inventamos e distribuímos vacinas em resposta a uma pandemia global; e criamos smartphones, redes de comunicação mundiais e softwares de tradução que nos levam perto do ponto de finalmente todos serem capazes de falar uns com os outros.

Todas essas realizações culturais exigem muito aprendizado e acúmulo de conhecimento. Apenas nós, humanos, as alcançamos, e as alcançamos com uma velocidade notável. Nada na história anterior da vida na Terra sugeria que uma espécie fosse capaz de dominar este tipo de rápida evolução cultural. A única analogia que consigo fazer vem da ficção científica.

Muito da ficção científica incorpora viagens mais rápidas que a luz. É uma maneira de contornar o fato de que a vastidão do espaço interestelar não se presta a tramas rápidas,* e também uma desculpa para mostrar efeitos visuais legais enquanto naves espaciais ativam seu propulsor de dobra, e então acabam momentos depois em uma galáxia muito, muito distante, em flagrante violação das leis da física.† A razão pela qual nós, humanos, nos tornamos tão bem-sucedidos e dominantes na Terra é que temos nosso próprio propulsor de dobra: um tipo de evolução que nenhuma outra espécie possui. Além da evolução biológica (que todo ser vivo tem), também temos a evolução cultural, que é significativamente mais rápida. Se a evolução biológica é como uma viagem limitada pela velocidade da luz, então a evolução cultural é a velocidade de dobra da humanidade.

Para ver o quão rápida é a evolução cultural, vamos dar uma olhada no desenvolvimento das naves espaciais. Depois de passar milênios sonhando com

* O objeto mais rápido construído pela humanidade a viajar pelo espaço levaria cerca de 19 mil anos para chegar a Proxima Centauri[17], a estrela mais próxima do nosso sol.

† Se você não gostou dessa frase porque eu misturei tecnologia de *Jornada nas Estrelas* com uma frase de *Guerra nas Estrelass*, você acabou de se identificar como um geek de ficção científica.

o voo, os humanos finalmente deixaram a superfície da Terra em 1783 em um balão construído na França pelos irmãos Montgolfier. Pouco mais de um século depois, em 1903, um dos irmãos Wright fez o primeiro voo de avião em Kitty Hawk, Carolina do Norte. Depois disso, os marcos começaram a ser contados em décadas. A Sputnik orbitou a Terra em 1957, e Neil Armstrong andou na Lua em 1969. Pousamos uma nave espacial em Marte em 1976, e outra passou por Plutão menos de quarenta anos depois. Em 2021, começamos todo o ciclo novamente em outro planeta; o helicóptero *Ingenuity* fez um voo curto do convés do rover *Perseverance*, que estava em Marte na época. O físico e filósofo David Deutsch tem um resumo brilhante do impacto cumulativo de todo esse trabalho: "A Terra é, ou em breve será, o único objeto no universo conhecido[18] que poderia repelir um objeto em vez de atraí-lo", devido à nossa capacidade de construir um sistema de defesa planetária contra asteroides.

E não é só a tecnologia; outros elementos fundamentais das nossas culturas também mudam com uma velocidade desorientadora. Em 1980, mais de 80% da população da China[19] vivia em aldeias. Em 2019, 60% da população do país vivia em cidades. Em 1970, 10% de todos os nascimentos[20] nos EUA ocorreram fora do casamento; em 2018, essa porcentagem quadruplicou. Em 1945, um pouco mais de 11%[21] das pessoas do mundo viviam em uma democracia; em 2015, esse número subiu para mais de 55%.

Não estou rotulando essas mudanças como "boas" ou "ruins"; estou apenas rotulando-as como rápidas. A maioria das pessoas concordaria que os estilos de vida de suas comunidades, práticas de acasalamento e criação de filhos e formas de governo são todos importantes e talvez não devam ser mudados à toa. No entanto, fazemos mudanças massivas em como vivemos, não ao longo de centenas ou milhares de gerações, mas em uma ou duas. A evolução biológica não consegue fazer isso. A evolução cultural realiza isso facilmente.

A voracidade do nosso aprendizado, a extensão da nossa cooperação e a rápida evolução das nossas culturas são todos aspectos da sociabilidade humana (assim como a dança que diz ao resto da colmeia onde estão as flores é um aspecto da sociabilidade das abelhas). Quanto mais aprendo sobre a sociabilidade humana, mais extraordinária e única ela parece. Não sou o único que se sente assim. Muitos cientistas que estudam a história dos seres vivos acreditam que, por causa da nossa sociabilidade geradora de naves espaciais, o surgimento dos seres humanos foi uma das "maiores transições evolutivas"[22] na vida na Terra. Houve apenas um punhado dessas transições, e elas são realmente importantes. Elas incluem o desenvolvimento dos cromossomos[23] (cerca de 4 bilhões de anos atrás); o surgimento de células com núcleos[24] (2,7 bilhões de anos); o surgimento de organismos multicelulares[25] (1,5 bilhão de anos); e o surgimento de insetos sociais[26] como abelhas e formigas (130 milhões de anos).*

Sem querer ser muito autocomplacente, mas é um grande negócio para nós, humanos, conseguir um lugar na lista das principais transições evolutivas. É uma lista curta, afinal, e somos a primeira nova entrada em mais de 100 milhões de anos. Também somos a única entrada que consiste em um único gênero — *Homo*. Conquistamos nosso lugar porque, até onde sabemos, somos os únicos seres vivos na história da Terra que cooperam intensamente com um grande número de não parentes e experimentam uma rápida evolução cultural. Junto com nosso lugar na lista, ganhamos nosso próprio rótulo: somos as únicas criaturas *ultrassociais* do planeta.†

Observe que *não* conquistamos nosso lugar na lista das principais transições evolutivas[22] por causa da nossa inteligência. Então, talvez *Homo sapiens* não seja o melhor nome para nossa espécie. Acho que um nome melhor — um que realmente destaque o que nos torna únicos e o que nos tornou tão bem-sucedidos — é *Homo ultrasocialis*. É difícil para mim continuar pensando em nossa espécie como excepcionalmente sábia quando não conseguimos descobrir por conta própria como colocar fogo em uma pilha de galhos se nossa vida dependesse disso. Mas faz muito sentido para mim me considerar um membro de uma espécie que evoluiu para a ultrassocialidade e aceitou a impotência individual (na arte do fogo e em muitas outras coisas) como o preço da força ilimitada do grupo.

Muitos comportamentos humanos são como nossa incapacidade de fazer fogo: eles parecem estranhos ou até mesmo inexplicáveis quando pensamos nos humanos como indivíduos sábios, mas fazem muito sentido quando mudamos a perspectiva e pensamos em nós mesmos, antes de tudo, como criaturas ultrassociais. Para entender o que quero dizer, vamos revisitar um dos experimentos mais famosos[28] em toda a psicologia social. Ele ocorreu em um seminário em Nova Jersey ao longo de alguns dias em dezembro de 1970.

* Tal como nós, seres humanos ultrassociais, os insetos sociais têm sido, em termos evolutivos, "fantasticamente bem-sucedidos"[27], como afirmou uma resenha. Formigas, abelhas, vespas sociais e cupins são encontrados em todo o mundo em grandes números. Em um ecossistema tropical, por exemplo, eles constituíam 80% da biomassa de todos os insetos. E, até onde podemos dizer pelo registro fóssil, nenhuma das principais linhagens desses animais foi extinta.

† Há um debate sobre se nós, humanos, pertencermos à lista das principais transições evolutivas, e qual terminologia deveríamos usar para descrever nossa sociabilidade. Eu sigo o cientista da complexidade Peter Turchin e outros ao dizer que pertencemos à lista, e que "ultrassocial" é a palavra certa para nos descrever.

## O que Aprendemos em Princeton

No Seminário Teológico de Princeton, fundado em 1812 como um campo de treinamento para ministros presbiterianos, os alunos foram recrutados para participar de um experimento. Os psicólogos John Darley e Daniel Batson queriam explorar o que faz as pessoas se comportarem de forma mais ou menos altruísta. É uma questão de personalidade — algumas pessoas são mais generosas e prestativas do que outras? Ou é sobre um estado de consciência plena — as pessoas são mais propensas a ajudar os outros quando estão pensando em altruísmo e solicitude?

Para descobrir o quão importante a personalidade é para o comportamento altruísta, Darley e Batson deram a todos os seus seminaristas testes projetados para avaliar a natureza de sua religiosidade (a religião era um meio para um fim, por exemplo, ou um fim em si mesmo?). Para testar o quão importante é o estado de consciência plena, os pesquisadores dividiram seus participantes em dois grupos e manipularam os membros de um grupo para que a solicitude e o altruísmo estivessem no topo de suas mentes. Eles fizeram isso pedindo a todos os seminaristas que preparassem e fizessem uma palestra curta, mas não a mesma palestra; metade recebeu a tarefa de falar sobre carreiras para graduados do seminário, enquanto a outra metade foi solicitada a falar sobre a parábola bíblica do Bom Samaritano.

Os pesquisadores podiam estar confiantes de que os membros do último grupo tinham o altruísmo no topo de suas mentes enquanto caminhavam pelo campus para fazer sua palestra. A parábola do Bom Samaritano é talvez a história mais famosa contada por Jesus na Bíblia. Nela, um homem é espancado por ladrões e deixado na beira da estrada. Um rabino e um levita (um funcionário religioso) atravessam a rua para evitar o homem ferido, mas um samaritano para e o ajuda muito. Samaritanos e judeus eram inimigos tradicionais, então os seguidores de Jesus ouviram em sua parábola uma mensagem clara: a virtude vem de ser útil aos necessitados, não de praticar a religião certa. A parábola termina com Jesus ordenando a seus discípulos que "vão e façam o mesmo".

Darley e Batson deram aos seus participantes uma chance de fazer o mesmo. A rota que todos os seminaristas seguiram até a sala onde fariam suas palestras os levou por um beco onde encontraram uma pessoa: um homem "sentado curvado em uma porta, cabeça baixa, olhos fechados, sem se mover". Ele tossia duas vezes e gemia quando os seminaristas passavam por ele. Mas ele não estava realmente doente ou ferido. Era um cúmplice no experimento, colocado lá para ver qual dos participantes pararia e se ofereceria para ajudá-lo.

Os seminaristas com um tipo de personalidade em particular eram mais propensos a parar e ajudar? Não. Nenhum tipo de personalidade era mais propenso a ser altruísta do que outros no experimento. O que é muito mais surpreendente é que os seminaristas que estavam a caminho de dar uma palestra sobre a parábola do Bom Samaritano não eram mais propensos a parar e oferecer ajuda ao homem caído do que os seminaristas a caminho de dar uma palestra sobre carreiras. Em outras palavras, as pessoas que tinham a história do Bom Samaritano em mente não tinham uma probabilidade significativamente maior de serem elas próprias bons samaritanos. No experimento, tornar as pessoas conscientes sobre a solicitude não afetou sua solicitude.

A única coisa que *realmente* teve efeito foi se os sujeitos do experimento acreditavam ou não que estavam violando uma norma. Darley e Batson incluíram mais uma manipulação no experimento de Princeton: eles variaram a pressão do tempo que os seminaristas sentiam ao se aproximarem do homem caído. Um terço deles não tinha pressa, porque no escritório onde fizeram o check-in, disseram-lhes que tinham alguns minutos extras para chegar ao "laboratório do Professor Steiner", onde fariam sua palestra. Outro terço estava mais apressado; disseram a eles: "O assistente já está pronto, então, por favor, vão imediatamente". O terço final foi manipulado para se sentir apressado. Disseram a eles: "Oh, vocês estão atrasados. Eles os estavam esperando há alguns minutos. É melhor irmos. O assistente deve estar esperando por vocês, então é melhor vocês se apressarem".

Essa manipulação foi tudo o de que precisavam para mudar significativamente a quantidade de ajuda oferecida. Apenas 10% dos alunos que ouviram "você está atrasado" ajudaram o homem caído. Entre aqueles que ouviram "vá direto para lá", 45% ofereceram ajuda. Somente quando explicitamente informados de que tinham alguns minutos extras, a maioria dos seminaristas (63%) agiu como bons samaritanos em seu próprio campus.

Os resultados do experimento do Seminário de Princeton são impressionantes. Os alunos do seminário estão no campus porque querem entender e espalhar os ensinamentos de Cristo. E a parábola do Bom Samaritano — uma lição de Jesus sobre a importância da solicitude — pode ser o ensinamento mais claro e direto de ser aplicado. No entanto, a maioria dos seminaristas que estavam sob um pouco de pressão de tempo passou direto por alguém que aparentemente precisava de ajuda, embora estivessem pensando em solicitude. Como Darley e Batson observam com uma alegria mal contida, "Em várias ocasiões, um aluno do seminário que ia dar sua palestra sobre a parábola do Bom Samaritano literalmente pisou na vítima enquanto se apressava em seu caminho!"

Por que a pressão do tempo importava tanto? Bem, chegar atrasado a um compromisso raramente é considerado um comportamento excelente (afinal, você está fazendo outra pessoa esperar), mas os presbiterianos parecem realmente valorizar a pontualidade. Como um artigo de 1864 na revista *Reformed Presbyterian*[29] colocou,

> Que exemplo impressionante de pontualidade Deus nos dá, e quão digno de ser imitado! Seu sol nasce e se põe em seu tempo determinado. A lua infalivelmente observa sua estação. As estrelas fazem sua aparição no exato momento em que somos ensinados a procurá-las. Até mesmo o cometa errático, que vagueia longe na imensidão, retorna com precisão invariável... A pontualidade é uma fonte de prazer para aqueles por quem é cultivada; ela garante confiança e respeito dos outros.

Darley e Batson escolheram uma comunidade do campus que tinha uma forte norma de pontualidade. Então, eles manipularam os sujeitos do experimento para sentir que estavam violando essa norma em graus variados. Quanto maior a violação, menos dispostos os sujeitos estavam a parar e ver se alguém precisava de ajuda, mesmo que tivessem a solicitude e o altruísmo em suas mentes.

Quando penso em nós, humanos, como indivíduos sábios, os resultados do experimento do Seminário de Princeton são intrigantes. Mas quando penso em nós como membros do *Homo ultrasocialis,* uma espécie cujos membros não conseguem sobreviver a menos que façam parte de um grupo, tudo se encaixa. É claro que os membros dessa espécie têm uma forte tendência inata a seguir as normas do seu grupo. Não segui-las é uma estratégia ruim para, bem, continuar vivo.

Nossa psicologia normativa é mais profunda do que os ossos. É profunda até os genes. Como veremos, muitos outros aspectos do nosso comportamento dentro dos grupos também o são. Ajustamos nosso comportamento de todas as maneiras, em resposta a todos os tipos de sinais, para manter ou melhorar nossa posição dentro do grupo. E quando o ambiente no nível do grupo muda, mudamos junto com ele. Às vezes, as mudanças de comportamento resultantes são tão grandes que parece que elas só poderiam ter ocorrido trocando as pessoas envolvidas.

Nas páginas seguintes, veremos a Microsoft deixar de ser uma empresa inovadora e em rápida evolução para se tornar uma empresa paralisada pela burocracia e pela esclerose. Veremos a Arthur Andersen, uma empresa com uma reputação de décadas de excelente ética, ser expulsa do mercado em apenas alguns anos por causa das práticas desprezíveis que adotou. Veremos projetos cheios de pessoas mentindo alegremente umas para as outras e para seus chefes, e escritórios cheios de pessoas enganando e fraudando seus clientes. Em nenhum desses casos o comportamento inadequado pode ser atribuído a mudanças no quadro de pessoal — à saída de pessoas boas ou à chegada de pessoas ruins (na verdade, a Andersen contratou seu primeiro especialista profissional em ética apenas alguns anos antes da condenação federal que a levou à falência). Em vez disso, veremos que essas disfunções surgiram de mudanças no ambiente em nível de grupo.

Também veremos muitos exemplos positivos. Veremos como a Microsoft conseguiu seu retorno espetacular recentemente. Veremos como, no início de sua história, a Amazon reverteu o curso e se tornou muito menos burocrática e pesada. Examinaremos como a Salesforce mantém seus mais de 70 mil funcionários alinhados e trabalhando em direção aos objetivos da empresa, como a empresa de capital de risco Andreessen Horowitz decide como fazer grandes apostas em um ambiente altamente incerto e como um elenco de personagens geeks, incluindo programadores frustrados e um piloto de caça, mudou não apenas a maneira como o software é escrito, mas também como os principais esforços — de lançamentos de produtos a campanhas militares — são gerenciados ao redor do mundo.

Nenhuma dessas histórias de sucesso depende de mudanças em larga escala no quadro de pessoal — não se trata de remover pessoas problemáticas e substituí-las por pessoas "boas" para organizar a situação. Em vez disso, todas essas empresas dependem do mesmo pequeno conjunto de ferramentas, técnicas e abordagens em nível de grupo, que exploraremos nas páginas a seguir. Uma boa maneira de começar a explorar esse kit de ferramentas é olhar para uma intervenção que é como o experimento de Princeton, mas ao contrário: ele aproveita nossa ultrassocialidade para impulsionar o comportamento altruísta em vez de fazê-lo definhar em um beco.

## Normalizando o Altruísmo

Em 2017, o economista Erez Yoeli percebeu que uma pequena intervenção ultrassocial e criação de normas poderia ser a coisa certa para fazer as pessoas tomarem todos os seus remédios para tuberculose (TB). A palavra "todos" na última frase é a mais complicada. Os antibióticos funcionam para aliviar rapidamente a febre, a dor no peito, a fadiga, a tosse (que pode ser constante e grave o suficiente para causar sangramento interno) e outros sintomas da TB, uma doença debilitante e às vezes fatal. E como a TB é tão contagiosa, as pessoas que sofrem dela são frequentemente rejeitadas ou condenadas ao ostracismo, o que torna os pacientes ainda mais ansiosos para serem curados — de preferência antes que alguém ao redor deles perceba que estão doentes. Eles geralmente estão dispostos a começar a tomar um antibiótico diário forte o suficiente para causar náusea e tontura, e a faltar ao trabalho e viajar para uma clínica quando precisam de mais comprimidos.

Uma vez que os sintomas da doença desaparecem, no entanto, continuar a obter e tomar os comprimidos por mais alguns meses pode parecer muito mais trabalhoso do que vale a pena. Mas não é; o antibiótico precisa de todo esse tempo para atingir até a última bactéria escondida nas profundezas dos pulmões e articulações do paciente. Se a doença não for completamente eliminada, ela pode evoluir para uma cepa resistente a antibióticos que é muito mais difícil e cara de tratar.

A primeira fase do tratamento da TB é relativamente fácil porque o benefício para o paciente (sentir-se melhor) é frequentemente percebido como maior do que os custos que ele suporta (tontura, náusea, inconveniência, tempo longe do trabalho). As últimas fases são muito mais difíceis porque os custos continuam, mas o benefício individual direto e óbvio já foi recebido. Então, os pacientes precisam ser altruístas para que suas comunidades evitem o flagelo da TB resistente a antibióticos.

Para um programa de tratamento de TB no Quênia[30], Yoeli e seus colegas criaram duas maneiras de usar a ultrassocialidade humana para provocar esse altruísmo e fazer com que as pessoas terminassem todo o seu ciclo de medicação. A primeira foi semelhante ao que Darley e Batson fizeram em Princeton: alguém fez o sujeito saber que estava atrasado em uma obrigação. Os pacientes no programa queniano recebiam mensagens automáticas diárias em seus telefones perguntando se haviam tomado seus remédios. Se não respondessem, duas mensagens de acompanhamento automatizadas eram enviadas. Se ainda assim não respondessem, eram contatados por meio de mensagens e telefonemas por uma pessoa que havia passado pelo programa com sucesso. Se *isso* não funcionasse, alguém da clínica que distribuía o medicamento tentava entrar em contato com o paciente.

Uma razão para o contato humano era ver se o paciente tinha alguma dúvida ou problema que pudesse ser resolvido. Mas outra razão era simplesmente garantir que os pacientes sentissem que outras pessoas — neste caso, um colega que tinha passado pela mesma experiência e, então, se necessário, um profissional médico — estavam cientes do que estavam fazendo e tinham expectativas de que permaneceriam no caminho certo. Em outras palavras, todos os contatos reforçaram aos pacientes que havia uma norma: termine toda a sua medicação para TB.

Outra maneira utilizada pelos pesquisadores para incentivar a ultrassocialidade dos pacientes foi lembrá-los de que faziam parte de uma comunidade humana — da qual queriam permanecer como membros de boa reputação. No entanto, essa comunidade *não* poderia ser de forma alguma os vizinhos dos pacientes. A TB carrega um forte estigma por causa de sua contagiosidade, então os vizinhos não podiam ser alistados ou notificados (na verdade, poderia ser perigoso para as mulheres se até mesmo seus maridos descobrissem que elas tinham a doença). Então, em vez disso, os pesquisadores criaram grupos online compostos pelos próprios pacientes. Os membros dessas comunidades podiam encorajar uns aos outros, ver onde estavam posicionados em uma tabela de classificação de adesão relatada e garantir a entrada em um "círculo de vencedores" se relatassem que tomaram seus medicamentos em pelo menos 90% dos dias.

Essas intervenções podem parecer leves, mas fizeram uma grande diferença positiva (assim como simplesmente ter alguém dizendo aos seminaristas de Princeton que eles estavam atrasados levou a uma grande diferença negativa). Em um teste com mais de mil pacientes atendidos por dezessete clínicas em Nairóbi e arredores, a intervenção reduziu o número de pacientes que não conseguiram completar todo o curso do tratamento em cerca de dois terços.

Dois aspectos dessa intervenção merecem atenção especial. O primeiro é a *observabilidade,* ou a capacidade de tornar amplamente visíveis aspectos importantes de uma situação. Nós, humanos ultrassociais, estamos sempre observando o que está acontecendo ao nosso redor para descobrir (entre outras coisas) como devemos nos comportar, onde nos classificamos e — sejamos honestos — do que podemos nos safar. As comunidades online e as tabelas de classificação dos pacientes de TB mostraram quem estava tomando seus medicamentos regularmente e quem não estava. Aqueles que estavam receberam feedback positivo e reconhecimento. Aqueles que não estavam tiveram a sensação de que estavam ficando para trás aos olhos dos outros membros do grupo. Essa sensação ruim encorajou as pessoas a tomar seus remédios.

Uma regra útil é que a observabilidade aumenta a adesão às normas. Essa regra foi verdadeira no experimento do Seminário de Princeton. Os sujeitos que foram informados de que chegariam atrasados sabiam que seu atraso seria observável quando chegassem ao seu destino, então eles se apressaram. Eles também acreditavam, mesmo que não admitissem conscientemente para si mesmos, que se passassem pelo homem caído (ou, de fato, "literalmente passassem por cima" dele), esse ato *não* seria visto, já que ocorreria no que eles pensavam ser um beco deserto. A maioria dos seminaristas se comportou como se estivesse reagindo ao que era observável, não ao que era "certo", "moral" ou "cristão".

O segundo aspecto dos dois experimentos que quero destacar é próximo do oposto da observabilidade; é a *negação plausível*. Uma pessoa pode fazer uma afirmação como "não fui eu" ou "não foi isso que aconteceu" ou "eu não sabia/vi/ouvi/fazia isso" e ter alguma esperança de que acreditem nela? Assim como é uma ótima ideia aumentar a observabilidade ao estabelecer uma nova norma entre um grupo de nós, seres humanos ultrassociais, também é inteligente reduzir a negação plausível (e, se possível, eliminá-la). No experimento queniano, os pacientes de TB tiveram dificuldade em afirmar para si mesmos ou para qualquer outra pessoa que não sabiam que deveriam continuar tomando seus medicamentos todos os dias durante todo o curso do tratamento. A sequência crescente de mensagens e telefonemas diários removeu a negação plausível sobre isso e ajudou a garantir a conformidade. Os seminaristas de Princeton, por outro lado, podiam plausivelmente alegar todos os tipos de coisas sobre o que aconteceu ou não durante o que eles pensavam ser um encontro não observado com o homem caído no beco. "Sim, passei por alguém, mas ele não parecia estar em perigo." "Não, ele não estava tossindo nem nada." "Não, eu não notei ninguém." Como veremos no próximo capítulo, nós, humanos, formulamos com facilidade afirmações como essas — declarações feitas para nos apresentarmos de forma positiva diante dos outros. Muitas vezes, até nós mesmos acreditamos nelas.

Aumentar a observabilidade e diminuir a negação plausível são essenciais para o jeito geek, mesmo que os próprios geeks de negócios não usem esses termos. São duas ferramentas essenciais no kit de ferramentas geek para construir e manter normas saudáveis. Exploraremos esse kit de ferramentas mais a fundo nas páginas a seguir.

## Uma Maneira Definitiva de Pensar

Ao começarmos esta exploração, quero encorajá-lo a pensar não apenas sobre o *Homo sapiens,* mas também sobre o *Homo ultrasocialis*. Em outras palavras, além de pensar nas pessoas como indivíduos inteligentes (o que somos!), também quero que você pense nas pessoas como membros de uma espécie exclusivamente grupal. Fazer isso nos ajuda a entender os resultados dos experimentos do Seminário de Princeton e da tuberculose queniana. Em ambos os casos, os resultados são bem explicados pela tendência inata do *Homo ultrasocialis* de seguir normas, especialmente quando a observabilidade é alta e a negação plausível, baixa. Pensar sobre o sábio *Homo sapiens*, por sua vez, não nos ajuda muito a entender a falta geral de solicitude dos seminaristas de Princeton, mesmo quando eles tinham a solicitude em mente. O boxeador Mike Tyson (que encontraremos novamente mais tarde nestas páginas) disse a famosa frase: "todo mundo tem planos até ser atingido[31] pela primeira vez". Acho que é igualmente verdade que todos têm um mindset até encontrarem uma norma. Nesses encontros, a norma geralmente domina.

A visão do *Homo ultrasocialis* vem fermentando há algum tempo e ganhou força nos últimos anos. Podemos traçar sua origem até um famoso artigo de 1963 intitulado "Sobre Objetivos e Métodos da Etologia[32]", do biólogo ganhador do Prêmio Nobel Nikolaas Tinbergen.* Etologia é o estudo do comportamento animal — tudo, desde humanos falando uns com os outros até pavões exibindo suas incríveis caudas. Tinbergen propôs quatro tipos de perguntas para orientar nosso estudo de tais comportamentos. Duas dessas perguntas são rotuladas como *imediatas*, porque estão relacionadas ao aqui e agora. As perguntas imediatas são sobre *mecanismo* ("Como os humanos produzem a fala?") e *ontogenia*, ou desenvolvimento ao longo da vida ("Quando os bebês começam a dizer palavras? Quando eles começam a falar em frases completas?").

Os outros dois tipos de perguntas são chamados de *finais*, não porque sejam mais profundas, mas porque têm uma visão mais ampla. As perguntas finais de Tinbergen têm a ver com a *função* ("Por que os pavões têm caudas tão elaboradas? Qual é o propósito delas?") e *filogenia*, ou desenvolvimento evolutivo ("Quando os ancestrais do pavão começaram a desenvolver caudas grandes?").

Você pode esquecer sobre ontogenia e filogenia agora se quiser; elas não são importantes para nossos propósitos.† Mas é essencial manter as outras duas

* Nikolaas não foi o único membro de sua família a ganhar o Prêmio Nobel. Em 1969, seu irmão Jan recebeu o primeiro Prêmio Nobel Memorial em Ciências Econômicas já concedido. Nikolaas ganhou o seu, na categoria Fisiologia ou Medicina, em 1973.

† No entanto, há duas razões para manter a ontogenia e a filogenia em mente. A primeira é que você saberá o que alguém quer dizer quando tenta soar profundo ao dizer "a ontogenia recapitula a filogenia". Esta é uma declaração da "lei biogenética", formulada no século XIX, que sustenta que, à medida que um embrião se desenvolve, ele sucessivamente toma a forma de todos os ancestrais evolutivos de sua espécie (por exemplo, os seres humanos evoluíram de criaturas marinhas, então os embriões humanos passam por um estágio em que se parecem com peixes). Esta "lei" não faz sentido, e você deve ter cuidado com as credenciais científicas de qualquer pessoa que repita a frase "recapitula". A segunda razão é que se você mantiver a filogenia em mente, você definitivamente saberá o que veio primeiro, a galinha ou o ovo. Os ovos de casca dura apareceram pela primeira vez há centenas de milhões de anos, enquanto as galinhas como espécie têm menos de 60 mil anos. Portanto, há uma resposta clara e definitiva para esse antigo enigma: o ovo veio primeiro.

categorias de Tinbergen em mente: perguntas imediatas sobre como um comportamento é realizado — qual é seu *mecanismo* — e perguntas finais sobre por que ele está lá em primeiro lugar — qual é sua *função*.

É essencial porque aprendemos muito respondendo a ambos os tipos de perguntas sobre nossos comportamentos. Veja o excesso de confiança, por exemplo. Dentro da perspectiva do *Homo sapiens*, ela é geralmente vista como uma falha em nossas excelentes habilidades de raciocínio. Muitas pesquisas aproximadas investigaram o quão confiantes somos e como esse viés cognitivo comum pode ser provocado. Este é um trabalho valioso. Mas também é valioso perguntar: Por que o excesso de confiança existe? Qual é a função do excesso de confiança? Por que, em outras palavras, a evolução teria projetado os humanos para serem confiantes demais?

A perspectiva do *Homo sapiens* não tem muitas respostas para essas perguntas; ela não é boa em explicar por que uma criatura sábia também seria tão insensata. Mas a perspectiva do *Homo ultrasocialis* imediatamente aponta para uma resposta. Por que somos tão frequentemente confiantes demais? Porque parecer confiante — ainda mais confiante do que o necessário — deve fornecer algum benefício aos membros de nossa espécie ultra grupal. Como veremos no próximo capítulo, há muitas evidências de que isso acontece. Pessoas confiantes demais geralmente se saem bem, então fomos moldados pela evolução para sermos confiantes demais.

Assim como o excesso de confiança, o mesmo ocorre com muitos dos nossos outros comportamentos. A perspectiva do *Homo ultrasocialis* sugere respostas para as perguntas finais. Por que, por exemplo, o viés do "meu lado" é tão prevalente — por que somos mais propensos a acreditar em coisas que ouvimos de membros da nossa própria religião ou partido político? Porque é importante para nós, seres humanos ultrassociais, sermos membros de boa reputação do nosso grupo, concordando com suas crenças e não questionando-as demais. Por que tantas sociedades enfatizam a deferência aos mais velhos? Porque os mais velhos são depósitos de conhecimento e know-how importantes — dos produtos da evolução cultural do grupo — e, durante a maior parte da nossa história como espécie, não tínhamos a Wikipédia, bibliotecas ou outras maneiras de acessar esse conhecimento.*

Falando da Wikipédia, no início de 2022 sua "Lista de Vieses Cognitivos"[33] continha cerca de duzentas entradas. Esses afastamentos da racio-

* Além disso, o simples fato de os idosos terem vivido muito tempo em um ambiente desafiador indica que eles sabem o que estão fazendo e devem ser ouvidos.

nalidade são fascinantes, e nós os investigamos dentro de bolsas de estudos organizacionais por cerca de meio século. Grande parte desse trabalho foi desencadeado pelo artigo de referência "Julgamento sob Incerteza[34]: Heurísticas e Vieses", publicado na revista *Science* em 1974 pelos psicólogos Amos Tversky e Daniel Kahneman.

O trabalho deles foi fundamental para lançar o campo da tomada de decisão comportamental, que continua forte. É um campo que levou a prêmios Nobel (para Kahneman e outros), "bolsas de gênio" MacArthur (para Tversky e outros) e inúmeros insights importantes sobre como nossas mentes funcionam. Também nos ajudou a melhorar tudo, desde tomar decisões sobre liberdade condicional até ajudar as pessoas a economizar para a aposentadoria. Tenho dificuldade em pensar em outros campos nas ciências sociais do pós-guerra que fizeram contribuições maiores.

No entanto, a maior parte da investigação sobre a tomada de decisões comportamentais tem sido aproximada. Ela faz perguntas como "Quão grande é esse viés? O quanto ele distorce nossas decisões? Como ele é provocado?" Se ela faz a pergunta final "Por que esse viés existe?", a resposta geralmente é algo como "É uma heurística (ou seja, uma regra prática) que nos permite economizar em pensamentos difíceis e chegar a uma resposta boa o suficiente com rapidez. Em outras palavras, é um dispositivo que economiza tempo e trabalho". Mas muitas entradas na lista da Wikipédia não são consideradas heurísticas. A visão aproximada é que elas são simplesmente vieses: falhas na cognição humana, bugs em nosso hardware e software mental.

A partir da perspectiva do *Homo ultrasocialis* no entanto, a lista da Wikipédia parece muito diferente. Não é primariamente uma lista de bugs. Em vez disso, é em grande parte uma lista de *características* — de comportamentos humanos que estão lá por uma razão. O desafio para os melhores pesquisadores é descobrir quais são essas razões: por que um comportamento existe e qual é sua função.

O desafio para empreendedores, executivos e gerentes é construir empresas saudáveis e de aprendizado rápido. Da perspectiva do *Homo sapiens*, os vieses cognitivos parecem falhas que podem prejudicar uma empresa. Pessoas excessivamente confiantes, por exemplo, podem lançar um produto que fracassa no mercado ou decepcionar investidores ao superestimar a rapidez do crescimento. Falhas como excesso de confiança precisam ser corrigidas, e a maneira de corrigi-las é apontá-las para pessoas que, sendo sábias, as reconhecerão pelo que são e tentarão consertá-las. Certamente quero ser menos excessivamente confiante, menos tribal em meu pensamento e assim por diante. E há ótimos livros e outros recursos por aí para ajudar com esse trabalho. Há muitas maneiras de ficar mais sábio e cultivar melhores hábitos mentais.

Se você adotar a perspectiva do *Homo ultrasocialis*, não jogará fora esses livros ou parará de tentar cultivar melhores hábitos mentais, mas também começará a fazer outra coisa. Você trabalhará na criação de melhores hábitos de mentalidade de grupo — melhores normas. Além de ajudar as pessoas a se tornarem menos confiantes demais, por exemplo, você também dará por certo que algum nível de confiança excessiva sempre estará conosco (que é apenas parte da natureza humana) e pensará em como fazer bom uso disso. Como veremos no próximo capítulo, é exatamente isso que a grande norma geek da ciência faz, e funciona surpreendentemente bem.

Há muitas outras maneiras de usar a perspectiva do *Homo ultrasocialis*. Por exemplo, essa perspectiva faz com que os líderes façam perguntas diferentes sobre o tópico crítico da ética. Além de perguntar: "Que tipo de treinamento em ética devemos ter para nosso pessoal?", eles também perguntarão: "Quais são os comportamentos éticos que queremos encorajar? Como podemos transformar esses comportamentos em normas? Como podemos aumentar a observabilidade de que essas normas estão sendo seguidas e reduzir a negação plausível de que não estão?" Como mostra este exemplo, a perspectiva do *Homo ultrasocialis* centra-nos nas intervenções a nível de grupo, enquanto a perspetiva do *Homo sapiens* centra-se frequentemente nos indivíduos.

Quanto mais aprendo, mais cético fico em relação à capacidade do treinamento e da educação em nível individual de fazer uma diferença duradoura em uma organização. Concordo com o psicólogo Jonathan Haidt, que diz: "Ninguém jamais vai inventar uma aula de ética[35] que faça as pessoas se comportarem eticamente depois que saírem da sala de aula" e voltarem ao trabalho. Mas, como vimos no estudo sobre medicamentos contra a tuberculose no Quênia, as mudanças ao nível do grupo podem fazer uma enorme diferença positiva nos comportamentos pró-sociais.

Graças a várias excelentes pesquisas de ponta, somos muito melhores em projetar intervenções em nível de grupo agora do que éramos há apenas algumas décadas. Como veremos, essa pesquisa faz alguma versão da pergunta final "Por que nós, humanos, nos comportamos da maneira que nos comportamos?" Muitas vezes, as respostas giram em torno de alguma combinação de ultrassocialidade, normas, aprendizado e evolução cultural.

Vamos colocar essas respostas em prática nas páginas seguintes. Este é um livro de negócios definitivo — um que começa com perguntas finais sobre por que nós, seres humanos estranhos e maravilhosos, nos comportamos da maneira que nos comportamos. Mergulhar nessas perguntas me levou a adotar uma visão *Homo ultrasocialis* dos meus semelhantes, bem como uma visão *Homo sapiens*. Espero que as páginas seguintes o encorajem a fazer o mesmo.

## A Grande Regra Básica Geek

Os geeks de negócios e cientistas que estudam a evolução chegaram de maneira independente à mesma conclusão: que o superpoder da humanidade está no nível do grupo, não do indivíduo, então faz sentido focar o grupo. Os cientistas evolucionistas pensam que foram os nossos grupos de aprendizagem rápida, e não os nossos grandes cérebros, que nos trouxeram até aqui. Os geeks de negócios que desejam construir empresas de aprendizagem rápida — em outras palavras, inovadoras, ágeis, responsivas e produtivas — também concentram seus esforços na melhoria de grupos e não de indivíduos. Os geeks pensam em nossa espécie mais como *Homo ultrasocialis* do que *Homo sapiens*.

Já vimos vários exemplos de foco geek em grupos em vez de indivíduos. Lembre-se, no Capítulo 1, do que aconteceu depois que Reed Hastings quase afundou a Netflix com sua desastrosa ideia do Qwikster. Em *A Regra É Não Ter Regras* ele não revela que fez um voto solene a si mesmo de tomar menos decisões estúpidas. Ou que leu muitos livros de autoajuda sobre como raciocinar de forma mais eficaz ou aguçar seu julgamento. Ou (hum) se inscreveu em um curso de educação executiva sobre estratégia em uma escola de negócios de elite. Em suma, ele não tentou se tornar um melhor tomador de decisões individuais. Em vez disso, ele garantiu que decisões importantes na Netflix fossem colocadas diante de um grupo de *Homo ultrasocialis*. Cultivar a dissidência, socializar ideias, permitir que funcionários juniores reúnam evidências e desafiem os executivos com elas — todas essas são atividades em nível de grupo.

Após sua má decisão sobre a Qwikster, a abordagem de Hastings não foi tentar se equipar com melhores hábitos mentais. Em vez disso, foi trabalhar para equipar sua empresa com melhores hábitos de mentalidade de grupo. Essa é uma abordagem inteligente, porque hábitos de mentalidade de grupo — normas, em outras palavras — são muito importantes para nossa espécie ultrassocial. Uma empresa com as normas erradas gera burocracia, esclerose, atrasos, hipocrisia, culturas cheias de tópicos indiscutíveis e empregos ruins. Uma empresa com as normas certas gera excelente desempenho e um ambiente de trabalho saudável. O que mais claramente separa os Quibis do mundo dos negócios dos Netflixes não é o brilhantismo individual de seus líderes; é a ênfase que seus líderes colocam na criação e manutenção da cultura certa. Outra maneira de dizer a mesma coisa é que "geek" não é um estado mental possuído por um indivíduo. Em vez disso, é um estado particular de mentalidade de grupo possuído por uma coleção de humanos ultrassociais e produtores de cultura.

Como vimos nas empresas apresentadas no Capítulo 1, o estado geek da mentalidade de grupo enfatiza ciência, propriedade, velocidade e abertura. Os próximos quatro capítulos explorarão cada uma dessas quatro grandes normas geek por vez. Veremos por que elas funcionam tão bem e como os líderes geeks as estabelecem e mantêm. Todos os seus esforços seguem uma única regra básica, que podemos afirmar usando algumas das terminologias que aprendemos até agora.

Você está pronto para isso? Aqui vai. Aqui está a regra básica definitiva dos geeks: *Moldar a ultrassocialidade dos membros do grupo para que a evolução cultural do grupo seja a mais rápida possível na direção desejada*. Essa regra básica pode não ter feito muito sentido antes de você começar a ler este livro, mas espero que faça algum sentido agora. Em um nível elevado, moldar a ultrassocialidade do grupo significa colocar em prática as normas de ciência, propriedade, velocidade e abertura. Em um nível mais baixo, significa aumentar a observabilidade, diminuir a negação plausível e fazer outras coisas que exploraremos nas páginas a seguir. Acelerar a evolução cultural implica em reduzir o tempo necessário para lançar suas naves espaciais ou qualquer outro projeto que você esteja empreendendo. Inove mais. Melhore mais rapidamente. Torne-se mais ágil. Deixe seus clientes mais felizes. Opere com maior eficiência e confiabilidade. Obtenha maior crescimento de produtividade (ou, para vocês, não economistas, melhore na conversão de todas as suas entradas em saídas). Todas essas são versões comerciais da evolução cultural. Nas últimas décadas, aprendemos muito sobre como ela ocorre. Como resultado, sabemos como acelerá-la.

Sabemos também quão facilmente isso pode sair dos trilhos. Precisamos da expressão "na direção desejada" no final da regra básica, pois uma cultura pode evoluir em direções indesejadas: rumo à burocracia, à esclerose, à briga interna, a comportamentos antiéticos, ao assédio e ao abuso, entre outros problemas. Os geeks de negócios estão profundamente cientes dessa possibilidade e ansiosos para evitá-la. Como veremos, as grandes normas geek ajudam as empresas a evitar tomar o caminho da disfunção.

## Resumo do Capítulo

Talvez *Homo sapiens* não seja o melhor nome para nossa espécie. Acho que um nome melhor — um que realmente destaque o que nos torna únicos e o que nos tornou tão bem-sucedidos — seja *Homo ultrasocialis*. Os humanos cooperam mais intensamente e desenvolvem suas culturas mais rápido do que qualquer outro animal. Somos as únicas criaturas *ultrassociais* do planeta.

Nossa inteligência por si só não pode nos manter vivos, mas nossos grupos sociais podem e o fazem. Eles detêm o conhecimento e o know-how de que precisamos. Sem eles, estamos perdidos. Dentro deles, construímos naves espaciais.

Como a evolução nos moldou para sermos muito sociais, ajustamos o nosso comportamento de todas as maneiras, em resposta a todos os tipos de sinais, a fim de manter ou melhorar a nossa posição dentro do grupo. E quando o ambiente social muda, mudamos junto com ele.

Aumentar a observabilidade e diminuir a negação plausível são essenciais para o jeito geek. São duas ferramentas essenciais no kit de ferramentas geek para construir e manter normas saudáveis.

Os geeks de negócios e cientistas que estudam a evolução chegaram de forma independente à mesma conclusão: que o superpoder da humanidade está no nível do grupo, não do indivíduo, então faz sentido focar o grupo.

Aqui está a regra básica definitiva dos geeks: *Moldar a ultrassociabilidade dos membros do grupo para que a evolução cultural do grupo seja a mais rápida possível na direção desejada.*

CAPÍTULO 4

# Ciência

*O Assessor de Imprensa Versus a Regra de Ferro*

> Não faz nenhuma diferença quão bonito é seu palpite. Não faz nenhuma diferença quão inteligente você é, quem fez o palpite, ou qual é seu nome — se não estiver de acordo com o experimento, está errado. É só isso que importa.
>
> — *Richard Feynman*

A estudiosa de administração Margaret Neale tem o que todo palestrante quer: uma demonstração ao vivo infalível.

Isso é quase um oxímoro. Tudo o que pode dar errado na frente de uma audiência geralmente dá, e muitas demonstrações falham ou fracassam. Mas quando Neale sobe ao palco carregando uma garrafa de vidro cheia de clipes de papel, ela sabe o que vai acontecer: ela vai revelar aos membros da audiência o quão ruins eles são em uma tarefa simples, e como a maioria deles é ruim da mesma maneira estranha. Sua demonstração nos ajuda a entender algo fundamental: por que é tão comum que as empresas tomem decisões realmente ruins.

Um podcast de Stanford de 2007[1] apresenta uma sessão na qual Neale pede aos membros da audiência para adivinharem quantos clipes de papel há na garrafa. Ela diz a eles que a garrafa está cerca de 80% cheia de clipes de papel padrão, e que o número real está entre um e um milhão. Ela pede a todos para escreverem seu melhor palpite.

"O que eu quero que vocês façam agora", diz Neale, "é que me deem um intervalo de confiança de 95%. Agora, o que eu quero dizer com isso é que vocês me deem um intervalo no qual vocês têm 95% de certeza de que esse número realmente cai".

Depois de alguns segundos, Neale revela que a garrafa contém 488 clipes de papel. Ela pergunta quantas pessoas adivinharam exatamente esse número. Ninguém acertou. Então ela diz: "Quantos de vocês têm — e quero que levantem as mãos com orgulho — têm 488 *em seu intervalo*?"

Neale narra o resultado surpreendente:

> Talvez metade. Metade de vocês estava certa... Em média, 95% de vocês deveriam ter acertado. E cerca de 50% acertaram. Vocês são péssimos com clipes de papel.

Então Neale revela o objetivo desse exercício:

> Agora vocês provavelmente estão pensando, "Mas Maggie, nós não nos importamos com clipes de papel". E concordo com vocês. Não me importo se você consegue adivinhar a quantidade de clipes de papel com precisão. Mas o que me importa é que vocês saibam o que sabem e saibam o que não sabem.
>
> Por que o número 488 não estava no seu intervalo? Qual era a característica do seu intervalo? *Estreito demais.* O que um intervalo estreito sugere? "Pode ser que eu seja bom em adivinhar a quantidade de clipes de papel." Se você acha que é realmente *ruim* em adivinhar o número de clipes de papel, eu estava tentando ajudá-lo. Eu disse um em um milhão!
>
> Mas não, vocês disseram: "Eu sou bom nisso. Eu consigo adivinhar a quantidade desses clipes de papel". Vocês são *confiantes demais.*

Como vimos no capítulo anterior, a visão definitiva do excesso de confiança é que ele é uma característica, não um bug. Para dizer a mesma coisa de uma forma diferente, o excesso de confiança não é uma falha no hardware mental do *Homo sapiens*. Em vez disso, ele realmente tem uma função para nós, *Homo ultrasocialis;* ele está lá por uma razão. Essa razão pode ser difícil de discernir, no entanto, porque o excesso de confiança causa muitos danos.

## Casos Clássicos de Viés Cognitivo

Como diz o psicólogo Scott Plous, "O excesso de confiança foi chamado[2] de o mais 'difundido e potencialmente catastrófico' de todos os vieses cognitivos dos quais os seres humanos são vítimas. Ele foi responsabilizado por processos judiciais, greves, guerras, além de bolhas e quedas do mercado de ações". Como vemos com os exemplos de Jeffrey Katzenberg na Quibi e Reed Hastings na Netflix, ser um executivo experiente e bem-sucedido não é uma garantia contra o excesso de confiança. Katzenberg lançou o aplicativo Quibi, mal concebido, sem testá-lo amplamente. E Hastings, depois de estar desastrosamente errado sobre o Qwikster, ainda estava excessivamente confiante em seu julgamento sobre a programação infantil e a demanda por download entre os assinantes da Netflix (Hastings pensou que era um "caso de uso de 1%"; a demanda real era de pelo menos 15%).

A situação fica pior: gostamos tanto dos nossos julgamentos excessivamente confiantes que andamos por aí tentando ativamente confirmá-los, em vez de testá-los ou submetê-los a um verdadeiro escrutínio. Em outras palavras, nosso excesso de confiança anda de mãos dadas com o *viés de confirmação:* uma tendência a favorecer informações que apoiam ou reforçam nossas crenças existentes e a minimizar ou ignorar informações que as contradizem. Como escrevem os cientistas cognitivos Hugo Mercier e Dan Sperber, "A lista [de exemplos do viés de confirmação][3] poderia continuar por páginas (na verdade, por capítulos ou livros, até). Além disso,... não são apenas os participantes comuns que são vítimas do viés de confirmação. Ser talentoso, focado, motivado ou ter a mente aberta não protege contra essa tendência".

Nem ser uma grande corporação multinacional com muito a perder ao tomar uma grande decisão errada. A história que se segue, uma das mais estranhas da história corporativa moderna, serve como um lembrete de que o excesso de confiança e o viés de confirmação não conhecem limites.

Em 23 de abril de 1985, em uma coletiva de imprensa em Nova York, o CEO da Coca-Cola, Roberto Goizueta, anunciou o impensável: sua empresa estava mudando seu principal produto. Como ele disse com confiança, "O melhor ficou ainda melhor... Em termos simples, temos uma nova fórmula para a Coca-Cola".[4] A "New Coke" seria lançada rapidamente em todo o mundo e a receita existente, que estava em uso desde 1886, seria aposentada.* Em resposta

* Antes da New Coke, houve duas mudanças significativas na receita da Coca-Cola. Em 1980, o açúcar de beterraba e cana foi substituído por xarope de milho rico em frutose. E em 1905, o extrato de folhas de coca (cocaína, em outras palavras) foi removido.

à pergunta de um repórter perplexo, Goizueta a chamou de "uma das [decisões] mais fáceis[5] que já tomamos".

Foi tão fácil porque Goizueta e alguns confidentes tinham evidências de que as pessoas gostavam mais da New Coke. Em 1985, a Coca-Cola ainda era a líder absoluta em bebidas carbonatadas, mas vinha perdendo participação de mercado para a Pepsi. Um dos motivos pelos quais a diferença estava diminuindo era uma campanha publicitária bem-sucedida baseada em um tipo de teste A/B. Este foi o "desafio da Pepsi", um teste cego de sabor lado a lado em que a maioria das pessoas preferia o sabor mais doce e menos acentuado da Pepsi à Coca-Cola depois de tomar um gole de cada uma.

Os testes internos da Coca-Cola mostraram a mesma coisa que o desafio da Pepsi, o que convenceu Goizueta da necessidade de mudança. Ele recrutou alguns executivos em um plano para contra-atacar a Pepsi. Eles criaram uma formulação de cola mais doce que superou a receita existente em testes de sabor conduzidos secretamente[6], 55% a 45%. Essa formulação se tornou a New Coke, que rapidamente se tornou um desastre.

Após a coletiva de imprensa, os consumidores de Coca-Cola começaram imediatamente a ligar para a empresa para reclamar. Em junho, havia 8 mil ligações desse tipo por dia[7]. Clientes irritados com a mudança formaram grupos de protesto com nomes como Old Cola Drinkers of America[8]. Eles despejaram a New Coke nos esgotos e reclamaram que as pessoas no topo da empresa tinham "tirado minha liberdade de escolha"[9]. Pelo menos um processo foi aberto[10]. Para adiar o futuro da New Coke pelo maior tempo possível, as pessoas armazenaram todo o estoque de bebidas com a receita antiga que puderam encontrar. Um comerciante de vinhos de Beverly Hills começou a vender produtos vintage por US$50 a caixa[11] e logo esgotou. Um produtor de Hollywood alugou uma adega de US$1.200 por mês para guardar seu estoque. E os poderosos engarrafadores independentes da Coca-Cola reclamaram pelo menos tanto quanto os consumidores. Até Fidel Castro opinou[12], chamando a decisão de mudar para a New Coke de um sinal da decadência do capitalismo norte-americano.

Goizueta logo percebeu que havia cometido um grande erro. Em 10 de julho, a empresa anunciou: "Queremos que as pessoas saibam que lamentamos[13] por qualquer descontentamento que tenhamos causado a elas. Por quase três meses, nós os magoamos e por isso lamentamos muito". A Coca-Cola trouxe de volta a receita original, renomeou-a como Coca-Cola Clássica e a vendeu junto com a New Coke. O furor diminuiu, e a New Coke acabou morrendo.* Não existe mais Coca-Cola Clássica; é novamente apenas Coca-Cola.

Alguém consegue evitar sucumbir ao excesso de confiança e ao viés de confirmação? Podemos pensar que as pessoas mais resistentes a eles seriam cientistas. Afinal, todo o seu negócio é sobre a busca da verdade objetiva. Essa busca poderia muito bem atrair aqueles que são mais racionais e menos propensos à autoilusão. Podemos pensar ainda que os cientistas que estudam nossos vieses cognitivos seriam os menos suscetíveis a eles, e que os principais cientistas da área seriam os menos propensos a cometer erros fundamentais devido ao excesso de confiança e viés de confirmação.

Poderíamos pensar tudo isso, mas estaríamos errados, como mostra a história de um cientista cognitivo de elite tentando levar um produto ao mercado.

O psicólogo Danny Kahneman é um dos maiores especialistas em como nossas mentes funcionam. Suas contribuições para a compreensão de nós mesmos são tão importantes que foram reconhecidas com o primeiro Prêmio Nobel de Economia já concedido a um não economista. Em seu livro de referência, *Rápido e Devagar,* Kahneman conta a história de como ele convenceu o governo israelense da necessidade de um livro didático para o ensino médio sobre julgamento e tomada de decisão. A equipe de estrelas que ele reuniu para criar o livro incluía Seymour Fox, um especialista em design de currículo. Kahneman escreve que "depois de nos reunirmos todas as sextas-feiras à tarde[14] durante cerca de um ano, construímos um esboço detalhado do plano de estudos, escrevemos alguns capítulos e aplicamos alguns exemplos em sala de aula. Todos sentimos que tínhamos feito um bom progresso".

Naquele momento, Kahneman teve a inteligente ideia de usar uma técnica — uma que seria incluída no livro didático — para pesquisar os membros de um grupo. Durante uma reunião de equipe, ele pediu a todos que escrevessem quanto tempo achavam que levaria para terminar o livro. (Ele não havia discutido o tópico com mais ninguém antes da reunião.) Essas estimativas independentes variaram de um ano e meio a dois anos e meio, com uma média bem na metade.

Kahneman então teve outra boa ideia. Ele tentou descobrir qual era a *taxa base*: quanto tempo projetos anteriores levaram para criar um primeiro livro didático para um currículo totalmente novo? Ele fez a pergunta a Fox, o veterano do projeto. Como Kahneman relata,

---

* Um estoque limitado de New Coke foi lançado em 2019 como parte da campanha promocional da série *Stranger Things* da Netflix, ambientada em meados da década de 1980.

> Ele ficou em silêncio[15]. Quando finalmente falou, pareceu-me que estava corando, envergonhado por sua própria resposta: "Sabe, eu nunca percebi isso antes, mas na verdade nem todas as equipes em um estágio comparável ao nosso concluíram sua tarefa. Uma fração substancial das equipes acabou falhando em terminar o trabalho".
>
> Aquilo era preocupante; nunca havíamos considerado a possibilidade de falhar. Com a ansiedade aumentando, perguntei quão grande ele estimava aquela fração. "Cerca de 40%", ele respondeu. A essa altura, uma nuvem de melancolia estava caindo sobre a sala. A próxima pergunta era óbvia: "Aqueles que terminaram", perguntei. "Quanto tempo levaram?" "Não consigo pensar em nenhum grupo que tenha terminado em menos de sete anos", ele respondeu.

Sob interrogatório de Kahneman, Fox reconheceu que a taxa base que ele tinha acabado de dar poderia não se aplicar à sua equipe. Isso porque a equipe estava ligeiramente *abaixo* da média em termos de experiência e recursos. Então era provável que eles levassem mais de sete anos para terminar, não menos. Fox também reconheceu que sua própria estimativa original de quanto tempo o projeto levaria — a que ele havia escrito apenas alguns minutos antes — tinha sido tão otimista quanto a de seus colegas.

Depois de receber todas essas informações altamente relevantes, o que Kahneman e o resto da equipe fizeram com elas? Eles as ignoraram. Como Kahneman explica:

> As estatísticas que Seymour forneceu[16] foram tratadas como taxas básicas normalmente são — anotadas e prontamente colocadas de lado... Depois de alguns minutos de debate desanimado, nos recompusemos e continuamos como se nada tivesse acontecido.

O livro didático acabou levando oito anos para ser concluído, quando as prioridades do Ministério da Educação de Israel já tinham mudado. A obra nunca foi usada nas salas de aula do país. O resumo do projeto de Kahneman é conciso: "Devíamos ter desistido[17] [no] dia [daquela reunião]".

## O Assessor do Nosso Interior

Como tantos cientistas inteligentes e experientes puderam ignorar evidências claras — evidências sobre um tópico importante em suas vidas profissionais — que estavam bem na frente deles? Não é porque Kahneman é pior do que seus colegas em pensar claramente (estou destacando-o apenas porque ele foi franco o suficiente para escrever sobre seu próprio raciocínio falho). Acontece que o excesso de confiança e o viés de confirmação parecem ser tão comuns entre cientistas quanto entre pessoas de outras profissões. Em seu livro de 2020, *The Knowledge Machine*[18], o filósofo Michael Strevens conclui que os cientistas são tão tendenciosos e mentalmente desleixados quanto o resto de nós: "Em seu pensamento sobre a conexão entre teoria e dados, os cientistas parecem dificilmente seguir qualquer regra". Kahneman e seus colegas no projeto do livro didático, na verdade, seguiram uma regra completamente anticientífica de "ignorar dados dos quais você não gosta". O que os levou a fazer isso? E seja o que for, como pode ser uma característica em vez de um bug — como pode ser útil para nós sermos tão cronicamente enviesados em nosso pensamento?

Caro leitor, deixe-me apresentar a você seu assessor de imprensa. É um módulo mental responsável por lhe dar confiança, fazendo com que seja visto com bons olhos. Por si mesmo.

Este módulo foi identificado e nomeado em um artigo de 2007 pelos psicólogos Robert Kurzban e Athena Aktipis[19]. Eles propuseram que o assessor de imprensa — e o excesso de confiança, em grande parte — existem porque a confiança é muito importante para nós, *Homo ultrasocialis*. Pessoas confiantes têm mais facilidade em atrair aliados, desorientar os oponentes e atrair companheiros. Pesquisas recentes descobriram que a confiança é, de fato, sexy,[20] ainda mais do que prestígio. Todos, desde uma cientista francesa ganhadora do Prêmio Nobel (Marie Curie: "Devemos ter perseverança[21] e, acima de tudo, confiança em nós mesmos") a um ativista político jamaicano (Marcus Garvey: "Se você não tem confiança em si mesmo[22], você é derrotado duas vezes na corrida da vida. Com confiança, você venceu antes mesmo de começar") a um quarterback de futebol americano (Joe Namath: "Quando você tem confiança, você pode se divertir muito[23]. E quando você se diverte, você pode fazer coisas incríveis") concordam sobre o poder da confiança.

Minha explicação favorita da importância máxima da confiança é encontrada no filme de David Mamet de 1987[24], *O Jogo de Emoções*. Nele, o vigarista — homem *confiante* — Mike Mancuso explica a dinâmica social no cerne de seu ofício:

> É chamado de jogo de confiança. Por quê? Porque você me dá sua confiança? Não. *Porque eu te dou a minha*.

Em 2016, Kahneman e eu conversamos sobre alguém especialmente talentoso neste jogo. Estávamos viajando em uma van do aeroporto para uma conferência, falando sobre — o que mais? — a próxima eleição presidencial dos EUA. Ainda era o começo da campanha, mas Donald Trump já tinha um enorme ímpeto. Perguntei a Kahneman se ele tinha uma explicação para o fenômeno Trump, o que me intrigava, dado o quão inconsistentes eram seus pronunciamentos diários. Kahneman pensou um pouco e então disse (com um nível de percepção que acho típico dele): "Acho que parte disso é que ele é confiantemente inconsistente. Se ele fosse inconsistentemente confiante, por outro lado, ele não seria tão popular".

Então, como podemos alcançar uma confiança consistente? Poderíamos nos lembrar ou treinar para parecermos confiantes o tempo todo, mas isso exige trabalho e vigilância constantes. Seria muito mais fácil se pudéssemos *ser* confiantes naturalmente e sem esforço — mais confiantes do que os eventos e as evidências justificam.

O biólogo Robert Trivers argumenta[25] que os humanos se destacam exatamente nesse estado de ser, que ele rotula de autoengano. E nós nos enganamos não apenas sobre a qualidade de nossas ideias e julgamentos, mas também sobre muitas outras coisas: nossa generosidade, nossa moral e ética, nosso status social, nossa aparência — em suma, qualquer área onde seria vantajoso para nós, *Homo ultrasocialis,* sermos percebidos favoravelmente pelos outros. Como Trivers explica,

> Todo esse arranjo contraintuitivo[26] [de enganar a nós mesmos] existe para o benefício de manipular os outros. Escondemos a realidade de nossas mentes conscientes para melhor ocultá-la dos observadores.

Trivers e outros reuniram muitas evidências de que somos autoenganadores crônicos:

- Em certa empresa analisada[27], 40% dos engenheiros disseram que estavam entre os 5% melhores.
- Menos de 10% dos professores universitários reconhecem que seu próprio trabalho está abaixo da média.
- Dos alunos do último ano do ensino médio 25% acreditam que são realmente "pessoas sociáveis" — ou seja, que estão entre o 1% com melhor capacidade de se relacionar com os outros.

- Adultos de meia-idade[28] parecem empurrar memórias de ações imorais para uma década mais para o passado do que memórias de ações morais. Isso tem o efeito de tornar as versões imorais de si mesmos notícias antigas.
- Para um experimento, pesquisadores manipularam fotos[29] de participantes para fazê-los parecer mais ou menos atraentes, então perguntaram aos participantes quais fotos mais se assemelhavam a eles. Em média, as pessoas escolheram as fotos 20% mais atraentes.
- Em um estudo particularmente diabólico[30], os participantes foram questionados sobre a frequência com que se envolviam em uma série de comportamentos morais. Seis semanas depois, foram mostradas a eles as respostas médias de todos os participantes e perguntaram como eles se comparavam. A maioria das pessoas se classificou como bem acima da média na maioria dos comportamentos. No entanto, as "médias" que elas estavam observando eram, na verdade, apenas *suas próprias respostas* de seis semanas antes. Então, os participantes, sem saber, se classificaram como mais morais do que... eles mesmos.

Pode haver muitas evidências apoiando a teoria do autoengano, mas ela parece repousar sobre uma base instável: a ideia de que uma parte da nossa mente pode esconder informações de outra. Isso parece uma contradição em termos, já que estamos acostumados a pensar sobre nossa mente como uma entidade única. A maioria das disciplinas que consideram a mente humana compartilha dessa visão. Da psicologia à economia e à filosofia, a visão predominante há muito tempo é que nós, humanos, temos uma mente unitária; há um único "eu", um único "você" e assim por diante.

## Mentes Modulares e Maquiavélicas

Mas nas últimas décadas surgiu uma visão diferente. Ela argumenta que nossas mentes são profundamente modulares — compostas de muitas regiões distintas, cada uma das quais é dedicada a uma ou mais tarefas especializadas. Muitos desses módulos não precisam ou "querem" interagir uns com os outros para realizar suas tarefas. Então, eles não o fazem. Robert Kurzban dá uma explicação definitiva para esse arranjo:

> Devido à forma como a evolução opera[31], a mente consiste em muitas, muitas partes, e estas partes têm muitas funções diferentes. Como são projetadas para fazer coisas diferentes, elas nem sempre

> funcionam em perfeita harmonia... Uma consequência importante dessa visão é que ela nos faz pensar sobre o "eu" de uma forma muito diferente de como as pessoas geralmente o entendem. Em particular, ela torna a própria noção de um "eu" algo problemático, e talvez até um pouco menos útil do que se poderia pensar.

Deixe-me descrever uma demonstração especialmente convincente da modularidade de nossas mentes. Foi parte de uma série histórica de experimentos conduzidos pelo psicólogo Michael Gazzaniga e pelo neurocientista Joseph LeDoux em pacientes com cérebro dividido.

Na década de 1960, um pequeno número de pacientes com epilepsia grave passou por uma cirurgia que separou o corpo caloso, a região do cérebro que liga os dois hemisférios.* O procedimento aliviou seus sintomas e deixou suas capacidades cognitivas intactas, mas deu a eles cérebros fisicamente divididos; seus hemisférios direito e esquerdo não conseguiam compartilhar informações um com o outro.

Sabia-se na época que a maioria das pessoas tem todo o seu centro de fala no hemisfério esquerdo do cérebro. Também se sabia que cada hemisfério do cérebro humano é "conectado" a uma metade do corpo; o hemisfério esquerdo controla o braço direito, recebe informações do lado direito do campo visual e assim por diante. Esse arranjo permitiu que os pesquisadores trabalhassem com um paciente com cérebro dividido e observassem, por meio de um design experimental inteligente[32], o que acontecia quando seu centro de fala era solicitado a explicar algo que seu lado não falado (direito) do cérebro fazia (lembre-se, não havia comunicação possível entre os dois lados do cérebro desse paciente).

Os resultados desses experimentos foram consistentes e surpreendentes. O paciente com cérebro dividido imediatamente e confiantemente ofereceu uma explicação que não poderia estar correta. Os pesquisadores sabiam que estava incorreta por causa da maneira como eles haviam configurado o experimento. Eles sabiam que o lado da fala do cérebro do paciente estava sentindo e respondendo exclusivamente a um conjunto de informações — chame-o de S — enquanto o lado da não fala estava sentindo e respondendo exclusivamente a um conjunto diferente de informações — chame-o de N — que não se sobrepunha de forma alguma a S. Quando o paciente foi solicitado a explicar por que o lado da não fala fez o que fez, seu lado da fala surgiu e verbalmente entregou uma

* Estou simplificando um pouco a ciência médica dos pacientes com cérebro dividido aqui para não me prender a detalhes.

explicação que se baseou completamente em S, mas não em N.* Essa explicação não poderia estar correta, porque o lado da não fala era completamente ignorante sobre S quando agiu. O que é notável é que essa ignorância não impediu o centro da fala, ou mesmo o retardou, de oferecer uma explicação confiante baseada exclusivamente em S. O centro da fala não sabia o que não sabia. Ele nem sabia que não sabia. Ele pensou que estava de posse de todas as informações relevantes e ofereceu sem esforço algum uma explicação baseada em S.

Kurzban coloca uma questão fundamental levantada por este experimento, e cuja a resposta é desconfortável:

> O que "o paciente" pensou que estava acontecendo? Aqui está a questão. Não existe tal coisa como "o paciente"[33]. Não há uma resposta verdadeira para essa pergunta porque "o paciente" são dois hemisférios mais ou menos desconectados. Você só pode perguntar sobre o que partes individuais, distintas e separadas pensam. A pergunta sobre o que "o paciente" vê é ruim, e a resposta não tem sentido... É um erro prestar atenção apenas ao que sai da boca quando estamos tentando entender o que está na mente, porque há muitas, muitas partes da mente que não conseguem falar... Não há nada de especial sobre a parte do cérebro que controla as cordas vocais; é apenas outro pedaço de carne na sua cabeça.

* Se você estiver interessado nos detalhes deste experimento, aqui estão eles: o campo visual do paciente conectado ao lado da fala viu um pé de galinha, enquanto ao mesmo tempo o campo visual conectado ao lado da não fala viu uma cena de neve. O paciente foi então solicitado a olhar para um grupo de imagens e apontar com cada mão para uma imagem que estava relacionada ao que ele estava olhando. Como esperado, sua mão do lado da fala apontou para uma imagem de uma galinha (lembre-se, o campo visual do lado da fala estava olhando para um pé de galinha). Também como esperado, sua mão da não fala apontou para uma imagem de uma pá de neve (já que o campo visual da não fala estava olhando para uma cena de neve).

Os pesquisadores então perguntaram ao paciente por que sua mão do lado da fala estava apontando para uma imagem de uma galinha. Como seu campo visual do lado da fala estava olhando para um pé de galinha apenas alguns segundos antes, ele deu uma resposta perfeitamente razoável: "A galinha combina com o pé de galinha".

Agora vem a parte realmente interessante: os experimentadores então perguntaram ao paciente por que sua mão da não fala estava apontando para uma imagem de uma pá. O que aconteceu? O paciente imediatamente e sem esforço explicou a razão: era porque "você precisa de uma pá para limpar o galinheiro".

Só que *não pode ser por isso que ele apontou para a pá,* porque, na hora de apontar, seu lado da não fala não sabia nada sobre galinhas. Ele só sabia sobre a cena de neve que estava olhando. Seu lado da fala, enquanto isso, era completamente ignorante sobre o que o lado da não fala viu, ou por que ele direcionou sua mão para apontar para qualquer coisa. Lembre-se, não havia comunicação possível entre os dois lados após o corte do corpo caloso.

Essa ignorância, no entanto, não incomodou o módulo de fala do paciente em nada. Na verdade, ele nem sabia que era ignorante. Ele pensou que estava de posse de todas as informações relevantes — fotos de um pé de galinha, uma galinha e uma pá — e contou sem esforço algum uma história que ligava essas informações.

Essa visão é estranha e contraintuitiva para a maioria de nós, já que estamos acostumados a pensar sobre mentes como entidades essencialmente unitárias em vez de modulares. Também estamos acostumados a pensar que somos pessoas autoconscientes, capazes de uma introspecção precisa; acreditamos que podemos questionar com sucesso nossos próprios motivos e raciocínios e falar com precisão sobre eles. A maioria de nós também acredita que sabemos o que não sabemos — que estamos cientes quando nossa introspecção fica aquém ou falha.

De um modo geral, não. Os experimentos de cérebro dividido e muitas outras pesquisas desafiam essas crenças, e as desafiam profundamente. Este trabalho apresenta uma mente humana como a descrita por Kurzban: modular, não profundamente interconectada, muitas vezes não autoconsciente e sempre feliz em contar *e acreditar* em histórias que não se alinham com a realidade, desde que essas histórias nos façam sermos bem vistos.

A teoria do autoengano proposta por Trivers, Kurzban e outros é uma teoria definitiva. Ela propõe que a evolução fez uso da modularidade do cérebro humano para uma função específica: permitir que contemos histórias favoráveis sobre nós mesmos para nós mesmos, para que possamos contá-las com confiança e em boa consciência a outros membros de nossa espécie ultrassocial. Este é o assessor de imprensa em ação. Sua especialidade é dar a melhor interpretação possível a tudo sobre nós: nosso desempenho, nossas realizações, nossa moral, nossa aparência, nosso comportamento, nosso progresso em direção a objetivos e assim por diante.

O assessor de imprensa está sempre de plantão, assume uma ampla variedade de tarefas e trabalha com muita rapidez. Cerca de uma década atrás, uma amiga e eu fomos de Boston para Manhattan no fim de semana. Pegamos o carro dela e eu dirigi. Conforme nos aproximamos da cidade de Nova York, o carro de repente começou a desacelerar, por mais que eu pisasse forte no acelerador. Alguns segundos tensos de varredura do ambiente mostraram que o carro estava de fato sem gasolina.

Os segundos seguintes também foram tensos. Eu tive que encontrar as luzes do pisca-alerta do carro, ligá-las, cruzar várias faixas de trânsito e parar no acostamento da rodovia. Durante esse tempo, eu estava trabalhando arduamente. Assim como meu assessor de imprensa. Mas ele não estava trabalhando para preservar nossa segurança; estava trabalhando para preservar minha autoimagem. Ele compôs e entregou instantaneamente um memorando sobre como toda a culpa recaía em outro lugar. Este memorando destacou que não era meu carro; minha amiga não tinha colocado gasolina nele, ou tampouco me disse que o tanque estava baixo quando partimos; o medidor de gasolina estava bem para o lado do painel, e não começou a piscar ou apitar ou qualquer coisa quando o tanque ficou baixo. O memorando enfatizou que *isso não é minha culpa e que sou um excelente motorista.* Ao relembrar o incidente, ainda acho notável a rapidez e a naturalidade com que esses pensamentos ocorreram em um momento em que eu esperava que meu cérebro estivesse 100% focado na emergência em questão. E meu assessor de imprensa entregou instantaneamente o memorando ao meu centro de fala. Eu poderia ter explicado de modo muito confiante à minha companheira e a qualquer outra pessoa que *isso não é minha culpa e que sou um excelente motorista.* Tudo isso apesar do fato de que era claramente minha culpa que um carro que eu estava dirigindo tenha ficado sem gasolina.*

O assessor de imprensa trabalha em projetos de longo prazo, bem como em emergências. Quando era mais jovem, eu jogava muito squash (que é como raquetebol jogado com raquetes de cabo longo).†Na maioria das manhãs de sábado, eu ia à minha academia para treinamentos conduzidos por um profissional. Frequentemente fazíamos exercícios nos quais trabalhávamos em movimentos específicos.

Sua habilidade de rebater bem uma bola de squash depende de duas coisas: sua própria habilidade e a dificuldade da bola recebida que você está rebatendo (assim como em outros esportes de raquete). Na quadra, e depois dos treinamentos, eu sempre ficava surpreso com a dificuldade das bolas que estava rebatendo. Elas tinham que ser mais difíceis do que as que os outros jogadores no treino estavam recebendo; não havia outra maneira de explicar por que minhas próprias rebatidas não eram tão boas quanto as deles. Afinal, eu praticava o esporte há tanto tempo quanto eles, era um cara, no geral, atlético e era claramente melhor no jogo do que as evidências dos treinamentos indicavam. O memorando semanal do meu assessor de imprensa era sempre o mesmo: *devido a um acaso estatístico, as bolas rebatidas que você recebeu hoje eram mais difíceis do que dos outros jogadores.*

Eu sabia que não era tão bom quanto pensava que era? Parafraseando Kurzban, a pergunta é bastante ruim e a resposta é em grande parte sem sentido.

---

* Enquanto eu digitava essa frase, meu assessor de imprensa resistia à ideia de que o incidente havia sido culpa minha.

† Apesar das semelhanças óbvias entre os dois esportes, a maioria dos jogadores de squash menospreza o raquetebol e não quer saber dele. As quadras de squash da minha academia costumavam ficar lotadas, enquanto as de raquetebol estavam quase sempre vazias. Em todas as vezes em que não consegui uma quadra de squash ou tive que esperar por uma; nunca me ocorreu jogar raquetebol.

A parte do meu cérebro que entende estatísticas básicas poderia ter calculado a probabilidade (extremamente baixa) de que, por acaso, eu sempre recebia mais bolas difíceis do que todo mundo. Mas o assessor de imprensa também é parte do meu cérebro, e tem uma conexão próxima com minha autoimagem. E ele ficava me dizendo o quão bom eu era. As partes da minha mente responsáveis pela minha autoimagem e apresentação para os outros estavam ansiosas para ler os memorandos autoenganosos redigidos pelo assessor de imprensa, porque "Andy é bom em squash" é melhor para minha confiança do que "Andy é péssimo em squash". A mesma coisa com "Andy tem princípios", "Andy é um bom amigo e um aliado confiável", "Andy é benevolente e gentil", "Andy é inteligente e produtivo" e assim por diante. Até faz muito sentido para mim me autoenganar sobre "Andy é autoconsciente".

Minha reação aos treinos de squash demonstra que o módulo do assessor de imprensa prospera na negação plausível. Enquanto houver alguma maneira de defender que sou bom no squash (ou bom em qualquer aspecto) e negar de forma plausível as evidências que apontam na direção oposta, o assessor de imprensa continuará defendendo obstinadamente o caso. Nem precisa ser tão plausível — apenas plausível o suficiente para manter viva a ideia da minha excelência. Por fim parei de jogar squash porque continuava perdendo para pessoas que eu não achava que eram tão boas quanto eu. O placar continuou mostrando, no entanto, que elas eram melhores. Depois de um tempo, não havia maneira plausível nem mesmo para meu assessor de imprensa negar isso. Então, pendurei minha raquete, tendo absorvido completamente a percepção do tenista Andre Agassi de que "uma vitória não é tão boa[34] quanto uma derrota é ruim, e a sensação boa não dura tanto quanto a ruim. Nem perto disso".

Antigamente, sempre que ouvia políticos dizerem coisas ultrajantes que não tinham base na realidade, eu me perguntava: "Eles não podem realmente acreditar nisso, podem?" Mas quanto mais aprendo sobre o módulo do assessor de imprensa, mais acho que essa não é realmente uma pergunta útil. O assessor de imprensa é excelente em nos dar motivos para acreditar; esse é o seu trabalho, e ele é muito bom nisso.

Quase todos nós (políticos incluídos) dissemos coisas que sabemos serem mentiras descaradas*. Mas, para a maioria de nós, esse tipo de falsidade é raro.

Mentiras descaradas estão em uma extremidade do que podemos chamar de alcance da autoconsciência — o extremo onde estamos absolutamente cientes da veracidade do que estamos dizendo. A maioria de nós não diz mui-

* Parece que há algumas pessoas que mentem muito raramente[35]. Elas provavelmente não entram na política.

tas falsidades nesse extremo do alcance, em grande parte porque o assessor de imprensa não consegue operar lá. Eu nunca disse aos meus amigos em São Francisco: "Venci o profissional no meu clube de squash ontem". Não é só que eu estava preocupado que minha falsidade chegasse a Cambridge, onde moro; é que meu assessor de imprensa não conseguiu me ajudar a dizer essa frase com confiança.

O paciente com cérebro dividido que participou do experimento descrito estava no outro extremo da escala de autoconsciência. Ele não tinha a mínima ideia de que estava dando uma explicação falsa para suas respostas. Na maior parte das vezes, a maioria de nós opera no meio obscuro da escala de autoconsciência, onde existe uma negação plausível e onde o assessor de imprensa realmente brilha. Durante anos, eu disse facilmente aos meus amigos em São Francisco, Cambridge e em todos os outros lugares: "Sou um dos melhores jogadores de squash do meu clube", porque meu assessor de imprensa poderia plausivelmente redigir aquele memorando falso.*

Vemos assessores de imprensa operando no meio obscuro ao longo da história de Kahneman sobre o quanto ele e seus colegas subestimaram seu projeto de livro didático. Seymour Fox tinha muito conhecimento sobre quanto tempo tais projetos realmente levavam. No entanto, em resposta ao pedido inicial de Kahneman por uma estimativa, o assessor de imprensa de Fox redigiu um memorando de que *aquele* projeto levaria apenas alguns anos. E depois que Kahneman obteve o conhecimento de Fox sobre quanto tempo projetos comparáveis realmente levavam, e como sua equipe inexperiente provavelmente levaria mais tempo, todos os envolvidos acharam plausível negar essa verdade inconveniente. Como Kahneman relembra, "Tudo o que podíamos ver era um plano razoável[36] que deveria produzir um livro em cerca de dois anos, conflitando com estatísticas indicando que outras equipes falharam ou levaram um tempo absurdamente longo para completar sua missão".

Como esses exemplos mostram, o assessor de imprensa se destaca em ignorar informações inconvenientes. O que é ainda mais impressionante, porém, é o quão bom ele é em incorporar toda e qualquer coisa que *seja* conveniente — que pode ser usada para confirmar a nós mesmos que somos mais competentes do que realmente somos. Ou mais virtuosa ou moral ou qualquer outra coisa que melhore nossa posição aos olhos dos outros. Como vimos no início deste capítulo, o viés de confirmação está lá em cima, junto com o excesso de confiança, na lista de vieses cognitivos generalizados e persistentes.

* Não jogo squash há uma década, mas ainda dói digitar a palavra *falso* ali.

Por causa do viés de confirmação, temos que ser muito cuidadosos ao projetar esforços para ajudar as pessoas a tomar melhores decisões. Há um perigo real de que esses esforços possam sair pela culatra. Por exemplo, muitas vezes achamos que dar mais informações às pessoas ajudará. Mas substitua a palavra *pessoas* por *assessores de imprensa,* e o risco se torna claro: o módulo assessor de imprensa selecionará as partes mais úteis e as usará para redigir memorandos ainda mais convincentes.

Este não é apenas um risco hipotético. Em um estudo, pessoas bem informadas sobre questões controversas como controle de armas e ação afirmativa não conseguiram apresentar nem um único argumento contra sua própria posição. Pessoas com menos conhecimento, por sua vez, conseguiram articular vários pontos contrários. Como resume o filósofo Michael Hannon, "Os indivíduos mais politicamente informados[37] tendem a ser os mais partidários, e... os eleitores mais informados e apaixonados também são os mais propensos a pensar de forma corrupta e tendenciosa... Tentativas de remediar a ignorância do eleitor são problemáticas porque os partidários tendem a se tornar mais polarizados quando adquirem mais informações".

Se você pensa em nós, humanos, como *Homo sapiens* sábios, o remédio para esse tipo de pensamento tendencioso é claro. É o autoaperfeiçoamento. É nos tornarmos conscientes de nossos preconceitos e nos treinarmos para superá-los. Dois dos meus livros recentes favoritos sobre como fazer isso são *Pense de Novo,* de Adam Grant, e *Racionalidade,* de Steven Pinker, ambos publicados em 2021. Aprendi muito com ambos e espero que tenham me tornado um pensador mais claro e menos tendencioso.

Mas quando mudo da perspectiva do *Homo sapiens* para a do *Homo ultrasocialis,* vejo um risco nesta abordagem para tomar melhores decisões. Treinar a nós mesmos para pensar novamente e ser mais racionais tem muitos benefícios, mas também dá aos nossos assessores de imprensa um novo e poderoso material para trabalhar. Eles podem adicionar aos seus memorandos frases como, "Como você trabalhou tanto em seu raciocínio, pode ter mais certeza de que está correto neste caso".

No Capítulo 3, sugeri que o treinamento de ética convencional em nível individual não faria as pessoas se comportarem de forma mais ética no trabalho. Vemos agora que esse treinamento pode até mesmo fazê-las se comportar de maneira *pior,* porque dará aos assessores de imprensa uma nova frase para incluir em seus memorandos: "Você passou por um treinamento de ética; portanto, agora você é um indivíduo altamente ético". Em outras palavras, o treinamento pode fornecer licenciamento moral — permissão para se comportar mal sob o disfarce da crença autoenganosa de que você é uma boa pessoa. A psicóloga Sonya Sachdeva e seus colegas observaram esse licenciamento em um estudo em que fizeram os participantes escreverem uma história sobre si mesmos[38], enfatizando traços positivos ou negativos. Eles foram pagos por esse trabalho e, então, tiveram a chance de doar parte do dinheiro que acabaram de receber. Em média, aqueles que escreveram uma autonarrativa positiva doaram apenas um quinto do que aqueles que escreveram uma negativa. Os pesquisadores "sugerem que afirmar uma identidade moral leva as pessoas a se sentirem licenciadas para agir imoralmente".

## A Ciência como um Jiu-Jitsu Cognitivo

Todas essas percepções sobre excesso de confiança, preconceito de confirmação e nossos incansáveis módulos de assessor de imprensa parecem nos deixar em uma situação desesperadora. Eles mostram que nossos assessores de imprensa nos impedem de ser avaliadores racionais das informações que recebemos. Em vez disso, esses módulos mentais selecionam todos os pedaços de informação remotamente plausíveis que nos fazem sermos bem vistos, elaboram memorandos com base nesses pedaços e, em seguida, enviam esses memorandos para as partes de nossas mentes que interagem com nossos companheiros humanos ultrassociais. É extraordinariamente difícil fazer com que nossos assessores de imprensa se afastem — para nos treinarmos de maneira a não sermos excessivamente confiantes e não sucumbir ao viés de confirmação. Eles simplesmente fazem uso desse treinamento e, como especialistas em jiu-jitsu fazendo uso dos movimentos de seus oponentes, elaboram memorandos nos dizendo que não precisamos mais nos preocupar com excesso de confiança — porque, afinal, tivemos treinamento! — quando com certeza ainda precisamos. Ser apresentado a mais informações não resolve o problema contra o excesso de confiança e o viés de confirmação. Nem mesmo ser o Danny Kahneman resolve isso.

No entanto, certamente ainda há esperança. Nós, pessoas irracionais, superconfiantes e obcecadas por confirmação, ainda conseguimos ficar mais inteligentes e melhores com o tempo. Biólogos e médicos ao redor do mundo não acreditam mais na teoria do miasma da doença. Geólogos acreditam *firmemente* na tectônica de placas, enquanto cem anos atrás a maioria deles não acreditava. E, como vimos no Capítulo 3, demoramos menos de dois séculos desde uma breve saída da superfície da Terra num balão até à aterrissagem de uma nave espacial em Marte.

Como realizamos esses feitos notáveis e improváveis de progresso? Como nós, humanos cronicamente autoiludidos, continuamos nos aproximando de uma compreensão racional e precisa do universo, e também continuamos aprimorando nossa capacidade de moldá-lo? Adotar a perspectiva do *Homo ultrasocialis* ajuda a resolver esse enigma

Para entender como, vamos voltar à base da regra geek definitiva: *moldar a ultrassocialidade dos membros do grupo para que a evolução cultural do grupo seja a mais rápida possível na direção desejada.* Como sabemos que tipo de evolução cultural estamos buscando aqui, podemos ser mais específicos: *moldar a ultrassocialidade dos membros do grupo para que o grupo tome melhores decisões e faça melhores previsões.* Também sabemos que o excesso de confiança e o viés de confirmação são duas das principais coisas que nos impedem de melhorar nessas tarefas. Por fim, sabemos que, embora a abordagem do *Homo sapiens* de nos treinar para sermos pensadores melhores e mais racionais seja útil, é improvável que faça nossos assessores de imprensa se afastarem, e pode até dar a eles novos materiais para trabalhar enquanto redigem seus memorandos tendenciosos.

Agora, vamos adotar a perspectiva do *Homo ultrasocialis* e fazer duas perguntas relacionadas. Primeiro, em vez de tentar demitir ou silenciar nossos assessores de imprensa, podemos empregá-los para ajudar o grupo a tomar melhores decisões? Em outras palavras, podemos colocá-los para trabalhar com o intuito de ajudar o grupo a se tornar mais preciso, em vez de mais tendencioso? E segundo, nós, *Homo ultrasocialis*, desenvolvemos alguma defesa contra os assessores de imprensa de outras pessoas? Afinal, o engano é uma estratégia evolutiva comum em todas as espécies da Terra e raramente permanece incontestado. Quando um predador desenvolve melhor camuflagem, por exemplo, sua presa desenvolve melhor visão (ou se extingue). Então, desenvolvemos defesas contra todos os assessores de imprensa enganosos por aí? Vimos que normalmente não temos consciência de nossos próprios assessores de imprensa. Somos melhores em detectar os dos outros?

Obtemos respostas para essas duas questões explorando como a ciência funciona. Mas, como tenho certeza que você notou, há muitas divergências sobre esse assunto. Se você quiser começar um longo e barulhento debate em uma sala cheia de pessoas supereducadas, basta dizer algo como: "Ei, o que é o método científico, afinal?"

Nem vou tentar resumir esse debate. Em vez disso, quero destacar um ponto de vista que faz muito sentido para mim, que aborda ambas as nossas perguntas e que produz conselhos práticos para empresas e seus líderes. É um ponto de vista exposto pelo filósofo Michael Strevens em *The Knowledge Machine.* As empresas geeks funcionam como se seus fundadores tivessem colocado as mãos neste livro bem antes de ele ser publicado e o estivessem usando como um modelo.

Strevens estudou a enorme literatura sobre ciência e o método científico e chegou a uma conclusão brilhantemente simples: a ciência é uma discussão eterna governada por uma "regra de ferro da explicação"[39]:

1. Esforce-se para resolver todas as discussões por meio de testes empíricos.
2. Para conduzir um teste empírico para decidir entre um par de hipóteses, realize um experimento ou medição, um dos quais os possíveis resultados podem ser explicados por uma hipótese… mas não pela outra.

Uma consideração essencial sobre a regra de ferro é que ela atua como uma norma: um padrão esperado de comportamento social, ou hábito mental de grupo. Ela assume que sempre haverá desacordos entre as pessoas sobre a natureza da realidade e especifica como resolvê-los: *com evidências.* Não senioridade, carisma, desempenho passado, retórica, divagações filosóficas, apelos morais ou estéticos, mas sim evidências. Em particular, evidências que distinguem entre as hipóteses rivais e, portanto, ajudam a resolver o desacordo.

Essa norma parece senso comum, mas na verdade é profundamente antinatural. Nós, humanos, realmente não queremos fazer a parte de coleta de evidências da regra de ferro. Ouvir nossos assessores de imprensa nos dizerem que estamos certos é fácil, natural, imediato e agradável. Reunir evidências reais não é nenhuma dessas coisas. Denota tempo, esforço e atenção meticulosa aos detalhes; geralmente não é nada divertido. Strevens conta a história de Roger Guillemin e Andrew Schally, dois endocrinologistas que competiram entre si ao longo dos anos de 1960 para serem os primeiros a especificar a estrutura de um importante hormônio cerebral conhecido como TRH. Essa corrida envolveu a coleta de cerca de 1 milhão de cérebros de ovelhas e porcos e seu processamento para obter TRH suficiente para análise.

Olhando para trás, Schally refletiu[40] que o fator-chave em seu sucesso não foi "o dinheiro, é a vontade… a força brutal de dedicar sessenta horas por semana durante um ano para obter um milhão de fragmentos". Muitos de seus rivais desistiram por causa da "imensa quantidade de trabalho duro, maçante, custoso e repetitivo" necessário. A corrida foi uma extenuante ultramaratona. Schally e Guillemin a completaram quase ao mesmo tempo e dividiram o Prêmio Nobel de Fisiologia ou Medicina de 1977.

O brilhantismo da regra de ferro é como ela foca as pessoas que querem vencer a corrida da ciência. Como Strevens escreve, "Toda a sua necessidade de vencer[41], sua determinação de chegar ao topo — toda essa ambição humana crua... é desviada para a realização de testes empíricos. A regra, portanto, aproveita as emoções mais antigas para impulsionar a atenção extraordinária ao processo e aos detalhes que tornam a ciência a suprema discriminadora e destruidora de ideias falsas".

Uma vez que decidimos que queremos vencer na ciência, e uma vez que percebemos que isso significa seguir a regra de ferro, nossos assessores de imprensa começam a trabalhar. Mas eles não elaboram memorandos destinados a outros cientistas descrevendo o quão brilhantes somos. Esses memorandos cairiam em ouvidos moucos, já que em comunidades que decidiram seguir a regra de ferro tudo o que importa são evidências que resistem ao escrutínio mais severo.

Em vez disso, nossos assessores de imprensa começam a escrever memorandos para nós mesmos sobre o quão bons somos em produzir esse tipo de evidência: nossas hipóteses certamente estão corretas, somos incríveis coletores de evidências e claramente venceremos a corrida. Esses memorandos nos inspiram a fazer o trabalho duro de criar evidências para apoiar o que acreditamos. A parte subestimada do método científico é que ele é uma atividade de redução de vieses que nem mesmo tenta reduzir os vieses individuais de seus participantes. Em vez disso, ele os aproveita, deixando os participantes excessivamente confiantes em sua própria capacidade de sobreviver a testes empíricos de suas ideias. Este é o jiu-jitsu cognitivo virtuoso.

A regra de ferro aproveita nossas capacidades de detecção de mentiras, que são excelentes desde que sejam direcionadas a outra pessoa. Como vimos, somos realmente ruins em avaliar os produtos de nossas próprias mentes: somos cronicamente confiantes demais e autoenganosos. Mas acontece que somos excelentes em avaliar e criticar as produções das mentes de outras pessoas. Assim como somos curiosamente ruins em nos avaliar, somos estranhamente *bons* em avaliar os outros.

Nossos assessores de imprensa nos tornam vigaristas, oferecendo versões superconfiantes de nós mesmos ao mundo social. Mas acreditar de modo habitual em vigaristas é realmente uma má ideia. Então não acreditamos. Em vez disso, a maioria de nós avalia os argumentos dos outros de forma natural e automática, e somos bons em rejeitar os ruins. Isso é um design intencional, e a evolução, é claro, é a designer.

Vimos no Capítulo 3 que a evolução fez um crowdsourcing* do conhecimento sobre fazer fogo do indivíduo para o grupo. Algo muito semelhante aconteceu com as ideias: a evolução fez um crowdsourcing para avaliá-las para o grupo, não para o indivíduo que as originou. Nossas mentes são profundamente justificatórias com suas próprias ideias, e tão profundamente *questionadoras* com as dos outros. Este é o ponto de vista estabelecido pelos cientistas cognitivos Hugo Mercier e Dan Sperber, que oferecem uma perspectiva definitiva sobre como o raciocínio funciona em nós, *Homo ultrasocialis.*

Nessa perspectiva, as ideias dos indivíduos são avaliadas por discussão e debate em nível de grupo. Ideias ruins são rejeitadas, e as boas são aceitas. Muitos de nós andamos por aí com o estereótipo de que (outras) pessoas acreditarão em quase tudo, mas as evidências dizem o contrário. Na maioria das vezes, somos realmente muito bons no vaivém de sondar o argumento de outra pessoa e avaliar sua qualidade†. Na verdade, Mercier e uma equipe de colegas descobriram que nos tornamos melhores em ignorar nossos assessores de imprensa e avaliar nossas próprias ideias *se elas forem reembaladas e repassadas a nós como se viessem de outra pessoa*. Em um experimento, a equipe pediu aos participantes que resolvessem pequenos problemas de lógica por conta própria e dessem argumentos para suas respostas. Poucos minutos depois, a equipe deu a cada participante um conjunto de respostas e argumentos que vieram de outros sujeitos no experimento e pediu ao participante que avaliasse cada razão.

Você sabe onde isso vai dar, certo? Um dos argumentos no conjunto não veio de outra pessoa no experimento, mas sim do próprio participante. Em outras palavras, cada participante foi solicitado a avaliar um argumento que ele havia inventado apenas alguns minutos antes. Cerca de metade das vezes, os participantes não perceberam que esse era o caso; eles pensaram que estavam avaliando o argumento de outra pessoa. E em mais da metade desses casos, eles rejeitaram seus próprios argumentos. Mercier e Sperber escrevem que "de forma tranquilizadora, havia uma tendência dos participantes serem

* O *crowdsourcing* é o processo de terceirizar tarefas, ideias e soluções de forma aberta e compartilhada para um grande grupo de pessoas em torno da realização de uma tarefa ou da solução de um problema. [N. da T.]

† As grandes exceções aqui são argumentos que ativam nossa moralidade ou nossa identidade tribal. Como veremos no próximo capítulo, nós, humanos, somos profunda e inatamente tribais, e nossa moral é amplamente determinada por nossa tribo. A evolução nos programou para querer ser membros de nossa tribo em boa posição, o que às vezes significa fechar nossos ouvidos aos argumentos de tribos opostas, mesmo que sejam sólidos. A sociedade dos EUA se tornou tão polarizada e tribal que argumentos científicos sólidos e apoiados por evidências para se vacinar contra o vírus responsável por uma pandemia global mortal não estão sendo aceitos por um grande número de pessoas. Essa polarização é uma tendência preocupante.

mais propensos a rejeitar seus próprios argumentos ruins[42] do que seus próprios bons argumentos".

Em seu livro, *The Enigma of Reason,* Mercier e Sperber concluem que

> o raciocínio solitário é enviesado e preguiçoso[43], enquanto a discussão é eficiente não apenas em nossas sociedades ocidentais excessivamente questionadoras, mas em todos os tipos de culturas, não apenas em adultos instruídos, mas também em crianças pequenas.

A palavra "discussão" tem uma conotação negativa em muitas culturas, e é verdade que geralmente é menos divertido ter alguém discordando de você do que aplaudindo sua genialidade impecável. Mas você já tem um assessor de imprensa para aplaudi-lo. O que você, eu e todos os outros precisamos é que nossas ideias sejam testadas sob estresse. E é nisso que outras pessoas são realmente boas, assim como *somos* realmente bons em testar as ideias *delas* sob estresse. A discussão é como distinguimos boas ideias das ruins.

A regra de ferro nos obriga a estreitar nossos argumentos. Ela especifica que os argumentos devem ser esclarecidos com evidências. De acordo com Strevens, a regra de ferro começou a ser amplamente seguida por cientistas na segunda metade do século XVIII. Isso se devia, em parte, à enorme influência de Isaac Newton, cujo brilhantismo era quase igualado pela precisão meticulosa com que realizava testes empíricos e apresentava evidências para fundamentar suas teorias. Seja como for, a norma da discussão baseada em evidências se espalhou por todas as comunidades científicas e elas se tornaram máquinas de conhecimento. Começamos a fazer um progresso muito mais rápido na compreensão do universo.

No início deste capítulo, pegamos a regra geek definitiva — *moldar a ultrassocialidade dos membros do grupo para que a evolução cultural do grupo seja a mais rápida possível na direção desejada* — e começamos a personalizá-la de acordo com as normas da ciência. Chegamos a: *moldar a ultrassocialidade dos membros do grupo para que o grupo tome melhores decisões e faça melhores previsões.* Agora podemos usar a regra de ferro para terminar o trabalho de personalização: *conduzir discussões baseadas em evidências para que o grupo tome melhores decisões e faça melhores previsões.*

A Coca-Cola Company enfrentou grandes problemas com a New Coke porque seguiu apenas a etapa de coleta de evidências dessa norma. O desafio da Pepsi foi um tipo de teste A/B, e os resultados indicaram que as pessoas preferiam o sabor da Pepsi ao da (velha) Coca-Cola. A Coca-Cola até replicou esse teste internamente e obteve os mesmos resultados empíricos. O erro que cometeram foi não discutir o suficiente sobre eles.

Uma análise mais aprofundada teria revelado que havia um pequeno problema em usar os resultados do desafio da Pepsi para justificar a New Coke, e também um problema gigantesco. O pequeno era confundir um gole de refrigerante com um copo ou garrafa cheia dele. Muitos consumidores preferiam o sabor mais doce da Pepsi quando estavam apenas tomando um gole (como foi o caso no desafio da Pepsi), mas quando bebiam mais, sua preferência mudava.

O problema gigantesco era pensar que as pessoas bebiam Coca-Cola por causa do seu gosto. Em vez disso, elas bebiam principalmente por causa do que ela significava. Por quase um século antes da New Coke surgir, a Coca-Cola tinha sido uma parte invariável da experiência norte-americana. Seu lugar na psique do país já estava estabelecido em 1938, quando William Allen White, um editor de jornal do Kansas, a descreveu como "uma essência sublimada[44] de tudo o que os Estados Unidos representam, uma coisa decente feita honestamente". White pode ter escrito essas palavras depois de batizar sua Coca-Cola com um pouco de uísque, mas ele capturou algo sobre como as pessoas se sentiam em relação a essa bebida doce carbonatada em particular.

Goizueta envolveu pouquíssimas pessoas na decisão de mudar para a New Coke. Se ele tivesse consultado mais amplamente os colegas, alguns deles certamente teriam discutido sobre as evidências que ele havia coletado. Não sua validade, mas sua relevância. Em vez de perguntar qual dos dois goles de cola tinha um gosto melhor, a equipe da New Coke perguntou às pessoas como elas se sentiriam sobre uma grande mudança em uma bebida que conheciam a vida toda, e que era uma parte da cultura norte-americana? Eles fizeram um teste A/B entre "alterar a 'essência sublimada de tudo o que os EUA representa'" versus "não alterar"? O grande erro da New Coke não veio dos testes de sabor, mas da falta de outros tipos de coleta de evidências e discussões sobre o que a mudança na Coca-Cola significaria para os consumidores. Constance Hays, autora de um livro sobre a Coca-Cola, resumiu o desastre: "Não era apenas sobre o sabor[45]. Era sobre desgosto. Era sobre a perda de um produto que as pessoas consideravam quase uma parte delas, a crítica gratuita a algo que tinha significado para elas. Goizueta não havia pesado esse fator em todos os seus cálculos e avaliações". Mas se ele tivesse seguido a regra de ferro e se envolvido na parte questionadora essencial da ciência, alguém certamente teria apontado essas coisas para ele.

## Dados, Demonstrações, Debates

Como o fiasco da New Coke mostra, o mundo dos negócios é muito parecido com o mundo da ciência de uma maneira fundamental: hipóteses incorretas não se sustentam. Se você estiver errado sobre o que os clientes querem ou como o mercado evoluirá, você aprenderá que está errado, e isso se dará mais rapidamente em ambientes mais competitivos. Tais ambientes são inóspitos para empresas que erram muito. Esteja errado vezes suficientes, e você não estará mais no mercado.

É uma ótima notícia, então, que as empresas possam importar a regra de ferro da ciência e usá-la para guiá-las. A regra ajuda uma empresa a estar menos errada exatamente da mesma forma que ajuda toda a comunidade científica a estar menos errada ao longo do tempo: especificando que as disputas devem ser resolvidas com evidências que sejam capazes de distinguir entre hipóteses rivais.

Como vimos no Capítulo 1, o uso da regra de ferro no mundo dos negócios entrou em uma nova era de ouro no início de 2000, quando o Google executou o primeiro teste A/B conhecido em uma página da web. Cada um desses testes é uma pequena aplicação rigorosa da regra de ferro. Existem duas ou mais versões de uma página. Cada uma é uma hipótese rival sobre o que os usuários desejam. Qual é a melhor? Em vez de confiar em HiPPOs ou memorandos de assessores de imprensa, vamos concordar antecipadamente sobre quais evidências relacionadas ao comportamento do usuário vamos confiar para determinar qual é a melhor, gerar essas evidências com um experimento (ou seja, um teste A/B) e, então, usar essas evidências para decidir qual visão implementar de maneira ampla.

Essa infraestrutura de produção de evidências deve ser usada para "testar literalmente tudo",[46] de acordo com o fundador e CEO da Ranker.com, Clark Benson. Em outras palavras, não faça experimentos apenas com coisas que você acha que farão uma grande diferença; faça-os também com coisas que você não tem razão para pensar que farão qualquer diferença. Até mesmo um veterano do mundo online como Benson fica "constantemente surpreso com fatores menores e pouco significativos que têm valor descomunal nos testes". Nossos assessores de imprensa redigem memorandos o tempo todo nos dizendo que sabemos o que os clientes e outras partes importantes querem. Mas muitos desses memorandos estão errados.

Assim como todo cérebro de porco ou ovelha produz apenas uma pequena quantidade de TRH, cada teste A/B provavelmente melhorará o desempenho geral da empresa apenas de forma modesta. Então é importante fazer muitos deles. Como o economista-chefe do Google, Hal Varian, me disse em 2017,

> Uma das coisas que fizemos no Google desde o início, que é realmente importante, é que construímos uma infraestrutura experimental. Então, podíamos fazer testes A/B de diferentes ideias: diferentes ideias sobre interface do usuário, diferentes ideias sobre classificação de anúncios, diferentes ideias sobre classificação de pesquisa e assim por diante. E podíamos executar experimentos reais em pequenas fatias da população, 1% ou 2%, e ver se elas realmente melhoravam nossas métricas. E se melhorassem, poderíamos implementá-las de forma mais ampla. Então, ter essa infraestrutura experimental disponível foi realmente essencial para o sucesso do Google.

Até agora, a grande norma geek da ciência parece bastante impessoal e mecanizada: pare de depender de HiPPOs e julgamentos de "especialistas", crie uma infraestrutura para experimentação e deixe-a fazer o que tem que fazer. Mas qualquer infraestrutura desse tipo é realmente apenas uma pequena parte de como a ciência é praticada em empresas geek. A maior parte do restante é profundamente social, envolvendo uma grande quantidade de idas e vindas entre as pessoas.

Um exemplo de como seguir a regra de ferro de maneira relativamente leve em relação às evidências vem da Apple, uma empresa que aprecia demonstrações. Em meados da década de 2010, os iPhones da empresa se tornaram famosos por sua capacidade de tirar ótimas fotos de todos os tipos de coisas, incluindo pessoas. Retratos de alta qualidade geralmente têm fundos desfocados (um efeito chamado *bokeh*), e a Apple queria incorporar essa capacidade em alguns de seus próximos modelos de iPhone. No entanto, houve um debate sobre como fazer isso. A implementação inicial da equipe da câmera permitiu que os usuários vissem o fundo desfocado somente *depois* de tirarem a foto. A equipe de design da interface humana (HI) pensou que essa era a abordagem errada e que os usuários deveriam ver o desfoque e ter algum controle sobre ele enquanto configuravam a foto. O assunto foi resolvido quando o membro da equipe da HI, Jonny Manzari, fez uma demonstração da abordagem "pré-visualizar o desfoque",[47] que mostrou o quão poderosa ela era. A demonstração encerrou a discussão. A pré-visualização do desfoque tornou-se parte do modo Retrato do iPhone, que foi introduzido com o modelo iPhone 7 Plus em 2016 e ficou conhecido como "um dos recursos de câmera mais legais[48] do iPhone".

Como este exemplo mostra, seguir a regra de ferro não precisa envolver testes estatísticos sofisticados ou infraestruturas de experimentação massivas. Essas coisas são frequentemente úteis e às vezes essenciais, mas não são o que a norma geek da ciência é. Essa norma é simplesmente sobre chegar a uma hipótese (os usuários gostarão mais desta versão de uma página da web, os consumidores de Coca-Cola preferirão a New Coke, os donos de iPhone querem ser capazes de ver exatamente como um retrato ficará antes de tirar a foto, e assim por diante), descobrir como testar a hipótese com evidências e produzir e interpretar essas evidências — e falar, colaborar e discutir o tempo todo.

Em meados da década de 1990, um físico matemático fez uma descrição da regra de ferro que enfatizava a conversa e a colaboração. Como ele apontou, a ciência é "um negócio muito gregário[49], é essencialmente a diferença entre ter a porta [do meu escritório] aberta e tê-la fechada. Se estou fazendo ciência, tenho a porta aberta. Isso é meio simbólico, mas é verdade. Você quer estar o tempo todo falando com as pessoas... É somente pela interação com outras pessoas no local que você consegue fazer algo interessante; é essencialmente um empreendimento comunitário".

Mais ou menos na mesma época, alguns geeks de negócios forneceram uma excelente ilustração do aspecto questionador da regra de ferro. Em 1996, uma guerra estava se formando entre a novata Netscape e a incumbente Microsoft pelo domínio do software para impulsionar a World Wide Web. A Netscape havia se tornado pública recentemente após lançar o primeiro navegador da web comercialmente bem-sucedido, mas a Microsoft estava preparando seus próprios movimentos significativos. Ben Horowitz estava encarregado de alguns dos importantes contra-ataques estratégicos da Netscape, que seriam anunciados em um chamativo evento de lançamento em Nova York em 5 de março de 1996.

No entanto, essas contramedidas foram reveladas algumas semanas antes por Marc Andreessen, o inventor de um dos primeiros navegadores da web e, aos 22 anos, cofundador da Netscape. Andreessen revelou a estratégia da Netscape em uma entrevista para a *Computer Reseller News*. Horowitz não ficou satisfeito[50] com a entrevista e escreveu um breve e-mail para Andreessen:

> Para: Marc Andreessen
> Cc: [Chefe de Horowitz]
> De: Ben Horowitz
> Assunto: Lançamento
>
> Acho que não vamos esperar até o dia 5 para lançar a estratégia.
> — Ben

Em menos de quinze minutos, Andreessen escreveu de volta:

> Para: Ben Horowitz
> Cc: [Chefe de Horowitz], [CEO da Netscape], [Presidente da Netscape]
> De: Marc Andreessen
> Assunto: Re: Lançamento
>
> Aparentemente você não entende o quão séria é a situação. Estamos sendo massacrados lá fora. Nosso produto atual é radicalmente pior do que a concorrência. Não temos nada a dizer há meses. Como resultado, perdemos mais de US$3 bilhões em capitalização de mercado. Agora corremos o risco de perder a empresa inteira e é tudo culpa da gerência de produtos de servidor.
> Da próxima vez faça a porra da entrevista você mesmo.
> Vá se foder,
> Marc

Ignore os palavrões de Andreessen por enquanto (voltaremos a eles em breve). Em vez disso, observe como ele segue a norma geek da ciência. Em seu e-mail, Horowitz avançou com a hipótese de que a entrevista foi um erro. Em sua resposta, Andreessen ofereceu uma hipótese muito diferente — que a Netscape havia perdido valor significativo e estava sendo "massacrada" em parte porque "não tínhamos nada a dizer" — e a apoiou com evidências. Esta é a regra de ferro sendo praticada.

Ao receber o e-mail, Horowitz ficou preocupado em ser demitido. Ele não foi. Como ele escreveu em seu livro de 2015, *O Lado Difícil das Situações Difíceis,* "O mais chocante é que Marc e eu, com o tempo, nos tornamos amigos;[51] somos amigos e parceiros de negócios desde então... Em relação a Marc e eu, mesmo depois de dezoito anos, ele me aborrece quase todos os dias ao encontrar algo errado em meu pensamento, e eu faço o mesmo por ele. Funciona". Funciona tão bem que a dupla cofundou a empresa de capital de risco Andreessen Horowitz, ou a16z, em 2009.

Em uma entrevista de 2016[52] com o apresentador de podcast Tim Ferriss, Andreessen concordou que o debate produtivo estava no cerne de seu relacionamento com Horowitz e aconselhou os ouvintes a não permanecerem em organizações em que não houvesse discussões:

> Então, uma [coisa que demonstrou o valor de Horowitz como colega] é que ele me respondia de volta... Ele não simplesmente se rendia. Ele argumentava de volta. E se você apenas observar muitas empresas ao longo do tempo, ou firmas de investimento, ou o que quer que seja, há a tentação de tudo querer se tornar uma hierarquia. E as pessoas têm receio de falar a verdade ao poder. Sempre percebi que os líderes verdadeiramente sábios e inteligentes se esforçam para identificar as pessoas na organização que têm coragem de se manifestar e responder de maneira autêntica... Existem certas organizações onde só se progride ao responder à liderança. É assim que você é notado.
>
> A propósito, há outras organizações onde isso não funciona de jeito nenhum, e eu recomendaria sair delas o mais rápido possível. Tentamos ser, pelo menos Ben e eu queremos que seja assim, uma organização onde as pessoas têm a liberdade de falar a verdade ao poder e se sentem à vontade para responder a nós como fariam com qualquer outra pessoa, e é por isso que ele e eu discutimos tanto... porque queremos abrir o precedente.

Todos os geeks alfa com quem conversei ao pesquisar este livro enfatizaram a importância da discussão nos níveis mais altos da empresa. Esse vaivém ajuda a equipe executiva a tomar decisões importantes de forma correta e também define um modelo para o resto da organização. Existe um mito na tecnologia (assim como na ciência) de que gênios solitários são responsáveis por muitas das maiores descobertas, mas essa crença não resiste ao escrutínio. Continuei ouvindo de pessoas que estão em posição de saber que, em empresas geek, até os maiores talentos e os maiores egos ouviam os outros. Eles precisam fazer isso para manter suas empresas no topo.

Perguntei ao ex-CEO do Google, Eric Schmidt, como as empresas geek evitavam o problema de pessoas que não escutam ou param de escutar os outros por causa do sucesso. Ele reconheceu que era um desafio, mas disse que muitas pessoas que realmente querem vencer a corrida dos negócios são forçadas a discutir porque veem que funciona muito bem. Como ele me disse, "Os bem-sucedidos são forçados a o escutar, mesmo que estejam gritando. Se você olhar para Steve Jobs, que eu conhecia bem,* Steve era muito, muito durão, mas ele também se curvava à realidade".

## Onde os Geeks São Fracos

Jobs era famoso por lançar insultos fulminantes a colegas, parceiros de negócios e qualquer um que o decepcionasse. Andreessen terminou um e-mail para um colega júnior com "Vá se foder, Marc". Esses exemplos indicam que os geeks podem às vezes ter dificuldade para criar culturas que apresentem níveis altos de segurança psicológica.

Este conceito, que data de meados da década de 1960,[53] é definido pela acadêmica de administração Amy Edmondson como

> um clima no qual as pessoas se sentem confortáveis para se expressar e ser elas mesmas. Mais especificamente, quando as pessoas têm segurança psicológica no trabalho, elas se sentem confortáveis para compartilhar preocupações e erros sem medo de constrangimento ou retaliação. Elas estão confiantes de que podem falar e não serão humilhadas, ignoradas ou culpadas. Elas sabem que podem fazer perguntas quando não têm certeza sobre algo. Elas tendem a respeitar e confiar em seus colegas... A segurança psicológica é uma fonte crucial de criação de valor em organizações que operam em um ambiente complexo e mutável.

Edmondson destaca que a segurança psicológica não é um traço de personalidade, como afabilidade ou extroversão, que um indivíduo possui em algum grau. Em vez disso, é uma característica que um grupo possui em algum grau.

A segurança psicológica é uma norma — um hábito mental de grupo — extremamente importante. É um requisito para seguir a regra de ferro e

* Schmidt fez parte do conselho da Apple entre 2006 e 2009.

realmente praticar ciência. Pessoas com boas hipóteses, boas ideias para testes e boas evidências à disposição precisam se sentir confortáveis em trazê-las à tona e desafiar até mesmo seus chefes e superiores com elas. É óbvio, por sua citação anterior, que Marc Andreessen acredita que a segurança psicológica separa organizações excelentes das miseráveis. Então talvez ele devesse ter assinado seu e-mail de forma diferente?

Tenho quase certeza de que ele já sabe isso agora; seu comportamento agressivo para com Horowitz tem mais de 25 anos. Mas posso dizer por experiência própria que ele continua sendo uma pessoa altamente questionadora. Quando ele discorda de suas ideias, ele as refuta fortemente, extensivamente e com vigor. Quando ele e eu entramos em choque, seus argumentos são cheios de evidências, não de insultos, mas ainda são um tanto intimidadores. Passei toda a minha carreira na academia, onde o debate é tão natural quanto falar sobre o clima, mas Andreessen e muitos outros geeks levam a discussão a um nível totalmente novo.

Por que isso? Provavelmente se deve em parte ao fato de que a tecnologia ainda é um setor dominado por homens, e os homens são geralmente mais assertivos do que as mulheres[54]. A tecnologia também atrai muitas pessoas neuroatípicas[55] que se destacam em pensar sobre ideias abstratas, mas têm dificuldade em ter empatia com os outros e ler suas pistas emocionais. Essas pessoas podem não ser capazes de dizer quando seus argumentos foram longe demais e acabam sendo percebidos como ofensivos ou beligerantes. Por quaisquer razões, muitos geeks de negócios se encontram em uma posição que é simultaneamente invejável (eles argumentam bem) e precária (eles fazem isso de uma forma alienante).

Sage Sharp começou a trabalhar no sistema operacional Linux de código aberto enquanto era estudante de graduação na Portland State University, e em 2013 estava sendo contratado pela Intel para contribuir com o kernel Linux — o coração do sistema operacional. No entanto, elu (Sharp usa o pronome neutro*) continuou vendo que as conversas online sobre o kernel estavam cheias de insultos e linguagem abusiva, algumas das quais vinham diretamente do topo — do próprio fundador do Linux, Linus Torvalds.

Torvalds começou a trabalhar no Linux em 1991. Ele logo convidou outros para se juntarem a ele no esforço, e muitos o fizeram. O Linux se tornou o maior projeto de software de código aberto do mundo, com mais de 80 mil melhorias e correções de bugs[56] feitas em 2017 por uma comunidade global

* Do original, *they/them*. [N. da T.]

de programadores. Torvalds continuou sendo uma figura imponente nessa comunidade. Ele era diretamente responsável por manter e desenvolver o kernel, mas seu verdadeiro papel era transmitido por seu título informal de trabalho: "ditador benevolente vitalício".

Em muitas interações online, porém, ele parecia totalmente malévolo. Ele xingava com frequência e fazia ataques pessoais, dizendo coisas como: "Simplesmente se mate agora[57]. O mundo será um lugar melhor". Quando outros o criticavam por tal linguagem, uma resposta típica era: "Piadas costumam ser ofensivas. Se você se ofende, o problema está seriamente do seu lado. Pense nisso por um tempo".

No grupo de discussão pública do kernel Linux, Sharp apelou para que Torvalds mudasse sua abordagem: "Linus, você é um dos piores ofendedores[58] quando se trata de abusar verbalmente das pessoas e destruir publicamente suas emoções... * Ninguém* merece ser xingado EM CAIXA ALTA em e-mails ou ridicularizado publicamente. Você está em uma posição de poder. Pare de abusar verbalmente de seus desenvolvedores". Torvalds não mudou e continuou justificando seu comportamento: "Eu xingo quando não há argumento[59]. O xingamento acontece para o caso de 'você está tão errado que nem vale a pena tentar fazer argumentos lógicos sobre isso, porque você não tem desculpa possível'".

Sharp continuou tentando melhorar a forma como a comunidade Linux debatia. Em 2015, elu defendeu a criação de um código de conduta. O que obteve em vez disso foi um mecanismo online para registrar reclamações, cujo nome era mais uma afronta desnecessária. Era chamado de Código de Conflito do Linux.

Com o tempo, Sharp se cansou. Em outubro de 2015, elu anunciou que não seria mais desenvolvedor do kernel Linux[60], por falta de segurança psicológica. Como elu escreveu,

> Finalmente percebi que não podia mais contribuir para uma comunidade onde eu era tecnicamente respeitado, mas não podia pedir respeito pessoal. Não podia trabalhar com pessoas que... argumentavam que os mantenedores deveriam ter permissão para cuspir quaisquer palavras vis que precisassem para manter a honestidade emocional radical... Sinto-me impotente em uma comunidade que tinha um "Código de Conflito" sem uma lista específica de comportamentos a evitar e uma comunidade sem força para aplicá-lo.

Há um final para essa história, mas tenho dificuldade em vê-lo como um final feliz. Em 2018, Torvalds deixou suas funções na Linux depois de ser confrontado pela revista *The New Yorker*[61] sobre seu comportamento online. Ele escreveu:

> Eu realmente estivera ignorando[62] alguns sentimentos bastante arraigados na comunidade...
>
> Essa é a minha realidade. Não sou uma pessoa emocionalmente empática e isso provavelmente não é uma grande surpresa para ninguém. Muito menos para mim. O fato de que então interpreto mal as pessoas e não percebo (por anos) o quão mal julguei uma situação e contribuí para um ambiente pouco profissional não é bom.
>
> Esta semana, membros da nossa comunidade me confrontaram sobre minha dificuldade em compreender emoções ao longo da minha vida. Meus ataques petulantes em e-mails foram pouco profissionais e desnecessários. Especialmente em momentos em que eu os tornei pessoais. Na minha busca por remendar as coisas, isso fez sentido para mim.
>
> Agora sei que aquilo não era certo e realmente sinto muito.
>
> Vou tirar uma folga e obter ajuda sobre como entender as emoções das pessoas e responder de maneira adequada.

Como todos sabemos, o comportamento de um líder define o tom de uma organização e influencia profundamente suas normas. Em um capítulo posterior, exploraremos as razões finais pelas quais isso acontece. Por enquanto, vamos tomar nota deste triste exemplo de discussão se tornando abuso. A segurança psicológica era escassa em toda a comunidade Linux, em grande parte devido ao próprio Torvalds. A ausência de segurança expulsou Sharp e inúmeras outras pessoas que queriam contribuir com sua energia e talento para a causa. Acabou até expulsando Torvalds, que queria muito continuar envolvido no que havia começado.

Isso é uma pena, ainda mais porque era algo bastante evitável. A primeira regra do debate saudável é focar a questão e não fazer ataques pessoais. Nas páginas a seguir, veremos muitos exemplos positivos de práticas saudáveis que apoiam as grandes normas geek de ciência, propriedade, velocidade e abertura.

## Pode Haver Ciência *Demais*?

É possível ir longe demais com a norma geek da ciência? Muitas vezes ouço a preocupação de que uma empresa pode se tornar excessivamente obcecada em medir tudo e em tentar fazer com que as principais métricas se movam na direção certa. Essa obsessão pode levar a um comportamento indesejável se levar as pessoas a ignorar outras atividades — ou, pior ainda, a se envolver deliberadamente em atividades contraproducentes — para fazer com que os números atinjam a tendência certa. Em 1995, os acionistas da Computer Associates[63] aprovaram um plano de compensação para três altos executivos, incluindo o então COO Sanjay Kumar, que incluía grandes bônus se o preço das ações da empresa permanecesse acima de US$53,33 por sessenta dias consecutivos. Esse feito foi alcançado em maio de 1998, e os três executivos dividiram US$1,08 bilhão, um dos maiores bônus da história corporativa na época.

No entanto, começaram a circular histórias de que a empresa só conseguiu atingir suas metas de preço de ações graças a práticas contábeis que eram legalmente questionáveis. Ela registrou imediatamente grande parte da receita[64] de alguns contratos de software de longo prazo e, no final do trimestre, manteve seus livros abertos por mais alguns dias para reconhecer receitas adicionais (uma prática que veio a ser conhecida como "mês de 35 dias"[65]). A SEC* entrou com acusações de fraude[66] de valores mobiliários em 2004 e, em abril de 2006, Kumar, que havia sido CEO da Computer Associates[67] de 2000 a 2004, declarou-se culpado; ele foi condenado a doze anos de prisão.

Existem infinitas variações sobre o tema de reagir inapropriadamente a metas numéricas. No início da década de 2010, o banco Wells Fargo era bem conhecido por uma cultura de vendas agressiva[68] que incluía vendas cruzadas, ou fazer com que os clientes usassem mais produtos do banco (não apenas uma conta corrente, por exemplo, mas também um cartão de crédito, uma hipoteca e assim por diante). Os funcionários da agência bancária recebiam metas agressivas, algumas das quais eram praticamente impossíveis de atingir. A agência de St. Helena, Califórnia, tinha a meta de vender 12 mil novos produtos[69] em um ano, embora houvesse 11 outras instituições financeiras na área e apenas 11.500 clientes em potencial. Muitos funcionários reagiram a essa pressão simplesmente criando novas contas e outros produtos para clientes sem seu conhecimento ou permissão. As investigações revelaram que foram criadas

* A *U.S. Securities and Exchange Commission* é a agência federal independente de regulamentação e controle dos mercados financeiros dos EUA. Sua contraparte no Brasil é a Comissão de Valores Mobiliários (CVM). [N. da T.]

cerca de 3,5 milhões de contas falsas[70], muitas das quais impunham taxas a proprietários que desconheciam a sua existência. O Wells Fargo pagou mais de US$2,5 bilhões em multas[71] por seu escândalo de contas falsas.

O suprimento infinito de exemplos como esses levou algumas pessoas a acreditar na lei de Goodhart, que afirma que "quando uma medida se torna uma meta,[72] ela deixa de ser uma boa medida". Em outras palavras, fazer com que as pessoas prestem muita atenção a uma métrica — por exemplo, vinculando sua remuneração a ela — quase certamente fará com que o tiro saia pela culatra de alguma forma.

No entanto, a maioria dos geeks de negócios com quem conversei não deixa a lei de Goodhart atrapalhar sua mania por medição e todas as coisas que a acompanham — observação, experimentação, análise, discussão e assim por diante. Há algumas razões para isso. Uma delas é que os geeks acreditam que o aforismo de Goodhart não é tanto uma lei, mas um aviso contra esquemas de medição e recompensa excessivamente simplistas. Se você vincular uma grande recompensa executiva a uma única métrica, como o preço das ações, não se surpreenda quando os executivos em questão criarem um esquema elaborado para impulsionar essa métrica apenas o suficiente por tempo suficiente, independentemente de o esquema realmente beneficiar a empresa ou não, ou mesmo ser legal. Se você pressionar os funcionários do banco a vender mais produtos do que o número de clientes potenciais em uma determinada área, pode esperar que sejam criadas muitas contas correntes e de poupança fraudulentas.

Como muitos líderes de negócio geeks, o CEO da Stripe, Patrick Collison, é um autoproclamado "fanático por instrumentação".* Como ele me disse: "Estou sempre pressionando as pessoas, como vamos medir isso? Como sabemos se está funcionando? Se você tem a medição, por que ela está aumentando ou por que não está aumentando?" Quando perguntei se ele estava preocupado com a lei de Goodhart, ele respondeu: "Métricas univariadas são quase sempre inadequadas, então, para qualquer área na Stripe, temos nossas métricas primárias. E também tentamos escolher métricas de contrapeso para controlar ou avaliar o tipo mais óbvio de patologias que podem surgir se você otimizar apenas uma delas. E também temos todos os tipos de métricas secundárias que precisamos ficar de olho. E com cerca de quinze métricas sobre este produto ou área do nosso negócio ou o que quer que seja, não me preocupo muito com Goodhart".

* Fortes evidências de que Collison é de fato um fanático por instrumentação surgiram em um domingo de junho de 2019, quando ele tuitou uma foto sua[73] com sua nova noiva e anunciou: "Atingimos nossas métricas de engajamento neste fim de semana!"

Como destaca Collison, uma parte fundamental da resposta geek à lei de Goodhart é prestar atenção a um painel inteiro de métricas, em vez de a um único número. Outra chave é entender que medir algo não significa automaticamente vincular recompensas importantes como remuneração e promoção a ele. Muitos dos meus alunos de MBA acham essa abordagem estranha; afinal, por que medir algo se você não vai fazer nada a respeito? A resposta geek aqui é que falar sobre uma medição — referindo-se a ela com frequência, discutindo sobre como fazê-la melhorar e sendo claro sobre quem é responsável por ela — é, na verdade, fazer muito a respeito.

O capitalista de risco John Doerr é outro fanático por instrumentação, tanto que ele escreveu um livro inteiro chamado *Avalie o Que Importa*. Mas, como muitos outros geeks, Doerr não defende vincular firmemente o que ele chama de objetivos e resultados-chave (OKRs) com remuneração. Exemplos como Computer Associates e Wells Fargo mostram que essa é uma abordagem desajeitada e ultrapassada para motivar o comportamento. Como Doerr coloca, "No local de trabalho de hoje, OKRs e remuneração[74] ainda podem ser amigos. Eles nunca perderão totalmente o contato. Mas eles não vivem mais juntos, e é mais saudável assim".

Liane Hornsey, diretora de pessoal da empresa de segurança cibernética Palo Alto Networks, concorda com Doerr. Ela faz uma distinção nítida entre usar dados para ajudar no desenvolvimento profissional de uma pessoa e usá-los para avaliar seu desempenho (e, portanto, sua remuneração e outras recompensas). Como ela me explicou, "Desenvolvimento é usar os dados para ajudar as pessoas a melhorar. Então, por exemplo, se eu receber minha avaliação de desempenho e houver algo lá, eu compartilharia com [o CEO da Palo Alto, Nikesh Arora] e ele me orientaria e me ajudaria a melhorar. Desempenho, por outro lado, é dizer 'Liane, sua avaliação foi uma porcaria. E eu vou te dar uma nota de desempenho baixíssima'. Essa é uma diferença bastante importante". Arora acrescentou: "Acho que a diferença é que uma organização de desenvolvimento é uma organização empática, enquanto uma organização de desempenho é mais mercenária. E as empáticas geralmente obtêm um resultado melhor no longo prazo porque em uma organização mercenária, quando a porcaria bate no ventilador, as pessoas desistem".

## Diversão Difícil

Os geeks sabem que é possível superestimar uma única medida. Mas eles não se preocupam muito em superestimar a ciência. Em vez disso, eles continuam tentando fazer mais disso, porque a ciência é um processo para aprender mais sobre o universo. Embora não seja a única coisa que vale a pena fazer — eu quero viver em uma sociedade que tenha muitos pintores, romancistas, compositores, atores, ensaístas, professores e jornalistas, assim como muitos cientistas — é algo extremamente importante de se fazer bem.

Nós, como seres humanos, melhoramos significativamente em ciência quando começamos a adotar rigorosamente a regra de ferro. Começamos a conduzir a ciência formulando hipóteses, testando-as e discutindo a cada passo ao longo do caminho, ao mesmo tempo em que concordávamos em usar evidências para resolver as discussões. Michael Strevens corretamente aponta que tudo isso é um trabalho árduo, infinitamente mais difícil do que apenas continuar a repetir com confiança o que quer que nossos assessores de imprensa estejam nos dizendo. Mas um construtor de robôs de 8 anos de idade nos lembrou há algum tempo de outra coisa que é fundamental sobre a ciência.

Este garoto estava trabalhando com kits de construção Lego/Logo, que foram desenvolvidos no MIT Media Lab na década de 1980. Os kits continham os conhecidos blocos Lego, bem como motores, sensores, rodas e outras coisas úteis para navegar no mundo físico. Esses elementos podiam ser programados por meio da linguagem Logo, que foi desenvolvida para crianças. Em 1989, o grupo Lego/Logo exibiu alguns dos trabalhos de seus jovens criadores em um evento para a imprensa. Em seu livro *A Vida Digital,* o fundador do Media Lab, Nicholas Negroponte, descreveu o destaque do dia:

> Uma âncora zelosa[75] de uma das redes nacionais de TV, com as luzes das câmeras acesas, encurralou uma criança e perguntou se isso não era só diversão e brincadeiras. Ela pressionou a criança de 8 anos para dar uma resposta típica, "fofa", em forma de frase de efeito.
>
> A criança ficou obviamente abalada. Finalmente, após a pergunta ser repetida pela terceira vez e após o calor considerável das luzes, essa criança suada e exasperada olhou para a câmera e disse: "Sim, isso é divertido, mas é uma diversão difícil".

"Diversão difícil" virou um mantra no Media Lab. Acho que também é bom para a ciência como um todo, seja ela praticada em laboratórios de pesquisa ou em empresas geek. Seguir a regra de ferro é uma tarefa árdua, mas também é uma delícia. Não o tempo todo, é claro, mas com frequência. Aprender algo novo, ver uma hipótese se sustentar, assistir a uma ideia sua sobreviver a um escrutínio rigoroso: todas essas são coisas maravilhosas. E discutir pode ser maravilhoso também. Há fortes evidências de que nós, seres humanos ultrassociais, somos programados para isso e somos bons nisso. Somos excelentes avaliadores das ideias dos outros; é o outro lado de ser péssimo em avaliar as nossas.

Quanto mais seguro psicologicamente me sinto com colegas e amigos, mais discuto com eles. Uma vez que sinto que eles me respeitam e confiam em mim, e uma vez que estou confiante de que eles sabem que os respeito e confio neles, deixo minha natureza inerentemente questionadora solta. Como vimos, os geeks podem levar essa argumentação longe demais e ser insensíveis e alienantes sobre isso. Essas tendências precisam ser corrigidas se a ciência real, que depende de um vaivém aberto e igualitário, for acontecer. Se e quando um grupo puder fazer isso acontecer, haverá muito progresso e muita diversão difícil.

Deixe-me terminar este capítulo com duas citações sobre a ciência que capturam seus aspectos mais importantes: sua aptidão de superar a profunda capacidade humana de autoengano e sua natureza inerentemente social — e não solitária. A primeira é do biólogo Robert Trivers, que diz: "Se você está tentando... transmitir conhecimento de uma maneira mais rápida, você será atraído para a ciência em si,[76] que é baseada em uma série de mecanismos anti-engano e anti-autoengano cada vez mais sofisticados e implacáveis".

A segunda é do filósofo francês do século XVI Michel de Montaigne, que escreveu que aprendeu mais discutindo do que lendo:* "O estudo de livros[77] é um movimento lânguido e fraco que não aquece, enquanto a conversa ensina e exercita ao mesmo tempo. Se converso com uma mente forte e um disputador rigoroso, ele pressiona meus flancos e me ataca à direita e à esquerda; suas concepções agitam as minhas; ciúme, glória e contenção estimulam e me elevam a algo acima de mim mesmo".

Agora que sabemos como a grande norma geek da ciência funciona, também entendemos como ela contribui para a notável capacidade das empresas geek de serem simultaneamente excelentes em agilidade, execução e inovação.

Uma empresa que resolve as discussões sobre quais recursos incluir nas demonstrações, em vez de algo como "Confie em mim; eu sou o especialista aqui" ou "Eu sou o chefe e gosto disto aqui", fará um trabalho melhor criando produtos que encantam os clientes e são percebidos como inovadores.

Uma organização onde as pessoas se sentem confortáveis falando a verdade ao poder e discutindo com aqueles que estão mais acima no organograma fará um trabalho melhor identificando novas tendências cedo, e não será retida

* Embora Montaigne tenha dito que aprendeu mais com conversas do que com livros, ele ainda se isolou de quase toda interação humana por quase dez anos enquanto trabalhava em seu famoso livro *Essais* (*Ensaios*), publicado pela primeira vez em 1580.

pelas visões de mundo de seus membros mais antigos. Em outras palavras, será uma organização mais ágil.

Uma equipe que acredita em testes A/B de quase *tudo,* e que configura uma plataforma de experimentação para fazer muitos testes e incorporar continuamente os resultados em suas ofertas, será boa em execução. Na verdade, muitas empresas geek até mesmo executam testes nos quais eliminam parte de sua própria infraestrutura para ver o quão suave e rapidamente podem se recuperar. Essa técnica de alta tensão é chamada de engenharia do caos,[78] e é usada apenas por empresas que já estão bastante confiantes em sua capacidade de execução.

Ao examinarmos as outras grandes normas geek, veremos o mesmo padrão: elas ajudam a construir culturas e empresas que se destacam na execução, agilidade, inovação e outras atividades que contribuem para um desempenho forte e sustentado. O sucesso das empresas geek não é um mistério: muito dele vem do foco em alguns hábitos de mentalidade de grupo — ciência, propriedade, velocidade e abertura — e de garantir que esses hábitos permeiem a organização e permaneçam robustos ao longo do tempo. Como veremos no próximo capítulo, essas normas podem até ajudar a combater uma das palavras mais assustadoras do léxico corporativo: *burocracia.*

## Resumo do Capítulo

Nós, humanos, somos cronicamente confiantes demais e sujeitos ao viés de confirmação. Como resultado, tomamos más decisões e fazemos previsões ruins.

A explicação definitiva para o excesso de confiança é que é benéfico para nós, seres humanos ultrassociais, parecermos confiantes para os outros. Então a evolução nos equipou com um módulo de assessor de imprensa mental que constantemente gera uma autoimagem favorável.

Nossos assessores de imprensa nos enganam não apenas sobre a qualidade de nossas ideias e julgamentos, mas também sobre muitas outras coisas: nossa generosidade, nossa moral e ética, nosso status social, nossa aparência — qualquer área em que seria vantajoso para nós, *Homo ultrasocialis*, sermos percebidos favoravelmente pelos outros.

Por causa do assessor de imprensa, somos ruins em avaliar nossas próprias ideias. Mas somos excelentes em avaliar as ideias dos outros. Nossas mentes são inerentemente *justificatórias* sobre suas próprias ideias e *questionadoras* sobre as ideias dos outros.

A norma geek da ciência gira em torno da discussão. Ela também especifica como vencer esses debates: com evidências. Não senioridade, carisma, desempenho passado, retórica, divagações filosóficas, apelos morais ou estéticos, mas sim evidências.

Para a norma da ciência, a regra básica definitiva dos geeks é: *conduzir discussões baseadas em evidências para que o grupo tome melhores decisões, e faça melhores previsões e estimativas.*

Os geeks dos negócios precisam ter cuidado ao discutir, porque podem não conseguir criar culturas com altos níveis de segurança psicológica.

## Pesquisa para Sua Organização

Essas dez afirmações podem ser usadas para avaliar até que ponto uma organização segue a grande norma geek da ciência. Os entrevistados respondem a cada uma com um número entre um e sete, onde um significa "discordo fortemente" e sete significa "concordo fortemente".

1. Confiamos em evidências para tomar decisões importantes.
2. Não realizamos muitos testes ou experimentos.*
3. Pessoas seniores aqui frequentemente ignoram recomendações baseadas em dados com base em seu julgamento ou instinto.*
4. Nesta organização, o debate é visto como uma parte normal e saudável da tomada de decisões.
5. Quanto mais importante for uma decisão, maior será a probabilidade de gastarmos tempo debatendo e reunindo evidências sobre ela.
6. Não temos uma cultura orientada por dados.*
7. Nos debates, as pessoas aqui apoiam suas posições dizendo coisas como "Confie em mim; eu sou o especialista", ou "Estou nessa área há mais tempo, então sei mais", ou "Eu sou o chefe, então faremos do meu jeito", em vez de apresentar dados e análises.*
8. As pessoas aqui relutam em apresentar evidências que não apoiem as opiniões de seus chefes.*
9. As pessoas aqui frequentemente mudam de ideia e mudam de rumo depois de verem novas evidências.
10. Quando não conseguimos chegar a um acordo sobre como proceder, nossa abordagem usual é realizar um teste ou experimento para nos ajudar a decidir qual caminho seguir.

* As pontuações para essas afirmações precisam ser invertidas. Para fazer isso, subtraia de oito a pontuação do entrevistado. Por exemplo, se o entrevistado respondesse seis, a pontuação invertida seria dois.

CAPÍTULO 5

# Propriedade

*Destruindo o Maquinário Gigante Operado por Anões*

> Burocracia [é]… uma cortina pesada colocada entre a coisa certa a fazer e a pessoa certa para fazê-la.
>
> — *Honoré de Balzac*

Se você quiser ajudar a vencer a guerra, imponha procedimentos operacionais corporativos padrão ao outro lado.

Essa é uma conclusão que você provavelmente chegará depois de ler o *Simple Sabotage Field Manual,* que foi produzido em 1944 pelo US Office of Strategic Services (o predecessor da CIA). Quando ouvi falar desse documento pela primeira vez, pensei que fosse uma lenda urbana, mas é real. Ele foi desclassificado em 2008 e agora é discutido no site da CIA.[1]

O manual era destinado a pessoas que viviam na Noruega, França e outros países ocupados pelos nazistas durante a Segunda Guerra Mundial. Ele oferece conselhos a "cidadãos sabotadores" sobre como irritar seus ocupantes fazendo de tudo, desde iniciar incêndios até entupir vasos sanitários. Mas nem todos os danos recomendados são físicos; alguns são organizacionais. Como o manual afirma, "[Um] tipo de sabotagem simples não requer nenhuma ferramenta destrutiva… Ela se baseia em oportunidades universais de tomar decisões erradas, adotar uma atitude não cooperativa e induzir outros a fazer o mesmo".

Aqui estão algumas de "oportunidades universais" para piorar a situação:

> Insista em fazer tudo por meio de "canais". Nunca permita que atalhos sejam tomados para agilizar decisões...
>
> Preocupe-se com a propriedade de qualquer decisão — levante a questão se tal ação contemplada está dentro da jurisdição do grupo ou se pode entrar em conflito com a política de algum escalão superior...
>
> Multiplique os procedimentos e autorizações envolvidos na emissão de instruções, contracheques e assim por diante. Faça com que três pessoas tenham que aprovar onde uma apenas o faria.

Parece familiar? As práticas atuais de muitas empresas parecem ter sido copiadas diretamente do *Simple Sabotage Field Manual*. Se isso parece um exagero, observemos Jennifer Nieva tentar fazer seu trabalho. Em 2005, Nieva estava trabalhando como gerente na Hewlett-Packard. Ela foi colocada no comando de um projeto para o qual precisava gastar US$200 mil em consultores externos. Como ela descreve:

> Os consultores estavam disponíveis agora,[2] mas se eu esperasse muito tempo, eles seriam transferidos para outro cliente.
>
> Eu segui o processo e inseri uma solicitação de aprovação de gastos no sistema de aquisição da HP. Então dei uma olhada em tudo. Havia VINTE nomes que precisavam assinar antes que eu pudesse começar. Meu chefe, o chefe do meu chefe, o chefe do chefe do meu chefe, mas também mais de uma dúzia de nomes dos quais eu nunca tinha ouvido falar, pessoas que logo descobri que estavam sentadas em nosso departamento de aquisição em Guadalajara, México.
>
> Eu perderia esses consultores que demorei tanto para encontrar? Minha chefe assinou, o chefe dela assinou, o chefe dele assinou. Então comecei a ligar para o departamento de compras, primeiro diariamente e depois de hora em hora. Na maioria das vezes, ninguém atendia. Finalmente, liguei para uma mulher chamada Anna que atendeu. Usei todo o charme que pude para fazê-la me ajudar. A aprovação levou seis semanas e liguei para Anna tantas vezes que, quando ela deu o próximo passo em sua carreira, me pediu para escrever uma recomendação no LinkedIn para ela.

Os criadores do *Simple Sabotage Field Manual* teriam ficado emocionados se um guerrilheiro atrás das linhas inimigas tivesse conseguido colocar esse processo em prática em uma organização nazista.

## O Conto da Burocracia

Muitos de nós descreveriam o processo de aprovação que Nieva encontrou na HP como burocrático. Mas a "burocracia" em si não é o problema. Esse é apenas o rótulo para, como o *Britannica* coloca, uma "forma específica de organização[3] definida pela complexidade, divisão de trabalho, permanência, gestão profissional, coordenação e controle hierárquicos, cadeia de comando estrita e autoridade legal". A maioria das empresas com as quais estou familiarizado atende a essa definição.*

Alguma hierarquia, gestão e divisão de trabalho — alguma burocracia, em outras palavras — é necessária para atingir os objetivos de qualquer corporação. Como Max Weber, um dos fundadores da sociologia, disse há cem anos: "Por mais que muitas pessoas reclamem[4] da 'burocracia', seria pura ilusão pensar por um momento que o trabalho administrativo contínuo pode ser realizado em qualquer campo, exceto por meio de funcionários trabalhando em escritórios... As necessidades da administração em massa tornam [a burocracia] completamente indispensável". O problema surge quando as empresas se transformam nos tipos de burocracias que Nieva encontrou: organizações tão cheias de burocracia que se torna difícil fazer o trabalho real.

A experiência de Nieva parece extrema, mas pode não ser tão rara. Em 2017, os acadêmicos de administração Gary Hamel e Michele Zanini conduziram uma pesquisa sobre burocracia[5] com leitores da *Harvard Business Review*. Eles encontraram muito disso.

Com base nas respostas a vinte perguntas, Hamel e Zanini construíram um "índice de massa burocrática" (IMB), que variava de 20 a 100. Qualquer pontuação acima de 60 foi considerada pelo menos como um atraso burocrático moderado, enquanto qualquer pontuação abaixo de 40 mostrou "uma relativa ausência de burocracia". Menos de 1% dos entrevistados pontuaram menos de 40, e três quartos das respostas relacionadas à baixa burocracia vieram de pessoas que trabalhavam em empresas com menos de cem funcionários.

Não surpreenderá ninguém saber que a situação era muito diferente em grandes empresas. Aquelas com pelo menos 5 mil funcionários tinham um IMB médio de 75. Já 80% dos entrevistados de grandes empresas relataram

* No final de 2013, a varejista de calçados online Zappos começou a experimentar a holocracia, um sistema de gestão que acabou com a hierarquia e papéis de gestão bem definidos em favor da "autoridade distribuída". Não foi universalmente popular. Quando o CEO Tony Hsieh anunciou em março de 2015 que todos os funcionários teriam que se comprometer totalmente com o novo sistema, 18% da força de trabalho[6], em vez disso, aceitou uma indenização. Em janeiro de 2000, o site *Quartz* anunciou que "a Zappos silenciosamente se afastou[7] da holocracia".

que a burocracia estava significativamente atrasando-os, como evidenciado pelo fato de que nessas empresas demorava-se vinte dias, em média, para obter aprovação para uma despesa não orçada.

No geral, as empresas não parecem dar muita autonomia aos seus funcionários. Apenas 11% de todos os entrevistados disseram que tinham liberdade "substancial" ou "completa" para fazer coisas como definir prioridades e decidir sobre métodos de trabalho. E apenas 10% relataram que tinham autonomia para gastar US$1.000 sem primeiro obter aprovação de um escalão superior na organização.

O economista Larry Summers alerta sobre os perigos da "distribuição promíscua[8] do poder de segurar as coisas", que é uma descrição concisa da burocracia excessiva. Os governos parecem se especializar em distribuir esse poder de forma cada vez mais ampla ao longo do tempo, a ponto de se tornarem o que o cientista político Francis Fukuyama chama de vetocracias[9]. O Código de Regulamentos Federais, que registra todas as regras permanentes do governo federal dos EUA, cresceu 40% mais rápido do que a economia norte-americana[10] entre 1950 e 2019. Os regulamentos estaduais e locais também aumentaram e desaceleraram muitos projetos. A Ponte Anderson Memorial, que atravessa o Rio Charles em Massachusetts e conecta as cidades de Boston e Cambridge, foi construída em menos de um ano em 1915. Um século depois, no entanto, a conclusão de reparos relativamente pequenos[11] na estrutura levou mais de cinco anos, graças ao que Summers chamou de "um bando de reguladores e participantes com poder de veto, cada um com a capacidade de bloquear ou atrasar".

A burocracia se tornou um clichê cultural. Agora esperamos que grandes organizações, tanto públicas quanto privadas, sejam prejudicialmente burocráticas da mesma forma que esperamos, digamos, que um supervilão ouça música clássica ou que um garoto do lado pobre da cidade tenha uma recepção fria dos pais da garota rica que ele ama. A expectativa de burocracia sufocante em grandes empresas está tão arraigada que no filme *Ford vs Ferrari* de 2019 é dado como certo tanto pelos cineastas quanto pelo público que a Ford é o *azarão* no confronto.

Pense nisso por um minuto. Em meados da década de 1960, quando os eventos retratados no filme aconteceram, a Ford era a segunda maior empresa do mundo.* A Ford chegou perto de comprar a Ferrari[12] em 1963 por US$16 milhões, ou 3% dos lucros da empresa[13] naquele ano. Portanto, não estava com problemas de caixa. Nem lhe faltavam pilotos e construtores de carros que soubessem como vencer. É verdade que a Ferrari era dominante em Le Mans no início dos anos 1960. Mas a equipe de corrida da Ford contratou Carroll Shelby, um lendário designer e piloto de carros norte-americano que venceu a corrida em 1959, e o igualmente talentoso piloto e engenheiro inglês Ken Miles.

O argumento do filme, então, é que a Ford entra na competição de Le Mans com imenso poder de compra e talento de ponta. E ainda assim a premissa básica do filme, que é tão óbvia que nunca precisou ser explicada, é que a gigante norte-americana dificilmente vencerá por causa da burocracia — porque ela não consegue sair do seu próprio caminho o suficiente para deixar seus inovadores de classe mundial fazerem seus trabalhos. A maioria dos conflitos do filme não é Ford versus Ferrari; eles são Ford versus Ford.

Um executivo que não sabe nada sobre corrida se intromete e questiona as decisões da equipe. Para que Shelby tenha a autonomia de que precisa (porque "você não pode vencer uma corrida através do comitê"), ele tem que literalmente apostar sua empresa; ele promete que se ele e Miles não terminarem em primeiro em uma corrida de aquecimento em Le Mans, ele dará a Shelby Racing para a Ford imediatamente. Ele também tem que encenar uma intervenção de alto risco. Ele coloca Henry Ford II em um carro de corrida e o leva em uma viagem emocionante e aterrorizante que faz o CEO chorar de alegria, finalmente disposto a eliminar a burocracia que está atrapalhando o excelente desempenho na pista. O final feliz do filme é que os mocinhos da Ford eventualmente triunfam sobre os bandidos, que também estão na Ford. A vitória da equipe em Le Mans é quase uma reflexão tardia em si.

Não resisto a incluir mais uma anedota reveladora sobre a Ford, a Ferrari e a burocracia que não faz parte do filme: de acordo com a secretária pessoal de Enzo Ferrari,[14] o motivo pelo qual a compra da Ford em 1963 fracassou foi uma cláusula no contrato que exigiria que a Ferrari obtivesse aprovação prévia de seus novos chefes para qualquer aumento no orçamento da equipe de corrida, que era então de cerca de um quarto de milhão de dólares. Isso era algo como 0,05% dos lucros da Ford em 1963 e menos de 0,003% de sua

---

* A Ford era a segunda maior empresa dos EUA, que era de longe a maior economia do mundo, tendo crescido mais de 50% durante a Segunda Guerra Mundial, enquanto as capacidades produtivas da maioria dos outros grandes países foram devastadas pelo conflito. Então, me sinto muito confortável em afirmar que, entre todas as empresas do mundo em meados da década de 1960, apenas a General Motors era maior que a Ford.

receita. Quando Ferrari soube que seria submetido a esse tipo de supervisão mesquinha, ele irrompeu em uma explosão de xingamentos e deixou a mesa de negociações, para nunca mais retornar.

## Nosso Apetite Voraz

Por que há tanto excesso de burocracia? É desanimador. É um fardo para o moral e a produtividade. Desperdiça enormes quantidades de tempo e energia. É universalmente detestado. E vai contra os princípios de confiança, empoderamento e autonomia que tantas empresas defendem. Então por que ainda é tão comum? É o resultado de espionagem industrial em larga escala — toneladas de empresas estão sendo infiltradas por agentes de empresas rivais e governos hostis que colocam em prática as medidas descritas no *Simple Sabotage Field Manual*? Não, mas o fato de que as empresas modernas ainda às vezes operam como se tivessem sido sabotadas vale um momento de reflexão. Aqui estamos na terceira década do século XXI, ainda lidando com uma das doenças mais antigas da era industrial — uma da qual o romancista francês Honoré de Balzac já reclamava na década de 1830 quando chamou a burocracia de "maquinário gigante operado por anões".[15] Por que ainda estamos construindo tanto desse maquinário?

Ninguém na HP pegaria uma folha de papel em branco e criaria um processo de aprovação de gastos que distribuísse o poder de atrasar um projeto importante entre vinte pessoas diferentes espalhadas por vários países. Nenhuma organização quer isso. Mas a organização é a unidade de análise errada aqui. A certa é o indivíduo dentro da organização. E em vez de pensar nesses indivíduos como *Homo sapiens* sábios que percebem que alta produtividade e lucros saudáveis serão benéficos para eles, deveríamos pensar neles como *Homo ultrasocialis* que sabem lá no fundo que um status elevado será benéfico para eles.

O status é crucial para a vida de muitos animais sociais. As galinhas, por exemplo, têm verdadeiramente uma hierarquia. Se você reunisse um bando delas em um mesmo espaço, os pássaros maiores e mais saudáveis, tanto galos quanto galinhas, imediatamente começariam a mostrar sua formidabilidade[16] e a se avaliar. Eles se encheriam de orgulho, se pavoneariam, se enfrentariam e gritariam um para o outro até que um recuasse. Se nenhum dos dois recuasse, as bicadas começariam, e a coisa poderia ficar feia, sangrenta e até mortal.

Quando essa competição acabasse, o bando teria uma hierarquia de status clara com base na dominância. Os pássaros no topo da hierarquia teriam os melhores locais de nidificação e poleiro, e primeiro acesso a comida e banhos de poeira. Os galos no topo também teriam mais oportunidades de acasalamento; galos mais abaixo na hierarquia normalmente não tentam acasalar, ou mesmo cantar, quando o número um está por perto.

Status elevado, em suma, leva a uma alta aptidão física, e é por isso que muitos animais sociais, como pássaros e mamíferos, têm hierarquias de status claras e duramente conquistadas. Nós, humanos, somos uma exceção a esse padrão? Vamos inverter um pouco essa questão: *por que você acha que a única espécie ultrassocial do planeta não se importaria com status social?* A evolução nos programou para nos importarmos com status exatamente pela mesma razão que ela programou galinhas, elefantes-marinhos, gorilas e chimpanzés para se importarem com isso.

A importância do status para nós, *Homo ultrasocialis*, é difícil de superestimar. Como o jornalista Will Storr escreve em seu livro *The Status Game*, "Nós somos… movidos por uma profusão de desejos[17]. Queremos poder. Queremos sexo. Queremos riqueza. Queremos mudar a sociedade para melhor. Mas também é verdade que o jogo do status está profundamente implicado nessas grandes vontades humanas". O psicólogo e pesquisador pioneiro David Buss descobriu que um status mais alto está claramente associado a uma pessoa ter parceiros de maior qualidade, filhos mais saudáveis e vidas mais longas e saudáveis. Nós, humanos, gostamos de poder, mas para a maioria de nós nosso desejo por mais poder diminui depois de um tempo. O mesmo é verdade para o dinheiro: gostamos muito, mas em uma pesquisa com trabalhadores de escritório, 70% escolheram um emprego de status mais alto[18] em vez de um que pagasse mais. Nosso desejo por status mais alto, enquanto isso, parece não ter fim. Numa série de experiências, a socióloga Cecilia Ridgeway descobriu que "não houve nenhum ponto[19] em que a preferência por um status mais elevado se estabilizasse".

Ridgeway acha que buscamos status tão implacavelmente porque sabemos que é difícil mantê-lo: "Uma vez que [status] é a estima dada por outros[20], ele sempre pode, pelo menos em teoria, ser tirado". Estamos desesperados para evitar isso. Para animais sociais como nós, perder status é uma notícia extremamente ruim. Não é apenas que reduz o acesso a recursos importantes e oportunidades de acasalamento. Há outro grande problema: o baixo status estressa os indivíduos e os deixa doentes.

Essa associação entre status e saúde em humanos surgiu claramente nos famosos estudos Whitehall[21] de funcionários públicos britânicos, o primeiro dos quais foi publicado em 1978. Mesmo após controlar idade, peso, altura, pressão arterial, hábitos tabagistas, tempo de lazer e outros fatores, pessoas em níveis de emprego mais baixos tinham taxas significativamente mais altas de doenças cardíacas crônicas do que seus colegas de nível mais alto. Isso era verdade tanto para homens quanto para mulheres, e as diferenças de saúde eram enormes; trabalhadores de meia-idade mais baixos na hierarquia tinham taxas de mortalidade quatro vezes maiores do que seus colegas mais elitistas. Quando os pesquisadores manipularam o status social dos babuínos, eles descobriram que a saúde mudava em sintonia com a mudança de status. Como o epidemiologista Michael Marmot resumiu, "Foi a nova posição[22], não aquela com a qual [um babuíno] começou, que determinou o grau de [doença cardíaca] que eles desenvolveram. E as diferenças foram drásticas".

Parece que mamíferos sociais como humanos e babuínos percebem uma ameaça quando seu status cai, e que seus corpos respondem exatamente como fariam a uma ameaça física. Eles aumentam a inflamação para acelerar a cura de feridas e diminuem a resposta viral para poupar energia. Essas respostas podem ser adequadas para um ataque físico curto, mas são prejudiciais a longo prazo. E estão profundamente enraizadas. De acordo com o professor de Medicina Steve Cole, "Vários estudos relacionaram indicadores objetivos de baixo status social[23] ao aumento da expressão de genes pró-inflamatórios e/ou à diminuição da expressão de genes antivirais. Ser derrotado na corrida dos ratos naturalmente muda o que você espera do amanhã, e isso parece se infiltrar na maneira como suas células se preparam para o amanhã".

Perdas de status, especialmente as abruptas e repentinas, também estão associadas a maiores taxas de suicídio. E como o status é sempre relativo, podemos sentir a dor de perdê-lo mesmo quando nada mudou em nossas próprias circunstâncias, desde que outros tenham progredido. Como o sociólogo Jason Manning coloca, "O suicídio é encorajado[24] não apenas por cair, mas por ficar para trás". Will Storr resume que "para nossos cérebros, o status é um recurso tão real quanto o oxigênio ou a água[25]. Quando o perdemos, desmoronamos".

Como o status nos é tão real e vitalmente importante, nós, humanos, somos peritos em descobrir quem o tem e quem não o tem. Fazemos comparações sociais o tempo todo. Algumas delas são conscientes e deliberadas, mas a maioria acontece bem no outro extremo do alcance da consciência, onde os julgamentos são subconscientes e quase instantâneos. Depois de apenas olhar para fotos espontâneas de colegas interagindo em um local de trabalho, por exemplo, os sujeitos de um estudo fizeram avaliações "extremamente precisas"[26] de quem tinha status mais alto.

Depois de descobrirmos onde estamos na escala de status local, agimos de acordo, e aqui novamente agimos frequentemente sem pensamento consciente. Quando duas pessoas conversam, a de status mais baixo geralmente muda os tons de baixa frequência de sua voz para combinar com os de sua contraparte de status mais alto. Com certeza, quando o apresentador de talk show Larry King entrevistou a lenda de Hollywood Elizabeth Taylor, ele mudou seus tons baixos[27] para se aproximar aos dela. No entanto, quando ele entrevistou o vice-presidente Dan Quayle, que geralmente não era considerado um dos grandes estadistas dos Estados Unidos, foi Quayle quem fez a mudança.

## Duas Rotas para o Topo

Nós, *Homo ultrasocialis*, somos como muitos outros animais sociais, pois temos consciência do status, estamos dispostos a lutar por ele e desesperados para mantê-lo. Mas empreendemos jogos de status particularmente intensos. Em nossos parentes evolutivos mais próximos, o domínio físico desempenha um papel de destaque na determinação de hierarquias de status. A violência é sempre uma opção, e a divergência — mesmo com a linguagem corporal, e mesmo de espectadores *de outra espécie* — não é tolerada. Quando o antropólogo Christopher Boehm voltou sua atenção de pesquisa dos humanos para os chimpanzés, algumas lições difíceis estavam reservadas:

> Mesmo com excelentes conselhos, tive que aprender da maneira mais difícil[28] que um corpo humano frágil é pouco adequado para os hematomas que acompanham a vida diária dessa espécie fisicamente robusta e frequentemente agonística. Um dia, em um clima de experimentação, inadvertidamente dei ao macho alfa do grupo de estudo a impressão de que eu estava competindo com ele politicamente. Descobri dolorosamente que chimpanzés machos de alto escalão estão preocupados com a dominância, com ciúmes de suas prerrogativas e são rápidos em derrubar potenciais rivais.

Como os chimpanzés, nós, humanos, somos altamente sintonizados com a posição e a dominância e altamente avessos a sermos moídos de pancadas. Como resultado, temos um bom radar para formidabilidade,[29] ou a capacidade de uma pessoa de infligir danos físicos e outras dificuldades a um alvo. Em uma conferência, alguns anos atrás, eu estava vagando durante um intervalo quando senti meu cérebro tentando me dizer algo. Não era exatamente medo. Em vez disso, era um alerta profundo do tipo "ei, melhor tomar cuidado onde pisa". Enquanto eu tentava descobrir o que estava acontecendo, olhei para cima e vi o boxeador Mike Tyson. Ali, Tyson não estava sendo agressivo ou ameaçador de forma alguma. Ele estava apenas parado segurando uma xícara de café. Mas ele é o ser humano mais formidável que já conheci.* Tenho certeza de que antes de olhar diretamente para ele, o vi com o canto do olho; aquele vislumbre rápido e fugaz foi o suficiente para disparar um alerta. Assim como os chimpanzés, nós atribuímos status de dominância àqueles que podem nos coagir a dar-lhes o que querem. Por causa de sua formidável capacidade, experienciei Tyson como dominante quando o encontrei. As empresas têm hierarquias de dominância claras (mesmo que não estejam cheias de ex-boxeadores) porque nossos chefes podem nos coagir por meio de alguma versão de "Faça isso ou será demitido".

Eu também conheci Yo-Yo Ma algumas vezes. Ele é claramente outra pessoa de status elevado. Mas ele não é Mike Tyson. Yo-Yo (como ele gosta de ser chamado) é uma ótima ilustração de que entre os humanos há duas rotas para o status elevado. Além da dominância, também há o prestígio.

O prestígio é mais sutil que a dominância, e apareceu mais recentemente em nossa história evolutiva. Qual é seu propósito final? Qual é a função do prestígio? Uma teoria convincente é que ele surgiu porque ajuda a acelerar a evolução cultural.

Como vimos no Capítulo 3, nós, humanos, somos excepcionalmente bons em aprender com os outros. Uma parte importante disso é descobrir *com* quem aprender. Se eu aprender com o melhor vendedor, serei melhor em fechar negócios. Mas quem é o melhor? Quando ainda sou um novato, não sou capaz de dizer por mim mesmo quais táticas e estratégias de vendas são as melhores. Mas, como membro de uma espécie ultrassocial, estou programado para saber quem está no comando quando falam sobre vendas, ou cujas opiniões as pessoas seguem, ou ao redor de quem as pessoas se aglomeram no bar do hotel onde a conferência de vendas está sendo realizada. *Esse é* o melhor vendedor, e então é essa pessoa com quem quero aprender. Em suma, deixo o grupo me dizer quem é o mais prestigiado e, em seguida, imito essa pessoa para adquirir suas habilidades.

---

* Tyson foi descrito como "talvez o lutador mais feroz[30] a pisar em um ringue profissional". Ele venceu suas primeiras dezenove lutas como profissional por nocaute; doze dessas lutas não passaram do primeiro round. Conquistou seu primeiro título dos pesos pesados aos 20 anos. Em 1992, foi condenado por estupro e passou quase três anos na prisão. Em 1997, arrancou parte da orelha do boxeador Evander Holyfield enquanto estava no ringue com ele durante uma luta pelo campeonato dos pesos pesados.

Em experimentos, crianças de 3 e 4 anos mostram exatamente essa tendência. Elas são muito mais propensas a imitar pessoas que são observadas por outras. Nós, humanos, concedemos prestígio observando quem é observado; então, buscamos aprender com essas pessoas, e a evolução cultural se acelera (olharemos mais de perto o aprendizado e a evolução cultural no próximo capítulo). O talento extraordinário de Yo-Yo fez com que muitas pessoas prestassem atenção nele, começando quando ele era criança. Aqueles de nós que não fazem parte do mundo da música, em algum momento, começaram a ouvir ou ler sobre esse novo talento estelar que o mundo da música estava prestando atenção, e nós começamos a prestar atenção também. Então o prestígio de Yo-Yo cresceu.

Mesmo para alguém que atinge seu status por meio do prestígio, a expectativa é que ele esteja disposto a usar a dominância para mantê-lo ou recuperá-lo. Como o psicólogo Dan McAdams coloca, "A expectativa humana de que o status social pode ser conquistado por meio da força bruta[31] e da intimidação, de que o mais forte, o maior e o mais ousado dominará a base, é muito antiga, incrivelmente intuitiva e profundamente arraigada. Seu rival mais jovem — o prestígio — nunca foi capaz de desalojar a dominância da mente humana".

## O Perigo Último da Burocracia

Uma vez que levamos em conta o impulso humano universal, "antigo, incrivelmente intuitivo e profundamente arraigado" por status — e o medo de perdê-lo —, a burocratização se torna muito mais fácil de entender. Na verdade, fica difícil entender como uma organização pode acabar com algo *diferente* de uma elaborada burocracia. É o que deveríamos esperar ver enquanto nós, seres humanos ultrassociais e obcecados por status, tentamos melhorar nossa sorte enquanto interagimos uns com os outros dia após dia no local de trabalho. O excesso de burocracia é um bug para qualquer um que queira que uma empresa funcione de forma eficiente, mas é uma característica do *Homo ultrasocialis* que busca ganhar status na organização. Eles inventarão trabalho para que possam fazer parte dele. Eles desejarão participar de mais e mais atividades ao longo do tempo. Eles se esforçarão para serem consultados sobre muitas decisões e, se possível, terão poder de veto sobre elas.

Quanto mais explícitas as hierarquias de status se tornarem, mais lutaremos por um status elevado e mais burocráticas as coisas ficarão. Criaremos processos de aprovação de vinte assinaturas como o que Jennifer Nieva encontrou na Hewlett-Packard e lutas de poder como aquelas dramatizadas em *Ford vs Ferrari*. Tentaremos continuamente adquirir símbolos de status organizacional: orçamentos maiores e mais pessoas trabalhando para nós. Ao mesmo tempo, diremos a nós mesmos e aos outros que estamos fazendo todas essas coisas porque são boas para a empresa e para o lucro líquido. E acreditaremos nisso; nossos assessores de imprensa são realmente bons em seus trabalhos.

Há uma história, talvez apócrifa, que circula nas forças armadas sobre a rapidez com que a busca humana por status mais elevado e seus símbolos pode sair do controle. A história conta que, após a Segunda Guerra Mundial ter terminado mais rápido do que o esperado, dezenas de milhares de soldados norte-americanos foram enviados para casa, para bases do exército, para esperar que seus papéis de dispensa fossem processados. O coronel encarregado do Lincoln Air Field, em Nebraska, sentiu que era importante manter os recém-chegados ocupados, então ele convocou um major e disse, como o general aposentado de quatro estrelas Bill Creech[32] conta,

> "Quero que você pegue essas cinquenta pessoas e as mantenha ocupadas. Mãos ociosas são a oficina do diabo, e elas ficam sentadas sem nada para fazer. Não me importa o que você faça com elas, apenas as mantenha ocupadas. Apresente-se a mim em duas semanas e, a essa altura, devemos ter instruções de dispensa." O major fez uma saudação elegante e foi encurralar as cinquenta pessoas. Em uma semana, ele estava de volta. O coronel disse: "Achei que tinha dito duas semanas". E o major respondeu: "Preciso de mais pessoas".

O resultado organizacional comum de todos esses jogos de status é um local de trabalho altamente burocrático — um no qual fazer as coisas é tudo menos simples. Um estudo de 2010 da acadêmica de administração Ruthanne Huising[33] investigou como a burocratização afetou a capacidade de uma empresa de fazer seu trabalho. Huising registrou as reações das pessoas a um fluxograma, do tamanho de uma parede, dos processos realmente em uso em sua empresa para atividades comuns de atendimento ao cliente. Era uma bagunça. O fluxograma mostrou que "tarefas que poderiam ser feitas com um ou dois handoffs estavam levando três ou quatro... Dados meticulosamente coletados para processos de tomada de decisão não foram usados... Soluções alternativas, duplicação de esforços e comunicação e coordenação deficientes eram todas evidentes no mapa". Um funcionário usou uma linguagem vívida após ter essa visão geral: "As pessoas estão vendo apenas a superfície... Elas não conseguem ver o fundo de fato, e ver onde as pedras estão empilhadas e onde os galhos das árvores ficaram presos e onde os corpos mortos estão apodrecendo, o que está causando toda a agitação na superfície da água... Elas realmente não conseguem imaginar o quão rápido o riacho poderia fluir e quão claro ele poderia ser se você limpasse todas essas pedras, tocos, galhos de árvores e corpos mortos". O CEO da empresa também usou uma linguagem vívida: "Isso é ainda mais fodido do que eu imaginava".

O veterano investidor Charlie Munger diz: "Mostre-me o incentivo[34] e eu lhe mostrarei o resultado". Essa orientação se torna ainda mais útil quando percebemos que, para nós, *Homo ultrasocialis*, alguns dos incentivos mais fortes são sociais. Quando o impulso corporativo para criar lucros entra em choque com o impulso humano para criar status por meio da burocracia, fica claro qual deles provavelmente vencerá. Isso continua verdadeiro mesmo depois que as burocracias se tornam tão elaboradas que impedem que qualquer trabalho real seja feito e existem apenas para se perpetuar. O oficial do exército alemão Claus von Stauffenberg é mais conhecido por liderar uma tentativa quase bem-sucedida de assassinar Adolf Hitler em 1944. Mas seu nome também vive em alguns círculos por causa de uma percepção sobre o comportamento humano atribuída a ele. O princípio de von Stauffenberg[35] sustenta que "qualquer entidade burocrática com quarenta ou mais pessoas pode se manter ocupada dez horas por dia, seis dias por semana, sem insumos e sem resultados".

Se isso lhe parece um julgamento muito duro e cínico, vamos dar uma olhada no que aconteceu na Microsoft no início dos anos 2000.

## Windows, Office, Quagmire

A Microsoft pegou a história padrão de uma corporação da era industrial e a comprimiu. Ela foi do nascimento, passando por um crescimento impressionante, até a esclerose e a estagnação, não ao longo de um século, mas em apenas algumas décadas.

A empresa foi fundada em 1975 e logo encontrou um nicho lucrativo escrevendo sistemas operacionais para computadores pessoais. Seu primeiro grande sucesso foi o MS-DOS, que foi seguido pelo Windows. A Microsoft abriu o capital em 1986 e, em 1990, lançou o Microsoft Office, um pacote com sua planilha (Excel), aplicativo de apresentação (PowerPoint) e processador de texto (Word).

O Windows e o Office se tornaram uma combinação popular e lucrativa à medida que a revolução do PC se espalhava por empresas, escolas e lares. A Microsoft passou a ter uma posição tão dominante na indústria de PCs (enquanto, alguns observadores sentiam, abusava dessa posição com práticas anticompetitivas) que o Departamento de Justiça dos EUA abriu um processo antitruste contra a empresa em 1994. No ano seguinte, o CEO Bill Gates escreveu um memorando[36] sobre outro desenvolvimento importante: o nascimento da World Wide Web. Ele escreveu que "a internet é uma onda gigante. Ela muda as regras. É uma oportunidade incrível, bem como [um] desafio incrível". O memorando "Onda gigante" estimulou uma ação rápida na Microsoft; em 1996, a empresa começou a agrupar seu navegador Internet Explorer em seu sistema operacional Windows 95.*

A Microsoft lutou contra as acusações do governo e abraçou a web durante o resto da década, e continuou a crescer rapidamente. Quando o ano 2000 surgiu, ela era a empresa de capital aberto mais valiosa do mundo, com uma capitalização de mercado de quase US$620 bilhões[37]. Doze anos depois, ela valia menos da metade disso.

Grande parte desse declínio aconteceu rapidamente. Como outras grandes empresas de tecnologia, a Microsoft viu o preço de suas ações despencar quando a bolha das pontocom estourou em março de 2000. Mas nos anos que se seguiram, a empresa não se recuperou. Em vez disso, parecia perder sua capacidade de inovar, aderir às tendências que estavam remodelando a indústria de alta tecnologia ou impressionar investidores. A Microsoft ficou muito para trás em tecnologias de internet, dispositivos móveis e computação em nuvem. O Windows e o Office continuaram a gerar receita e lucros, mas pouco do que a empresa fazia gerava muito entusiasmo. À medida que tropeçava ano após ano, a Microsoft se tornou uma farsa para muitos observadores e uma tragédia para seus investidores. O preço de suas ações, do início de 2001 até o final de 2012, ficou tão estável quanto o eletrocardiograma de um cadáver. No final daquele período de doze anos de enorme inovação nas indústrias digitais e de um dos crescimentos mais rápidos que a economia global já viu, o veredito do mercado foi que a Microsoft era *menos* valiosa do que na virada do milênio (depois de levar em conta a inflação), apesar de ter gasto bem mais de US$80 bilhões[38] em pesquisa e desenvolvimento.

Graças a algumas excelentes reportagens, temos um relato rico do que aconteceu dentro da empresa durante aqueles anos. Em um artigo da *Vanity Fair* de 2012[39], o jornalista Kurt Eichenwald capturou o profundo problema em que a Microsoft estava. Ele descobriu que "o que começou como uma máquina de competição enxuta liderada por jovens visionários de talento incomparável se transformou em algo inchado e carregado de burocracia, com uma cultura interna que recompensa involuntariamente gerentes que estrangulam ideias

* O Departamento de Justiça não viu esta prática com bons olhos.

inovadoras que podem ameaçar a ordem estabelecida das coisas". Ele documentou que as sementes do declínio da Microsoft foram plantadas anos antes de qualquer ameaça externa, e pelo próprio pessoal da empresa.

A Microsoft não carecia das disfunções que exploramos no capítulo anterior: decisões ruins tomadas por executivos excessivamente confiantes que ouviram seus assessores de imprensa internos em vez de testar suas crenças com evidências. Em 2003, por exemplo, um programador júnior trabalhando no produto de mensagens instantâneas MSN Messenger percebeu que amigos seus que ainda estavam na faculdade usavam um produto concorrente chamado AIM. Além do mais, eles o mantinham em destaque nas telas de seus computadores, mesmo quando não o estavam usando. Por quê? Porque o AIM permitia que os usuários postassem mensagens curtas para atualizar sua rede de contatos sobre onde estavam ou o que estavam fazendo ou pensando.

Essas mensagens, é claro, floresceriam em poucos anos em um novo modo de autoexpressão em todo o planeta, habilitado pelo Facebook, Twitter, Instagram e outras empresas de mídia social. Já em 2003, estava claro para o jovem programador da Microsoft que aplicativos centrados em atualizações e mensagens seriam populares. Como Eichenwald conta:

> O desenvolvedor concluiu[40] que nenhum jovem trocaria o AIM pelo MSN Messenger, que não tinha o recurso de mensagens curtas. Ele falou sobre o problema com seu chefe, um homem de meia-idade. O supervisor descartou as preocupações do desenvolvedor como tolas. Por que os jovens se importariam em publicar algumas palavras?...
>
> "Ele não entendeu", disse o desenvolvedor. "E como ele não sabia ou não acreditava em como os jovens estavam usando programas de mensagens, não fizemos nada."

Houve muitos exemplos de assessores de imprensa triunfando sobre evidências na Microsoft nos primeiros anos deste século, mas o que prejudicou a empresa não foi um conjunto de decisões ruins. Em vez disso, foi uma longa descida rumo a uma burocracia sufocante.

Conforme Eichenwald comenta, quando a suave escada rolante para um preço de ações cada vez mais alto parou de funcionar em 2000, ela foi substituída por uma situação que von Stauffenberg teria reconhecido imediatamente:

> "As pessoas perceberam[41] que não ficariam ricas", disse um ex-executivo sênior. "Elas se transformaram em pessoas tentando subir na

> hierarquia, em vez de pessoas tentando fazer uma grande contribuição para a empresa."
>
> E assim, a burocratização da Microsoft começou...
>
> Mais funcionários buscando vagas de gerência levaram a mais gerentes, mais gerentes levaram a mais reuniões, mais reuniões levaram a mais memorandos, e mais burocracia levou a menos inovação.

A burocracia se acumulou ao longo dos anos. Um dos seus efeitos mais óbvios e perniciosos foi um aumento no tempo e esforço necessários para fazer qualquer coisa. A busca incessante por mais status resultou na distribuição promíscua do poder para sustentar as coisas. Como Eichenwald coloca:

> Marc Turkel[42], um gerente de produto, me contou sobre uma iniciativa que ele supervisionou por volta de 2010 que envolveu vários grupos. Ao mesmo tempo em que o novo projeto começava, os trabalhadores estavam abrindo caminho para a construção de um prédio de doze andares que ocuparia um quarteirão; a janela do escritório de Turkel dava para o canteiro de obras.
>
> Turkel começou a negociar com os diferentes gerentes, depois com seus supervisores e depois com os supervisores *deles* enquanto tentava terminar o projeto. "Foi incrível a quantidade de barganha que foi necessária", ele disse. "Era algo que, sem todo aquele tempo que desperdiçamos, deveria ter levado seis semanas no máximo."
>
> Finalmente, um dia, Turkel estava conduzindo outra reunião interminável quando olhou pela janela. O prédio estava pronto. O projeto, não.
>
> "Apontei para o prédio e disse: 'Quando começamos isso, aquele prédio não existia'", Turkel me contou. "Era inacreditável."

Em 2011, a Microsoft piorou a sua situação, que já era ruim,[43] ao introduzir um sistema de avaliação de desempenho chamado classificação por empilhamento.* Ele exigia que os gerentes classificassem os membros de suas equipes e designassem os de classificação mais baixa como "abaixo da média" ou pior. Isso teve o efeito imediato de tornar as rivalidades de status mais comuns e mais intensas. Não importa o quão bem-sucedidas ou prestigiosas fossem, as pessoas eram forçadas a competir com seus colegas. A classificação por empilhamento criou uma hierarquia humana evidente. Aqueles que terminavam no

* Do inglês *stack ranking*.(N. da R.)

topo dela ganhavam aumentos e promoções; aqueles na parte inferior frequentemente eram demitidos. As brigas resultantes não eram literalmente sangrentas, mas eram tão cruéis quanto qualquer coisa vista em galinheiros. E eram essencialmente intermináveis, já que novas classificações eram necessárias duas vezes por ano.

Eichenwald descobriu que "todos os funcionários atuais e antigos[44] da Microsoft que entrevistei — todos — citaram a classificação por empilhamento como o processo mais destrutivo dentro da empresa". Isso levou a brigas internas, maquiavelismo e facções em conflito. Uma coisa a que não levou foram melhores resultados para o negócio. De acordo com o ex-engenheiro da Microsoft Brian Cody,[45] "me disseram em quase todas as avaliações [de desempenho] que o jogo político sempre foi importante para o desenvolvimento da minha carreira. Sempre foi muito mais sobre 'Vamos trabalhar no jogo político' do que em melhorar meu desempenho real". O jogo político não era justo. Como outro engenheiro reclamou, "Pessoas responsáveis por recursos[46] sabotarão abertamente os esforços de outras pessoas. Uma das lições mais valiosas que aprendi foi dar a impressão de ser cortês enquanto retinha apenas informações suficientes dos colegas para garantir que eles não avançassem sobre mim nas classificações".

As disfunções geradas pelo sistema de classificação por empilhamento continuaram crescendo. As sessões de revisão semestrais para atribuir classificações se arrastavam por dias, enquanto os gerentes reorganizavam notas Post-it com nomes de funcionários e trocavam favores e ameaças entre si. Um designer de software lembrou que "as pessoas planejavam seus dias[47] e seus anos em torno da revisão, em vez dos produtos. Você realmente tinha que se concentrar no desempenho de seis meses, em vez de fazer o que era certo para a empresa". Os funcionários também tinham que se concentrar em garantir que os gerentes de toda a empresa soubessem no que estavam trabalhando, para que fossem amplamente vistos como os de melhor desempenho. Como Brian Cody disse, "Sempre que tinha uma pergunta[48] para alguma outra equipe, em vez de ir até o desenvolvedor que tinha a resposta, primeiro entrava em contato com o gerente desse desenvolvedor, para que ele soubesse no que eu estava trabalhando. Essa era a única maneira de ficar visível para outros gerentes, que era o que você precisava para a revisão".

## Um Estado Constante de Insatisfação

Um gerente que havia deixado a Microsoft disse a Eichenwald: "Eu queria montar uma equipe[49] de pessoas que trabalhassem juntas e cujo único foco fosse fazer um ótimo software. Mas você não consegue fazer isso na Microsoft". Essa conclusão triste destaca uma das piores coisas sobre burocracias excessivas: sua inescapabilidade. Elas são desanimadoras porque você não é capaz de superá-las ou contorná-las. Em vez disso, é preciso passar por elas com esforço. Você tem que obter todas as aprovações se quiser gastar o dinheiro. Você tem que comparecer a todas as reuniões de revisão de produtos se quiser lançar um produto. Você tem que negociar com os outros gerentes se quiser que eles deem classificações elevadas ao seu pessoal. E assim por diante.

Burocracias esclerosadas são estáveis e duráveis, mesmo que tornem a maioria de seus participantes miseráveis. Esta é uma situação profundamente contraintuitiva. A maioria de nós tem a noção de que uma situação estável — um equilíbrio — deve ser aquela com a qual a maioria dos participantes, ou pelo menos os mais poderosos, estejam satisfeitos. Outra visão de senso comum é que um equilíbrio deve beneficiar o grupo como um todo, mesmo que deixe alguns participantes em pior situação.

Mas ambas as intuições estão erradas, como nos mostrou a grande escassez de papel higiênico de 2020. No início daquele ano, conforme a pandemia da Covid-19 se espalhava e as economias ao redor do mundo fechavam, as pessoas ficavam em casa e o estocavam.

Muitos de nós estávamos particularmente interessados em garantir que tínhamos papel higiênico suficiente. Afinal, é um item doméstico importante, e substitutos que não entopem encanamentos ou irritem peles sensíveis são raros. Então, fizemos a coisa racional em um momento incerto e fizemos uma compra maior do que o normal de papel higiênico no início do isolamento.

O problema surgiu quando voltamos ao supermercado e percebemos que todas as prateleiras de papel higiênico estavam vazias devido a uma demanda maior do que o normal. Então, muitos de nós (eu inclusive) fizemos uma nota mental: "Eu realmente não quero ficar sem papel higiênico em casa, então é melhor comprar muito na próxima vez que vir algum à venda". E foi o que fizemos.

Por um tempo, nos tornamos uma nação de compradores e acumuladores compulsivos de papel higiênico. Até mesmo pessoas que não estavam preocupadas com o vírus SARS-CoV-2 em si tiveram um comportamento compulsivo e acumularam. Por quê? Simplesmente porque tantas outras pessoas estavam apresentando esse comportamento compulsivo que as prateleiras ficavam vazias na maior parte do tempo. Isso significava que nas raras ocasiões em que as prateleiras *não estavam* vazias, você também tinha que ser compulsivo para comprar o suficiente para durar ao longo de todas as próximas visitas às prateleiras vazias que você aprendeu a prever. As pessoas rapidamente perceberam que a maneira pré-pandêmica de comprar papel higiênico — quando você ficasse sem, bastava comprar alguns rolos de uma prateleira bem abastecida — não funcionava mais. Em março de 2020, as lojas estavam vendo uma debandada total[50] em direção ao corredor de papel higiênico assim que abriam.

A maioria de nós não gostava de fazer compras assim. A maioria das lojas também não gostava; faltas constantes de estoque deixam os clientes infelizes. As únicas pessoas que realmente gostavam eram os especuladores de papel higiênico que surgiram no começo, dirigindo vans e SUVs em supermercados, comprando todo o seu papel higiênico e vendendo-o online com uma grande margem de lucro. Esse tipo de oportunismo não durou muito, no entanto, pois a Amazon e outros sites o reprimiram.[51]

Ainda assim, a escassez continuou. O CEO do Walmart foi ao programa *Today*[52] em abril para pedir aos estadunidenses que mudassem seu novo hábito de compulsão e acumulação. (Eles não mudaram.) Em novembro, o Walmart relatou que estava mais uma vez vendo "bolsões de disponibilidade menor do que o normal"[53] durante a segunda onda de isolamento. Não é que não aprendemos. Pelo contrário. Aprendemos que se quiséssemos ter certeza de ter papel higiênico em casa durante uma onda de Covid, teríamos que ser compulsivos e acumuladores.

A compulsão e a acumulação não eram divertidas para ninguém envolvido, mas ainda assim era a decisão certa — no sentido de que superava todas as alternativas. Era, portanto, uma situação estável, que um economista rotularia de equilíbrio de Nash. O raciocínio que o economista e pioneiro teórico dos jogos John Nash apresentou para explicar tais situações não inclui nenhuma noção de bom ou mau, desejado ou odiado. Seu raciocínio era limpo, simples e cruel: se nenhum participante em um jogo pode se beneficiar ao mudar sua estratégia unilateralmente, então você tem um equilíbrio de Nash. No "jogo" de comprar papel higiênico durante a pandemia de Covid, muitos de nós adotamos a estratégia de compulsão e acumulação. Desviar dessa estratégia — tentar comprar papel higiênico de outra forma, em outras palavras — não beneficiou os compradores. Em vez disso, os deixou em pior situação. Então eles pararam de tentar mudar a estratégia, e a compulsão e a acumulação continuaram.

Assim como nas compras de papel higiênico na pandemia, o mesmo ocorre com o excesso de burocracia; indivíduos não se ajudam mudando de estratégia. Uma engenheira da Microsoft que se importasse com sua carreira durante a era da classificação por empilhamento teria que submeter seu trabalho a vários gerentes para que ela tivesse uma reputação sólida quando a próxima rodada de avaliações acontecesse. Ela poderia até ter que recusar ajuda a seus colegas para parecer melhor do que eles, especialmente se eles estivessem fazendo o mesmo com ela. Não havia uma maneira eficaz de ela ter sucesso "agindo por conta própria" nessas situações — nenhuma maneira de prosperar tomando atalhos em torno do emaranhado de processos, práticas e camadas de burocracia. Ela e todos os seus colegas estavam lidando com um equilíbrio de Nash, mesmo que não quisessem.

A descida da Microsoft para a burocracia e a esclerose foi extraordinariamente bem documentada. Também pode ter sido extraordinariamente rápida para uma empresa tão grande. Mas não acho que sua história seja excepcional. Em vez disso, acho que a empresa seguiu a trajetória padrão da era industrial de uma ascensão seguida por um tipo específico de tomada de controle interno. Esse tipo de tomada de controle não é planejado e descoordenado, e não é explicitamente hostil. Não é realizado por pessoas que querem que a organização falhe. Em vez disso, é executado por pessoas que querem ter sucesso no objetivo humano final de alcançar um status mais elevado. Em outras palavras, é uma estratégia executada pelo *Homo ultrasocialis*.

## A Organização Libertada

O problema para a Microsoft, assim como para tantas outras organizações, era que as principais rotas para um status elevado dentro da organização se tornaram cada vez mais desconectadas dos objetivos da empresa. Nenhuma força externa fez isso acontecer; as pessoas ultrassociais e obcecadas por status dentro da empresa o fizeram.

Como muitos outros geeks de negócios, o CEO da Stripe, Patrick Collison, está ciente de como é fácil para os objetivos dos indivíduos divergirem daqueles de suas organizações. Quando lhe perguntei que tipos de comportamentos, se os observasse num passeio pela sua empresa, o deixariam pessimista quanto ao futuro, ele respondeu: "Acho que qualquer coisa que alguém categorizaria como anti-social em vez de pró-social. Eu acho que a proporção entre elas é realmente muito importante. Há um milhão de definições de 'startup' possíveis. Acho que há organizações de cinquenta pessoas que não parecem uma startup. Acho que há organizações de 5 mil pessoas que parecem. E acho que a diferença é o grau em que as pessoas estão agindo de forma pró-social e realmente tentando atingir os objetivos declarados pela organização".

Com sua última frase, Collison chega perto de articular nossa segunda regra básica geek. Lembre-se de que a forma geral da regra básica definitiva é:

*moldar a ultrassocialidade dos membros do grupo para que a evolução cultural do grupo seja a mais rápida possível na direção desejada.* Para a grande norma geek da ciência, a regra básica específica é, como vimos no capítulo anterior: *Conduzir discussões baseadas em evidências para que o grupo tome melhores decisões, e faça melhores previsões e estimativas.* Para a grande norma geek de propriedade — o assunto deste capítulo — a regra básica específica é: *para reduzir a burocracia, remova as oportunidades de ganhar status que não estejam alinhadas com os objetivos e valores da empresa.*

Esta é uma regra básica muito diferente de encorajar a comunicação e a cooperação. Os geeks percebem que, como esses comportamentos surgem tão naturalmente para nós, seres humanos ultrassociais, eles não precisam ser encorajados. Nós nos unimos para criar grupos que defendem uma mudança ("Este incidente mostra que precisamos de um controle mais rígido sobre nossos gastos") e então nos beneficiamos disso ("Nosso escritório deve aprovar todas as solicitações de gastos acima de US$1.000"). Quando vemos outro grupo tentando obter um status mais elevado ("Eles acabaram de ser convidados para a reunião de revisão de produtos"), nós nos juntamos ("Precisamos participar das revisões de produtos"). Fazemos isso de maneiras formais e óbvias ("Aqui está o novo organograma com meus aliados no topo") e informais e sutis ("Da próxima vez, você pode nos avisar antes do lançamento?"). E fazemos muito mais de tudo isso se um sistema como a classificação por empilhamento estabelece uma hierarquia explícita. Não faltou cooperação durante o declínio da Microsoft; as pessoas estavam ajudando umas às outras a derrotar o sistema em todos os lugares. Elas simplesmente não estavam ajudando a empresa ao fazer isso.

O efeito líquido de toda essa atividade é uma burocracia que continua crescendo, criando lacunas cada vez maiores entre os objetivos da empresa e suas atividades reais. Para usar a linguagem de Balzac, é uma cortina puxada entre a coisa certa a fazer e a pessoa certa para fazê-la. Essa cortina eventualmente fica tão pesada que derruba toda a organização.

Para evitar tal colapso, os geeks dos negócios tomam uma medida radical: eles interrompem grande parte da coordenação, colaboração e comunicação. É difícil exagerar o quão grande é essa mudança em relação à abordagem dominante do final da era industrial. Quando comecei minha carreira acadêmica em meados da década de 1990, a reengenharia de processos de negócios estava na moda. Essa abordagem para melhorar o desempenho foi baseada na definição de processos empresariais essenciais que abrangem diversas funções (receber um pedido de cem itens de um cliente, por exemplo, envolvia consultar o estoque no depósito, fazer com que o financeiro efetuasse uma verificação de crédito, informar ao departamento de contas a receber para gerar uma fatura e assim por diante) e, em seguida, especificar detalhadamente toda a coordenação necessária para que o processo corresse bem. A reengenharia e outras abordagens que enfatizavam processos multifuncionais, coordenação e colaboração bem definidas eram extremamente populares. Os executivos adoravam a ideia de ter uma empresa firmemente sincronizada que operasse como uma orquestra na qual todos tocassem a mesma partitura. Em 1995, um grupo de CEOs em conversa no campus da Harvard Business School descreveu as virtudes dos processos de negócios sincronizados:[54]

> PAUL ALLAIRE [CEO, XEROX]: Afinal, se você tem processos que estão sob controle, você sabe como a organização está funcionando. Não há suposições, porque as variações são pequenas e os limites operacionais são bem definidos. Você obtém resultados de qualidade sem muita verificação...
>
> CRAIG WEATHERUP [CEO E PRESIDENTE, PEPSI-COLA DA AMÉRCIA DO NORTE]: Concordo com você mil por cento. Uma abordagem de processos é libertadora. Ela nos ajuda a construir confiabilidade e consistência vencedora, e nosso pessoal adora vencer. Então, com o tempo, eles compraram a ideia por inteiro.
>
> JAN LESCHLY [CEO, SMITHKLINE BEECHAM]: As pessoas têm dificuldade em entender o que significa os processos serem confiáveis, repetíveis e controlados... e levará anos até que possamos dizer honestamente que todas as 50 mil pessoas na SmithKline Beecham entendem o que significa padronizar e melhorar um processo.

A Amazon e seu líder tinham uma visão muito diferente e estavam felizes em contar ao mundo sobre isso. Desde 2010, Jeff Bezos encerrava todas as suas cartas aos acionistas com as palavras "Ainda é o Dia 1". A carta de 2016 abre com uma explicação[55] do que isso significa:

> "Jeff, como é o Dia 2?"
>
> Essa é uma pergunta que acabei de receber em nossa reunião geral mais recente.
>
> Tenho lembrado as pessoas de que é o Dia 1 por algumas décadas. Trabalho em um prédio da Amazon chamado Dia 1, e quando mudei de prédio, levei o nome comigo. Passo um tempo pensando sobre esse tópico.

> "O dia 2 é estase. Seguido por irrelevância. Seguido por declínio excruciante e doloroso. Seguido por morte. E é *por isso* que é *sempre* o Dia 1."
>
> Certamente, esse tipo de declínio aconteceria em câmera extremamente lenta. Uma empresa estabelecida pode colher o Dia 2 por décadas, mas o resultado final ainda viria...
>
> À medida que as empresas se tornam maiores e mais complexas, há uma tendência de gerenciar proxies. Isso vem em muitas formas e tamanhos, e é perigoso, sutil e bem Dia 2.
>
> Um exemplo comum é o processo como proxy. Um bom processo serve para que você possa servir os clientes. Mas se você não estiver atento, o processo pode se tornar a coisa. Isso pode acontecer muito facilmente em grandes organizações. O processo se torna o proxy para o resultado que você deseja. Você para de olhar para os resultados e apenas se certifica de que está fazendo o processo corretamente. Engula... O processo não é a coisa. Sempre vale a pena perguntar: nós possuímos o processo ou o processo nos possui? Em uma empresa do Dia 2, você pode descobrir que é o segundo caso.

Então, se o processo não é a coisa na Amazon, o que é? A grande norma geek de propriedade, ou responsabilidade clara e única por uma meta acordada. Um exemplo dessa norma é a ênfase da Amazon em "líderes de thread único". Como os antigos *Amazonians* Colin Bryar e Bill Carr explicam em *Obsessão pelo Cliente,* seu livro sobre a cultura e as práticas da empresa, a liderança de thread único é "uma inovação da Amazon... na qual uma única pessoa, livre de responsabilidades concorrentes,[56] possui uma única iniciativa importante e lidera uma equipe separável e amplamente autônoma para atingir seus objetivos".

A liderança de thread único surgiu de equipes de duas pizzas, uma tentativa anterior de promover uma cultura de propriedade na Amazon (e uma com um nome mais atraente). Essas equipes eram pequenas — de preferência contendo não mais pessoas do que duas pizzas grandes poderiam alimentar — responsáveis por um objetivo claramente definido, como vender mais sapatos na Alemanha, e concebidas para serem o mais autônomas possível. O objetivo de criar equipes de duas pizzas era *minimizar* a quantidade de coordenação e comunicação necessária com outros *Amazonians* e o número de dependências que a equipe tinha com o resto do negócio. Em vez de partir da suposição de que esforços de negócio importantes exigem muita coordenação, envolvimento e adesão de muitos grupos, as equipes de duas pizzas nasceram da suposição oposta: quanto mais importante é um esforço, mais suas dependências devem ser reduzidas e mais a equipe responsável por ele deve receber propriedade exclusiva e autonomia completa.

O analista de tecnologia Benedict Evans descreve como as pequenas equipes autônomas da Amazon dão à burocracia menos lugares para se enraizar:

> A Amazon é formada por centenas[57] de equipes pequenas, descentralizadas e atomizadas, apoiadas em sistemas internos comuns padronizados. Se a Amazon decidir que vai fazer (digamos) calçados na Alemanha, ela contrata meia dúzia de pessoas de origens muito diferentes, talvez nenhuma delas tenha nada a ver com calçados ou comércio eletrônico, e dá a elas essas plataformas, com transparência interna das métricas de todas as outras equipes e, claro, outras pessoas (e Jeff) têm transparência interna para suas métricas...
>
> A vantagem óbvia de uma equipe pequena é que você pode fazer as coisas rapidamente dentro da equipe, mas a vantagem estrutural delas, pelo menos na Amazon (e em teoria, pelo menos), é que você pode multiplicá-las. Você pode adicionar novas linhas de produtos sem adicionar novas estruturas internas ou relatórios diretos, e pode adicioná-las sem reuniões, projetos e processos nas plataformas de logística e comércio eletrônico. Você não precisa (em teoria) voar para Seattle e agendar um monte de reuniões para fazer com que as pessoas implementem o suporte para lançar maquiagem na Itália, ou persuadir alguém a adicionar coisas ao seu roteiro.

Em outras palavras, você não cria oportunidades de busca de status que não estejam estritamente alinhadas com os objetivos da empresa.

À medida que equipes de duas pizzas eram implementadas na Amazon, a empresa descobriu que aquelas que trabalhavam mais arduamente no início para reduzir sua dependência do resto da organização eram as mais bem-sucedidas ao longo do tempo. Quando ficou claro que algumas equipes precisavam ser maiores do que o limite de duas pizzas permitiria, a frase "líder de thread único" se tornou comum, mas a ideia central permaneceu a mesma: um forte senso de propriedade dentro das equipes e muito pouca comunicação, coordenação ou interdependência entre elas. Na Amazon, as dependências que as empresas da era industrial tanto gostavam passaram a ser associadas a uma das palavras mais odiadas nos negócios. Como Bryar e Carr escrevem em *Obsessão pelo Cliente*: "Achamos útil pensar em tais projetos multifuncionais[58] como uma espécie de imposto."

A aversão dos geeks pela coordenação pode parecer extrema. Eles geralmente nem querem que as equipes conversem entre si, ou com os superiores da empresa. Eles acreditam que a comunicação entre equipes pode ser prejudicial porque muitas vezes se transforma em uma forma mais branda de burocracia. Em nossa busca incessante por status, nós, humanos ultrassociais, nos inserimos em mais discussões no trabalho, esperamos ser consultados e informados, queremos ser incluídos quando novas ideias e projetos são "socializados" e desejamos colocar nossa marca neles.

Os geeks de negócios realmente não gostam desse tipo de socialização. Então, embora as equipes não sejam incentivadas a não se ajudarem, elas também não são encorajadas a coordenar seus esforços ou buscar aprovação. Sebastian Thrun, um cientista alfa da computação geek, executivo e empreendedor, me deu uma explicação baseada em status do porquê disso. Como ele disse:

> Você pega uma boa ideia e comunica à cadeia de gestão, cada gerente, é claro, vai querer mudá-la porque quer levar o crédito pela invenção. E antes que você perceba, algo muito simples na base se torna realmente complicado no topo, e quando volta para o indivíduo que o inventou, eles frequentemente enfrentam uma complexidade que nem estava lá, só porque os gerentes queriam justificar sua existência.

Jeff Bezos concorda. Colin Bryar relembra: "Na minha gestão na Amazon, ouvi [Bezos] dizer muitas vezes que, se quiséssemos que a Amazon fosse um lugar onde os construtores pudessem construir, precisávamos eliminar a comunicação, não incentivá-la".[59]

## Como Liderar um Enxame

A grande norma geek de propriedade fornece autonomia elevada, mas tem duas fraquezas óbvias. A primeira é que pode ser abusada. As pessoas podem tirar vantagem da falta de aprovações prévias necessárias e outras verificações para cometer fraude, apropriação indébita ou enriquecer de outra forma. A segunda fraqueza potencial é o caos. Não há garantia de que um grupo de equipes atomizadas, em conjunto, agirá de maneiras que promovam os objetivos de uma empresa. Na verdade, parece quase garantido que não o farão. Como Max Weber nos lembrou, algum nível de burocracia é necessário para atingir os objetivos de quase toda organização. Então, como os geeks com fobia de burocracia podem fazer com que seus enxames de equipes se movam na direção certa? Esses são dois desafios sérios. Vamos primeiro dar uma olhada na fraude.

Se um número suficiente de pessoas tiver liberdade para agir sem aprovação prévia, é quase certo que haverá alguns maus elementos. Na Netflix, por exemplo, os funcionários gostavam mais de viagens de classe executiva do que a empresa gostaria. Um funcionário até se presenteou com US$100 mil em férias de luxo antes de ser descoberto e demitido. Os geeks lutam contra esses tipos de comportamento com duas armas principais. A primeira são lembretes contínuos do comportamento esperado. Esses lembretes, especialmente quando vêm de líderes de prestígio, são uma parte importante do estabelecimento e manutenção de normas. Um funcionário da Netflix foi demitido após uma verificação aleatória feita por seu chefe revelar que ele estava contabilizando refeições que não tinham relação com o trabalho. Como Erin Meyer escreve, "Na reunião de liderança seguinte da Quarterly Business Review[60] (QBR), a diretora de talentos da Netflix na época subiu no palco e contou [a] história para os 350 participantes, detalhando o abuso, mas sem identificar [o funcionário] pelo nome ou departamento. Ela pediu aos participantes que compartilhassem a situação com suas equipes para que todos entendessem a gravidade de enganar o sistema... Sem esse grau de transparência, a liberdade de aprovação de despesas não funciona". No Capítulo 7, veremos mais detalhadamente como as normas são definidas e mantidas. Normas exigem muita manutenção, e as palavras e ações de pessoas seniores e com prestígio importam muito.

A segunda grande arma geek contra comportamentos divergentes é uma que já vimos: evidências. A mania dos geeks de coletar evidências é útil pela razão muito simples de que as pessoas têm menos probabilidade de se comportar mal se souberem que seus atos ruins serão observáveis. As caixas registradoras, por exemplo, não tornam impossível que os caixas roubem dinheiro; as notas e moedas estão lá toda vez que a caixa registradora é aberta. As caixas registradoras reduzem o roubo não o tornando impossível de cometer, mas, em vez disso, tornando-o mais fácil de observar após o fato. Elas mantêm um registro das vendas ao longo do turno de um caixa. Se o (dinheiro na caixa registradora no início do turno) mais (vendas totais) não for igual ao (dinheiro na caixa registradora no final do turno), haverá uma investigação.* À medida que os caixas se conscientizaram disso, eles se tornaram menos propensos a roubar, a ponto de

* Depois que as primeiras caixas registradoras foram introduzidas, alguns caixas criativos contornaram suas capacidades de registro simplesmente não as usando e embolsando o dinheiro recebido dos clientes. Os fabricantes de caixas registradoras lidaram com isso incluindo o agora familiar sino que toca a cada venda. Se o sino não tocar antes que os clientes saiam do balcão de vendas com suas compras, o dono da loja sabe que algo está errado.

as caixas registradoras logo se tornarem conhecidas como caixas incorruptíveis. As auditorias automatizadas de viagens e despesas, rotineiramente conduzidas pela Netflix e muitas outras empresas, são tecnologias modernas que fazem a mesma coisa que as caixas registradoras: aumentam a observabilidade e o monitoramento e diminuem o comportamento indesejado.

E quanto à outra grande fraqueza, o caos? Equipes autônomas e autodirigidas parecem excelentes de muitas maneiras, mas como alguém pode garantir que seu trabalho estará alinhado com a estratégia e os objetivos da empresa? A visão de uma empresa reprojetada e firmemente orquestrada para fazer exatamente o que seus líderes querem é extremamente clara e atraente. É muito menos claro como um bando de equipes descoordenadas pode ser considerado capaz de fazer o mesmo.

Para garantir que as equipes autônomas permaneçam alinhadas com os objetivos gerais da empresa, os geeks contam com uma burocracia robusta, mas fortemente restrita. Seu trabalho é supervisionar a tradução da visão e estratégia de alto nível da empresa em metas específicas para as equipes e em métricas correspondentes — os objetivos e resultados-chave (OKRs) que vimos no capítulo anterior. Esse processo de alinhamento especifica quais são as metas de cada equipe e como elas serão medidas, mas não diz às equipes como melhor atingir suas métricas e seus objetivos, ou com quem elas devem trabalhar. Isso cabe às próprias equipes decidir.

Na Salesforce, empresa de software baseada em nuvem, por exemplo, a burocracia de alinhamento gira em torno de um processo de gerenciamento chamado V2MOM[61], ou visão, valores, métodos, obstáculos e medidas. Surgiu por causa da frustração do cofundador Marc Benioff em um emprego anterior. Como ele escreve em seu livro *Behind the Cloud:*

> Quando eu estava na Oracle,[62] lutava com o fato de que não havia um plano de negócios escrito ou processo de comunicação formal durante nossa fase de crescimento... O que eu ansiava... era clareza sobre nossa visão e as metas que queríamos atingir. Quando comecei a gerenciar minhas próprias divisões, descobri que eu pessoalmente não tinha as ferramentas para explicar o que precisávamos fazer e um processo simples para comunicá-lo. O problema só aumentou conforme as equipes que estava gerenciando aumentaram.

Conforme a Salesforce estava decolando em 1999, Benioff criou uma rápida primeira versão de um plano escrito para proporcionar clareza em toda a empresa. Ele pegou um envelope, escreveu as cinco palavras "Visão, Valores, Métodos, Obstáculos e Medidas" no verso e preencheu algumas entradas sob cada uma delas. Seu cofundador, Parker Harris, guardou o envelope, mandou emoldurá-lo e o apresentou a Benioff[63] na noite anterior à abertura de capital da Salesforce, em junho de 2004. Desde então, como escreve Benioff,

> expandimos o escopo[64] do V2MOM para indivíduos e equipes em toda a empresa: a cada ano, cada departamento e cada funcionário elabora o seu próprio. Como resultado, este exercício prático... percorre toda a organização, de cima a baixo.
>
> E para promover a transparência, publicamos cada V2MOM em nossa rede social corporativa...
>
> Qualquer um pode consultar o V2MOM de qualquer funcionário para ver como cada um planeja contribuir para o futuro da nossa empresa. Nós até construímos um aplicativo que permite que cada funcionário acompanhe seu progresso em cada item em seu V2MOM.

O processo anual V2MOM da Salesforce começa com o documento de Benioff, que fornece objetivos e métricas para toda a empresa, e depois se espalha para baixo e por toda a organização. Os V2MOMs não são estáticos; eles podem ser atualizados a qualquer momento em resposta a circunstâncias em mudança. Meus amigos que trabalham na Salesforce me dizem que eles são realmente documentos importantes e amplamente usados. Antes de se reunir com alguém, por exemplo, é prática comum consultar o V2MOM da pessoa para que sua agenda fique clara.

Existem muitas variedades de processos OKR e V2MOM em empresas geek. Todos eles dão suporte a uma abordagem fundamentalmente semelhante para fazer o trabalho enquanto evita a esclerose: dar às equipes uma grande autonomia, usar um processo de alinhamento para estabelecer suas metas e monitorar o progresso em direção a elas e, em seguida, sair do caminho e deixar as equipes trabalharem com autonomia elevada. Trabalhar no processo de alinhamento não é rápido ou fácil, mas muitos geeks de negócios acham que vale a pena o esforço. Benioff diz, por exemplo, que "o maior segredo da Salesforce.com[65] é como alcançamos um alto nível de alinhamento organizacional e comunicação enquanto crescemos em uma velocidade alucinante... com a ajuda do" processo V2MOM.

Muitas empresas da era industrial, por outro lado, parecem incapazes de manter seu pessoal alinhado com os objetivos e estratégias da organização. Em

2001, os acadêmicos de administração Robert Kaplan e David Norton descobriram que "apenas 7% dos funcionários[66] hoje entendem completamente as estratégias de negócios de sua empresa e o que é esperado deles para ajudar a atingir os objetivos da empresa". As coisas não melhoraram muito à medida que o século XXI avançava. O relatório "State of the American Manager"[67] da Gallup de 2015 descobriu que "apenas 12% dos funcionários concordam fortemente que seu gerente os ajuda a definir prioridades de trabalho, e apenas 13% concordam fortemente que seu gerente os ajuda a definir metas de desempenho". No geral, a Gallup descobriu de maneira consistente que apenas cerca de metade de todos os funcionários pesquisados sabia o que era esperado deles no trabalho.

Empresas que colocam em prática uma norma de propriedade — que dão a seus funcionários e equipes alta autonomia, mantendo o alinhamento em toda a organização — podem alcançar algo notável. Elas podem reverter a distribuição promíscua do poder de segurar as coisas e, em vez disso, distribuir promiscuamente o poder de fazer as coisas. Elas podem substituir a burocracia e a vetocracia por agilidade, inovação e execução simultâneas.

Um ponto importante aqui é que, embora os geeks de negócios acreditem fortemente na propriedade exclusiva de um projeto, eles não acreditam na propriedade exclusiva de uma oportunidade de mercado. James Manyika, um consultor e pesquisador de longa data da McKinsey que se tornou o primeiro vice-presidente sênior de tecnologia e sociedade do Google em 2022, enfatizou esse ponto para mim. Manyika era presidente do McKinsey Global Institute, o think tank interno da empresa. Em 2018, a MGI publicou uma pesquisa sobre empresas globais de alto desempenho, muitas das quais tinham sede em nosso círculo do norte da Califórnia. A pesquisa descobriu que uma das coisas que se destacavam sobre elas era que, como Manyika disse:

> eles não estão tentando otimizar tudo. Eles toleram alguma flexibilidade e redundância. Por exemplo, eles toleram tentar várias coisas diferentes em paralelo. Eles podem dizer: "Vamos executar dez experimentos paralelos. Claro, apenas um deles dará certo; tudo bem. Estamos perseguindo uma grande oportunidade, e as dez equipes estão fazendo isso de maneiras muito diferentes". Você frequentemente encontra um executivo do que eu chamo de velho mundo dizendo: "Isso é desperdício. Como você pode ter dez equipes diferentes trabalhando na mesma coisa com métodos diferentes? Isso é um desperdício de dinheiro". A resposta dessas empresas é: "Vale a pena ter todas as dez equipes porque o tamanho do mercado é

muito grande, e quem sabe de onde virá a maneira mais inovadora de entrar nesse mercado?"

A grande norma geek de propriedade frequentemente entra em conflito com noções tradicionais de eficiência empresarial. Em vez de centralizar a responsabilidade por esforços importantes, os geeks tendem a distribuí-la, porque a distribuição aumenta a chance de encontrar um avanço. Essa abordagem funciona desde que não haja uma grande penalidade na carreira para pessoas que não estão no time "vencedor". Em outras palavras, para que a propriedade distribuída funcione, tem que ser aceitável falhar periodicamente. No Capítulo 7, veremos como os geeks de negócios abandonaram a fixação em vencer o tempo todo e abraçaram alguns tipos de fracasso.

No capítulo anterior vimos que a grande norma geek da ciência funciona não tentando livrar-se do excesso de confiança entre nós, *Homo ultrasocialis*, mas sim canalizando-o. A ciência nos torna produtores de evidências superconfiantes e, então, submete nossas evidências a um escrutínio e discussão em nível de grupo que é altamente eficaz para se livrar do preconceito e chegar à verdade. Algo semelhante acontece com a grande norma geek de propriedade. Ela não tenta se livrar da busca por status que é inata ao ser humano ultrassocial. Em vez disso, ela canaliza nossa busca por status para atividades que deixariam um cliente ou investidor feliz, e faz isso simplesmente eliminando outras atividades. Se não houver uma máquina gigante de burocracia, não há como progredir ficando bom em operá-la. Trabalhar arduamente para estar no loop com mais frequência — ter poder de veto ou aprovação sobre mais solicitações ou decisões, controlar um recurso que outros precisam pedir (como proeza em engenharia ou um banco de dados), fazer parte de reuniões para socializar novas iniciativas — é uma estratégia ruim em uma empresa que quer ter o mínimo de loops possível.

Uma estratégia muito melhor é alcançar seus objetivos e atingir suas principais métricas. Em uma cultura com uma forte norma de propriedade, fazer essas coisas lhe dará prestígio e uma classificação elevada em seu ambiente de trabalho. Como esse ambiente é tão importante para nós, *Homo ultrasocialis* — lembre-se, muitos de nós passamos tanto tempo lá quanto dormindo —, nossa busca por status no trabalho é muito forte. As empresas geek alinham essa busca com os objetivos da organização, eliminando os tipos de status que atrapalham o alcance desses objetivos.

Este é um truque muito inteligente. E também difícil. Existem barreiras técnicas e organizacionais — consideráveis — para colocar em prática uma norma de propriedade na maioria das empresas. Vamos ver como os geeks de negócios lidaram com ambos os tipos, começando com os obstáculos técnicos.

## A Alma de uma Nova Maquinaria

A Amazon nem sempre teve uma cultura de propriedade e autonomia. Em seus primeiros anos, de fato, ela se viu a caminho de se tornar o tipo de empresa do Dia 2 com muitos processos, contra a qual Bezos alertou mais tarde. A Amazon cresceu rapidamente após sua fundação em 1994, e desenvolveu uma burocracia elaborada e generalizada. Todos os *Amazonians* sabiam sobre ela e ninguém gostava, mas parecia essencial, pois coordenava os esforços de inovação da empresa.

A burocracia existia para administrar o processo de "nova iniciativa proposta" (NPI*), que tratava de dependências interfuncionais. Quatro vezes por ano, qualquer equipe com uma ideia para um novo projeto a escrevia em uma proposta curta que especificava o que a equipe precisava de outras partes da empresa. Se a proposta passasse por duas revisões iniciais, ela ia para os tomadores de decisão final da NPI. A equipe proponente então esperava para ver qual dos três e-mails receberia:[68]

> Parabéns, seu projeto foi aprovado! As outras equipes de que você precisa para ajudar a concluir seu projeto também estão prontas para começar.
>
> A má notícia é que seu projeto não foi escolhido, mas a boa notícia é que nenhum dos projetos da NPI aprovados exige trabalho seu.
>
> Lamentamos que nenhum dos seus projetos tenha sido aprovado e você provavelmente estava contando com eles para atingir os objetivos da sua equipe. No entanto, há projetos da NPI aprovados para outras equipes que exigem recursos seus. Você deve alocar totalmente o pessoal para esses projetos de NPI antes de alocar recursos para quaisquer outros projetos internos. Boa sorte.

A segunda nota revela uma verdade profunda sobre burocracias: é uma boa notícia quando elas deixam você em paz. A terceira nota destaca o fato de que elas geralmente não o fazem, e que elas não podem dar nada enquanto pedem muito em troca. Por causa da NPI, os *Amazonians* podiam receber periodicamente a notícia indesejada de que tinham acabado de se tornar menos

* Do original, *new proposed initiative.* [N. da T.]

propensos a atingir seus próprios objetivos porque tinham que contribuir para os projetos de outra pessoa. Como Bryar observa com algum eufemismo, "O processo da NPI não era amado.[69] Se você mencionar a NPI para qualquer *Amazonian* que passou por isso, é provável que você receba uma careta e talvez uma ou duas histórias de terror... [Aquilo] estava desanimando o moral".

O processo da NPI e a burocracia que o acompanhava eram considerados cruciais para a empresa, mas eram horríveis para a maioria das pessoas envolvidas com ele. Esta é uma potente combinação para encorajar um mau comportamento. Só posso imaginar o quão intensos eram os jogos de status e as lutas internas organizacionais em torno da NPI.

As disfunções e decepções do processo da NPI foram fundamentais para desencadear uma mudança de 180 graus na Amazon, deixando de tentar definir e gerenciar dependências e passando a tentar eliminá-las completamente.

Essa foi a transição de uma cultura na qual a gerência exercia muito controle, para uma na qual a gerência encorajava níveis elevados de propriedade. Isso levou a equipes de duas pizzas, líderes de thread único e muitas outras inovações organizacionais. Mas antes que essa mudança pudesse começar de verdade, a Amazon precisava reescrever quase todo o seu software de uma forma que nunca havia sido feita antes.

Nos primeiros anos deste século, o código que alimentava o site e as operações da Amazon estava sendo mantido unido por "fita adesiva e engenharia WD-40",[70] como disse o executivo de tecnologia Werner Vogels. A empresa havia crescido mais de vinte vezes em apenas cinco anos até 2001, e seus bancos de dados e aplicativos estavam tendo problemas para acompanhar, assim como os desenvolvedores e engenheiros que cuidavam deles.

A tecnologia de informação da Amazon precisava desesperadamente de uma atualização, o que seria um projeto enorme e difícil (afinal, a empresa precisava continuar a operar enquanto algo semelhante ao seu cérebro e sistema nervoso estavam sendo substituídos). Mas Bezos queria fazer mais do que apenas modernizar os sistemas de informação de sua empresa; ele também queria torná-los tão separáveis e modulares quanto as equipes de duas pizzas que estavam sendo idealizadas na época.

Sem essa modularidade, as equipes de inovação de negócio teriam que pedir suporte à função de TI para fazer quaisquer alterações de código ou banco de dados que precisassem. Isso significaria enviar e priorizar solicitações. Significaria, em outras palavras, recriar alguma versão da burocracia do NPI. E qualquer que fosse a versão inicial, ela provavelmente se tornaria mais elaborada e esclerosada ao longo do tempo, se a natureza humana e a história organizacional anterior servissem de guia.

Então Bezos decidiu fazer algo muito diferente. Um CEO que, de acordo com o ex-engenheiro da Amazon Steve Yegge, "faz com que os maníacos por controle comuns pareçam hippies chapados",[71] ordenou que sua empresa construísse uma arquitetura de software que delegasse o controle a equipes em toda a empresa, permitindo que elas acessassem dados e software sem precisar pedir permissão ou suporte a ninguém (e sem derrubar a empresa inteira). Yegge escreveu que essa ordem "era tão exagerada,[72] tão grande e assustadoramente pesada, que fazia todas as suas outras ordens parecerem bônus espontâneos de colegas".

Demorou vários anos, mas a Amazon conseguiu. Ela reconstruiu seus sistemas para uma modularidade superalta (em termos técnicos, adotou uma arquitetura orientada a serviços). As equipes podiam usar e combinar esses módulos sem precisar pedir acesso ou permissão a ninguém. A empresa aprendeu tanto com esse esforço e desenvolveu tantas inovações que lançou um novo negócio, a Amazon Web Services, para vender infraestrutura de tecnologia modular para outras empresas (ajudando assim a criar a indústria de computação em nuvem). Ela também encerrou permanentemente a burocracia do NPI e a substituiu por um processo que alinhava as atividades das equipes com as metas corporativas. A Amazon acabou estabelecendo dois processos de alinhamento anuais, chamados OP1 e OP2. Eles são detalhados, mas também restritos: seu objetivo é apenas especificar OKRs para as equipes, e não dizer a elas como fazer seu trabalho ou com quem elas precisam interagir. Em vez disso, como Werner Vogels (que acabou se tornando CTO da Amazon) coloca, "O [novo, modular] ambiente de desenvolvimento da Amazon[73] exige que engenheiros e arquitetos sejam pensadores criativos muito independentes… Você precisa ter um forte senso de propriedade".

## Como a Microsoft Apertou o F5

Anteriormente, vimos como a Microsoft decaiu para uma burocracia excessiva. Vamos terminar este capítulo com uma nota encorajadora, mostrando como a empresa saiu da esclerose sob a liderança de Satya Nadella.

Quando Nadella se tornou o terceiro CEO da Microsoft em fevereiro de 2014, a empresa estava moribunda. Suas principais linhas de produtos de sistemas operacionais de PC e aplicativos de produtividade estavam perdendo importância, e ela estava muito atrás nas áreas em alta de aplicativos online e computação móvel e em nuvem. As pessoas que trabalhavam na Microsoft sabiam disso e estavam desanimadas. Como Nadella escreveu em seu livro de 2017, *Aperte o F5:*

> Nossa pesquisa anual com funcionários[74] revelou que a maioria deles não achava que estávamos indo na direção certa e questionou nossa capacidade de inovar. [Grupos de discussão revelaram que as pessoas] estavam cansadas. Estavam frustradas. Estavam fartas de perder e ficar para trás, apesar de seus grandes planos e grandes ideias. Elas vieram para a Microsoft com grandes sonhos, mas parecia que tudo o que realmente faziam era lidar com a alta gerência, executar processos penosos e implicar uns com os outros nas reuniões. Elas acreditavam que apenas alguém de fora poderia colocar a empresa de volta nos trilhos. Nenhum dos nomes na suposta lista de candidatos internos a CEO reverberou nelas — incluindo o meu.

Em seu primeiro discurso, Nadella disse a seus colegas que a Microsoft precisava redescobrir sua alma. Em um e-mail enviado a todos na mesma manhã, ele escreveu que "cada um de nós precisa... liderar e ajudar a impulsionar a mudança cultural... [e] encontrar significado em nosso trabalho".[75] Essas não são palavras de exceção; são bem comuns para um novo líder encarregado de uma empresa que precisa de uma reviravolta. Mas o desempenho da Microsoft sob Nadella tem sido tudo, menos padrão. Durante seus primeiros oito anos e meio no cargo, a capitalização de mercado da empresa aumentou mais de seis vezes e meia e cresceu a uma taxa anual de mais de 25%. Em comparação, nos oito anos e meio antes de Nadella assumir o cargo mais alto, a avaliação da empresa cresceu menos de 2% ao ano.

A Microsoft sob Nadella fez vários movimentos estratégicos inteligentes, incluindo investir pesadamente em computação móvel e em nuvem, adotar software de código aberto, encerrar sua desastrosa aquisição da Nokia e desenvolver softwares para diferentes plataformas do Windows. Mas lembre-se, a cultura come a estratégia no café da manhã. Se Nadella não tivesse conseguido tirar sua empresa da burocracia, esclerose e lutas internas descritas anteriormente neste capítulo, as novas estratégias não teriam tido chance de dar certo. Elas teriam sido sufocadas, assim como tantas outras boas ideias foram durante os longos anos de estagnação da Microsoft.

Então, o que Nadella *realmente* fez para reavivar sua empresa? Ele ajudou a Microsoft a voltar às suas raízes ao abraçar todas as quatro grandes normas geek: ciência, propriedade, velocidade e abertura. Antes de voltarmos nossa atenção para a propriedade, vamos dar uma olhada rápida nas outras três.

Vimos no capítulo anterior que evidências e medições são essenciais para a ciência, e que empresas geeks frequentemente adotam OKRs para rastrear seu progresso. Nadella me disse: "Também estamos convertendo praticamente toda a Microsoft para um sistema OKR. Acredito nisso porque ter objetivos para os quais as pessoas possam convergir é algo muito útil. Acho que ter um sistema de gestão geral que permita que você tenha um sistema de cima para baixo, de baixo para cima e de calibração contínua é muito importante".

A norma da ciência envolve não apenas coletar evidências, mas também discutir sobre elas. Em *Aperte o F5,* Nadella escreve sobre a equipe de liderança sênior (SLT*) da Microsoft, um pequeno grupo dos executivos mais seniores da empresa, em que para eles "debater e discutir são essenciais.[76] Melhorar as ideias uns dos outros é crucial. Eu queria que as pessoas falassem. 'Ah, aqui está um estudo de segmentação de clientes que fiz.' 'Aqui está uma abordagem de preços que contradiz essa ideia'".

Como veremos quando discutirmos a grande norma geek de velocidade no próximo capítulo, abordagens "ágeis" para desenvolver softwares e executar grandes projetos de todos os tipos podem ser surpreendentemente eficazes tanto para melhorar a qualidade quanto para reduzir atrasos e surpresas desagradáveis. Nadella viu isso em primeira mão no início de sua carreira, quando estava no comando do Bing, o mecanismo de busca da Microsoft. Como ele escreve, "Descobri que a chave era agilidade, agilidade, agilidade.[77] Precisávamos desenvolver velocidade, flexibilidade e capacidade atlética para proporcionar a experiência certa ao consumidor, não apenas uma vez, mas diariamente. Precisávamos definir e atingir repetidamente metas de curto prazo, enviando código em uma cadência mais moderna e rápida. Ele enfatizou para mim que "a velocidade da iteração importa. Então, uma das coisas fundamentais que fazemos em qualquer revisão de projeto é observar não apenas qual foi a entrada e a saída, mas também a velocidade de iteração da entrada para saída".

A grande norma geek de abertura é, como veremos no Capítulo 7, essencialmente a antítese da atitude defensiva. O pensamento e o comportamento defensivos geralmente estão enraizados em uma mentalidade de soma zero, onde ganhos em uma área devem ser acompanhados por perdas em outra — onde percebo sua vitória como minha derrota. Nadella me disse que uma perspectiva de "para que eu ganhe, preciso ser capaz de apontar muito claramente

* Do original, *senior leadership team.* [N. da T.]

para alguém que está perdendo" era comum na Microsoft quando ele assumiu. Como ele escreve em *Aperte o F5*, "Nossa cultura era rígida.[78] Cada funcionário tinha que provar a todos que ele ou ela sabia de tudo e era a pessoa mais inteligente na sala. A responsabilização — entregar no prazo e atingir números — superava tudo". Ser responsabilizado por atingir metas é importante, mas quando isso "supera tudo" as pessoas ficam na defensiva e pensam em seu ambiente de trabalho em termos de soma zero.

A atitude defensiva é corrosiva. Ela corrói a capacidade de uma equipe de inovar, correr riscos e trabalhar bem em conjunto. Nadella aprendeu o quão defensivas até mesmo as pessoas mais experientes da Microsoft se tornaram quando convidou o psicólogo Michael Gervais para participar da reunião regular da SLT. Gervais começou perguntando se as pessoas na sala queriam ter uma "experiência individual extraordinária".[79] Todos, é claro, disseram que sim. Gervais então pediu que um voluntário se levantasse. Ninguém o fez por um longo tempo, até que a CFO Amy Hood corajosamente se levantou. Como Nadella relembra, "O Dr. Gervais estava curioso:[80] Por que todos não haviam se levantado? Aquele não era um grupo de alto desempenho? Todos não haviam dito que queriam fazer algo extraordinário?... As respostas eram difíceis de extrair, embora estivessem logo abaixo da superfície. Medo: de ser ridicularizado; de falhar; de não parecer a pessoa mais inteligente da sala... 'Que pergunta idiota', estávamos acostumados a ouvir".

Gervais tinha uma técnica simples, mas inteligente, para começar a quebrar essa profunda atitude defensiva: ele simplesmente fazia as pessoas falarem sobre si mesmas — para, como dizemos, *se abrirem*. Nadella escreve que na reunião

> compartilhamos nossas paixões e filosofias pessoais.[81] Fomos convidados a refletir sobre quem somos, tanto em nossas vidas pessoais quanto no trabalho. Como conectamos nossa persona de trabalho com nossa persona de vida? As pessoas falaram sobre espiritualidade, as suas raízes católicas, o seu estudo dos ensinamentos confucionistas, partilharam as suas lutas como pais e a sua dedicação incessante em fabricar produtos que as pessoas adoram utilizar para trabalho e entretenimento. Enquanto escutava, percebi que em todos os meus anos na Microsoft aquela foi a primeira vez que ouvi meus colegas falarem sobre si mesmos, não exclusivamente sobre assuntos de negócios. Olhando ao redor da sala, vi até alguns olhos marejados.

Para ser claro, o objetivo da abertura não é transformar cada reunião em uma sessão de terapia. Em vez disso, é fazer com que as pessoas se sintam confortáveis em nem sempre estar no controle ou vencendo, e menos preocupadas em projetar uma imagem de infalibilidade e invencibilidade. A reunião da SLT que Nadella descreve foi importante para a transformação da Microsoft porque fez com que os principais líderes da empresa pelo menos começassem a pensar em se comportar de modo menos defensivo. Esse comportamento tinha uma boa chance de se espalhar, porque se originou com as pessoas mais seniores e respeitadas da empresa. Como vimos anteriormente neste capítulo, nós, seres humanos ultrassociais, consciente e inconscientemente prestamos atenção ao prestígio. Se as pessoas mais prestigiosas ao nosso redor começarem a agir de forma diferente, provavelmente imitaremos esse novo comportamento, mesmo que nem sempre estejamos cientes de que estamos fazendo isso. Alguns tipos de mudança, como uma maior abertura ou atitudes defensivas, realmente vêm do topo — das pessoas mais prestigiosas de uma organização.

Este capítulo é sobre a grande norma geek de propriedade e o trabalho de alinhamento que a acompanha. A reunião da SLT descrita por Nadella não só começou a acabar com a atitude defensiva que prevalecia na empresa; também começou a aumentar o alinhamento. Ela fez isso ao lembrar a equipe de "sua dedicação sem fim para fazer produtos que as pessoas amam usar para trabalho e entretenimento". Em outras palavras, fez com que os líderes seniores da Microsoft pensassem em si mesmos como membros da mesma tribo.

Isso importa porque nós, *Homo ultrasocialis*, somos uma espécie intensamente tribal. *Temos* que fazer parte de uma tribo, dado o quão indefesos somos como indivíduos. Como vimos no Capítulo 3, durante a maior parte da nossa história evolutiva, precisávamos fazer parte de um grupo para simplesmente permanecer vivos e aprender as tarefas mais básicas necessárias para a sobrevivência. Então, estamos profundamente programados para nos associar a um grupo; adotar sua visão de mundo, valores, normas e assim por diante; e nos esforçar para sermos membros de boa reputação.

Mas uma implicação imediata do nosso tribalismo é que não há apenas um "nós"; há também sempre um "eles"*. Nossa tendência inata de separar o mundo social em grupos internos e externos está profundamente enraizada e é notavelmente fácil de ativar. Como Robert Trivers coloca:

> Tais grupos, dentro e fora, são pateticamente fáceis de formar.[83] Você não precisa atiçar o fundamentalismo sunita ou católico para fazer as pessoas se sentirem da maneira certa; basta fazer alguns usarem camisas azuis e outros vermelhas e dentro de meia hora você induzirá sentimentos de grupo interno e externo com base na cor da camisa.

Quando Nadella se tornou CEO, a Microsoft foi uma demonstração de até que ponto Trivers estava certo. A empresa era profundamente fragmentada, e grupos brigavam entre si, tanto aberta quanto secretamente, por recursos, pessoas, promoções, "propriedade" de um produto ou segmento de clientes, e qualquer outra coisa pela qual valesse a pena brigar. O constante conflito intergrupal na Microsoft ao longo da década de 2010 foi uma enorme desvantagem. Nadella sabia que precisava desconstruir tudo aquilo e fazer com que a empresa se tornasse uma tribo única — "uma única Microsoft", como ele disse.

Um movimento importante em direção a uma única Microsoft foi eliminar os centros de lucro existentes (para o sistema operacional Windows, pacote de aplicativos Office e assim por diante) e substituí-los por uma única demonstração de resultados (P&L†) corporativa. Isso eliminou a tendência do grupo de produtos A de ver o produto de rápido crescimento do grupo B como uma ameaça iminente que precisava ser controlada ou mesmo sabotada. Como Nadella me explicou, "Nós nos tornamos uma organização funcional, então não havia P&Ls, exceto um P&L para toda a Microsoft. Em vez disso, demos

* A psicóloga Leda Cosmides e o antropólogo John Tooby enfatizam que uma consequência inegável do tribalismo humano é nossa tendência a travar guerras. Como eles explicam em um parágrafo lírico e enfático: "A guerra é mais antiga[82] que a espécie humana. Ela é encontrada em todas as regiões do mundo, entre todos os ramos da humanidade. Ela é encontrada em toda a história humana, profunda e densamente tecida em sua tapeçaria causal. Ela se faz presente em todas as épocas, tanto em períodos passados quanto nos atuais. Não há evidências de que ela tenha se originado em um lugar e se espalhado pelo contato para outros. A guerra se reflete nas características mais fundamentais da vida social humana. Quando histórias indígenas são compostas, seus autores invariavelmente veem as guerras — ao contrário de quase todos os outros tipos de eventos — como eminentemente dignas de registro. As obras fundamentais da literatura — a *Ilíada*, o Bhagavad Gita, o Tanakh, o Alcorão, o *Conto dos Heike* — sejam orais ou escritas, sagradas ou seculares — refletem sociedades nas quais a guerra era uma característica generalizada."

† Do original, *profit and loss*. [N. da T.]

a todos metas de custo. Isso desobstruiu a organização e a direcionou para o futuro. Basicamente, movemos o risco de P&L para o nível corporativo".

O segundo grande movimento de Nadella para restaurar o alinhamento foi tirar de grupos individuais a propriedade de ativos importantes como código, dados e data centers. Como discutimos, os proprietários desses ativos têm uma forte tendência a ganhar status agindo como gatekeepers. Em troca de acesso, eles exigem ser consultados, "colocados no loop" e assim por diante. Nadella trabalhou para acabar com esse gatekeeping:

> Ninguém pode possuir código ou dados dentro da Microsoft. Então, em certo sentido, temos um recurso corporativo que qualquer um pode usar, obviamente sujeito a todas as regras e regulamentos sobre ele. Mas dito isso, qualquer equipe pode se levantar e dizer: "Ei, eu tenho uma ideia. Quero treinar um modelo de IA em larga escala para fazer, por exemplo, o GitHub Copilot [uma ferramenta de IA que gera código de computador com base em instruções de linguagem natural de um humano]. Quero todo o código, quero todos os dados". Sim, você pode ter isso porque nenhuma equipe pode acumulá-lo.

Em *Aperte o F5,* Nadella descreve um momento crucial logo antes do início de seu mandato como CEO:

> Em uma sessão de preparação intensa[84] dois dias antes do anúncio, [minha chefe de gabinete] Jill [Tracie Nichols] e eu discutimos sobre como inspirar esse grupo desanimado de [funcionários]. De certa forma, fiquei incomodado com o que parecia ser falta de responsabilização e dedos apontados. Ela me interrompeu no meio do discurso com "Você não está enxergando, eles estão realmente com vontade de fazer mais, mas as coisas continuam atrapalhando".

Perceber que as barreiras para uma mudança organizacional real são os obstáculos que as pessoas enfrentam, e não as pessoas em si, tornou-se essencial para a visão de mundo de Nadella. Em 2022, eu o questionei sobre uma frustração frequentemente ouvida relacionada a mudanças organizacionais: que o CEO e os funcionários da linha de frente querem, mas os gerentes intermediários não. Em vez disso, eles se agarram firmemente ao status quo e frustram as tentativas de se afastar dele. Achei sua resposta fascinante. Ela ilustra que tipo de líder ele é e por que ele tem sido tão bem-sucedido. Ele começou destacando que, como praticamente todos os CEOs, ele costumava *ser* um gerente intermediário:

> As pessoas falam sobre o "meio congelado". Eu resisto a essa caracterização, porque durante a maior parte da minha carreira profissional eu estava no meio. E acho que os empregos que tive sendo intermediário foram os mais difíceis porque você era pressionado por cima e por baixo. Todas as restrições estavam sendo gerenciadas pelo meio. Portanto, uma afirmação que gosto de fazer é que nenhum membro da alta liderança deve sacrificar os gerentes intermediários, pois, sem eles, a empresa não se sustenta... Na maioria das vezes, os gerentes intermediários não estão sentados lá sem querer fazer a coisa certa; o problema é que eles estão super-restritos. Como um líder de alto escalão, se você está dando às suas equipes cinco coisas que precisam ser prioridade máxima, você não está fazendo seu trabalho. Você está apenas espremendo-os. E então não é de se admirar que eles olhem para isso e digam: eu poderia muito bem me esconder. Para mim, em vez de pensar no meio congelado, capacitar verdadeiramente o meio para que eles possam ajudar a organização a avançar é um dos truques gerenciais mais importantes.

Nadella percebeu que a luta contra a burocracia e a esclerose não é uma luta contra um grupo de maus elementos. Em vez disso, é uma luta contra um ambiente mal configurado — um que permite a nós, *Homo ultrasocialis*, obter status de maneiras que não estão firmemente alinhadas com os objetivos da organização. Líderes geeks como Nadella trabalham duro para criar ambientes muito diferentes. Fazer isso envolve rejeitar muito da sabedoria recebida da era industrial sobre a importância da comunicação, cooperação e coordenação interfuncional e, em vez disso, se esforçar para construir organizações autônomas e alinhadas que não restrinjam as pessoas e lhes deem propriedade.

## Resumo do Capítulo

As empresas têm uma tendência intrigante de se tornarem excessivamente burocráticas, embora a burocracia frustre as pessoas e prejudique o desempenho. É um equilíbrio de Nash indesejável.

A explicação final é que a burocracia densa é o resultado da busca por status por nós, *Homo ultrasocialis* obcecados por status. Nós inventamos trabalho para que possamos fazer parte dele. Nós nos esforçamos para sermos consultados sobre muitas decisões e, se possível, termos poder de veto sobre elas. O excesso de burocracia é um bug para qualquer um que queira que uma empresa funcione de forma eficiente, mas é uma característica do *Homo ultrasocialis* que busca oportunidades para ganhar status na organização.

Para combater a burocracia e a esclerose, os geeks dos negócios tomam uma atitude radical: eles interrompem grande parte da coordenação, colaboração e comunicação e, em vez disso, estabelecem uma norma de *propriedade*, ou responsabilidade clara e única por uma meta acordada.

A aversão dos geeks pela coordenação pode parecer extrema. Eles frequentemente nem querem que as equipes conversem entre si, ou com os superiores da empresa. Eles acreditam que a comunicação entre equipes pode ser prejudicial porque frequentemente se transforma em uma forma branda de burocracia.

Para garantir que suas equipes autônomas permaneçam alinhadas com os objetivos gerais da empresa, as empresas geek contam com uma burocracia robusta, mas fortemente limitada. Seu trabalho é supervisionar a tradução da visão e estratégia de alto nível da empresa em metas específicas para as equipes e resultados-chave.

Para a norma de propriedade, a regra básica geek final é: *para reduzir a burocracia, remova oportunidades de ganhar status que não estejam alinhadas com os objetivos e valores da empresa.*

## Pesquisa para Sua Organização

Essas dez afirmações podem ser usadas para avaliar até que ponto uma organização segue a grande norma geek de propriedade. Os entrevistados respondem a cada uma com um número entre um e sete, onde um significa "discordo totalmente" e sete significa "concordo totalmente".

1. Há muita burocracia nesta empresa.*
2. Temos uma tendência para a ação em vez do planejamento e da coordenação.
3. A melhor maneira de ter sucesso nesta empresa é ajudá-la a cumprir seus objetivos declarados.
4. Sou livre para atuar de forma autônoma nas áreas que são mais importantes para o meu trabalho.
5. Tenho que coordenar meu trabalho com muitas outras equipes na empresa.*
6. A burocracia nos impede de agir rapidamente para aproveitar as oportunidades.*
7. Passo muito tempo em reuniões multifuncionais e outras atividades de coordenação.*
8. Sou recompensado por tomar a iniciativa.
9. Tenho que gastar muito tempo pedindo os recursos de que preciso para fazer meu trabalho.*
10. Está claro para mim como meu trabalho se encaixa na estratégia geral e nos objetivos da empresa.

---

* As pontuações para essas afirmações precisam ser invertidas. Para fazer isso, subtraia a pontuação do entrevistado de oito. Por exemplo, se o entrevistado respondeu com seis, a pontuação invertida seria dois.

CAPÍTULO 6

# Velocidade

*Da Mentira à Aprendizagem*

Sim, volte, Jack, faça de novo
A roda girando e girando

— *Steely Dan*

A Volkswagen aprendeu recentemente que, quando se trata de desenvolver um carro moderno, a parte mais difícil não são as peças móveis.

Em 2015, a VW decidiu criar uma plataforma inteiramente nova[1] para veículos elétricos (VEs) em vez de modificar qualquer uma das que estava usando para veículos de combustão interna. Claro, o software seria uma grande parte dessa plataforma de "trem de força elétrico modular". Em outubro de 2016, a empresa apresentou um veículo elétrico que ainda não estava funcional durante o Salão do Automóvel de Paris e anunciou o lançamento de uma nova marca totalmente voltada para veículos elétricos, ID., que significava "design inteligente, identidade e tecnologias visionárias".[2]

Em setembro de 2019, a VW revelou sua versão final, o ID.3, no Salão do Automóvel de Frankfurt. O veículo foi um sucesso. Ao final do evento, mais de 33 mil pessoas[3] haviam dado entrada em um. A produção da fábrica deveria começar em novembro, e as primeiras entregas estavam previstas para meados de 2020.

## Na Estrada, Mas Não no Ar

No entanto, perto da marca de 90% do cronograma de desenvolvimento original do carro, vazou a notícia de um problema sério. Em dezembro de 2019, a *Manager Magazin* da Alemanha relatou[4] que pelo menos os primeiros 20 mil ID.3s produzidos não teriam a capacidade de atualizar seu software pelo ar (OTA*, ou remotamente e sem fio), uma capacidade que a fabricante de VE Tesla foi pioneira,[5] com seus carros totalmente elétricos, em 2012. Os primeiros veículos elétricos da VW saídos da linha de montagem deveriam ser estacionados em lotes alugados até que uma atualização de software pudesse ser instalada — via fio — que permitiria que futuras atualizações fossem feitas pelo ar. No final de fevereiro de 2020, a mesma revista relatou um esforço frenético,[6] envolvendo cerca de 10 mil pessoas, para consertar os problemas de software do ID.3. Centenas de engenheiros e técnicos eram trazidos de avião das empresas irmãs Porsche e Audi toda segunda-feira, e depois retornavam na sexta-feira. Os pilotos de teste relatavam dezenas de novos bugs todos os dias. Correram rumores de que atrasos de até um ano eram possíveis, mas fontes próximas ao chefe da VW, Herbert Diess, os descartaram como "um completo absurdo".[7] Em junho, no entanto, a VW anunciou que as primeiras entregas do ID.3 aos clientes não aconteceriam antes de setembro,[8] e que esses carros ainda não permitiriam atualizações OTA completas.

Também naquele mês, o conselho da VW retirou Diess do cargo[9] de CEO da divisão Volkswagen, embora ele permanecesse como CEO de todo o grupo automotivo VW.

Em fevereiro de 2021, mais de um ano após os relatos iniciais dos problemas da VW com atualizações OTA, circularam fotos de longas filas de ID.3s[10] estacionados no que parecia ser uma estrutura temporária. Cada carro estava conectado a um notebook por meio de um cabo, provavelmente para receber atualizações de software. O timing foi um tanto infeliz para a VW, já que naquele mesmo mês um vídeo postado no TikTok mostrou um enorme estacionamento cheio de Teslas recebendo atualizações OTA à noite. "Parece que alienígenas estão pousando", escreveu o jornalista Fred Lambert sobre as luzes dos carros vazios piscando em padrões de larga escala enquanto seu software era atualizado automaticamente e sem fio.

Em setembro de 2021, a VW finalmente anunciou: "A partir de agora,[11] todos os modelos ID. receberão atualizações regulares de software por meio de transferência de dados móveis... A empresa planeja fornecer aos seus clientes

* Do original, *over the air*. [N. da T.]

software gratuito a cada doze semanas". Para pelo menos alguns proprietários do ID.3, no entanto, esse anúncio se mostrou prematuro. Em 22 de julho de 2022, mais de dois anos após os ID.3s capazes de atualizações de software OTA supostamente estarem disponíveis, o site *Handelsblatt* relatou: "Após meses de atrasos,[12] os modelos ID entregues nos últimos dois anos agora estão recebendo uma nova atualização de software. Para fazer isso, mais de 150 mil carros elétricos na Europa precisam passar um dia inteiro na oficina". O artigo incluía uma promessa que pode ter soado vazia para alguns clientes: "Atualizações futuras podem ser instaladas sem fio e sem ter que visitar a oficina." No mesmo dia em que o artigo do *Handelsblatt* apareceu, Herbert Diess anunciou que estava deixando o cargo[13] como CEO do Grupo VW. Como disse o jornalista da Bloomberg, Stefan Nicola: "Isso diz muito sobre o estado do setor automobilístico[14] e para onde ele está indo, considerando que problemas de software resultaram na demissão do CEO de uma grande montadora".

Enquanto isso, a Tesla[15] enviou 17 atualizações OTA para sua frota do Modelo 3 em 2019, 22 em 2020 e 19 em 2021. Algumas delas foram pequenas correções de bugs, mas aproximadamente metade foram mudanças mais substanciais[16], como tecnologias aprimoradas de navegação e assistência ao motorista, um novo sistema de monitoramento da pressão dos pneus, 5% a mais de potência para o veículo como um todo e mais videogames.

## Por que as Coisas Estão Atrasadas?

A experiência da VW com o ID.3 não é um exemplo isolado. Muitas organizações têm problemas reais para concluir projetos importantes no prazo (e, portanto, dentro do orçamento), independentemente de envolverem software, hardware ou uma combinação de ambos, e independentemente de serem esforços públicos ou privados. Às vezes, de fato, grandes esforços não produzem nada. O Standish Group vem coletando dados sobre os resultados de grandes projetos de software há quase trinta anos. As taxas de falha se mantiveram estáveis[17] em cerca de 20%, e a fração de projetos "desafiados" agora gira em torno da metade. Tornou-se "quase impossível",[18] como o *New York Times* colocou em novembro de 2021, "concluir um grande projeto de infraestrutura multibilionário nos Estados Unidos dentro do orçamento e do cronograma na última década".*

Assim como acontece com a burocracia, a questão em torno do atraso é: *por que há tanto atraso?* Por que é tão crônico e difícil de eliminá-lo? Os clientes se ressentem com atrasos e as pessoas são demitidas por causa deles, então por que eles ainda são tão comuns?

Não há uma resposta única. Projetos atrasados são como as famílias infelizes de Tolstói: cada um tem seus próprios problemas. Mas há alguns temas consistentes. Um deles é algo que já vimos: o excesso de confiança. Nossos assessores de imprensa nos dizem que estamos acima da média em todas as coisas, incluindo nossa capacidade de fazer as coisas no prazo. E nós os escutamos. Como vimos no Capítulo 4, Danny Kahneman é profissional e pessoalmente familiarizado com o excesso de confiança. Ele escreve: "Previsões excessivamente otimistas[19] acerca dos resultados de projetos são encontradas em todos os lugares". Ele e seu colaborador frequente, Amos Tversky, achavam que o fenômeno era tão difundido que merecia seu próprio rótulo; eles o chamavam de "a falácia do planejamento".†

Há também uma relação óbvia entre burocracia e atrasos. Reuniões intermináveis, ciclos de aprovação e revisões não permitem que as coisas sejam feitas no prazo.

Em 2010, quando a fabricante de celulares Nokia estava em baixa, mas ainda não havia desaparecido, o jornalista Mikko-Pekka Heikkinen conversou com mais de uma dúzia de ex-funcionários[20] do jornal *Helsingin Sanomat*. Eles continuaram falando sobre como as coisas moviam-se lentamente à medida que o poder de sustentá-las era distribuído de forma cada vez mais ampla. Como Heikkinen conta:

> [Um] antigo gerente oferece um exemplo ilustrativo...
>
> Um designer responsável pela câmera digital integrada ao celular considera como a qualidade da imagem poderia ser aprimorada

* O reator nuclear japonês de Monju mostra que os problemas não se limitam aos EUA. A construção de Monju começou em 1986; atingiu sua primeira reação em cadeia sustentada dentro do cronograma em 1994 e foi comissionado em 1995. Mas então uma série de acidentes e problemas o mantiveram fora de funcionamento por quinze anos. Foi recomissionado em 2010, mas logo depois uma máquina de três toneladas caiu no vaso do reator. Em 2013, todo o trabalho para preparar Monju para uso comercial foi interrompido, e a usina foi permanentemente fechada no final de 2016. Ao longo de sua vida útil de trinta anos, gerou eletricidade por uma hora, a uma despesa total de US$30 bilhões. Custará US$12 bilhões a mais para descomissionar totalmente a instalação e levará trinta anos, supondo que tudo ocorra conforme o cronograma.

† Completei o manuscrito deste livro a tempo? Não completei.

com uma alteração no algoritmo, o que exigiria algumas semanas de trabalho para ser implementada. Ele relata isso ao seu superior imediato, que então insere o assunto na matriz de análise de requisitos [RA*].

Uma semana depois, o assunto é notado em uma sessão de acompanhamento do RA e mais informações são solicitadas...

Mais uma semana se passa.

A próxima sessão de acompanhamento do RA analisa a resposta e decide enviar a solicitação para priorização.

Após uma semana, os requisitos são examinados em uma reunião de priorização e é tomada a decisão de retornar à equipe... para entender... a dimensão do risco.

A equipe apresenta uma análise de risco em um ou dois dias. Outra semana se passa.

Uma reunião de priorização resolve aprovar a solicitação inicial, se um "produto líder" adequado puder ser encontrado para ela...

Um mês depois, um informe de produto relata que, sim, poderíamos continuar com a melhoria, se isso não aumentasse o risco de estourar o prazo.

De volta à equipe.

Mais uma semana se passa e a reunião de priorização dá a segunda maior prioridade à solicitação da câmera.

Ela determina que a mudança de algoritmo pode ser iniciada, assim que qualquer trabalho mais importante for concluído.

As questões mais importantes levam dois meses.

Quando a equipe do algoritmo deveria começar a trabalhar, percebe-se que o agendamento do produto principal já avançou demais e a timebox foi fechada.

Outro produto líder deve ser encontrado em vez disso.

E assim continua, até que um concorrente recebe ótimas críticas da imprensa pela qualidade de imagem melhorada de sua câmera integrada.

E alguém fica chocado e se pergunta por que a Nokia não apresentou uma melhoria semelhante.

O ex-gerente de desenvolvimento de produto toma um gole de café e relembra seus sentimentos:

"Isso fazia você sentir vontade de gritar: 'Pelo amor de Deus, não dá para simplesmente FAZER isso e parar com essa transferência de

* Do original, *requirements analysis.* [N. da T.]

responsabilidade!' E houve muitas cadeias de eventos como essa, e outras piores ainda."

Em outras palavras, o processo de desenvolvimento de produtos da Nokia era burocrático, rígido e dolorosamente lento.

Como vimos no capítulo anterior, a burocracia também estrangulou a capacidade da Microsoft de fazer as coisas na primeira década deste século. A extensão de sua esclerose ficou clara com o Windows Vista, uma atualização do principal sistema operacional de PC da empresa que se transformou em um desastre embaraçoso. Quando o trabalho começou[21] em maio de 2001 sob o codinome Longhorn, ele foi imaginado como um projeto de dezoito meses com lançamento no final de 2003. Mas a Microsoft ainda estava trabalhando no Longhorn em abril de 2005, quando a Apple lançou seu sistema operacional Mac OS X Tiger, trazendo consigo muitas das inovações que a Microsoft estava planejando. Depois de jogar fora uma grande parte do código que havia escrito e reprojetar seu processo geral de desenvolvimento de software, a Microsoft anunciou que o Vista seria lançado no final de 2006, a tempo para as férias. Não aconteceu; ele foi lançado em janeiro de 2007. A maioria dos usuários não achou que valeu a pena esperar. A *PCWorld*, então a revista de referência da indústria de computadores, nomeou o Vista como sua maior decepção tecnológica de 2007, perguntando: "Cinco anos de desenvolvimento e isto é o melhor que a Microsoft conseguiu fazer?"[22]

Ao pensar sobre o porquê de grandes projetos estarem atrasados, não devemos ser ingênuos sobre o fato de que alguns deles são projetados dessa forma desde o início. As pessoas e organizações que os propõem sabem que eles não serão concluídos no prazo ou no orçamento. Em 2013, depois que Willie Brown se aposentou de uma carreira de quase meio século em cargos eletivos — primeiro como deputado estadual da Califórnia, eventualmente chegando a presidente da Câmara e depois como prefeito de São Francisco — ele escreveu alguns parágrafos francos[23] em uma coluna de jornal sobre uma estação de ônibus no centro da cidade:

> A notícia de que o Terminal Transbay está cerca de US$300 milhões acima do orçamento não deveria ser uma surpresa para ninguém.
>
> Sempre soubemos que a estimativa inicial estava abaixo do custo real. Assim como nunca tivemos um custo real para o Metrô Central ou a Bay Bridge, ou qualquer outro grande projeto de construção. Então pare com isso.

> No mundo dos projetos civis, o primeiro orçamento é realmente apenas um pagamento inicial. Se as pessoas soubessem o custo real desde o início, nada seria aprovado.
>
> A ideia é começar. Comece a cavar um buraco e faça-o tão grande até que não haja alternativa a não ser arranjar dinheiro para tapá-lo.

A abordagem descrita por Brown pode não ter sido ética, mas foi efetiva. Se as pessoas não aprovarão um projeto de US$1,5 bilhão, diga a elas que custará apenas US$1,2 bilhão (o orçamento inicial para o Terminal Transbay[24]). Em outras palavras, faça o que for preciso para "começar a cavar um buraco". Pode levar mais tempo, assim como mais dinheiro, para tapar esses buracos. A primeira fase do Terminal Transbay foi concluída em agosto de 2018, com um ano de atraso. A estimativa de Brown de um estouro de custo de US$300 milhões para esta fase foi otimista; o custo final foi de US$2,4 bilhões, ou o dobro do orçamento inicial. (Seis semanas após a abertura do terminal, os trabalhadores encontraram falhas estruturais[25] que o fecharam para a maior parte do tráfego de ônibus por mais um ano.)

Mesmo depois de levar todos esses fatores em consideração, ainda é intrigante por que os atrasos são tão comuns e tão graves. Quando realmente importa se um esforço é feito no prazo — quando a concorrência está no seu pescoço, por exemplo, ou quando você pode ser demitido se chegar atrasado — por que *ainda* é tão difícil terminar no prazo, ou mesmo ver sinais de problemas precocemente?

## Quando 90% Não Chega Nem Perto

Obtemos uma resposta intrigante para essa pergunta — uma que nos ajuda a entender mais sobre como nós, seres humanos ultrassociais, podemos agir de maneiras contraproducentes quando nos reunimos — dos pesquisadores de gestão David Ford e John Sterman. Eles se perguntaram por que tantos grandes projetos são concluídos com atraso[26] e decidiram estudar o fenômeno. Conforme reuniam evidências, eles descobriram um padrão estranho.

Ford e Sterman trabalharam com um fabricante não identificado de circuitos integrados específicos para aplicações (ASICs*), ou chips de computador personalizados. Os pesquisadores selecionaram dois projetos, de codinomes Python e Rattlesnake, e acompanharam seu progresso em relação aos cronogramas originais. Esperava-se que ambos levassem cerca de quarenta semanas

* Do original, *application specific integrated circuits.* [N. da T.]

e, na vigésima semana, ambos os esforços estavam perto de estar no prazo. Eles começaram a desacelerar, mas não muito. O Python estava cerca de 75% pronto na data original de conclusão, e o Rattlesnake quase 80%.

O problema então começou. No Python, o progresso avançou de forma lenta, sem os grandes saltos de desenvolvimento que haviam marcado os esforços anteriores. As coisas ficaram mais lentas à medida que o projeto foi sendo adiado. O Python finalmente ultrapassou a linha de chegada na semana 69, atrasado em 77%.

Enquanto isso, as pessoas no projeto Rattlesnake provavelmente desejavam estar trabalhando no Python. O Rattlesnake não apenas desacelerou; na verdade, ele *retrocedeu*. Problemas sérios descobertos pouco antes da semana 50 fizeram com que o projeto tivesse que ser reiniciado quase do zero. Ele recuperou o tempo rapidamente e chegou perto da linha de chegada em mais dez semanas. Mas então surgiu outro problema imprevisto que fez com que o Rattlesnake voltasse a estar apenas 10% concluído. Ele foi finalmente concluído após 81 semanas, mais do dobro do tempo previsto.

Enquanto Ford e Sterman analisavam projetos em uma ampla gama de empresas e setores, eles continuavam observando os mesmos fenômenos: surpresas tardias, alta incerteza e prazos de entrega gravemente perdidos. Um gerente que eles entrevistaram[27] resumiu a situação sombria: "O tempo médio para desenvolver um produto é de 225% do tempo projetado, com um desvio padrão de 85%. Podemos dizer quanto tempo, mais ou menos, levará um projeto".

O Python, o Rattlesnake e o VW ID.3 sofreram da síndrome dos 90%. No início da década de 1980, o pesquisador de software Robert Laurence Baber definiu essa síndrome: "As estimativas da fração do trabalho concluído[28] [aumentam] conforme planejado originalmente até que um nível de 80–90% seja atingido. As... estimativas aumentam então muito lentamente até que a tarefa seja realmente concluída". Python e Rattlesnake podem não ter chegado a 90% de conclusão antes de ocorrerem suas desacelerações, mas ainda são emblemáticos desse modo de falha.

Enquanto Ford e Sterman conduziam sua pesquisa de campo sobre a síndrome dos 90%, eles obtiveram um profundo insight sobre suas causas a partir de uma reunião semanal da equipe de projeto em uma grande empresa de defesa. O insight não veio de nada que foi dito ou feito na reunião, mas do nome informal da equipe: o clube dos mentirosos. Ford e Sterman descrevem as regras básicas da reunião:

> Todos ocultaram o conhecimento de que seu subsistema estava atrasado. Os membros do clube dos mentirosos esperavam que outra pessoa fosse forçada a admitir os problemas primeiro, atrasando o cronograma e permitindo que escapassem da responsabilidade por seus próprios atrasos. Todos no clube dos mentirosos sabiam que todo mundo estava escondendo requisitos de retrabalho e todos sabiam que aqueles mais capazes de esconder seus problemas poderiam escapar da responsabilidade pelo fracasso do projeto em atingir suas metas.

Os pesquisadores haviam acabado de se deparar com uma empresa particularmente disfuncional ou antiética? A prevalência da síndrome dos 90% sugere o contrário. Ela indica, em vez disso, que os clubes dos mentirosos são bastante difundidos, reunindo-se regularmente em organizações ao redor do mundo. Em outras palavras, a prevalência do clube dos mentirosos indica que, assim como a burocracia, é um equilíbrio de Nash — um estado estável — sob as condições certas. Como vimos no capítulo anterior, o equilíbrio de Nash é um dos conceitos mais importantes da teoria dos jogos. Podemos então usar a teoria dos jogos para compreender por que razão os clubes dos mentirosos são tão comuns e como desmantelá-los.

## Jogo das Incógnitas

Vamos reformular o clube dos mentirosos como um jogo jogado por equipes de projeto no mundo todo em suas reuniões semanais. Vamos chamá-lo de "Você está no prazo?" (AYOT*?). Uma característica crucial deste jogo é que a *observabilidade* é baixa para a maior parte do cronograma de um projeto; é difícil saber de fora se um determinado membro da equipe está ficando atrasado. Em algum ponto distante, a observabilidade ficará muito melhor — o microchip superaquecerá durante um teste, o carro não aceitará uma atualização de software OTA ou algo assim — mas até esse momento fatídico, a observabilidade é geralmente baixa.

Em cada reunião, os jogadores do jogo AYOT? podem responder sim ou não à pergunta mais importante de todas. Se eles estiverem no caminho certo e dentro do cronograma, eles, é claro, respondem que sim. Mas, com o passar do tempo, mais e mais jogadores não estarão mais dentro do prazo, porque estavam confiantes demais e sucumbiram à falácia do planejamento, ou porque

* Do original, *are you on time?* [N. da T.]

uma surpresa desagradável ocorreu, ou por qualquer um dos milhares de outros motivos. As equipes de projeto raramente correm à frente do cronograma inicial; é muito mais provável que fiquem para trás.

Vamos focar exclusivamente esses jogadores que estão atrasados no jogo AYOT?. Cada semana eles podem escolher entre duas estratégias: ser enganosos (e dizer "Sim, estamos no prazo") ou ser honestos (e dizer "Não, estamos atrasados"). Quais são as recompensas associadas a cada uma dessas estratégias? Bem, se forem honestos, a recompensa é que sua reputação será prejudicada e eles serão repreendidos pelo chefe, culpados por desperdiçar todo o esforço fora do cronograma, sujeitos a maior escrutínio e trabalho, bem como perspectivas de carreira reduzidas. Se isso parece muito duro ou cínico para você, meu palpite é que você não trabalhou em muitos projetos grandes em empresas da era industrial.

Qual é a recompensa por ser enganoso no jogo AYOT? Depende se o seu gerente geral de projeto sabe que sua equipe está atrasada. Se sim, a recompensa são todas as coisas ruins listadas acima, *além* de ganhar a reputação de mentiroso. Isso é ruim. Mas lembre-se, a observabilidade é baixa neste jogo. É improvável que o gerente saiba quem está atrasado (se soubesse, por que se incomodaria em perguntar?). Então, a recompensa mais comum para jogadores que estão atrasados e enganam é a mesma que a recompensa para jogadores que estão no prazo e são honestos: escapar de mais escrutínio e voltar ao trabalho com uma reputação intacta.

Os jogadores no AYOT? que estão atrasados enfrentam uma escolha entre uma recompensa altamente negativa se forem honestos e uma chance dessa mesma recompensa negativa se forem enganosos. Para dizer a mesma coisa de forma um pouco diferente, eles enfrentam uma escolha entre uma recompensa altamente negativa e uma chance de evitar uma recompensa altamente negativa. Essa é uma escolha estratégica muito fácil. Eles se envolvem em mentiras e esperam voltar ao trabalho ilesos. Observe que as escolhas feitas pelos jogadores não dependem de seu conhecimento sobre o atraso de outros jogadores. "Diga que você está no prazo" é a jogada certa, independentemente de quanto você sabe sobre como o resto do projeto está indo. Os jogadores não precisam de alta observabilidade para fazer seus movimentos. Uma vez que percebem que todos os outros se deparam com as mesmas recompensas que eles, um clube dos mentirosos se forma espontaneamente, sem uma coordenação explícita estipulada. O jogo AYOT? é uma versão do dilema do prisioneiro, um dos conceitos mais importantes da teoria dos jogos. É um dilema porque o engano beneficia o indivíduo, mas prejudica a organização como um todo. Também não é vantajoso para jogadores honestos que cometem o erro estratégico de admitir que estão atrasados. E, no entanto, o engano entre aqueles que estão atrasados é um equilíbrio de Nash estável no jogo. O fato de a síndrome dos 90% e o atraso em projetos de todos os tipos serem tão comuns indica que o jogo simples descrito aqui oferece um modelo razoável do que ocorre na realidade ao tentar concluir projetos grandes e complexos.

Mas no mundo real não existem várias maneiras de lutar contra o clube dos mentirosos que não fazem parte do nosso humilde jogo? Por exemplo, há denunciantes — pessoas que sabem o quão atrasada uma equipe específica está e expõem suas mentiras. E há gerentes de projeto, que provavelmente são veteranos de muitos clubes dos mentirosos e, portanto, sabem como o jogo funciona. Eles não aprenderam, com sua vasta experiência, a lidar com todas as mentiras? Por fim, e quanto à boa e velha moral? Mentir é errado, afinal de contas. A maioria de nós tem esse tema básico incutido repetidamente em casa e na escola, em locais de culto e em aulas de ética. Então por que os membros do clube dos mentirosos continuam a mentir? Eles são simplesmente pessoas ruins?

Não, são apenas pessoas. E cada pessoa, como vimos no Capítulo 4, tem um assessor de imprensa — um módulo mental que pinta nosso comportamento da forma mais favorável possível e cria justificativas para nossas ações. Para ver o assessor de imprensa em ação, pense nas coisas que dizemos a nós mesmos quando estamos ficando atrasados:

> Sim, estamos um pouco atrasados, mas sei que podemos recuperar o tempo perdido.
>
> Fomos distraídos por outras tarefas. Assim que pudermos nos concentrar mais neste projeto, progrediremos rapidamente.
>
> Teremos que trabalhar um pouco mais, mas tenho fé na equipe.
>
> Esta solução mais recente que acabamos de encontrar certamente nos colocará de volta no caminho certo.
>
> Não tem como estarmos tão atrás quanto aqueles idiotas do final do corredor. Não vou assumir a culpa para que eles escapem das repercussões.
>
> Não tem como estarmos tão atrasados quanto aqueles idiotas do *início* do corredor. Não vou assumir a culpa para que eles escapem das consequências.

Quando os membros da equipe do projeto dizem essas coisas, eles *acreditam* nelas, mesmo que não devessem, com base nos fatos frios e concretos. O módulo do assessor de imprensa fornece a negação plausível desses fatos e torna fácil e natural para os membros do clube dos mentirosos dizerem "Estamos no prazo" quando é a vez deles no jogo AYOT?. Em outras palavras, o autoengano — o principal trabalho do assessor de imprensa — torna o engano mais fácil. Lembre-se, nossa inteligência é altamente *justificatória*; facilmente criamos razões pelas quais nossas ideias e ações são justas, independentemente de essas razões passarem ou não pelo nosso professor da escola dominical, rabino, padre ou professor de ética.

Na verdade, estou quase certo de que muitos membros do clube dos mentirosos são professores de escola dominical; frequentadores regulares de mesquitas, sinagogas e igrejas; pais que levam a sério suas responsabilidades como exemplos a serem seguidos; e assim por diante. São pessoas morais, e ainda assim não são interiormente cheios de vergonha e autoaversão por seu comportamento durante a reunião semanal da equipe do projeto. As recompensas do dilema do prisioneiro e o incansável módulo de assessor de imprensa que fornece negação plausível se combinam para fazer com que a moralidade individual não seja um fator importante no jogo AYOT?.

Se não podemos confiar na moralidade para dissolver o clube dos mentirosos, o que dizer dos denunciantes? A maioria dos participantes está ciente de que há muita mentira acontecendo no jogo AYOT?. E provavelmente não seria muito difícil encontrar evidências irrefutáveis de que aqueles idiotas lá no começo ou lá no final do corredor estão muito atrasados, mesmo que continuem dizendo que não estão. Então por que não vemos mais casos de pessoas denunciando seus colegas enganadores e acabando com o clube dos mentirosos?

Porque as recompensas para os denunciantes raramente valem os riscos e custos. No jogo AYOT?, a recompensa mais clara para denunciar é ver outro grupo levar a culpa por estar atrasado. Existe algo além disso, como a gratidão de um gerente de projeto ou uma promoção mais rápida? Talvez. Ou talvez o gerente o rotule mentalmente como um dedo-duro e alguém em quem não se pode confiar informações confidenciais. Além do mais, há o risco de que a fofoca sobre sua divulgação se espalhe e você ganhe a reputação de fofoqueiro e "não um jogador de equipe". Este é um risco enorme, já que sua reputação importa muito no trabalho (e em todos os outros lugares).

Tais considerações impedem muitos tipos de comportamento de denúncia. Vários anos atrás, recebi um telefonema tarde da noite de uma amiga extremamente inflexível. Nunca a tinha ouvido tão perturbada. Ela me disse que estava em um retiro corporativo e tinha acabado de ser agredida em seu quarto por um colega sênior. Eu a encorajei a chamar a polícia imediatamente, mas ela resistiu. A cena que ela imaginou — de dar uma declaração a policiais uniformizados, seus colegas de trabalho observando, as luzes vermelhas e azuis do carro da polícia piscando constantemente ao fundo — era muito angustiante. Ela esperava que, daquele momento em diante, começassem a ser alvo de cochichos nos corredores do trabalho, e ela não queria que isso ocorresse (isso foi bem antes do movimento #MeToo mudar a forma como as acusações de agressão no local de trabalho são percebidas e tratadas). Mais tarde, ela decidiu denunciar para impedir que seu agressor fizesse com outras mulheres o que tinha feito com ela. Foi uma atitude corajosa. (A empresa dela abriu uma investigação e puniu seu agressor, que deixou a empresa logo depois. Minha amiga não apresentou queixa criminal contra ele.)

Nossas interações com colegas de trabalho devem ser encaradas como jogos constantes. Elas não são encontros únicos. Em vez disso, acontecem de maneira repetida. Uma nova rodada é jogada a cada reunião de cada clube dos mentirosos. O comportamento é diferente em jogos repetidos por causa da "sombra do futuro". Os jogadores têm que pensar sobre suas recompensas não apenas na rodada atual, mas em todas as rodadas que virão. Como veremos no próximo capítulo, ter uma reputação de ser alguém que não é um jogador de equipe é prejudicial de muitas maneiras. Portanto, não devemos esperar que haja muitos denunciantes no jogo.

Uma última linha potencial de defesa contra o engano nos clubes dos mentirosos são os gerentes de projeto que conduzem as reuniões semanais de status. Esses gerentes são veteranos experientes; eles definitivamente sabem como os clubes dos mentirosos funcionam e quão comuns eles são. Eles certamente *foram* membros desses clubes em diferentes pontos de suas carreiras. Mas sem uma boa observabilidade de exatamente quais partes de um projeto estão atrasadas, o conhecimento geral de que as coisas estão atrasadas não ajuda muito os gerentes.

Quando os gerentes presidem os clubes dos mentirosos, mas não sabem exatamente quem são os mentirosos, eles frequentemente ficam reduzidos a bravatas e ameaças sem sentido, como um veterano da indústria automobilística apontou para Ford e Sterman:

> [Um] engenheiro executivo[29] costumava ter o que eu chamaria de "reuniões de briga"... Sua atitude era dizer a todo mundo que eles estão todos [atrasados], todos estão falhando, eles têm que fazer mudanças mais rapidamente, [e que] se não fizermos mudanças agora, vamos fechar toda a divisão.

Ford e Sterman observam secamente que "a consequência, é claro[30], é criar incentivos ainda mais fortes para a ocultação".

Acho essa estratégia de gritos não direcionados e ameaças inexequíveis meio patética. Mas tenho que admitir, eu mesmo já fiz isso. Uma vez, quando estava dando uma aula de MBA em Harvard, ouvi a porta no fundo da sala de aula abrir e fechar enquanto estava escrevendo no quadro no início da aula. Virei-me assim que terminei para identificar o aluno atrasado que tinha acabado de entrar, mas quem quer que fosse já tinha encontrado seu assento e se misturado. Sem parar para pensar, abri minha boca e criei uma versão muito idiota do jogo AYOT? dizendo "Ok, confesse: quem acabou de chegar atrasado?"

Aparentemente, pensei que alguma combinação de minha dominância, prestígio e autoridade moral faria com que o aluno atrasado se autoidentificasse. Ou que o curso de ética de um semestre da escola teria dado a eles a base necessária para fazer a coisa certa. Ou que um denunciante falaria. Não. Tudo o que recebi foram olhares vazios e sorrisos inocentes. O aluno atrasado sabia que eu não sabia quem ele era, sabia que eu não tinha nenhuma boa maneira de descobrir e estava confiante de que ninguém na sala iria dedurá-lo.

Quando me dei conta desse raciocínio, percebi que estava derrotado. Esqueci o que disse antes de voltar para o quadro-negro e continuar escrevendo; provavelmente foi uma tentativa triste de manter a dignidade, tipo "Isso *não* acabou!" A parte altruísta de mim espera que o aluno tenha seguido uma carreira brilhante na qual ele frequentemente usa a teoria dos jogos. A parte vingativa de mim espera o contrário.

## O Manifesto que Acabou com o Clube dos Mentirosos

Atrasos crônicos e os clubes dos mentirosos são problemas muito difíceis de resolver. Mas problemas difíceis são como catnip para geeks. Então, em um fim de semana de fevereiro de 2001, dezessete programadores veteranos se reuniram em um resort de esqui em Utah para perseguir uma meta ambiciosa. Eles queriam fazer mais do que apenas abordar a síndrome dos 90%: eles queriam mudar completamente a forma como os softwares são escritos.

Eles tiveram sucesso. Como disse a jornalista Caroline Mimbs Nyce: "Aquele pequeno retiro de três dias[31] ajudaria a moldar a maneira como muito do software é imaginado, criado e entregue — e, talvez, como o mundo funciona". O movimento que foi desencadeado naquele fim de semana, chamado de programação Agile, transformou a forma como muitas, se não a maioria, das empresas no setor de alta tecnologia desenvolvem código.

Também ajudou a estabelecer nossa terceira grande norma geek: velocidade. Mas velocidade aqui não significa realmente rapidez: não é o quão rápido as pessoas e os projetos estão se movendo em direção a uma linha de chegada. Em vez disso, é a velocidade da *iteração*: o quão rápido uma equipe pode criar algo que funciona em um sentido significativo e mensurável, apresentá-lo a um cliente e obter feedback sobre isso.

Antes da reunião de Utah, havia muito pouca iteração ou feedback na maioria dos projetos de desenvolvimento de software. Em vez disso, havia muitas reuniões, muito planejamento e muita escrita de documentos antes que a programação real começasse; muitas surpresas desagradáveis e atrasos durante a codificação real; e muita insatisfação e acusações posteriores. A maneira como escrevíamos software na era industrial teria deixado os autores do *Simple Sabotage Field Manual* orgulhosos.

Por décadas, grandes esforços de desenvolvimento de software geralmente seguiam a abordagem em cascata, assim chamada porque suas etapas sequenciais lembravam uma cascata caindo em uma sequência de piscinas. A abordagem em cascata parecia sensata o suficiente. As primeiras etapas definiam o que o software precisava fazer — exatamente quais eram seus requisitos. Eles eram escritos em um documento abrangente que era dado aos programadores (a tradição do software é cheia de histórias sobre quantos fichários grossos eram necessários para conter alguns requisitos). A equipe de programação projetava e escrevia o software de acordo com os requisitos e, em seguida, o enviava para teste. Uma vez que os testes e a correção de bugs eram feitos, o software era entregue ao cliente; ele ia para a produção e "entrava no ar".

De qualquer forma, essa era a teoria. A realidade era quase sempre muito mais confusa. Os requisitos mudavam, o que significava negociações sobre quanto mais tempo e dinheiro seriam necessários para acomodá-los. A síndrome dos 90% aparecia, o que significava que a programação demorava muito mais do que o esperado. Quando finalmente o sistema finalizado era entregue aos seus clientes, eles frequentemente descobriam que ele não lhes dava o que pensavam ter pedido. O Departamento de Defesa dos EUA determinou abordagens em cascata para seus projetos de software ao longo das décadas de 1980 e 1990. Então, tiveram a excelente ideia de ver o quão bem essa abordagem estava funcionando. Em uma amostra de projetos, foi descoberto que 75% falharam completamente[32] ou nunca foram usados.*

Os programadores que se reuniram em Utah tinham ampla experiência com esses tipos de projetos e não queriam mais aquilo. Eles também eram verdadeiros geeks — rebeldes com pouco respeito pelas sutilezas da vida corporativa. Como disse Jim Hightower, um dos participantes, "Seria difícil encontrar uma reunião maior de anarquistas organizacionais"[34]. Como o problema que eles estavam enfrentando era tão grande, e como o grupo tinha sua cota de personalidades espinhosas e egos grandiosos, alguns dos participantes não esperavam realizar muita coisa. Bob Martin, que enviou os convites,[35] relembrou: "Foi uma daquelas coisas em que você pensa: 'Sabe, você vai reunir um monte de gente em uma sala e elas vão bater papo e nada vai acontecer.'"

Mas, Martin continuou, "não foi isso que aconteceu. Esse grupo de pessoas se programou, se organizou e produziu esse manifesto. Foi realmente incrível de assistir àquilo". O manifesto, que tomou forma[36] em um quadro branco, foi uma rejeição à linearidade e rigidez da cascata e uma visão clara de como os geeks preferiam trabalhar:

**Estamos descobrindo maneiras melhores de desenvolver software, fazendo-o nós mesmos e ajudando outros a fazerem o mesmo. Através deste trabalho, passamos a valorizar:**
**Indivíduos e interações mais que processos e ferramentas**
**Software funcional mais que documentação abrangente**
**Colaboração com o cliente mais que negociação de contratos**
**Responder a mudanças mais que seguir um plano**
**Ou seja, mesmo havendo valor nos itens à direita, valorizamos mais os itens à esquerda.**

Depois de muita discussão, o grupo decidiu dar um nome para essa declaração: seria o Manifesto para o Desenvolvimento Ágil de Software. Ele foi postado online pelo participante Ward Cunningham em 2001.† Então, ele fez

* É injusto culpar o criador do método cascata por suas deficiências. No artigo de 1970 que o descreveu pela primeira vez[33], o cientista da computação Winston Royce enfatizou que proceder passo a passo sem buscar e incorporar feedbacks era uma má ideia, uma que "é arriscada e convida ao fracasso". Ele até previu que fazer isso levaria a algo como a síndrome dos 90%.

† Cunningham é o desenvolvedor do software wiki que sustenta a Wikipédia. Enquanto procurava um nome para o software que ele havia criado, que permitia a qualquer um fazer edições rápidas em uma página da web, ele se lembrou do Wiki Wiki Shuttle no aeroporto de Honolulu. "Wiki" é a palavra havaiana para "rápido".

para os geeks de software praticamente a mesma coisa que o deck de cultura da Netflix fez para os geeks de negócios oito anos depois: rapidamente se espalhou entre eles e os galvanizou para a ação.

Além do manifesto, o grupo também postou um conjunto de doze princípios. Alguns deles refletem as duas grandes normas geek que já vimos: ciência e propriedade. O sétimo princípio, "Software funcional é a principal medida de progresso", por exemplo, desempenha o mesmo papel que a regra de ferro da explicação na ciência: especifica como seguir em frente. Na ciência, o progresso é feito discutindo sobre evidências. No desenvolvimento ágil de software, o progresso é feito mostrando códigos em funcionamento.

Dois dos outros princípios são diretamente sobre propriedade: "Construa projetos em torno de indivíduos motivados. Dê a eles o ambiente e o suporte de que precisam e confie neles para fazer o trabalho" e "As melhores arquiteturas, requisitos e designs emergem de equipes auto-organizadas". Provavelmente não é coincidência que, na época em que a Amazon estava reconstruindo completamente seu software para dar suporte à visão de Bezos de equipes altamente autônomas, os geeks da Agile Alliance estavam defendendo que essas equipes também eram as unidades certas para construir ótimos softwares.

Entre os princípios do manifesto, porém, o tema da velocidade — de iteração e feedback rápidos — é o que aparece com mais frequência. Aqui estão cinco dos doze princípios (ênfase do autor):

> Nossa maior prioridade é satisfazer o cliente por meio da *entrega antecipada e contínua* de software de valor.
>
> *Aceitar mudanças nos requisitos,* mesmo no final do desenvolvimento. Os processos ágeis *aproveitam as mudanças* para oferecer uma vantagem competitiva ao cliente.
>
> *Entregar software funcional com frequência,* de algumas semanas a alguns meses, com *preferência para o prazo mais curto.*
>
> Pessoas de negócios e desenvolvedores devem *trabalhar juntos diariamente* durante todo o projeto.
>
> *Em intervalos regulares, a equipe reflete* sobre como se tornar mais eficaz e, em seguida, refina e ajusta seu comportamento de acordo.

Ao longo das duas décadas desde que o manifesto foi publicado, formou-se um consenso de que a programação Agile é simplesmente melhor do que a cascata e outras abordagens mais antigas e de planejamento mais pesado para o desenvolvimento de software. Uma pesquisa de 2015[37] com mais de mil grandes projetos em vários setores descobriu que, como os autores Pedro

Serrador e Jeffrey Pinto disseram, "o uso da metodologia Ágil melhora o tempo, o orçamento e as metas de escopo, além de ser mais eficaz para melhorar a satisfação das partes interessadas". O coautor do Manifesto Agile, Alistair Cockburn, afirma que "mesmo malfeita, a Ágil supera[38] todas as alternativas, ou pelo menos a principal alternativa mais antiga [cascata], disponíveis". Estatísticas coletadas pelo Standish Group[39] apoiam essa afirmação. O relatório de 2020 do grupo descobriu que em 50 mil projetos de software, aqueles que adotaram uma abordagem de desenvolvimento ágil tiveram sucesso em 42% das vezes. Os projetos em cascata, em contraste, tiveram uma taxa de sucesso de apenas 13%. As taxas de falha foram igualmente desiguais: 28% para cascata; 11% para ágil.*

Uma das principais razões pelas quais as abordagens ágeis funcionam melhor é que elas mudam a maneira de gerenciar grandes projetos. Como vimos, esses projetos geralmente apresentam clubes dos mentirosos cujos membros uma vez por semana jogam uma partida de AYOT? na qual o engano é comum porque a observabilidade é baixa e a negação plausível é alta.

O Ágil inverte a situação. Para ver como, vamos primeiro olhar para a observabilidade. Para permitir que todos vejam se estão cumprindo o princípio de entregar software funcional com frequência, os projetos ágeis geralmente apresentam exibições visíveis de progresso, como quadros kanban. Normalmente, são quadros brancos com cartões afixados neles. Cada cartão representa uma unidade de trabalho no projeto, geralmente chamada de "história". O quadro é dividido em colunas que mostram estágios de progresso, como A Fazer, Em Andamento, Testando e Concluído. À medida que cada história progride, seu cartão se move de uma coluna para outra.

O coach ágil Max Rehkopf diz: "O kanban tem apenas duas regras:[40] Limite o trabalho em andamento e visualize seu trabalho". A visualização é crucial porque fornece observabilidade constante: o progresso do trabalho de todos se torna óbvio para todo mundo quando todos os cartões de história estão visíveis em um quadro kanban. A outra regra de Rehkopf, para limitar o trabalho em andamento, também depende da observabilidade fornecida pelo quadro. Se o trabalho em andamento estiver se acumulando — se, por exemplo, houver muitos cartões sendo adicionados à coluna Testes, mas não muitos saindo dela — o problema logo se torna claro para todos. As surpresas desagradáveis que caracterizam a síndrome dos 90% se tornam muito menos prováveis, e o

* A terceira categoria de resultado do projeto, entre sucesso e fracasso, foi "desafiado"; projetos ágeis foram desafiados 47% das vezes, projetos em cascata 59%.

quadro kanban indica quando e onde as equipes precisam agir para colocar o projeto de volta nos trilhos.

No momento mais importante, porém, as equipes não podem mover seus próprios cartões de história. Cada história tem um cliente fora da equipe, e somente o cliente decide quando a história passa para a importantíssima coluna Concluído. O princípio de "entregar software funcional frequentemente" reduz a negação plausível por dois motivos. O primeiro é a parte "funcional". Essa determinação não é feita pela equipe que escreve o código; em vez disso, é feita por uma equipe a jusante que fará uso dele e poderá aprová-lo. Como resultado, as equipes não podem negar plausivelmente — para si mesmas, seus colegas, o gerente de projeto ou qualquer outra pessoa — que estão escrevendo um bom software quando seu cliente não o aceitou.

A segunda razão pela qual os métodos ágeis diminuem a negação plausível é indicada pela palavra "frequentemente". O manifesto original defendia a entrega de software funcional aos clientes em uma cadência que varia de algumas semanas a alguns meses, mas os geeks de negócios modernos se movem ainda mais rápido. Hoje, os "sprints" ágeis – pense neles como o tempo disponível para passar todos os cartões de histórias por todo o quadro kanban – normalmente duram de uma a quatro semanas. Esse ritmo rápido de iteração limita quanto tempo um grupo pode viver em um estado de negação. É muito difícil para uma equipe ficar meses atrasada quando precisa entregar resultados a cada duas semanas (ou ser o centro de muita atenção se não o fizer).

As surpresas desagradáveis que a VW experimentou com o software para o ID.3 indicam fortemente que a observabilidade não foi alta o suficiente durante todo o esforço de desenvolvimento, e que a negação plausível era elevada demais. O projeto tornou-se um exemplo clássico da síndrome dos 90%, cuja causa raiz é a incapacidade de ver que progresso está realmente acontecendo.

Os problemas de software no Grupo VW não pararam com o ID.3. Eles também atrasaram a introdução planejada[41] dos novos modelos Porsche e Audi[42] em pelo menos dois anos cada, e comprometeram a promessa feita pela Bentley de ser totalmente elétrica até o final da década. Uma história de maio de 2022[43] no *Der Spiegel* sobre esses problemas relatou que o conselho de supervisão do Grupo VW estava contemplando uma reorganização de sua subsidiária de software Cariad porque "os processos deveriam ser simplificados e as decisões, aceleradas". De acordo com o *Der Spiegel,* um estudo encomendado pela Audi e realizado pela consultoria McKinsey determinou que "as várias partes envolvidas no processo acham difícil se comunicar entre si. Isso compromete os cronogramas".

Com certeza compromete. Comunicação ruim e cronogramas comprometidos são sinais de que uma organização não está seguindo os princípios do Manifesto Ágil e provavelmente continuará experienciando surpresas desagradáveis e a síndrome dos 90%. Os fundadores do desenvolvimento ágil eram inflexíveis não apenas sobre entregar software funcional, mas também sobre comunicação, interação e receber e responder a feedbacks constantemente. Observe a linguagem do manifesto: "colaboração do cliente", "respondendo à mudança", "Aceitar mudanças nos requisitos, mesmo no final do desenvolvimento", "Pessoas de negócios e desenvolvedores devem trabalhar juntos diariamente durante todo o projeto", "aproveitar a mudança", "Em intervalos regulares, a equipe reflete sobre como se tornar mais eficaz e, em seguida, refina e ajusta seu comportamento de acordo". É impressionante o quanto do pequeno manifesto é dedicado a buscar e incorporar novas informações durante os esforços de desenvolvimento ágil. Para ver o porquê, vamos analisar um exercício de equipe em que alunos do jardim de infância rotineiramente superam alunos de MBA.

## Guloseimas Macias que Proporcionam Lições Duras

Quando Peter Skillman trabalhava na consultoria de design IDEO no início dos anos 2000, ele criou um exercício simples para equipes pequenas:[44] em dezoito minutos, usando vinte pedaços de espaguete, um metro de fita adesiva, um metro de barbante e um marshmallow, construir a torre mais alta possível sobre uma mesa. As únicas restrições eram que a torre tinha que permanecer imóvel por três segundos após ser concluída, e o marshmallow tinha que estar no topo.

O consultor Tom Wujec pegou o desafio do marshmallow de Skillman e o deu a uma grande variedade de grupos. Em um TED talk de 2010[45], ele resumiu suas descobertas: a altura média da torre era de cerca de 50 cm. Os CEOs eram um pouco melhores do que a média, os advogados significativamente piores. O grupo com as torres gerais mais baixas eram os alunos de escolas de negócios. Os alunos do jardim de infância se saíram pelo menos duas vezes e meia melhor do que os alunos de escolas de negócios e um pouco melhor do que os CEOs. Na verdade, os únicos grupos sem facilitação que se saíram melhor do que as crianças pequenas foram arquitetos e engenheiros profissionais. E as crianças fizeram de longe as estruturas de aparência mais interessante.

Por que os alunos do jardim de infância são muito melhores do que os magnatas das escolas de negócios em treinamento? Porque eles "não perdem tempo[46] em transações de status", explica Skillman. "Não há discussão sobre quem será o CEO da Spaghetti Corporation. Eles simplesmente entram em ação e fazem. Eles não ficam sentados falando sobre o problema." Maria Montessori provavelmente não ficaria surpresa com esses resultados. Ela sabia que as crianças são curiosas por natureza, estão ansiosas para colocar as mãos na massa e aprendem rápido quando têm a chance.

Wujec enfatiza como é benéfico ser criança e simplesmente agir. Sua descrição da abordagem adulta padrão para o desafio do marshmallow parece muito com a metodologia de cascata. E os resultados dessa abordagem são tão decepcionantes quanto esperávamos, desembocando na síndrome dos 90% — o surgimento de problemas imprevistos no final do cronograma:

> A maioria das pessoas começa[47] se orientando para a tarefa. Elas falam sobre ela, descobrem como ela vai ficar... então passam algum tempo planejando e organizando, esboçam e posicionam o espaguete. Elas passam a maior parte do tempo montando os palitos em estruturas cada vez maiores. E então, finalmente, quando o tempo está acabando, alguém pega o marshmallow, e cuidadosamente o colocam no topo, e então se afastam, e — ta-da! — eles admiram seu trabalho. Mas o que realmente acontece, na maioria das vezes, é que o "ta-da" se transforma em um "uh-oh", porque o peso do marshmallow faz com que toda a estrutura se curve e desmorone.

Em nítido contraste, as crianças pequenas naturalmente adotam uma abordagem de desenvolvimento ágil. Como Wujec descreve: "O que os alunos do jardim de infância fazem de diferente é que eles começam com o marshmallow e constroem protótipos sucessivos, sempre mantendo o marshmallow no topo, então eles têm várias oportunidades para reparos enquanto constroem protótipos ao longo do caminho... Com cada versão, as crianças recebem feedback instantâneo sobre o que funciona e o que não funciona".

Em seu livro de sucesso de 2011, *A Startup Enxuta,* Eric Ries defende que os empreendedores devem agir como crianças do jardim de infância fazendo torres de marshmallow: eles devem fazer algo rapidamente, entregá-lo aos clientes, obter feedback deles sobre o que funciona e o que não funciona, e incorporar esse feedback à medida que rapidamente criam a próxima versão. As objeções óbvias a essa abordagem são que muitos clientes não gostam de obter um protótipo com bugs em vez de um produto polido e acabado, nem gostam de usar algo que muda ao longo do tempo em vez de permanecer constante.

Ries reconhece essas objeções. Como ele escreve sobre a primeira empresa onde tentou a abordagem de startup enxuta:

> Nós fazemos tudo errado[48]: em vez de passar anos aperfeiçoando nossa tecnologia, construímos um produto mínimo viável, um produto inicial que é terrível, cheio de bugs e problemas de estabilidade que, sim, realmente travam seu computador. Então o enviamos aos clientes muito antes de estar pronto. E cobramos por isso. Depois de garantir os clientes iniciais, mudamos o produto constantemente — rápido demais para os padrões tradicionais — enviando novas versões do nosso produto dezenas de vezes todos os dias.

Essa parece ser uma maneira garantida de *não* ter clientes satisfeitos. Por que, então, a abordagem de startup enxuta tem sido tão bem-sucedida? A ideia de um "produto mínimo viável" se tornou tão difundida entre startups que virou uma sigla; empreendedores em todos os lugares falam sobre qual deve ser seu MVP. O sucesso da abordagem de startup enxuta depende em parte de encontrar clientes iniciais que sejam tolerantes a falhas e mudanças rápidas. Mas a maior parte do sucesso decorre do valor do feedback e da iteração rápida. Ries e inúmeros outros no movimento da startup enxuta aprenderam que os clientes permanecerão com você e trabalharão com você se você fizer duas coisas: dar a eles um produto que — mesmo que seja falho — satisfaça uma necessidade real e continuar melhorando esse produto ao longo do tempo. A abordagem ágil para construir software e a abordagem das crianças do jardim de infância para construir torres de marshmallow atingem essas metas melhor do que métodos pesados de planejamento.

O caminho de "lançar cedo e melhorar rapidamente" para construir produtos e empresas se tornou tão arraigado entre os geeks de negócios que o investidor e cofundador do LinkedIn, Reid Hoffman, o transformou em uma espécie de mantra pessoal:[49] "Se você não se envergonha da primeira versão do seu produto, você o lançou tarde demais". O empreendedor e programador Sam Corcos aconselha fundadores de startups sobre o próximo passo crucial: como rapidamente se tornar menos envergonhado com versões posteriores. A chave, ele diz, é pensar como um cientista em vez de um HiPPO. Não continue planejando e construindo recursos de produtos que você acha que os clientes vão gostar (é isso que um HiPPO faz). Em vez disso, como ele me explicou, "comece com o que você quer aprender, não com o recurso que você quer construir, e não trabalhe na próxima iteração até que tenha obtido o aprendizado". Em outras palavras, pense no seu roteiro de produto como uma série de experimentos e certifique-se de saber qual é o objetivo — o aprendizado — de cada experimento.

A abordagem rápida e iterativa para o desenvolvimento tem outro benefício — um que é difícil de ver a menos que adotemos uma perspectiva primordial e investiguemos como nós, *Homo ultrasocialis*, ficamos tão bons em tantas coisas complicadas bem antes de adotarmos a abordagem de evidência e discussão da ciência moderna. Para ver qual é esse benefício, vamos voltar mais uma vez para os alunos do jardim de infância de alto desempenho no desafio do marshmallow. A principal razão pela qual os alunos do jardim de infância fazem um trabalho melhor do que a maioria dos adultos é que as crianças naturalmente exploram nosso superpoder de *Homo ultrasocialis*, que é tentar algo, observar o que funciona e copiar os modelos mais bem-sucedidos. Em outras palavras, as crianças são mais rápidas em praticar a evolução cultural.

## Copistas de Papel Carbono

Graças a muita pesquisa, agora sabemos bastante sobre como a evolução cultural se dá e como fazê-la o mais rápido possível. Um dos insights centrais deste trabalho é que a maior parte do aprendizado que está no cerne da evolução cultural não vem da instrução em sala de aula. Em vez disso, vem de ensino, aprendizado e cópia menos formais. Aprendemos como preparar alimentos com segurança, conduzir uma reunião complicada, curar os doentes, fechar uma venda, encontrar alimentos, lidar com colegas difíceis, fazer uma torre alta de marshmallows, escrever rapidamente um código que funcione e assim por diante, observando os outros, ouvindo-os e imitando-os.

E quem devemos imitar? Pesquisas mostram que usamos três dicas principais para responder a essa pergunta crítica. A primeira é a idade. Temos mais probabilidade de copiar pessoas mais velhas, porque elas tiveram mais tempo para acumular conhecimento útil. Além disso, o fato de alguém ter vivido muito tempo indica que deve ter aprendido a fazer bem coisas que são importantes, e a não cometer muitos erros que custam caro. Em praticamente todas as sociedades pré-industriais que conhecemos, os idosos são ouvidos e imitados até que suas capacidades cognitivas estejam claramente em declínio.

A segunda grande pista que usamos para encontrar modelos de aprendizagem é uma com a qual nos deparamos no capítulo anterior: prestígio. Descobrimos quem copiar observando para quem todos os outros estão olhando. Todo jovem violoncelista hoje sabe que Yo-Yo Ma é um ótimo modelo para aprender, simplesmente por causa de sua reputação imponente. O prestígio é um ímã para os alunos; ele os atrai.

Uma terceira e última pista, relacionada ao prestígio, é a habilidade, ou excelência clara e óbvia em uma tarefa que o aluno quer dominar. Quando era criança e sonhava em jogar beisebol em grandes ligas, o Cincinnati Reds era um time dominante. Eles vinham frequentemente para Chicago e derrotavam os Cubs da minha cidade natal. O segunda base do Reds era o eterno all-star e futuro *Hall of Famer* Joe Morgan, que tinha o hábito incomum de levantar e abaixar um dos braços enquanto esperava o arremesso. Ele disse que fazia aquilo para começar seu swing corretamente,[50] mas eu, na verdade, não me importava. Ele era Joe Morgan e estava dando certo para ele, então era bom o suficiente para mim. Eu o imitava. Não me fez bem algum, mas aquilo não me impediu de fazê-lo.*

Uma enorme quantidade de evidências mostra que nossa aprendizagem imitativa é essencialmente constante e que acontece em todo o espectro, desde totalmente consciente, planejada e deliberada até totalmente inconsciente e espontânea. Em *Os Eleitos,* sua história sobre os pilotos e astronautas do programa espacial dos EUA, o jornalista Tom Wolfe explicou por que todos os pilotos de companhias aéreas comerciais dos EUA soavam iguais. Sem estarem cientes do que estavam fazendo, eles começaram a imitar o sotaque dos mais habilidosos e prestigiados de todos os pilotos da era pós-guerra.

> Qualquer um que viaje muito em companhias aéreas[51] nos Estados Unidos logo conhece a voz do piloto da companhia aérea... que lhe diz, enquanto o avião comercial é engolido por nuvens de tempestade e se movimenta bruscamente, subindo e descendo rapidamente cerca de 300 metros em questão de segundos, para verificar seus cintos de segurança porque "uh, pessoal, pode ficar um pouco agitado"... Quem não conhece essa voz!... Essa voz em particular pode soar vagamente do Sul ou do Sudoeste, mas é especificamente de origem apalache. Ela se originou nas montanhas da Virgínia Ocidental... No final dos anos 1940 e início dos anos 1950, essa voz oca desceu do alto... Era incrível... Pilotos militares e, logo em seguida, pilotos de linha aérea, pilotos do Maine, Massachusetts, Dakotas, Oregon e de todos os outros lugares, começaram a falar naquele sotaque arrastado e oco da Virgínia Ocidental, ou o mais próximo que conseguiam adaptar seus sotaques nativos. Era o sotaque arrastado do mais justo de todos os eleitos: Chuck Yeager.

* A zombaria dos meus companheiros de equipe acabou me desencorajando.

Uma demonstração surpreendente de quão poderoso e de longo alcance nosso aprendizado subconsciente pode ser vem de estudos conduzidos pelo psicólogo Ken Craig. Craig administrou choques elétricos dolorosos[52] em voluntários, alguns dos quais estavam na presença de uma pessoa aparentemente durona que, como você adivinhou, na verdade fazia parte da equipe de pesquisadores. A pessoa durona sempre classificava os choques como sendo apenas três quartos tão dolorosos quanto os participantes do estudo os acharam.

Os participantes imitaram rapidamente esse modelo e aprenderam a sentir menos dor. Em comparação com pessoas que não estiveram na presença da pessoa durona, esses participantes classificaram os choques subsequentes como sendo apenas metade tão dolorosos. E seus corpos respaldaram suas palavras. Eles mantiveram frequências cardíacas mais consistentes e mais baixas enquanto recebiam os choques, e exibiram menos sinais físicos de que estavam sob ameaça. Quando nossa capacidade inata de imitação consegue reduzir rápida e facilmente nossa experiência de dor, sabemos que se trata de uma parte poderosa do nosso hardware mental.

À medida que copiamos nossos modelos e evoluímos nossas culturas, duas coisas geralmente acontecem. A primeira é que, sem surpresa, não copiamos perfeitamente. (Você consegue fazer o prato tão bem quanto o chef do Food Network, ou seguir seu instrutor de esqui curva por curva descendo a montanha?) A segunda característica da nossa cópia é muito mais estranha: nós imitamos demais. Copiamos exatamente, incluindo até mesmo etapas que são claramente não essenciais ou irrelevantes. Pilotos que esperavam voar tão bem quanto Chuck Yeager não tentaram apenas copiar suas manobras aéreas; eles também copiaram seu sotaque. Chimpanzés e outros primatas não imitam em excesso, então por que nós imitamos?

A explicação definitiva para esse comportamento humano estranho é que, como nossas ferramentas e técnicas culturais — mesmo as aparentemente simples — são complexas, não está claro se alguma das etapas envolvidas em fazê-las é supérflua. Então, a coisa mais segura a fazer é simplesmente copiar tudo da maneira mais próxima possível. A evolução deu a nós, *Homo ultrasocialis*, um módulo mental de "copiar com exatidão" que nos ajuda a manter nossas culturas ao longo das gerações.

## Como Melhorar (Quase) Tudo

Mas se todos nós, seres humanos, tentamos copiar com exatidão os nossos modelos, geração após geração, como é que a inovação e a melhoria acontecem? "Copiar com exatidão" parece garantir a estagnação cultural, e não sua evolução. Na verdade, parece que fomos concebidos para a *degradação* cultural ao longo das gerações, uma vez que a maioria de nós não consegue copiar com exatidão os nossos modelos; não somos tão bons quanto eles. Então, por que as culturas humanas geralmente evoluem em vez de retrocederem?

Por causa dos destaques. Alguns imitadores são melhores que seus modelos; alguns alunos são melhores que seus professores. Eles são uma Simone Biles ou um Mozart. Além disso, em grupos grandes o suficiente, pelo menos algumas pessoas tendem a *não* copiar com exatidão. Elas pegam os exemplos que lhes são apresentados e mexem neles. Elas são como Joni Mitchell ou Pablo Picasso.

Por causa desses destaques, a evolução cultural pode ser muito rápida.[53] Digamos que em um determinado grupo o imitador médio é apenas três quartos tão bom quanto o modelo, mas em cada rodada de imitação uma pessoa é apenas um pouco melhor que o modelo — digamos 5% melhor. Na próxima rodada, esse destaque é o novo modelo, e o padrão se repete: a média é três quartos tão boa quanto o novo modelo, e um imitador é 5% melhor. Apenas na sétima rodada, o desempenho médio em todo o grupo é um pouco melhor que o do primeiro modelo. Na vigésima segunda rodada, o desempenho médio do grupo é certamente duas vezes melhor que o do primeiro modelo.

Outro aspecto importante da nossa evolução cultural é que nós, *Homo ultrasocialis*, somos capazes de aprender com mais de um modelo ao mesmo tempo. Podemos observar e interagir com várias pessoas e sentir o que cada uma está fazendo bem. E quando é a nossa vez de agir, criamos algo como uma média ponderada do melhor que já vimos. Em experimentos de laboratório conduzidos pelo antropólogo Joe Henrich e pelo psicólogo Michael Muthukrishna, os participantes completaram a difícil tarefa de recriar uma imagem-alvo usando um software desconhecido. O trabalho deles serviu então como um modelo para a próxima geração. Alguns participantes viram apenas um modelo da geração anterior, enquanto outros viram cinco modelos. Após apenas dez gerações, a pessoa menos habilidosa que tinha cinco modelos para usar teve um desempenho melhor do que a pessoa mais habilidosa que só conseguiu aprender com um único modelo.*

* Se retornarmos ao nosso exemplo numérico, podemos ver o quanto nossa capacidade humana de misturar e combinar entre modelos ajuda no desempenho. Digamos que misturar e combinar aumenta o desempenho de 5% para 7%. Nesse caso, o grupo como um todo é duas vezes melhor que o modelo original, não depois de 22 gerações, mas depois de apenas 16. E se o aumento de desempenho for de 10%, o grupo praticamente dobra sua capacidade média depois de apenas onze rodadas.

Todos os anos, acontece no campus do MIT, onde trabalho, uma demonstração na vida real de um grupo que se torna muito mais inteligente de forma rápida e coletiva devido à evolução cultural. Acontece em um curso chamado How to Make (Almost) Anything, que foi iniciado em 1998 pelo professor do Media Lab, Neil Gershenfeld.

O HTMAA faz jus ao seu nome. Em um semestre, os alunos aprendem a usar softwares de design auxiliados por computador. Eles usam cortadores a laser, scanners e impressoras 3D. Eles geram caminhos de ferramentas para fresadoras. Cada um monta sua própria pequena fresadora para uso doméstico e a usa pelo resto do semestre. Eles fazem placas de circuito impresso, as preenchem com componentes e as colocam para fazer algo útil. Eles programam dispositivos embarcados, os conectam em rede e adicionam muitos LEDs. Eles criam vídeos e outras multimídias para mostrar seu trabalho, incorporam esse conteúdo em páginas da web e os adicionam ao site do curso.

Se isso parece impossível, concordo. Tentei fazer o curso alguns anos atrás e não consegui acompanhar o ritmo.* Mas a maioria dos alunos consegue e o faz, apesar de muitas vezes começar o curso com pouco conhecimento ou experiência prévia relevante.

Como eles conseguem isso? Primeiro, agindo como crianças do jardim de infância construindo torres de marshmallow: eles simplesmente entram e fazem. As "aulas" de Gershenfeld são um fluxo rápido de mini explicações e demonstrações; em outras palavras, um monte de modelos. Os alunos rapidamente começam a usar esses modelos. Espera-se que eles façam algo a cada semana e estejam prontos para mostrar sua criação em sala de aula e falar sobre como a construíram. Não há problemas a serem resolvidos com lápis e papel, nem exames. Há apenas a experiência de fazer coisas sob condições de alta observabilidade e baixa negação plausível (já que todos sabem que qualquer um pode receber uma *cold call* em qualquer aula para mostrar seu trabalho).

À medida que aprendem a ser criadores, os alunos têm muitos modelos para usar. Há Gershenfeld, é claro, que conversa com os alunos e oferece sugestões em todas as aulas. Há também um corpo de assistentes de ensino dedicados e gerentes de laboratório que dão tutoriais e oferecem ajuda. Todos esses são ótimos recursos, mas uma grande parte do brilhantismo do HTMAA é como ele torna cada ex-aluno um modelo prontamente disponível para o grupo atual. O curso alcança isso exigindo que todos documentem seu trabalho a cada semana

* Meu assessor de imprensa inventou muitas explicações para preservar o ego sobre o motivo pelo qual tive que abandonar o HTMAA. Não vou aborrecê-lo com elas.

(com texto, imagens, áudio e vídeo, código, arquivos CAD e assim por diante) e adicionem ao site daquele semestre.

Todos esses sites são arquivados e pesquisáveis na página inicial do curso. Os alunos do HTMAA aprendem rapidamente que, depois de terem uma ideia para seu projeto semanal, o primeiro e inteligente passo é pesquisar no repositório de arquivos e ver se alguém fez algo semelhante no passado.

O ritmo rápido do curso, o ciclo de iteração semanal e a abundância de modelos geram enormes quantidades de aprendizado e rápida evolução cultural. Uma educação do MIT é frequentemente descrita como beber de uma mangueira de incêndio.* Em nenhum lugar isso é mais verdadeiro do que no HTMAA, mas o curso é projetado para dar aos alunos tudo o que eles precisam para não se afogarem se estiverem prontos, dispostos e capazes de abraçar a grande norma geek de velocidade e exercitar seu superpoder humano de aprender com modelos. Como Gershenfeld me disse, "Penso no curso como um esquema de pirâmide — pessoas que aprenderam devem ensinar pessoas que estão prestes a aprender".

Joe Henrich resume o que as pesquisas mais recentes revelam sobre a capacidade da nossa espécie de fazer um progresso notavelmente rápido: "São nossos cérebros coletivos[54] operando ao longo de gerações, e não o poder inventivo inato ou as habilidades criativas de cérebros individuais, que explicam as tecnologias sofisticadas e o enorme sucesso ecológico de nossa espécie". Nosso rótulo de *Homo sapiens* não está errado, mas ignora o ponto principal. Na verdade somos *Homo ultrasocialis.*

## Na Estrada e no Espaço

Os geeks de negócios modernos são obcecados com velocidade porque veem como isso leva a um aprendizado mais rápido e a menos clubes dos mentirosos. Como resultado, eles se opõem veementemente a desacelerar. O lema interno original do Facebook era "Mova-se Rápido e Quebre as Coisas"[55]. Em meados da década de 2010, no entanto, muitos dentro e fora do setor de tecnologia acreditavam que esse era o sentimento errado — um que estava levando a resultados ruins que reverberavam muito além do Vale do Silício. A comunidade geek percebeu que precisava atualizar seu grito de guerra. Então, eles optaram por "Mova-se Rápido e Conserte as Coisas". O fato de as duas primeiras palavras não terem mudado revela que, para os geeks, velocidade — iterar rapida-

* Acredite, essa é uma descrição precisa.

mente, ter uma cadência rápida, ser ágil — não é negociável. Eles se orientam em torno de produtos viáveis mínimos, ciclos de envio e todos os desdobramentos e variedades de desenvolvimento ágil: sprints, scrums, kanban, DevOps e assim por diante. Eles discutem apaixonadamente sobre os detalhes de tudo isso, mas ainda não ouvi nenhum argumento de nenhum gênio dos negócios de que deveríamos voltar aos dias da metodologia em cascata e dos projetos com cronogramas longos, baixa observabilidade e alta negação plausível.

O Manifesto Ágil tratava da criação de software, mas seus princípios também funcionam bem para o hardware. Mesmo projetos enormes como a construção de um sistema de metrô metropolitano podem ser gerenciados de forma rápida e iterativa. A chave é tornar os projetos modulares — dividi-los em pequenos pedaços que criem valor, que possam ser avaliados objetivamente, que sejam visíveis a todos e que possam ser reunidos para criar o produto final.

O pesquisador de gestão Bent Flyvbjerg estudou megaprojetos como redes de trem-bala, túneis submarinos e os Jogos Olímpicos. Ele chegou à mesma conclusão de que são os geeks de negócios que atualmente estão gerando disrupção setor após setor. Como Flyvbjerg coloca: "Eu pesquisei e consultei sobre megaprojetos[56] por mais de trinta anos, e descobri que dois fatores desempenham um papel crítico em determinar se uma organização terá sucesso ou fracasso: modularidade replicável no design e velocidade na iteração".

As linhas de metrô sofrem com todos os problemas que afetam grandes projetos e são notoriamente lentas para serem construídas. A City Circle Line de Copenhague[57] levou dez anos para ser construída, a linha Victoria de Londres perto de vinte, e a linha Second Avenue de Nova York foi aprovada em 1929 e *parcialmente* inaugurada em 2017[58].* Mas sob a liderança do engenheiro civil Manuel Melis Maynar, Madri conseguiu adicionar 76 estações e mais de 130 quilômetros de trilhos ao seu sistema de metrô em apenas 8 anos, modularizando o projeto, a construção das estações e a perfuração de túneis. Em vez de ter cada estação como um monumento único às alegrias de viajar no subsolo, o Metrô de Madri sob Melis usou os mesmos métodos de projeto e construção para todas elas. Cada estação serviu, portanto, como um modelo para todas as posteriores, o que acelerou a evolução cultural (neste caso, isso significava aprender como construir estações de metrô e túneis).

* A nunca terminada linha da Second Avenue serviu de tema para décadas de piadas entre os nova-iorquinos. "The Flood", um episódio da série de TV *Mad Men* que foi ao ar em 2017, se passa em 1968. Nele, uma das personagens principais do programa está preocupada que o apartamento em que ela está interessada seja muito distante para o leste. Seu corretor imobiliário lhe garante: "Quando terminarem o metrô da Second Avenue, este apartamento quadruplicará de valor."

Melis também disponibilizou muitos modelos para equipes de escavação de túneis, tendo até seis enormes máquinas de perfuração subterrânea operando ao mesmo tempo. Essa abordagem era sem precedentes, mas Flyvbjerg destaca por que funcionou tão bem:

> Os módulos de túnel[59] foram replicados várias vezes, facilitando a aprendizagem positiva... Como um benefício inesperado, as equipes de perfuração de túneis começaram a competir entre si, acelerando ainda mais o ritmo. Eles se reuniam nos bares de tapas de Madrid à noite e comparavam notas sobre o progresso diário, certificando-se de que sua equipe estava à frente, transferindo o aprendizado no processo. E por ter muitas máquinas e equipes operando ao mesmo tempo, Melis também pôde estudar sistematicamente quais tiveram melhor desempenho e contratá-las na próxima vez. Mais aprendizado positivo.

O relato de Flyvbjerg sobre o sucesso de Madrid mostra que é benéfico perguntar e responder questões fundamentais sobre a nossa estranha espécie — questões sobre por que somos como somos. Essa abordagem nos dá uma nova maneira de entender fenômenos importantes como curvas de aprendizado. O aprendizado acontece quando nós, humanos, podemos observar gerações de modelos e incorporar suas melhores características. Também podemos subconscientemente misturar e combinar entre modelos. Alguns de nós podem até mesmo melhorar os modelos que vemos. Então, configurar projetos para gerar muitos modelos (por meio da modularidade) e muitas gerações (por meio da iteração rápida) é uma ótima maneira de maximizar o aprendizado e a melhoria.

Tesla e SpaceX, duas empresas associadas a Elon Musk, são líderes na grande norma geek de velocidade. Suas conquistas são impressionantes. Como vimos anteriormente neste capítulo, desde 2012 a Tesla tem fornecido atualizações de software OTA em uma cadência rápida para seus carros enquanto eles ficam nas entradas e garagens de seus donos à noite. Nos últimos anos, os Tesla Model 3s receberam perto de vinte atualizações anuais, algumas das quais foram grandes atualizações ou adições aos recursos dos carros. A mais famosa delas, e uma demonstração de quão rápido a Tesla pode iterar e responder a feedbacks, ocorreu ao longo de alguns dias na primavera de 2018.

Em 21 de maio, a *Consumer Reports* publicou os resultados do teste de estrada do Model 3 e concluiu que não poderia dar ao carro o cobiçado status de "recomendado" da revista. O problema mais sério encontrado durante os testes foi uma longa distância de frenagem. A *Consumer Reports* escreveu: "A distância de frenagem do Tesla[60] de 46,32m a 97km/h foi muito pior do que qualquer carro contemporâneo que testamos e cerca de dois metros maior do que a distância de frenagem de uma picape Ford F-150 de tamanho normal". A Tesla contestou esses resultados, e Musk tuitou[61] em 21 de maio: "Muito estranho. O Model 3 foi projetado para ter uma distância de frenagem super boa e outros [*sic*] revisores confirmaram isso. Se houver variabilidade no veículo, descobriremos e resolveremos. Pode ser apenas uma questão de ajuste de firmware, o que pode ser resolvido por uma atualização de software OTA". Quatro dias depois, essa atualização foi implantada em todos os Model 3s. A *Consumer Reports* testou novamente o carro e em 30 de maio revisou sua análise online para dizer, "A *CR* agora recomenda o Model 3".[62] Jake Fisher, chefe de testes automotivos da *CR*, disse, "Ver algo atualizado tão rapidamente[63] é bastante notável. Nunca vimos um fabricante fazer isso no decorrer de uma semana".

A SpaceX também se destaca da concorrência. É a única fabricante mundial de foguetes reutilizáveis comercialmente viáveis e agora transporta cerca de dois terços de toda a carga útil[64] que sai da Terra para o espaço. Uma das principais razões pelas quais a participação de mercado da SpaceX é tão alta é que seus custos são muito baixos. Um relatório da NASA de 2018[65] descobriu que, em comparação com o foguete Ariane 5 desenvolvido e lançado pela francesa Arianespace, o Falcon 9 da SpaceX era 80% mais barato ao colocar um quilo de carga útil em órbita baixa da Terra.*

A aderência da empresa à grande norma geek de velocidade é visível em todo o desenvolvimento de seu mais novo e maior foguete, chamado Starship. A missão desta nave é levar humanos à lua e além. Ao longo do caminho, ela também colocará muitos satélites de comunicação e outras cargas úteis em órbita ao redor da Terra. Mas a SpaceX não trabalhou na Starship criando um plano geral completo para depois se ater a ele. Em vez disso, a empresa trabalhou como crianças do jardim de infância no desafio do marshmallow: começou a construir coisas, obtendo feedback sobre elas e fazendo mudanças.

O plano inicial era que o corpo principal da nave espacial Starship fosse feito de um composto de fibra de carbono, que tem uma excelente relação resistência-peso. Em uma apresentação que Musk fez[66] em setembro de 2018, ele mostrou fotos de um enorme e brilhante cilindro de metal, chamado mandril, que estava servindo como um molde. A fibra de carbono foi enrolada ao redor

* Comparado ao US Space Shuttle, que foi aposentado em 2011 após um segundo acidente fatal em voo, o SpaceX foi 95% mais barato em levar um quilo para a órbita baixa da Terra e 75% mais barato em levar carga e tripulação para a Estação Espacial Internacional.

do mandril (como uma aranha enrola sua teia ao redor de sua presa), então embebida em epóxi e aquecida; a peça acabada foi então separada do mandril. A apresentação de Musk incluiu fotos de uma dessas partes: um cilindro preto oco de parede fina, com nove metros de diâmetro, feito de fibra de carbono.

Apenas quatro meses depois, no entanto, a SpaceX anunciou que a nave espacial Starship seria feita de aço inoxidável[67] em vez de fibra de carbono. A empresa, ao realizar experimentos com fibra de carbono, aprendeu que, embora o material oferecesse algumas propriedades desejáveis, o processo para produzir cada peça era demorado, e mais de um terço delas precisava ser descartado. Então, a ideia de um corpo de fibra de carbono foi abandonada. Em vez de ver essa mudança como evidência de um processo de desenvolvimento falho, a SpaceX viu isso como prova de que seu processo estava funcionando exatamente como o pretendido: a empresa estava iterando rapidamente e incorporando lições aprendidas, mesmo que essas lições fossem caras. Como o "entusiasta do espaço" Florian Kordina colocou no site *Everyday Astronaut,* em maio de 2020:

> Tudo para Starship[68] ainda está em jogo neste momento. Quero dizer, estamos literalmente vendo-os construir uma fábrica em volta de um foguete em vez do contrário...
>
> Veremos mais falhas de hardware. Haverá contratempos. Provavelmente veremos explosões! Mas... não só é aceitável falhar, como é meio esperado. Essa abordagem promove o aprendizado por meio de prototipagem a um custo menor e com maior velocidade. Elon disse repetidamente algo do tipo: "O fracasso é uma opção aqui, se as coisas não estão falhando, você não está inovando o suficiente".

Kordina estava certo[69] sobre futuras falhas de hardware e explosões. A oitava nave espacial Starship construída, chamada SN8, foi lançada com sucesso, mas caiu e pegou fogo em sua tentativa de pouso (não houve perda de vidas; todas as missões SN foram sem tripulação). A SN9 sofreu um destino semelhante, pousando em um ângulo de cerca de trinta graus e explodindo. A SN10 completou um pouso forçado, mas explodiu cerca de oito minutos depois. O voo da SN11 ocorreu em meio a uma forte neblina, então os observadores não conseguiram ver o que aconteceu um pouco antes de seis minutos após entrar em voo, quando os destroços do foguete começaram a cair no local de pouso; análises revelaram que um vazamento de metano em um motor provavelmente causou uma explosão. As unidades SN12 a SN14 nunca chegaram à plataforma de lançamento, mas a SN15 finalmente completou um pouso suave bem-sucedido (embora com um pequeno incêndio que foi extinto em vinte minutos). A

SpaceX sentiu que havia aprendido o que precisava com esses experimentos e anunciou que seu próximo voo de teste seria uma viagem orbital não tripulada ao redor da Terra, apresentando todos os principais elementos da Starship: a própria nave espacial, um enorme foguete propulsor e um total de 39 motores Raptor recém-desenvolvidos para impulsioná-los.

Na primavera de 2021, a NASA ficou impressionada o suficiente com o progresso da Starship e outros programas para conceder à SpaceX um contrato de US$2,9 bilhões[70] para pousar astronautas na lua. A própria NASA trará alguma concorrência para a empresa nessa área. Desde 2011, a agência espacial tem trabalhado em seu próprio foguete de grandes proporções, chamado Space Launch System (SLS). Comparada à SpaceX, a NASA desenvolveu o SLS com um enfoque pesado em planejamento inicial, e com pouca ênfase em iteração e experimentação. Por exemplo, não houve voos de teste de nenhum foguete associado ao SLS. Em vez disso, o primeiro voo do programa foi uma viagem não tripulada ao redor da lua envolvendo todos os principais componentes do sistema: propulsores e um estágio central (que usam motores e outras peças originalmente desenvolvidas para o Ônibus Espacial) que fornece a energia necessária para escapar da gravidade da Terra, e um estágio superior que impulsiona astronautas e carga para a lua.

Este voo inaugural foi originalmente programado para 2016[71]. Apesar de não ter "nenhum obstáculo de engenharia incomum[72] a ser superado" (como disse o jornalista de voos espaciais David W. Brown), ele foi adiado 26 vezes[73] antes de finalmente ser lançado em novembro de 2022. Foi um voo caro. Em março de 2022, Paul Martin, o inspetor geral da NASA,[74] testemunhou perante o Congresso dos EUA. Ele estimou que os custos operacionais para cada um dos quatro primeiros lançamentos da Artemis, que compreendem um foguete SLS e uma nave espacial Orion, seriam de mais de US$4 bilhões. Este valor é apenas o custo da missão; não inclui nenhuma das dezenas de bilhões de dólares gastos no desenvolvimento deste equipamento. Se esses custos de desenvolvimento fossem amortizados nas primeiras dez missões Artemis, o preço de cada uma seria algo em torno de US$8 bilhões.[75] Enquanto isso, o engenheiro de foguetes Ian Vorbach, que escreve um boletim informativo sobre startups espaciais, estima que os primeiros lançamentos da Starship custarão de US$150 a US$250 milhões[76] cada.

As grandes diferenças entre a NASA e a SpaceX são bem resumidas por Musk: "Eu tenho esse mantra. Ele é assim, *'Se um cronograma é espaçado, está errado.*[77] *Se é apertado, está certo.'* E eu, basicamente, [sigo com] melhorias recursivas no cronograma, com loops de feedback. 'Isso fez com que as coisas andassem mais rápido?'" Uma das coisas mais fundamentais que os geeks de negócios fizeram foi aumentar a velocidade do relógio — o ritmo de iteração e inovação — dos setores em que entraram.

Vamos condensar o que vimos e aprendemos sobre velocidade em uma regra básica definitiva. Como sempre, começaremos com a forma geral da regra: *Moldar a ultrassocialidade dos membros do grupo para que a evolução cultural do grupo seja a mais rápida possível na direção desejada.* Para a grande norma geek de velocidade, essa regra básica se torna: *Para acelerar o aprendizado e o progresso, planeje menos e itere mais; organize projetos em torno de ciclos curtos nos quais os participantes mostram seu trabalho, têm acesso a colegas e modelos, entregam aos clientes e recebem feedback.*

Esses ciclos curtos têm mais um grande benefício: eles confundem seus oponentes e lhe dão uma vantagem competitiva. Para ver quão grande essa vantagem pode ser, vamos encerrar este capítulo com a história de um rebelde militar que era obcecado por velocidade.

## A Arte da Guerra Geek

John Boyd estava tendo problemas para fazer com que seus colegas da comunidade de pilotos de caça o ouvissem. Então ele mandou um bando deles aos céus.

Boyd tem uma reputação quase mítica em alguns círculos militares. Ele, praticamente sozinho, transformou o combate aéreo de uma prática mal compreendida em uma ciência artística de gerenciamento de energia e manobrabilidade. Ele então o ampliou, considerou toda a história da guerra humana e destilou lições que se tornaram centrais para a doutrina dos Estados Unidos e de muitos outros países. Boyd foi chamado de "o pensador militar mais influente[78] desde que Sun Tzu escreveu *A Arte da Guerra* há 2.400 anos".

Quando ele apareceu na Base Aérea de Nellis no deserto de Nevada para frequentar sua Fighter Weapons School (FWS) em 1955, Boyd já tinha uma reputação de excelente piloto. No entanto, ele nunca havia abatido um avião inimigo em combate. Ele havia voado em 29 missões na Guerra da Coreia,[79] mas apenas como um wingman; ele nunca havia disparado suas armas em um combate aéreo real. Como resultado, suas ideias sobre combate não foram inicialmente muito ouvidas em Nellis. Os pilotos de caça valorizam as mortes durante a guerra acima de tudo, e Boyd não tinha nenhuma. Então, embora tenha se saído bem o suficiente como aluno na FWS para receber uma oferta de posição como instrutor imediatamente após se formar, ele ainda não estava recebendo a atenção que sentia que merecia. Boyd não achava que era apenas um piloto de sucesso — alguém com reflexos felinos, visão de águia, nervos de aço e assim por diante. Ele também sentia que estava se aproximando de uma compreensão dos primeiros princípios do combate aéreo.

Como estava tão confiante nesses princípios, ele ofereceu aos outros pilotos em Nellis uma aposta fixa: os dois combatentes voariam para uma posição pré-arranjada e subiriam a 30 mil pés, então o desafiante de Boyd se posicionaria atrás dele (que é exatamente onde um piloto de caça quer estar). Se Boyd não conseguisse reverter suas posições e simular uma morte em quarenta segundos, ele pagaria ao seu adversário US$40. Ele nunca pagou porque nunca perdeu. Nem para um aluno do FWS. Nem para outro instrutor. E nem para nenhum dos pilotos da Marinha, Fuzileiros Navais ou estrangeiros que passaram por Nellis em meados ou no final da década de 1950. Sua reputação se espalhou; ele ficou conhecido como Boyd Quarenta Segundos e Papa John. E as pessoas começaram a escutá-lo.

Ele falava sobre como o vencedor em um combate aéreo não era o piloto que conseguia se mover mais rápido pelo céu — que tinha o avião mais potente — mas sim aquele que conseguia iterar mais rápido. Como Harry Hillaker, um projetista de aeronaves que trabalhou com Boyd na década de 1970 no caça F-16 (que ainda é usado no mundo todo hoje), disse, a abordagem de Boyd para o combate aéreo[80] era baseada em "'transitórios rápidos', ou seja, mudanças rápidas em velocidade, altitude e direção... A ideia de 'transitórios rápidos' avança a teoria de que, para vencer ou ganhar superioridade, você deve entrar na escala de tempo do adversário". A maneira de conseguir isso é fazer um uso habilidoso das capacidades de um avião: sua energia (seja de seus motores ou em um mergulho) e sua manobrabilidade.

Boyd era um grande orador, famoso por sua habilidade de elaborar suas ideias longamente e dar sermões a qualquer um que discordasse dele, mas ele sabia que precisava fazer mais do que apenas falar sobre como vencer uma briga aérea. Ele também precisava quantificar suas ideias. Então trabalhou com o matemático da força aérea Tom Christie e fez uso de ferramentas recém disponíveis chamadas computadores para desenvolver a teoria da energia-manobrabilidade (E-M). É difícil exagerar o quão influente essa teoria tem sido. Como o biógrafo de Boyd, Robert Coram, disse: "Enquanto ainda era um oficial júnior,[81] John Boyd mudou a maneira como todas as forças aéreas do mundo voam e lutam... Depois da E-M, nada mais foi o mesmo na aviação. A E-M era uma linha de demarcação tão clara entre o antigo e o novo quanto a mudança do mundo copernicano para o mundo newtoniano".

Ao longo do resto de sua carreira, Boyd continuou a perseguir a questão fundamental de por que um combatente vence outro. Ele ampliou suas investigações além do combate aéreo e estudou toda a história da guerra. Sua conclusão foi simples: a manobrabilidade é a chave para a vitória. A doutrina militar que ele formulou enfatizou a importância de "entrar na escala de tempo do adversário" — ser capaz de detectar e aproveitar oportunidades mais rapidamente. Um avião ou pelotão de tanques com essa habilidade mantém o adversário desequilibrado e confuso. Boyd enfatizou que, uma vez que você está dentro da escala de tempo do oponente, seus movimentos podem parecer aleatórios e imprevisíveis porque você está reagindo a algo que eles ainda não viram ou entenderam. Como ele disse, "Devemos operar em um ritmo mais rápido[82] do que nossos adversários ou dentro das suas escalas de tempo... Tal atividade nos fará parecer ambíguos (não previsíveis) [e] assim gerar confusão e desordem entre nossos adversários".

Em vez de registrar suas ideias em um livro, Boyd desenvolveu uma apresentação de seis horas chamada "Patterns of Conflict", que ele deu a pedido de grupos em todo o exército dos EUA e governo federal. Um jovem congressista de Wyoming chamado Dick Cheney ouviu e ficou tão impressionado que convidou Boyd para seu escritório várias vezes. Quando o Iraque invadiu o Kuwait em agosto de 1990, Cheney era o secretário de defesa. Ao revisar o plano de batalha inicial para a Operação Tempestade no Deserto, o esforço liderado pelos norte-americanos para expulsar as forças do Iraque, ele viu que não refletia o pensamento manobrista. Em vez disso, era um plano padrão para um conflito de atrito — para enfrentar o inimigo de igual para igual e infligir perdas tão pesadas a ele que ele seria forçado a se render.

Os militares dos EUA quase certamente teriam vencido uma guerra de atrito contra as forças iraquianas no Kuwait, mas Cheney estava convencido de que um plano de manobra seria mais efetivo — poderia acabar com o conflito mais rapidamente e com menos perdas. Então ele tirou Boyd da aposentadoria e pediu que trabalhasse nisso. Boyd contribuiu para a criação de um plano de batalha muito diferente, um com movimentos rápidos e ousados que desorientariam o inimigo.

Funcionou maravilhosamente. Três dias antes do início "oficial" da guerra, um pequeno grupo de fuzileiros navais dos EUA aventurou-se profundamente em território inimigo e atacou com força. O exército iraquiano pensou erroneamente que este ataque era o ataque principal e apressou-se em trazer reforços. Assim que chegaram, muitas das forças iraquianas se renderam, pois continuaram a acreditar que estavam enfrentando uma força superior. Aproximadamente quinze divisões iraquianas se renderam a duas divisões de fuzileiros navais. O plano de batalha revisado da Tempestade no Deserto[83] teve sucesso em "dobrar o inimigo sobre si mesmo" (para usar as palavras de Boyd). A guerra que se seguiu não foi de atrito. Foi uma aniquilação. As forças iraquianas foram expulsas do Kuwait apenas quatro dias após o início do ataque principal, e menos de cem soldados norte-americanos foram mortos[84] em ação. Após a guerra, o comandante do Corpo de Fuzileiros Navais Charles Krulak escreveu que "o exército iraquiano entrou em colapso,[85] moral e intelectualmente, sob o ataque das forças norte-americanas e da coalizão. John Boyd foi o arquiteto dessa vitória, tão certamente como se tivesse comandado uma ala de caças ou uma divisão de manobra no deserto".

Em seu depoimento de 1991 ao Congresso[86] após o fim da primeira Guerra do Golfo, Boyd resumiu sua teoria manobrista e as vantagens competitivas da grande norma geek de velocidade: "O conflito pode ser visto como ciclos repetidos de observação, orientação, decisão e ação de ambos os lados e também, devo acrescentar, em todos os níveis.* O adversário que consegue passar por esses ciclos mais rapidamente ganha uma vantagem inestimável ao interromper a capacidade do inimigo de responder de forma efetiva". Os geeks de negócios são obcecados com velocidade porque, além de todos os seus outros benefícios — dissolver clubes dos mentirosos, mitigar a síndrome dos 90% e aumentar a taxa de aprendizado e evolução cultural de uma equipe —, ela também interrompe e confunde os oponentes.

Muitas empresas da era industrial simplesmente não conseguem acompanhar os geeks. Essas empresas não conseguem atualizar seus softwares tão rapidamente, o que se torna uma séria desvantagem em um momento em que o software está devorando o mundo.[87] Ao embarcarem em esforços de desenvolvimento de produtos, as empresas da era industrial muitas vezes planejam extensivamente e disputam status em vez de construir protótipos o mais rapidamente possível. Elas se comportam, em suma, como equipes de MBAs no desafio do marshmallow. Seus concorrentes geeks, por outro lado, agem como crianças do jardim de infância.

Os geeks veem os longos prazos de muitas empresas da era industrial como uma vulnerabilidade profunda. As duas chaves para explorá-la são uma cadência mais rápida e altos níveis de observabilidade. Os concorrentes que não conseguem reduzir sua vulnerabilidade adotando a grande norma geek de velocidade correm o risco de se sentirem muito como um dos oponentes de John

* Esse ciclo ficou conhecido como loop OODA.

Boyd em combate aéreo sobre o deserto de Nevada: perplexos com a rapidez com que sua posição se deteriorou e confrontando uma perda decisiva.

O capitalista de risco Steve Jurvetson me disse categoricamente que "qualquer empresa que pense que não é uma empresa de software não vai durar muito neste mundo, porque a maneira ágil com que aprendemos a construir software está se tornando a maneira ágil com que construímos tudo. Às vezes, sinto que tenho um sexto sentido. Posso ver empresas mortas. Elas não sabem que estão mortas, mas estão mortas porque não são responsivas o suficiente. E as empresas que iteram mais rapidamente vão passar por cima delas. Elas estão inovando a cada dois anos em algo que você levaria sete anos para fazer".

Ao deixar seu emprego,[88] o chefe do Grupo VW, Herbert Diess, soou um pouco como Jurvetson. Como a Bloomberg relatou em setembro de 2022:

> Em seu último dia como CEO da Volkswagen, Herbert Diess compartilhou imagens de seu jantar de despedida. O videoclipe captura o homem de 63 anos pegando um microfone, pedindo para seus colegas se aproximarem um pouco mais e então faz uma previsão: Outros fabricantes da velha guarda terão problemas com software assim como a VW teve.
>
> "Onde estamos passando por dificuldades", disse Diess, "isso será o mesmo para todos os outros".

## Resumo do Capítulo

A maioria dos grandes projetos é finalizada com atraso, e seus problemas não se tornam aparentes até que a data original de conclusão se aproxime. Esse fenômeno é chamado de "síndrome dos 90%".

O "clube dos mentirosos" é uma das principais causas da síndrome dos 90%. Durante um projeto, os membros do clube dos mentirosos dizem que estão no prazo mesmo quando não estão, e esperam que outra pessoa seja descoberta primeiro. O clube dos mentirosos prospera com baixa observabilidade e alta negação plausível.

Para combater o clube dos mentirosos, os geeks de negócios confiam na norma da velocidade: iterar rapidamente e obter feedback dos clientes. A iteração e o feedback são observáveis, o que acaba com o clube dos mentirosos.

Outro benefício da velocidade é que ela acelera o aprendizado. Configurar projetos para gerar muitos modelos (via modularidade) e muitas gerações (via iteração rápida) permite que nós, *Homo ultrasocialis*, aprendamos mais rapidamente uns com os outros.

Para a norma geek de velocidade, a regra básica definitiva é: *para acelerar o aprendizado e o progresso, planeje menos e itere mais; organize projetos em torno de ciclos curtos nos quais os participantes mostram seu trabalho, têm acesso a colegas e modelos, entregam aos clientes e recebem feedback.*

Os geeks veem os longos prazos de muitas empresas da era industrial como uma vulnerabilidade profunda. As duas chaves para explorá-la são uma cadência mais rápida e altos níveis de observabilidade.

## Pesquisa para Sua Organização

Essas dez afirmações podem ser usadas para avaliar até que ponto uma organização segue a grande norma geek da velocidade. Os entrevistados respondem a cada uma com um número entre um e sete, onde um significa "discordo fortemente" e sete significa "concordo fortemente".

1. Muitos dos nossos grandes projetos recentes sofreram atrasos significativos.*
2. Temos um tempo de ciclo curto para entregar algo aos clientes (internos ou externos) e obter feedback deles.
3. Não temos uma cultura de experimentação ou aprendizado com o fracasso.*
4. Os clientes são desencorajados a solicitar alterações no meio de um projeto.*
5. Quando um projeto começa a atrasar, esse fato rapidamente se torna óbvio para todos os envolvidos.
6. É fácil para as pessoas verem o trabalho que outras pessoas estão fazendo e aprender com elas.
7. Muitas vezes fazemos grandes mudanças no meio de um projeto.
8. Dividimos grandes projetos em partes pequenas e modulares que podemos concluir rapidamente.
9. Acreditamos que um planejamento antecipado e detalhado é uma boa maneira de evitar surpresas desagradáveis no futuro.*
10. Quando temos a escolha entre analisar possíveis soluções e construir algo para ver se funciona, escolhemos analisar.*

* As pontuações para essas afirmações precisam ser invertidas. Para fazer isso, subtraia de oito a pontuação do entrevistado. Por exemplo, se o entrevistado respondesse seis, a pontuação invertida seria dois.

CAPÍTULO 7

# Abertura

*Um Modelo de Negócios Melhor*

> Um bom líder pode se envolver em um debate franca e completamente, sabendo que no final ele e o outro lado devem estar mais próximos, e assim emergir mais fortes. Você não tem essa ideia quando é arrogante, superficial e desinformado.
>
> — *Nelson Mandela*

Vamos encerrar nossa discussão sobre as grandes normas geeks observando uma empresa proeminente da era industrial que acabou com normas tão tóxicas que ajudaram a tirá-la do mercado. Nós nos deparamos pela primeira vez com a empresa de contabilidade Arthur Andersen no Capítulo 1, quando a usamos para ilustrar o que é uma norma. Vimos que havia uma forte norma de conformidade na AA: quando a possível contratada Barbara Ley Toffler apareceu em um de seus escritórios para uma entrevista de emprego, todos estavam vestidos da mesma forma, embora o código de vestimenta formal tivesse sido flexibilizado. Quando começou a trabalhar lá, ela percebeu que a conformidade era apenas parte de um conjunto de normas na Andersen que fornecem uma ilustração clara do que os geeks de negócios vêm se esforçando tanto para evitar.

Na primavera de 1998, depois de Toffler trabalhar na empresa por cerca de três anos, ela liderou uma discussão sobre ética com um grupo de gerentes. Esses eram os funcionários diretamente responsáveis por conduzir auditorias de demonstrações financeiras de clientes, atividade que a AA desempenhava há mais de oitenta anos. Como na maioria das empresas de serviços profissionais, os gerentes trabalhavam sob a supervisão de um parceiro que assinava a auditoria como um todo.

Toffler começou escrevendo em um quadro negro a lista de stakeholders para um gerente da AA: "Cliente, investidor público,[1] parceiro, empresa, SEC, comunidade, governo, colegas de trabalho, família". Ela então perguntou qual deles era o mais importante. Após um silêncio tenso e alguma insistência, um gerente se ofereceu para dizer que o parceiro era seu stakeholder mais importante. Outros concordaram; ninguém discordou.

Toffler, na sequência, fez a pergunta óbvia sobre ética: "E se seu parceiro lhe pedir para fazer algo que você acha errado? Você faria?" Depois de outro longo silêncio, alguém respondeu: "Acho que poderia fazer um questionamento. Mas se ele insistisse que eu fizesse, sim, eu faria. Parceiros não querem receber más notícias".

Quase se pode ouvir o desespero na pergunta final de Toffler: "Mas você contaria para mais alguém?"

"Não", veio a resposta. "Isso poderia prejudicar minha carreira."

Poucos meses depois, Toffler teve sua própria experiência de não enfrentar um parceiro que lhe pediu para fazer algo que ela achava errado. Em dezembro de 1998, ela fazia parte de uma equipe que se propôs a ajudar um cliente bancário a implementar novas políticas e materiais de treinamento para sua equipe.* Toffler propôs um preço de US$75 mil pela participação de seu grupo no projeto. O parceiro líder do projeto ficou furioso:

> "O que são esses US$75 mil?[2]", ele gritou, voltando ao estilo metralhadora de falar que ele usava para impedir que alguém dissesse uma palavra ou pensamento contrário. "O que você quer dizer com US$75.000? Este é o grande momento, mocinha... Arrume US$150.000", ele ordenou. "De volta ao caso."

Toffler fez o que lhe foi dito e aumentou seus honorários. A ironia certamente não passou despercebida para ela de que os materiais que estava preparando para o banco eram sobre a importância da ética corporativa. Ou que ela havia sido contratada pela Andersen como chefe do seu novo Grupo de Ética e Práticas de Negócio Responsáveis.

* No final da década de 1990, isso era feito em grande parte através da distribuição de fichários e CD-ROMs.

## Da Probidade a uma Investigação Federal

Toffler esteve na AA durante sua rápida decadência, passando de vigilante corporativo a cúmplice voluntário e, por fim, a um cadáver corporativo. Arthur Andersen, filho de imigrantes noruegueses, fundou sua empresa de auditoria em Chicago no ano de 1913. Uma contabilidade criativa e impulsionadora de lucros era comum na época, mas Andersen não aceitava nada disso. De acordo com uma história contada frequentemente, em 1914 ele notou a contabilidade de despesas imprópria em uma ferrovia que era um dos maiores clientes de sua empresa. Ele apontou o problema, mas não obteve resposta. Então, notificou o presidente da empresa que incluiria o assunto em seu relatório oficial de auditoria. O executivo, indignado, viajou para Chicago, invadiu o escritório de Andersen e exigiu uma retratação. Em vez de recuar, Andersen retrucou: "Não há dinheiro suficiente na cidade de Chicago[3] para me induzir a mudar esse relatório!" A ferrovia faliu vários meses depois, enquanto a empresa de Arthur Andersen prosperou em seu caminho para décadas de crescimento.

Ainda nas décadas de 1970 e 1980, os líderes da empresa ainda pareciam dispostos a falar sobre o que sentiam serem más práticas contábeis e a se afastar de clientes que não estavam suficientemente preocupados com os riscos que estavam assumindo. Os sócios da AA eram francos[4] sobre as maneiras corretas de contabilizar dívidas incobráveis e computadores depreciados, e a Andersen abandonou a maioria de seus clientes de poupança e empréstimo por causa de sua disposição em emprestar dinheiro a organizações que provavelmente não pagariam de volta. Quando o setor de poupança e empréstimo começou sua implosão em câmera lenta no final da década de 1980, a empresa evitou a maior parte dos danos.*

No entanto, na época da conversa de Toffler com os gerentes de auditoria, as coisas tinham mudado. É seguro dizer que alguns dos participantes daquela reunião de 1998 tinham conhecimento em primeira mão de que seus parceiros estavam fazendo algo errado — que estavam se envolvendo em atividades antiéticas e possivelmente ilegais enquanto realizavam seu trabalho.

Em 1997, por exemplo, vários parceiros da AA foram alertados de que a Baptist Foundation of Arizona, uma cliente de auditoria da empresa, estava executando um elaborado esquema Ponzi para o benefício de alguns de seus executivos. A AA não investigou de maneira significativa nenhuma dessas alegações e, em vez disso, ofereceu uma série de auditorias sem ressalvas

* Mas não todos. Em 1993, a AA concordou em pagar uma multa de US$82 milhões[5] relacionada às suas auditorias "negligentes" da Lincoln Savings and Loan e outras instituições.

(em outras palavras, limpas) para a fundação. Quando aquela organização entrou em colapso, no final de 1999, cerca de 11 mil clientes, em grande parte idosos,[6] ficaram quase US$600 milhões mais pobres.

A Baptist Foundation não foi um exemplo isolado. A distribuidora de medicamentos McKessonHBOC, outra cliente de auditoria da Andersen, teve que redeclarar US$300 milhões em receitas[7] de 1998 e 1999. A Boston Chicken faliu[8] em 1999 após ser forçada pela SEC a redeclarar lucros que a AA havia aprovado no início da década. E se quaisquer dos gerentes que participaram da discussão ética de Toffler estavam trabalhando na auditoria da Enron, eles provavelmente estavam cientes de quão problemáticas eram as práticas contábeis daquela empresa. A Enron havia criado sua primeira sociedade de propósito específico[9] (SPE) em 1991. Dez anos depois, as SPEs provariam ser determinantes para transformar a Enron e a AA em algo insignificante.

Em fevereiro de 2001, uma equipe de doze sócios da AA se reuniu para discutir a auditoria do ano anterior da Enron, uma empresa de energia sediada em Houston que havia se reposicionado com sucesso como um exemplar de rápido crescimento da "nova economia". Os sócios logo se concentraram nas aproximadamente 3 mil SPEs[10] que a empresa havia criado. As SPEs são legais desde que atendam a vários critérios de independência, mas estava bem claro que a da Enron não atendia. Por exemplo, pelo menos uma das SPEs da empresa era controlada por Andrew Fastow,[11] que era então o CFO da Enron (na verdade, a SPE estava no nome da esposa e dos filhos de Fastow). Um memorando interno da AA[12] redigido no dia seguinte à reunião de fevereiro revelou um grau de eufemismo ao chamar a contabilidade em torno dessa SPE de "agressiva", mas dizendo que, no entanto, "a conclusão foi alcançada para manter a Enron como cliente, citando que parecia que tínhamos as pessoas e os processos apropriados em vigor para atender a Enron e gerenciar nossos riscos de engajamento". O memorando também sugeriu por que era importante manter esse cliente em particular: "não era imprevisível" que os honorários da AA pudessem atingir US$100 milhões por ano.[13] A Arthur Andersen emitiu uma opinião de auditoria sem ressalvas para as demonstrações financeiras da Enron de 2000.

A Enron entrou com pedido de falência em dezembro de 2001, depois que toda a extensão de sua contabilidade agressiva veio à tona. Em junho de 2002, a AA foi considerada culpada de obstruir a persecução do governo federal ao seu cliente extinto.* Semanas depois, em agosto de 2022, a Andersen escreveu seu próprio obituário,[14] anunciando que deixaria de auditar empresas públicas.

Eu estava começando minha carreira como acadêmico de administração quando os escândalos e a desintegração da AA eram notícia de primeira página. Eu mal conseguia acreditar nos relatos que continuava lendo sobre o papel da empresa em um escândalo corporativo após o outro. Era como se o hospital da minha cidade natal tivesse sido exposto por administrar uma rede de extração de órgãos.

Cresci perto de Chicago e absorvi a imagem da Andersen como um modelo de probidade, retidão e solidez do Centro-Oeste. Quando eu era criança, nos anos 1970 e início dos anos 1980, os sócios da AA eram considerados pilares da comunidade em uma época em que as pessoas ainda usavam essa frase sem ironia.

Esses sócios estavam na mesma categoria dos médicos: pessoas ricas que mereciam sua riqueza *porque faziam algo importante.* Os médicos faziam o parto dos seus bebês e realizavam cirurgias de ponte de safena no seu tio. Eles ajudavam a manter a comunidade saudável. Os sócios da AA auditavam empresas, mantinham-nas honestas e garantiam que pudéssemos confiar em seus números. Eles ajudavam a manter os mercados saudáveis.

Os sócios da Andersen tinham status elevado. Eles tinham chegado ao topo de uma profissão de prestígio (mesmo que não fosse exatamente glamorosa) e ganhavam bem. Eles não eram tão bem remunerados quanto os CEOs, mas eram respeitados e talvez até um pouco temidos pelos CEOs. Tanto suas carreiras quanto suas empresas pareciam sólidas como uma rocha.

Mas em seus últimos anos, a Arthur Andersen estava rotineiramente fazendo auditorias limpas em clientes com grandes problemas (desde que fossem grandes clientes); estava silenciando denunciantes internos; estava dividida por brigas internas e estava entrincheirada no que Toffler descreveu como uma "mentalidade de fortaleza que exigia lutar contra tentativas de regulamentação e negar acusações". No final, a situação era terrivelmente cômica. Toffler escreve que "o relatório anual de 1999 da AA, publicado enquanto suas auditorias falhas se acumulavam, e pouco antes de receber um golpe mortal pela condenação federal, é uma pequena obra-prima de hipocrisia,[15] afirmando: 'Afinal, para sermos bem-sucedidos no futuro, devemos nos manter firmes em nossos

* Em 2005, a Suprema Corte dos EUA anulou essa condenação por unanimidade, considerando que as instruções dadas ao júri eram injustas e confusas.

valores fundamentais: Integridade, Respeito, Paixão pela Excelência, Empresa Unificada, Gestão, Crescimento Pessoal'".

## Os Caminhos para a Perdição

A história da Arthur Andersen traz à tona um enigma fundamental: *como as empresas perdem tanto o rumo?* O que acontece para que percam o rumo e se tornem tóxicas para suas comunidades, clientes, funcionários e proprietários? A maior parte das quedas corporativas não são tão dramáticas como as da AA, mas continuam a ser perturbadoras porque, quanto mais de perto olhamos, mais difícil se torna identificar as suas origens. Sim, existem alguns chefes realmente terríveis, e eles podem causar muitos danos. Mas o problema na maioria das empresas que estão afundando é mais amplo do que um único líder malévolo ou incompetente. Nessas organizações, há um miasma de disfunção que permeia tudo. De onde ele vem e como se espalha?

Vimos algumas das grandes causas da disfunção corporativa em capítulos anteriores, e todas elas estão presentes no declínio da Arthur Andersen. Por exemplo, os sócios durante os últimos anos da empresa estavam claramente ouvindo seus assessores de imprensa internos ao justificar as auditorias limpas que estavam emitindo para clientes sujos. Mesmo depois de algumas situações difíceis, o excesso de confiança e a autojustificação eram generalizados. Debates e argumentações reais eram raros, como Toffler viu em sua conversa com os gerentes sobre ética. Houve alguns denunciantes internos durante os últimos anos da empresa, mas suas preocupações não foram muito ouvidas. Em vez de debater as más notícias, os líderes da empresa simplesmente as ignoraram.

Na década de 1990, a AA tinha incentivos em vigor que certamente causariam comportamentos contraproducentes. Quando a empresa conseguiu um grande contrato de consultoria, a maioria das recompensas financeiras resultantes foi alocada aos parceiros com base não em quem iniciou o contato, reuniu os materiais que convenceram o cliente ou fechou a venda, mas em quem dirigia o escritório que forneceu pessoal para o projeto. Então, se os sócios dos escritórios de Nova York e Los Angeles colaborassem para vender um grande projeto para uma empresa sediada em Tóquio, uma batalha de três frentes imediatamente estouraria dentro da AA. Os sócios de Nova York e Los Angeles argumentariam que deveriam ser recompensados por trazer trabalho, enquanto o sócio de Tóquio, que estava na posição de barganha mais forte, diria que eles deveriam receber a maioria das recompensas, já que seu escritório estaria fazendo a maior parte do trabalho.

Negociações entre os sócios em situações como essa eram demoradas e adversas. Toffler escreve em *Final Accounting* (coautoria com a repórter Jennifer Reingold): "À medida que a consultoria se tornou mais importante para a Firma, na qual a única maneira de vencer era ferrando seu colega parceiro... a Arthur Andersen tornou-se um ambiente onde grande parte do tempo era consumido em intensas disputas internas — tempo que poderia ter sido melhor aproveitado atendendo clientes, buscando novos negócios ou mentorando funcionários juniores". Toffler lembra que após uma ligação de vendas em 1996,[16] "enquanto outro consultor da Arthur Andersen, de um grupo diferente, e eu íamos juntos para o aeroporto, não estávamos discutindo animadamente as possibilidades para o projeto. Nossas mentes estavam girando loucamente: cada um de nós, ao que parecia, estava totalmente focado em como cortar o outro do negócio".

Os incentivos financeiros durante os anos finais da AA foram ruins, mas os sociais foram ainda piores. E como vimos em capítulos anteriores, os incentivos sociais são tremendamente importantes para nós, *Homo ultrasocialis*. Também vimos que avaliamos nossa posição social — nosso status — não em termos absolutos (como estou indo?), mas relativos (como estou indo *em comparação com aqueles ao meu redor?*). Em *Final Accounting*, Toffler descreve uma mudança de status interna dentro da Andersen que fez com que os parceiros de auditoria mudassem seu comportamento e colocassem a empresa em perigo.

Desde 1953, quando a AA pagou US$1,2 milhão* por um computador Univac I[17] de trinta toneladas, a empresa vinha realizando projetos de consultoria tecnológica para seus clientes, bem como auditando seus livros. À medida que o mundo corporativo se digitalizava, esses projetos ficavam cada vez maiores e mais lucrativos. Em 1988, a consultoria contribuía com 40% da receita da AA[18], provavelmente gerando até mais do que isso em termos de lucro. Em meados da década de 1990, o negócio de auditoria da Andersen estava crescendo[19] em saudáveis 11% ao ano, mas a consultoria estava crescendo mais que o dobro daquele ritmo. O fato de parte de consultoria do negócio fazer pagamentos anuais de transferência para a parte de auditoria aumentava as contas bancárias dos sócios de auditoria, mas não seus egos.

O rápido crescimento e o poder crescente da consultoria dentro da empresa fizeram com que os sócios de auditoria da Andersen se sentissem deixados para trás e ressentidos, embora seus padrões de vida ainda estivessem altos e em ascensão. A esposa de um deles resumiu sua situação com uma sagacidade afiada

* O equivalente a mais de US$12 milhões em 2021.

feito bisturi: "Todos esses caras têm que voar de primeira classe[20] e ficar nos melhores hotéis. Porque eles são apenas contadores".

A separação formal da Andersen Consulting (AC) e da Arthur Andersen em unidades de negócios separadas em 1989 não resolveu o problema. Na verdade, provavelmente aprofundou os sentimentos dos sócios de auditoria de perder status e ficar para trás. Como Toffler escreve:

> Nos escritórios de Nova York,[21] na Avenida das Américas, os grupos se mudaram para andares diferentes, então a única interação que nós [na AA] tínhamos com o pessoal da AC era nos elevadores. Você sempre sabia quem era quem. Por um lado, o pessoal da Andersen Consulting se vestia melhor. Eles pareciam mais descolados e ricos. O mesmo acontecia com os escritórios. Você não precisava ser um vidente para ver para onde o dinheiro estava fluindo. Você só tinha que espiar pela porta do elevador. Cada andar da Arthur Andersen tinha um carpete verde-floresta que levava às portas [de madeira padrão da empresa].* Quando cheguei a Nova York, aquele carpete verde estava puído e triste. Ele evocava outra era, a das lâmpadas de banqueiro, charutos e suspensórios. Mas nos andares da AC, madeira clara e vidro fosco transmitiam outra imagem — de modernidade e crescimento. Era um contraste chocante com o sigilo impassível da AA. "Se você fosse por engano para o andar errado, você dizia, 'Uau, escritórios legais!'", disse um sócio que trabalhou no escritório de Nova York no final dos anos 1990. "Então você voltava para seu próprio andar e era como uma toca de coelho — um monte de buracos de rato com um carpete surrado. Era feio!"

As lacunas entre a AA e a AC levaram a uma amarga disputa interna sobre a divisão de receitas e o controle da empresa, culminando em uma decisão de arbitragem em 2000 que permitiu que a Andersen Consulting deixasse a empresa inteiramente e se tornasse a empresa agora conhecida como Accenture. Mesmo antes dessa separação, no entanto, a AA havia formado sua própria prática de consultoria e trabalhou para fazê-la crescer o mais rápido possível. Como resultado, os sócios de auditoria tornaram-se ainda menos propensos a desafiar a contabilidade questionável de seus clientes, uma vez que isso poderia prejudicar projetos de consultoria lucrativos.

* Todos os escritórios da AA nos 84 países onde a empresa fazia negócios tinham as mesmas portas de madeira maciça. Juntas, elas projetavam uma impressão de conformidade. E não de abertura.

## Departamentos de Defesa

Assessores de imprensa, excesso de confiança, incentivos financeiros ruins e ansiedade por status contribuíram para as disfunções e a queda da AA, mas não são a história toda. Também precisamos entender outra coisa, algo mais profundo sobre por que tantas organizações acabam com normas tão apodrecidas que fazem com que um profissional de ética como Toffler se comporte de forma antiética.

Para entender por que isso acontece, vamos voltar até a Quibi, a startup de mídia espetacularmente malsucedida que vimos no Capítulo 1. Aqui está um resumo do que aconteceu por lá: um membro arrogante e desatualizado da velha guarda de Hollywood não ouve conselhos ou evidências, microgerencia e ignora a realidade.

Agora, aqui vai outro resumo: um executivo experiente e apaixonado, com um excelente histórico, assume o comando de um esforço importante, trabalha incansavelmente para ter sucesso, permanece fiel à sua visão e irradia otimismo.

Essa primeira frase é uma boa descrição da Quibi com o benefício da retrospectiva. Mas a segunda é uma descrição muito boa do empreendimento em seu lançamento. Também é uma descrição que faria muitos de nós nos sentirmos bem sobre suas chances de sucesso. Podemos até querer fazer parte dele como um funcionário ou investidor (e a Quibi não teve problemas para atrair nenhum dos dois). Essa segunda descrição é uma narrativa clássica de sucesso empresarial. E é exatamente isso que a torna tão assustadora.

Devemos essa mudança de fraseado a Chris Argyris, que eu acho que é o acadêmico de organizações mais subestimado de todos os tempos. Quando eu era um professor júnior em Harvard, ele era um veterano, e aprendi muito com ele. Seu trabalho teve popularidade em alguns setores nas décadas de 1970 e 1980, mas atualmente está amplamente fora de vista. Isso é uma pena, porque Argyris fez o que acho ser o melhor trabalho na história da pesquisa empresarial para ajudar a responder a duas perguntas fundamentais: *Por que as organizações perdem o rumo? Por que elas são tão difíceis de corrigir quando isso acontece?*

O cerne da resposta de Argyris é encontrado nessas duas descrições da Quibi. Uma de suas grandes contribuições foi mostrar por que diretrizes para administrar uma empresa que parecem inteligentes e sensatas são, na verdade, muitas vezes uma receita para disfunção crônica. Argyris chamou essas diretrizes de uma "teoria em uso". Nós as chamaríamos de normas, já que são comportamentos que todos em uma organização esperam uns dos outros. Ele identificou uma teoria em uso em muitas das empresas da era industrial que estudou e a rotulou de Modelo 1.* Suas normas incluem:[22]

1. Exerça controle unilateral sobre os outros.
2. Esforce-se para vencer e minimizar as perdas.
3. Suprima sentimentos negativos.

Em outras palavras, coloque alguém no comando e tenha diretrizes claras de autoridade e responsabilidade. Trabalhe arduamente para vencer e não admita a derrota. Mantenha-se positivo.

*Quem poderia discutir com qualquer uma dessas coisas?* Talvez esse não seja o manual certo para ensinar crianças em idade pré-escolar ou ensaiar uma peça de vanguarda em uma trupe de teatro coletivista, mas certamente parece certo, ou pelo menos próximo do certo, para fazer as coisas no mundo dos negócios, não?

Com uma simplicidade estrondosa, Argyris disse que *não*. E então ele explicou o porquê.

O problema central, que surge repetidamente e de todas as formas, é que o Modelo 1 produz um raciocínio defensivo — um raciocínio projetado para proteger o status quo. E o status quo abrange muitas coisas: empregos e reputações; os objetivos originais de um esforço ou design de um produto; o tamanho, influência e importância de um grupo ou divisão; uma grande decisão tomada pelo chefe; as ofertas atuais da empresa; e assim por diante.

"Esforce-se para vencer e minimize as perdas" é muito próximo de "Fique firme e nunca admita que está errado, ou que outra ideia é melhor", e também "Continue aumentando seu número de funcionários e seu orçamento". "Suprima sentimentos negativos" facilmente se transforma em "Acabe com a argumentação, o desacordo e o debate". "Tenha controle unilateral sobre os outros" se torna difícil de distinguir de "Não tolere nenhum tipo de divergência e não dê aos outros muita liberdade ou autonomia"; também serve para "Envolva-se em tantas atividades e decisões quanto possível".

O Modelo 1, em resumo, é uma receita para as disfunções que examinamos neste livro: excesso de burocracia, esclerose, atrasos crônicos, decisões que ignoram evidências, culturas de silêncio e ética degradada. Esses são os frutos do Modelo 1. Embora não sejam inevitáveis, são prováveis — os

* Os rótulos de Argyris para as coisas eram frequentemente... um tanto secos?

resultados padrão que deveríamos esperar sob as normas do Modelo 1. Os exemplos, estudos de caso e estatísticas que analisamos até agora dão suporte a essa desconfortável conclusão. O Modelo 1 estrangula e esmaga as coisas sobre as quais os geeks de negócios são inflexíveis. Ele cria culturas corporativas que são o oposto de livres, rápidas, baseadas em evidências, igualitárias, questionadoras e autônomas.*

Argyris não baseou suas ideias em pesquisas mais avançadas sobre nós, seres humanos ultrassociais. Ele não teria como; a maioria dessas pesquisas ainda não existia quando ele estava conceituando suas ideias inovadoras. Mas agora que podemos confiar em todo o trabalho mais recente sobre mentes modulares e assessores de imprensa; raciocínio justificatório versus argumentativo; busca de status; líderes de dominância e prestígio; clubes dos mentirosos; observabilidade e negação plausível; evolução cultural; e outros tópicos que examinamos, podemos ver que ele estava muito à frente de seu tempo.

Em seu livro *Reasons and Rationalizations: The Limits to Organizational Knowledge,* Argyris expôs como uma atitude defensiva leva ao tipo de cultura que Toffler experimentou — e se tornou parte — na Arthur Andersen. Ao ler as palavras de Argyris abaixo, fique atento ao assessor de imprensa, ao autoengano, à baixa observabilidade, à alta negação plausível e aos clubes dos mentirosos. Estão todos lá.

> As características de um mindset de discurso defensivo[23] incluem o seguinte:
>
> O objetivo é proteger e defender ator(es) ou unidades supra-individuais, como grupos, intergrupos e organizações…
>
> A transparência é evitada a serviço da proteção do eu e da negação de que se esteja protegendo a si mesmo.
>
> O autoengano é negado pelo encobrimento. Para que o encobrimento funcione, também ele deve ser encoberto.

É fácil ver como isso pode acontecer: um sócio de auditoria da Andersen começa a se envolver em um discurso defensivo para proteger o relacionamento com um cliente lucrativo. Isso significa suprimir algumas verdades inconvenientes (*essas práticas contábeis são realmente legítimas?*). O assessor de imprensa do sócio fica feliz em ajudar aqui, redigindo memorandos internos dizendo

* O Modelo 1 não trata explicitamente de se mover lentamente. Mas poderia muito bem tratar, já que, como vimos no Capítulo 6, a grande norma geek de velocidade depende da autonomia e do reconhecimento aberto de problemas, ambos os quais vão contra o Modelo 1.

algo como: "Temos as pessoas e os processos apropriados para atender o cliente e gerenciar nossos riscos de engajamento" — exatamente o tipo de linguagem autojustificável que apareceu em memorandos internos da AA sobre a Enron. Em algumas reuniões iniciais, os gerentes envolvidos no engajamento trazem evidências ou argumentos de que a contabilidade do cliente é suspeita. O sócio defensivo não gosta dessas contribuições e tem várias opções para encerrá-las — tudo, desde "Vamos todos ficar no mesmo time aqui", até "Ei, o que há com toda essa negatividade?", até "Você sabe quanto vale esse cliente?" Todos no engajamento rapidamente entendem a mensagem de que enfatizar problemas e defender práticas contábeis adequadas é uma atitude que limita a carreira.

Como resultado, um clube dos mentirosos se forma rapidamente. Mas em vez de confrontar a pergunta de um chefe, *Você está no prazo?*, os membros deste clube confrontam a pergunta interna, *Você vai falar?* Não há custo pessoal direto em ficar em silêncio, enquanto os custos de falar são claramente altos. As pessoas envolvidas avaliam e comparam esses custos rapidamente e sem esforço, e a maioria delas fica em silêncio. Esta é a coisa egoísta a se fazer, seja ela nobre ou moral ou no melhor interesse da empresa, do cliente ou da sociedade.

Mas não basta apenas suprimir a discussão aberta sobre as práticas contábeis de um cliente. Para um sucesso contínuo, as partes defensivas também têm de suprimir qualquer discussão sobre a própria supressão. Sob o Modelo 1, é importante reprimir comentários como: "Ei, você sabe que nunca falamos sobre todos os escândalos contábeis dos quais participamos recentemente" e "Por que não podemos falar sobre o fato de que há coisas das quais não podemos falar aqui?", e assim por diante. Como Argyris coloca:

> O discurso defensivo prospera[24] em contextos onde as características defensivas não podem ser legitimamente desafiadas. Uma consequência disso é que não apenas as questões são indiscutíveis, mas que a indiscutibilidade é em si indiscutível...
>
> Isso resulta em sistemas ultraestáveis que são autovedantes e anticorretivos. Os seres humanos relatam que são impotentes para fazer quaisquer mudanças porque não sabem o que fazer e por que, como vítimas, não poderiam agir para reverter o estado de antiaprendizagem ultraestável de seu universo.

Temos um nome para esses sistemas ultraestáveis, autovedantes e anticorretivos: eles são chamados de equilíbrios de Nash. Como vimos em tudo, desde compras de papel higiênico durante uma pandemia até burocracia e clubes dos mentirosos, os equilíbrios de Nash — situações em que ninguém pode se beneficiar agindo de forma desonesta — são notavelmente estáveis, sejam eles "bons" ou "benéficos", ou não. A teoria dos jogos nos mostra como o Modelo 1 cria um tipo particular de equilíbrio: um deprimente dilema do prisioneiro caracterizado por tópicos que são importantes, mas indiscutíveis (como o comportamento antiético generalizado dos últimos anos da Arthur Andersen) e também o fato de que aqueles indiscutíveis são por si indiscutíveis. No final da vida da empresa, o equilíbrio de defensividade e indiscutibilidade da AA era ultraestável, autovedante e anticorretivo a ponto de um sócio se sentir confortável em repreender e menosprezar abertamente Toffler e ordenar que ela, uma eticista profissional, fizesse coisas claramente antiéticas, como dobrar seus honorários. O que ela fez.

Eu mesmo me deparei, ocasionalmente, com esses temas indiscutíveis. Quando eu estava começando como professor na Harvard Business School, nós, professores juniores, fomos convidados para a primeira de duas reuniões para decidir quais candidatos, se houvesse, contratar para o ano seguinte (a segunda reunião, onde as decisões finais eram tomadas, era reservada para professores seniores). Quando comecei a participar dessas reuniões, ofereci minhas opiniões e ocasionalmente discordei de meus colegas seniores — aqueles que mais tarde decidiriam se eu manteria meu emprego. Por fim, meu mentor me levou para seu escritório e disse: "Cale a boca lá".* Bom conselho. Eu o segui.

O que ele não precisava me dizer era: "E não se manifeste na próxima reunião para fazer algum tipo de discurso *J'accuse* onde você diz que os professores seniores são tão defensivos que não querem que suas opiniões sobre quem contratar sejam desafiadas pelos professores juniores". Eu sabia que aquele tópico era indiscutível. E que o tópico mais amplo da indiscutibilidade intradocente era indiscutível, e assim por diante. Rotulei internamente as discussões nessas reuniões (e em algumas outras) como zonas proibidas e fiquei de boca fechada. Quando imagino estar em um trabalho onde tivesse que fazer isso o dia todo, todos os dias, em vez de apenas algumas vezes por ano, sinto o desespero se aproximando.

Uma vez que você esteja ciente do Modelo 1, começa a vê-lo em todos os lugares nos relatos de culturas corporativas ruins. Essas histórias geralmente incluem duas características de discurso defensivo: enfatizar a vitória e suprimir a negatividade. A General Electric, uma das líderes da era industrial, por exemplo, era famosa por fazer as duas coisas. O livro de 2005 do CEO de longa data Jack Welch, escrito com sua esposa jornalista, Suzy Welch, e anunciado como

* Acho que essas foram exatamente as palavras dele.

"o melhor guia de negócios"[25], foi intitulado *Paixão por Vencer.** Seu sucessor, Jeffrey Immelt, manteve a ênfase implacável na vitória. Como escrevem os jornalistas Thomas Gryta e Ted Mann em *Lights Out*, seu livro sobre o declínio da GE: "Sob Immelt, havia manipulações frenéticas, vagas e otimistas[26] que não apenas muitas vezes não eram capazes de resistir ao escrutínio, mas também corroíam a credibilidade da GE junto a Wall Street e seus colaboradores". Esse otimismo vago e barulhento tinha um lado negro: "Immelt raramente recuava,[27] mesmo quando alguns de seus apoiadores achavam que ele deveria. Para ele, liderança era perseverança diante da dúvida. E se opor a essa abordagem não era apenas discordância, mas algo pior. Para Immelt, a negação nessas situações era uma forma de traição".

Gyrta e Mann fazem um resumo sucinto de como o Modelo 1 criou danos duradouros na GE: "Mesmo que nunca tenha sido dada explicitamente, a lição foi absorvida pelos níveis da empresa. Não havia espaço para verdades rigorosas[28] ou más notícias. Não no que diz respeito ao cara no topo". O mesmo era claramente verdade nos anos finais da Arthur Andersen, uma organização hierárquica de cima para baixo cujos sócios de auditoria estavam em competição entre si e desesperados por "vitórias" que lhes permitissem ganhar status em relação aos seus pares de consultoria.

O Modelo 1 não toma conta apenas das empresas mais antigas. Quando as coisas ficam difíceis, até mesmo os líderes de empresas de tecnologia jovens sediadas no Vale do Silício recorrem a um discurso defensivo que enfatiza a vitória e se recusa a tolerar o fracasso. Em junho de 2022, enquanto a empresa controladora do Facebook, a Meta, enfrentava uma desaceleração acentuada do crescimento e uma competição crescente, o diretor de produtos Chris Cox escreveu em um memorando: "Tenho que ressaltar[29] que estamos em tempos sérios aqui e os ventos contrários são fortes. Precisamos executar com perfeição". Em um seminário do qual participei, a psicóloga Amy Edmondson resumiu habilmente a principal consequência desse tipo de comunicação: "Tudo o que isso faz é garantir que ele não ouvirá nenhuma notícia ruim" sobre uma execução menos que perfeita.

## Aberto para Negócios

No início deste livro, ouvimos a vívida descrição de Jeff Bezos sobre o que acontece com o que ele chama de empresas do Dia 2: "O Dia 2 é estagnação. Seguido por irrelevância. Seguido por um declínio excruciante e doloroso".

* Outro livro de Jack Welch foi o não supercientífico *Straight from the Gut.*

Agora vemos que o Modelo 1 é um grande contribuinte para o Dia 2. Os geeks de negócios lutam contra ambos adotando uma norma de abertura, que podemos definir como *compartilhar informações e ser receptivo a discussões, reavaliações e mudanças de direção.* Essa norma é o oposto da atitude defensiva, do apego ao status quo e dos tópicos indiscutíveis narrados por Argyris.

Já vimos vários exemplos de como a abertura é praticada em empresas geek. Vamos revisitar alguns deles e mostrar de que maneira combatem os elementos-chave do Modelo 1: assumir o controle unilateral, se esforçar para vencer e minimizar a perda ou o fracasso, suprimir a negatividade e criar tópicos indiscutíveis.

**Não assumir controle unilateral:** No Capítulo 1, nos deparamos com a sigla HiPPO, que significa "opinião da pessoa mais bem paga". Entre os geeks, HiPPO se tornou uma abreviação para qualquer pessoa (mas especialmente um especialista credenciado e experiente) que não gosta de ter seu julgamento questionado. HiPPOs buscam controle unilateral sobre todos os tipos de coisas, desde a aparência de uma página da web até a decisão de lançar um novo produto. Como vimos no Capítulo 4, a grande norma geek da ciência é *não* dar a palavra final aos HiPPOs (não importa quão poderosos eles sejam e quão largamente eles possam abrir suas bocas), e, em vez disso, fazê-los produzir evidências e argumentar sobre sua interpretação. O teste A/B, que se originou no Google e se espalhou para inúmeras outras empresas, é uma maneira de fazer isso. Ele tira o controle unilateral dos designers e os força a justificar suas decisões como todo mundo tem que fazer: com evidências e argumentos de apoio.

No Capítulo 5, que trata da grande norma geek de propriedade, vimos como Jeff Bezos, que "faz com que os maníacos por controle comuns pareçam hippies chapados", percebeu que precisava abrir mão de grande parte do controle se quisesse evitar que a Amazon se tornasse uma bagunça burocrática. A empresa substituiu seu processo de inovação centralizado e rigidamente controlado por um radicalmente descentralizado, caracterizado por equipes de duas pizzas e (mais tarde) líderes de thread único. Como parte de seu trabalho para colocar a Microsoft de volta nos trilhos, Satya Nadella fez um movimento igualmente grande e ousado: tirou a propriedade unilateral e o controle de recursos essenciais, como dados e código, em toda a empresa, e os tornou disponíveis para todos que quisessem trabalhar com eles.

Mesmo quando as decisões precisam ser tomadas por um líder sênior, os geeks de negócios não querem tomá-las unilateralmente. Carl Bass me disse que quando se tornou CEO da empresa de software de design Autodesk em 2006, "ainda tinha essa ideia antiquada de que ser um líder executivo significava que você tomava decisões realmente importantes. Quando saí, quase não tomava decisões importantes. Falo isso muito seriamente; provavelmente tomei uma a cada dois anos. E para tomá-las, eu dizia para uma sala cheia de pessoas: "Vou tomar a decisão, mas primeiro quero ouvir todas as suas opiniões, certo?" No Google, Eric Schmidt também desistiu de tentar parecer que estava no controle unilateral. "Havia uma lista de questões em andamento que debateríamos", ele me disse. "Tínhamos uma regra de que não queríamos consenso. Queríamos a melhor ideia. A maneira de fazer isso é envolver todos na conversa, especialmente as pessoas que normalmente não falam. O objetivo é ouvir até encontrarmos a melhor ideia, que pode vir de qualquer lugar. Isso faz parte de como você constrói uma cultura ágil. É assim que você consegue enxergar além das pedras, graças a alguém que consegue enxergar além das pedras."

**Não se esforçar para vencer e minimizar perdas ou falhas:** Na maioria das empresas aeroespaciais, perder um equipamento importante não é aceitável. Mas, como vimos no Capítulo 1, o CEO da Planet, Will Marshall, tem uma filosofia diferente. Sua empresa projeta satélites de comunicação com baixo custo e alta redundância, de modo que "se apenas 80% ou 90% deles funcionarem, estaremos satisfeitos com isso". No Capítulo 6, aprendemos que, à medida que a SpaceX desenvolve seus novos foguetes, ela enfatiza o aprendizado rápido em vez de acertar o design desde o início. Várias versões de seu foguete Starship explodiram ao tentar pousar. Elon Musk e seus colegas teriam preferido que eles pousassem perfeitamente, mas quando não o fizeram, a SpaceX não mudou sua abordagem.* A empresa também não manteve seu plano original de fazer o foguete Starship de fibra de carbono. Quando a experiência mostrou que esse método de fabricação era muito pouco confiável e caro, a empresa simplesmente o abandonou.

A Amazon faz uma distinção entre "portas de mão única"[30], ou decisões que são difíceis de reverter, e "portas de mão dupla", que não são. Fazer a escolha errada em uma porta de mão dupla é visto como um custo aceitável de se mover rápido e assumir a responsabilidade. Como vimos no Capítulo 1, quando Ardine Williams estava hesitando antes de fazer uma mudança que considerava importante, um colega sênior perguntou se era uma porta de mão única ou dupla: "Ele me perguntou: 'O que acontece se essa mudança que você está propondo resultar em uma bagunça?' E eu disse: 'Bem, nós a desligamos.' Ele disse: 'Quanto tempo isso vai levar?' E eu disse: 'Menos de 24 horas.' Ele disse:

* Lembre-se, ninguém morreu: eram voos não tripulados.

'Estou de volta onde comecei, Ardine. Aperte o botão'". A Amazon, em suma, fez do fracasso em portas de mão dupla parte da cultura da empresa.

**Não suprimir a negatividade:** Williams lembrou que, embora a mudança que ela estava fazendo fosse uma porta de mão dupla, era "provavelmente uma das coisas mais difíceis que já fiz na minha carreira pessoalmente", porque ia contra o que ela estava acostumada: processos multifuncionais, comitês de revisão gerencial, elaborados ciclos de decisão e outras armadilhas da burocracia. Sua apreensão destaca que o jeito geek pede que as pessoas façam coisas desconfortáveis: tomem atitudes e assumam responsabilidades, discutam com seus superiores, façam coisas que podem visivelmente falhar, levantem tópicos delicados, exponham suas ideias a feedbacks negativos de outros e assim por diante.

As empresas que praticam o Modelo 1 trabalham para minimizar o desconforto e outros sentimentos negativos. As empresas geek não. Vimos que a Netflix, por exemplo, exige que os executivos "procurem discordâncias" antes de fazer grandes movimentos. Pedir ativamente aos seus colegas para encontrarem falhas em sua ideia não é divertido (pelo menos para a maioria de nós), mas a Netflix não se importa; ela acredita que seus executivos têm coragem e resiliência suficientes para lidar com a negatividade resultante. Argyris concordou. Em sua opinião, as empresas de alto desempenho creditam a seus funcionários "uma alta capacidade de autorreflexão[31] e autoexame sem ficarem tão chateados a ponto de perderem sua eficácia".*

A grande norma geek da ciência não funciona sem essa capacidade. Vimos no Capítulo 4 como a ciência é, como Robert Trivers coloca, "baseada em uma série de mecanismos anti-engano e anti-autoengano cada vez mais sofisticados e implacáveis". A ciência distingue entre hipóteses rivais. Ela diz qual ideia é melhor. Falo por ampla experiência pessoal quando digo que quando sua ideia é considerada deficiente — quando as evidências não a apoiam, ou alguém inequivocadamente argumenta contra ela — emoções negativas surgem. Mas as empresas geek reconhecem que podemos lidar com elas. Como Ben Horowitz diz, "Com Marc [Andreessen] e eu, mesmo depois de dezoito anos, ele me aborrece quase todos os dias ao encontrar algo errado no meu pensamento, e eu faço o mesmo por ele. Funciona". Eles são amigos e parceiros de negócios, apesar das chateações que vêm com a discussão.

* Argyris tinha uma capacidade magnífica de chamar a atenção para suas deficiências sem humilhá-lo ou fazer você se sentir mal. Em uma de nossas discussões, eu disse a ele que lhe enviaria algumas pesquisas relevantes. Não enviei. Na próxima vez que nos encontramos, ele calma e gentilmente me disse algo como "Se vamos trabalhar juntos, preciso que você faça as coisas que diz que fará". Dali em diante, eu fiz.

**Não ter tópicos indiscutíveis:** Lembre-se do insight de Andreessen do Capítulo 4: "[Em] muitas empresas... as pessoas têm receio de falar a verdade ao poder. E muito do que sempre descobri que os líderes realmente sábios e inteligentes tentam fazer é tentar encontrar as pessoas na organização que realmente vão responder... Existem outras organizações onde isso não funciona de jeito nenhum, e eu recomendaria sair delas o mais rápido possível". Como ele disse em um tuíte de 2022: "O problema mais sério[32] que qualquer organização enfrenta é aquele que não pode ser discutido".

Como vimos no capítulo anterior, o movimento de desenvolvimento ágil nasceu, no início deste século, da frustração com a forma como o software estava sendo escrito. O sucesso do método ágil se deve em grande parte à sua capacidade de eliminar os tópicos indiscutíveis. Em muitos grandes esforços, um clube dos mentirosos se forma espontânea e tacitamente, e a pergunta crucial "Quem está atrasado?" se torna indiscutível, assim como o fato de que o clube dos mentirosos existe em primeiro lugar. A grande norma geek de velocidade, conforme praticada no desenvolvimento ágil, dissolve o clube dos mentirosos aumentando a observabilidade e diminuindo a negação plausível. Ao tornar o progresso de todos (ou a falta dele) visível e impossível de ignorar, as abordagens ágeis reduzem as chances de uma espiral mortal de indiscutibilidade, indiscutibilidade indiscutível e assim por diante.

Líderes geeks também podem reduzir a indiscutibilidade simplesmente pedindo feedback e recebendo-o apropriadamente. Lembre-se de que nós, *Homo ultrasocialis*, assim como membros de outras espécies sociais, somos, de maneira inata, relutantes em desafiar indivíduos dominantes. Então, as ideias e pronunciamentos de pessoas no topo do organograma tendem a não ser desafiados. Essa tendência pode mudar, no entanto, se os chefes pedirem feedback em vez de elogios, e se eles responderem a isso com abertura (interesse, curiosidade, gratidão) em vez de uma atitude defensiva (hostilidade, desdém, ameaças). No Capítulo 1, escrevi como vi o CEO da HubSpot, Brian Halligan, responder com autêntica abertura ao feedback negativo de um novo contratado em uma grande reunião. É um forte testemunho da cultura geek da HubSpot que eu tenha sido o único na sala que achou a interação deles surpreendente.

Como esses exemplos mostram, a abertura tem muitas dimensões. Significa estar disposto a confrontar a possibilidade de que sua ideia esteja errada, que seu projeto não esteja indo bem ou que seu julgamento esteja errado. Também envolve responder sem hostilidade ou desprezo aos desafios e sem fazer uso da hierarquia quando os desafios vêm de alguém menos prestigioso ou inferior no organograma. Trata-se de criar um ambiente psicologicamente seguro em vez de ameaçador. Abertura significa admitir que sua ideia de produto sensacional de fato falhou. Também significa estar disposto a experimentar, iterar, falhar e aprender em vez de se preparar e planejar em uma tentativa de evitar que algo nunca dê errado. Um aspecto essencial da abertura é estar disposto a abrir mão: deixar as pessoas e os projetos seguirem em frente sem seu envolvimento, aprovação ou bênção. E abertura é sobre discutir até mesmo tópicos desconfortáveis.

## A Importância Fundamental dos Fracassos

Ao longo da minha carreira, passei muito tempo tanto em empresas do Vale do Silício quanto em empresas do "resto da economia". A diferença mais marcante entre elas é o quanto as primeiras são mais abertas. Na parte do mundo dos negócios que foi pioneira no estilo geek e ainda o segue mais profundamente do que em qualquer outro lugar, os comportamentos do Modelo 1 são relativamente escassos.

Uma das minhas perguntas favoritas para fazer a alguém sobre sua vida profissional é: "É aceitável discordar do seu chefe em uma reunião?" Pessoas que trabalham em empresas geek geralmente parecem confusas com a pergunta. A resposta delas geralmente é: "Esse é o meu trabalho". Uma grande parte do trabalho delas, como elas o veem, é ajudar a avançar com um empreendimento ou tomar uma decisão importante diante da incerteza. Ambas exigem debate. Como vimos no Capítulo 4, a discussão é crucial para bons resultados.

Em empresas da era industrial, por outro lado, minha pergunta sobre discordar do chefe é frequentemente recebida com silêncio, um olhar para o lado ou uma risada nervosa. Em muitos lugares, os funcionários de baixo escalão nas reuniões estão lá para ouvir e aprender, não para retrucar. As hierarquias estão vivas e passam bem, e a discussão está bem próxima da insubordinação. Há pouco tempo, eu estava falando sobre o jeito geek com um editor de uma editora de livros bem conhecida. Contei a ele a história sobre participar de uma reunião na HubSpot onde um novo funcionário discordou abertamente do CEO. Ele disse: "Uau. Se isso tivesse acontecido aqui, aquele garoto seria conhecido para sempre como o novo contratado que retrucou em uma reunião editorial". Ele não disse que isso não ajudaria a reputação do "garoto" no trabalho; nem precisava.

Embora a norma rigorosa nas empresas do Modelo 1 seja o "se esforçar para vencer e minimizar as perdas", as empresas geek percebem que essas duas coisas são, na verdade, incompatíveis — que vencer a longo prazo exige conduzir experimentos, assumir riscos e fazer apostas, e nem todos eles darão certo. Os geeks de negócios não gostam dos fracassos que vivenciam, mas sabem que tentar nunca falhar é um beco sem saída. Uma cultura que minimiza perdas é, eles acreditam, uma cultura que se torna conservadora, lenta e hesitante. Em outras palavras, ela se torna o que Jeff Bezos chama de cultura do Dia 2.

Para evitar o Dia 2, Bezos e a Amazon há muito enfatizam e celebram experimentar coisas em vez de obter vitórias. Ao longo de sua história, a Amazon distribuiu tênis usados como prêmios Just Do It,[33] dados a pessoas que têm uma ideia que está fora do escopo de seu trabalho. As ideias do JDI não precisam ser bem-sucedidas; elas nem precisam ser implementadas. Elas só precisam mostrar iniciativa e um "viés para a ação" em vez de uma mania de "vencer". Mais de vinte anos após o lançamento desses prêmios, Bezos continuou a enfatizar que a Amazon não seguia as normas do Modelo 1. Em sua carta de 2018 aos acionistas[34], ele enfatizou que a empresa não estava tentando minimizar as perdas: "À medida que uma empresa cresce, tudo precisa ser dimensionado, incluindo o tamanho de seus experimentos fracassados. Se o tamanho de seus fracassos não estiver crescendo, você não vai inovar de uma maneira que possa realmente fazer a diferença. A Amazon estará experimentando na escala certa para uma empresa do nosso tamanho se ocasionalmente tivermos fracassos multibilionários".*

Os geeks de negócios percebem que, às vezes, toda a estratégia de entrada no mercado de sua empresa é um fracasso. Isso pode acontecer por todos os tipos de razões: uma tecnologia crucial não funciona como planejado, os clientes não querem o que os fundadores achavam que queriam, uma recessão acontece e assim por diante. Em vez de perseguir obstinadamente sua visão inicial, os geeks permanecem abertos à ideia de um pivô — uma reorientação de toda a empresa. O YouTube, por exemplo,[36] começou em 2005 como um site de namoro por vídeo. Esse negócio não decolou, mas seus fundadores perceberam que haviam desenvolvido uma capacidade valiosa: eles podiam receber vídeos em muitos formatos de toda a internet, padronizá-los e apresentá-los a um público global. Essa capacidade continua sendo o cerne de um negócio que tinha mais de 2,5 bilhões de usuários[37] no final de 2022. Outros pivôs bem conhecidos incluem o Twitter, que começou[38] como um recurso para encontrar podcasts; o Instagram, originalmente um jogo baseado em localização[39] cha-

* Enquanto escrevo no início de 2023, parece que a Alexa da Amazon, uma peça de hardware de bancada com a qual os usuários interagem por voz, pode ser uma dessas falhas. Investigações revelaram que a Alexa foi uma "falha colossal[35]" no mercado e que a divisão de hardware da qual a Alexa fazia parte estava perdendo aproximadamente US$10 bilhões por ano.

mado *Burbn*; o Slack, também nascido de um jogo impopular[40]; e o Pinterest, que era originalmente um aplicativo de compras para dispositivos móveis.[41] Nem todos os pivôs são bem-sucedidos, é claro, mas os geeks de negócios perceberam que pivotar — estar aberto à ideia de que o que você está tentando fazer como empresa simplesmente não está funcionando e precisa mudar — é uma jogada mais inteligente do que se recusar a admitir que sua ideia original estava errada e levar uma organização à ruína.

Pied Piper, a empresa fictícia no centro da sitcom da HBO *Silicon Valley*, passou por algumas mudanças. Seu produto original era um aplicativo de busca de música. Depois, entrou no ramo de algoritmos de compressão de vídeo, criou servidores e, por fim, criou um software de IA poderoso o suficiente para desvendar todos os segredos do mundo.* Muitos geeks que conheço assistiram a *Silicon Valley* avidamente (alguns até contribuíram com ela) e acharam hilário. A reação deles nos diz algo sobre o jeito geek porque, como disse o comediante Rick Reynolds, "Só a verdade é engraçada"[42]. Um grande motivo pelo qual a comunidade geek de negócios riu tanto do programa foi que ele acertou em cheio sobre os tipos de empresas com as quais estavam familiarizados. Em particular, ele transmitiu a grande norma geek de abertura.

A Pied Piper era feita de discussões incessantes, pontuada por períodos de escrita de código. Seus funcionários mostravam pouca deferência a Richard Hendricks, o CEO sitiado da empresa. Os desenvolvedores de software Bertram Guilfoyle e Dinesh Chugtai respeitavam as habilidades técnicas de Hendricks e percebiam que ele era o tomador de decisão final sobre a estratégia da empresa, mas eles se sentiam gloriosamente livres para discordar dele de forma visível, extensa e com frequente vulgaridade. Até mesmo o dedicado chefe de gabinete de Hendricks, Jared Dunn, discutia com ele em momentos importantes. Hendricks não achava nada disso inaceitável.

Ele não exigia respeito, nem tentava controlar unilateralmente sua equipe, suprimir a negatividade quando as coisas não iam bem ou se envolver em muitos outros comportamentos clássicos do Modelo 1. Em vez disso, ele tentava orientar o que todos estavam discutindo, ouvi-los e tomar as decisões que eram de sua responsabilidade como CEO. Hendricks e Pied Piper cometeram muitos erros, e a *Silicon Valley* zombou da autoestima e da hipocrisia daquela região. Mas o programa também refletiu com precisão que as culturas corporativas no ponto de encontro dos geeks, que é o Vale do Silício, são fundamentalmente mais abertas do que aquelas na maior parte do resto do mundo dos negócios.

* Os funcionários da Pied Piper decidiram encerrar essa tecnologia perigosa.

## Como Manter uma Coisa Boa Andando

Yamini Rangan não assistiu *Silicon Valley* porque, como ela me disse, "era muito perto de casa". Rangan construiu sua carreira em empresas de tecnologia da Costa Oeste, e o programa a lembrava do trabalho em vez de distraí-la dele. Sua vida profissional mudou em 2019, quando ela foi abordada por uma empresa norte-americana que estava geograficamente longe do Vale, mas culturalmente bem próxima. Era a HubSpot, a fabricante de software de marketing sediada em Cambridge que já encontramos nestas páginas.

Rangan ficou intrigada com a HubSpot, mas, como ela mesma coloca, "Eu disse a mim mesma que não trabalharia para uma empresa da Costa Leste. Eu havia trabalhado para uma há muito tempo, e não gostava das viagens, das constantes idas e vindas e de não estar na sede física da empresa". No entanto, ela estava interessada o suficiente para falar com Brian Halligan, que a encorajou a dar uma olhada no Código de Cultura da empresa. Esta foi uma apresentação, publicada online pela primeira vez em 2013, que serviu ao mesmo propósito para a HubSpot[43] que o deck de cultura para a Netflix. Rangan me disse que o Código de Cultura "foi escrito de uma forma que se eu estivesse no meu melhor e colocasse meus melhores pensamentos em termos de construção de uma cultura para uma empresa, teria chegado a 80% do que o deck dizia. Se eu tivesse começado uma empresa, isso é o que eu realmente teria colocado. E me peguei pensando sobre o quão autêntico seria ingressar em um lugar onde os valores são tão alinhados. Os valores de humildade, adaptabilidade e transparência — cada um desses valores mexeu comigo".

Rangan viajou para Massachusetts para falar com os HubSpotters. "Fiquei impressionada com a humildade de cada pessoa com quem falei naquele dia — e foi das nove às cinco — cada pessoa era humilde", disse ela. "Elas tinham esse desejo de impulsionar a excelência, curiosidade e necessidade de aprender. Elas eram mais reais, humildes, curiosas, com uma mentalidade de crescimento maior do que qualquer um que eu já tenha conhecido."

Como a maioria das empresas geek, a HubSpot tenta contratar pessoas com essas características. Mas, como vimos repetidamente, as mentalidades individuais podem facilmente ser esmagadas pelo ambiente social: os antigos sócios de auditoria da Arthur Andersen começaram a se envolver em práticas de negócio antiéticas quando começaram a se sentir deixados para trás pelo crescimento da consultoria; a Microsoft contratou pessoas que se moviam rapidamente, inovavam e construíam ótimos produtos, mas quando a cultura da empresa mudou, elas começaram a tramar e sabotar umas às outras. Então, o fato de Rangan achar que os HubSpotters eram humildes e abertos em vez de defensivos não me sugere apenas que a empresa tinha um ótimo processo de recrutamento. Também sugere algo mais poderoso: que a HubSpot realmente tinha em vigor as normas de abertura descritas em seu Código de Cultura.

Rangan se juntou à HubSpot[44] como Chief Customer Officer em janeiro de 2020 e assumiu o lugar de Halligan[45] como CEO da empresa em setembro de 2021. Seu tempo no topo da HubSpot foi marcado por profundas mudanças e incertezas: a pandemia de Covid forçou a empresa a adotar o trabalho totalmente remoto, e depois híbrido, e o preço de suas ações despencou à medida que os investidores se desgostavam das empresas de tecnologia. Entre 1º de setembro de 2021 e 1º de dezembro de 2022, a capitalização de mercado da HubSpot encolheu em mais da metade. Perguntei a Rangan qual o efeito de todos esses desafios na cultura da empresa. Ela respondeu que eles aumentaram a importância da abertura:

> Com o ambiente macroeconômico mudando, e com a volatilidade do mercado que está sucedendo, às vezes nós, como uma equipe de liderança, não sabemos em qual trajetória estamos. O que vemos em agosto vai continuar, ou o que vemos em setembro vai continuar? Ser transparente em um momento de incerteza exige saber que você às vezes está errado. Vou lhe dizer que estou incerta sobre isso, o que significa que no mês que vem posso ter que mudar minha resposta porque as coisas mudaram. Então acho que ser transparente em um momento de certeza e negócios como de costume é bem diferente de ser transparente em um momento de grande incerteza. E a única maneira de fazer isso é ser vulnerável e dizer, eu não sei, eu honestamente não sei.

Ao longo da nossa conversa, os conceitos de vulnerabilidade, transparência, autenticidade e humildade — conceitos que são sinais de fraqueza em organizações que seguem as normas defensivas do Modelo 1 — continuaram surgindo. Quando perguntei a Rangan sobre um comportamento específico que ela modelou para os HubSpotters, ela falou sobre compartilhar sua avaliação de desempenho:

> Uma das coisas que fiz em uma reunião de diretoria sete ou oito meses atrás, foi compartilhar minha avaliação de desempenho com eles. O conselho tinha me dado uma avaliação de desempenho e eu disse, aqui, com base em todo o feedback do conselho e com base no feedback que todos vocês me deram, aqui estão as coisas em que

> me saí bem, e aqui estão todas as coisas que preciso melhorar, e aqui está meu plano de como vou melhorar nessas áreas. Então ouvi que um grupo de líderes fez a mesma coisa.
>
> Isso é algo que fiz em vários lugares para mostrar aos líderes que "seus comportamentos são excepcionalmente importantes". Especialmente agora, porque a transparência durante um momento de incerteza é excepcionalmente difícil. Fazer coisas agora que mostram um nível de autenticidade e vulnerabilidade é útil. Isso faz com que todos ao seu redor digam naturalmente: Ok, o que eu faço? Como faço isso?

Rangan está sendo sagaz em dois níveis aqui. O primeiro é tirar vantagem do fato de que nós, *Homo ultrasocialis*, imitamos pessoas com status elevado, tanto consciente quanto inconscientemente. Se a CEO compartilha sua avaliação de desempenho, é um comportamento que provavelmente se espalhará. O segundo nível é ser deliberada sobre que tipos de comportamento modelar. Rangan não compartilha apenas as melhores partes de sua avaliação. Esse seria um comportamento clássico do Modelo 1 (onde todos *se esforçam para vencer e minimizar as perdas* e tentam *permanecer no controle unilateral*). Em vez disso, ela compartilha a coisa toda, com todos os defeitos. Esse é um movimento autêntico. Mostra que ela é humilde e está disposta a ser vulnerável e transparente. Ela sinaliza abertura de várias maneiras, e sem nenhuma atitude defensiva.

Quando Rangan começou sua carreira em alta tecnologia, havia que lidar com o Modelo 1 o tempo todo. Seu primeiro chefe a alertou para nunca demonstrar vulnerabilidade:

> Quando entrei para o setor de tecnologia, em vendas, minha primeira chefe me disse: "Aqui está sua cota; boa sorte. Faça mais do que os homens, beba menos do que os homens e nunca mostre sua fraqueza". Foi literalmente isso que ela me disse. E eu tentei seguir isso! Especialmente a parte de não mostrar fraqueza, especialmente nos primeiros dez anos da minha carreira.
>
> Eu tinha dois filhos em casa. Era incrivelmente difícil tentar cuidar de dois filhos e voar por aí e tudo mais. Mas eu nunca falaria sobre os desafios de ter dois filhos menores de 3 anos e tentar trabalhar com tecnologia e não dormir o suficiente, porque isso era uma fraqueza.
>
> E descobri que estava me perdendo. Parei de reconhecer quem eu era. Sou autêntica, sou calorosa, acho que sou humilde e tenho uma

> mentalidade de crescimento. Nos primeiros dez anos em tecnologia, em vendas e como engenheira, tive que me treinar para não ser nada disso. E isso não me ajudou.
>
> Então, em algum momento, pensei: "Preciso ser quem eu sou". E não me importa o quão longe eu vá na minha carreira, mas simplesmente serei quem sou. Vou falar sobre as coisas em que falhei. Vou falar sobre o quão difícil é, como mulher, crescer na área tecnologia e o quão difícil é administrar tudo isso. Vou falar sobre a síndrome do impostor, que ainda tenho. Estava cansada de seguir o manual de "trabalhe mais e não demonstre fraqueza". Não tenho medo de trabalhar mais, mas queria encontrar lugares onde pudesse ser eu mesma.

Rangan encontrou um lugar assim na HubSpot. Sob sua liderança, a empresa continuou a trabalhar em sua cultura de abertura. No final de 2022, o Código de Cultura da HubSpot estava em sua trigésima terceira revisão. Ele continuou a sustentar uma empresa na qual muitas pessoas queriam trabalhar. A HubSpot ficou em segundo lugar entre as grandes empresas dos EUA nos prêmios Melhores Lugares para Trabalhar da Glassdoor[46] em 2022, e a Comparably, outro site de avaliações de funcionários, nomeou Rangan como a Melhor CEO para Mulheres.[47]

## A Magia do Conhecimento Comum para Mudar Vidas

A abertura da HubSpot se estende a algumas das informações mais sensíveis da empresa. Depois que a empresa abriu o capital, em 2014, ela tomou a medida incomum de designar todos os seus funcionários — não apenas os principais executivos — como insiders com acesso a informações financeiras importantes. Como diz o Código da Cultura,

> Todos têm acesso igual[48] aos mesmos dados. Isso é importante porque melhores dados levam a melhores insights…
>
> Exemplos de coisas que compartilhamos e discutimos:
>
> - Finanças (previsões, balanço, DRE etc.)
> - Nossas metas de diversidade (e deficiências)
> - Plataformas de reuniões de gestão
> - Respostas das nossas sessões "Pergunte-me Qualquer Coisa"

Muitas outras empresas geek também compartilham informações de maneiras que parecem extremas. Em 1998, Reed Hastings começou a distribuir e discutir as demonstrações financeiras trimestrais da Netflix com todos os funcionários (no estacionamento da empresa, que era o único espaço grande o suficiente) e a postar um documento descrevendo a estratégia da empresa em um quadro de avisos ao lado da fotocopiadora. Essas práticas continuaram mesmo depois que a Netflix abriu o capital. O documento de "apostas estratégicas" da empresa é postado com destaque em sua intranet e, como Hastings coloca, "Todos os resultados financeiros[49], bem como praticamente qualquer informação que os concorrentes da Netflix adorariam ter em mãos, estão disponíveis para todos os nossos funcionários".*

Como esses exemplos mostram, os geeks de negócios tendem à "transparência radical", uma frase cunhada em 2001 para descrever a colocação de informações até mesmo confidenciais diante do maior número possível de olhos. Ray Dalio, o fundador do fundo de hedge Bridgewater Associates, era um defensor fervoroso dessa abordagem antes mesmo de ela ter um nome. Desde o início da Bridgewater em 1975, ele trabalhou para desenvolver sua capacidade de fazer coisas como registrar todas as reuniões e torná-las universalmente pesquisáveis e acessíveis dentro da empresa. Ele também acreditava que as reputações dos funcionários — cobrindo tudo, desde o quão atenciosos e inspiradores eles eram até o quão bem eles eram capazes de se comunicar e pensar estrategicamente — deveriam ser quantificadas e mostradas a todos. Então, as pessoas na Bridgewater agora são obrigadas, frequentemente, a dar um feedback numérico[50] umas às outras após reuniões e outras interações, usando um aplicativo para iPad chamado Dot Collector. Todos os pontos agregados de cada pessoa estão sempre visíveis para o resto da empresa.

O que está acontecendo aqui? Por que existe essa mania entre tantos geeks de negócios de compartilhar — quando não compartilhar demais — informações? É fácil identificar os riscos que vêm com a transparência radical: facilitar o uso de informações privilegiadas, deixar a concorrência saber o que você está fazendo, expor problemas internos, deixar as pessoas desconfortáveis quando suas fraquezas são tornadas públicas, e assim por diante. Os benefícios realmente valem a pena?

* Em 2021, um ex-engenheiro da Netflix foi considerado culpado de abuso de informação privilegiada depois de repassar informações privilegiadas sobre o desempenho da empresa a um estranho que as utilizou para negociar ações.

Muitos geeks acreditam que sim. Para entender o porquê, vamos revisitar uma história bem conhecida sobre uma cidade que deixou uma situação desconfortável continuar por muito tempo.

O conto popular das roupas novas do imperador tem mais de mil anos, e variações dele existem em muitas culturas. A versão que conhecemos melhor vem da coleção de contos dinamarqueses do século XIX de Hans Christian Andersen.[51] Ele relata como vigaristas chegaram à capital do país e se promoveram como tecelões de tecidos lindos com uma propriedade única: eles só podiam ser vistos por pessoas inteligentes que eram adequadas para suas posições. O imperador ouviu falar desses tecidos maravilhosos e enviou uma sucessão de ministros para examiná-los. Claro que não havia nada para eles examinarem — não havia tecido de verdade — mas cada ministro se preocupava que os tecelões pudessem estar dizendo a verdade, caso não estivesse vendo nada porque era estúpido ou inapto. Se isso fosse verdade, o ministro certamente seria desacreditado e perderia seu emprego. Para evitar essa possibilidade, todos os ministros enviados para inspecionar os "têxteis" os elogiaram generosamente.

Depois que os vigaristas embolsaram vários pagamentos do imperador, eles declararam que suas roupas novas estavam prontas. Pediram-lhe que se despisse e depois vestiram-no com as suas novas e imaginárias roupas, enquanto todos os espectadores admiravam abertamente a sua grande beleza e elegância.* O imperador então caminhou em procissão pela cidade para que todos pudessem ver e elogiar suas vestes. Todos os adultos se juntaram, já que nenhum deles queria ser visto como estúpido ou inadequado. Uma criança pequena, no entanto, não manteve a farsa. "Mas ele não está vestindo nada!", ela gritou em voz alta. Isso quebrou o feitiço, e logo toda a cidade estava concordando: "Ele não está vestindo nada!"

A história das novas roupas do imperador destaca a grande importância da diferença, aparentemente pequena, entre *conhecimento mútuo* e *conhecimento comum*. Conhecimento mútuo é o que todo mundo sabe. O fato de o imperador estar sem roupas enquanto desfilava pela rua era conhecimento mútuo para os habitantes da cidade. Mas eles não sabiam que todos os outros também sabiam da mesma coisa. Por causa da mentira inteligente contada pelos "alfaiates" trapaceiros, todos os moradores da cidade pensaram que havia pelo menos alguma chance de que outras pessoas — as inteligentes e adequadas — pudessem de fato ver as roupas do imperador, embora eles próprios não

* Em algumas versões da história, é permitido ao imperador um pouco de dignidade: em vez de se despir completamente, ele fica apenas de cueca.

pudessem. Então, para evitar o risco de parecerem estúpidos e inaptos, todos ficaram quietos.

Por causa da confusão semeada pelos vigaristas, em suma, o estado de nudez do imperador não era de conhecimento comum. Conhecimento comum é o que todo mundo sabe, e que todo mundo sabe que todo mundo também sabe, e que todo mundo sabe que todo mundo sabe que todo mundo sabe, e assim por diante. Quando a criança gritou a verdade, ela não estava dizendo nada que ninguém já não soubesse, mas estava convertendo conhecimento mútuo em conhecimento comum. De repente, todo mundo sabia que todo mundo estava vendo a mesma coisa, e o feitiço foi quebrado.

Como esse conto popular mostra, o conhecimento comum tem um poder estranho, quase sobrenatural, de fazer um grupo de pessoas mudar seu comportamento de maneiras que parecem coordenadas, mas não são. Minha demonstração favorita desse fenômeno vem de um quebra-cabeça lógico[52] que existe em muitas versões que remontam pelo menos à década de 1960. Uma versão se passa na fictícia Ilha do Mau Hálito.*

É um lugar pequeno onde todos se conhecem. É também um lugar de QI elevado. É de conhecimento geral que os habitantes desta ilha são todos pensadores lógicos e claros. O que não é de conhecimento geral é quem têm mau hálito, já que esse tópico desconfortável nunca é discutido de forma alguma por ninguém. Na verdade, o mau hálito é considerado tão vergonhoso que se alguém tiver certeza de que tem, pulará em uma canoa no meio da noite e remará para longe, para nunca mais voltar. Como a maioria de nós, os habitantes da Ilha do Mau Hálito não conseguem sentir o próprio hálito com precisão, embora consigam sentir o hálito de todos os outros perfeitamente bem. Então eles andam por aí sabendo quem mais tem mau hálito, mas sem saber se eles próprios têm, e nunca, jamais, discutem esse assunto tabu.

De vez em quando, um alienígena completamente confiável aparece e conta coisas a eles. (O fato de que o alienígena é completamente confiável é de conhecimento comum.) Um dia, o alienígena aparece, espera pacientemente que todos os ilhéus se reúnam, diz: "Pelo menos um de vocês nesta ilha tem mau hálito", e então desaparece.

O alienígena não disse nada aos ilhéus que eles já não soubessem. Afinal, eles conseguem sentir cheiros. Eles conseguem dizer se seus vizinhos têm mau hálito ou não. E por alguns dias após a visita do alienígena, nada muda. Mas

* Outra versão é um pouco mais picante: não gira em torno de pessoas com mau hálito, mas sim de maridos infiéis que são executados se suas esposas descobrirem.

na sétima manhã após a visita do alienígena, todos acordam e descobrem que as sete pessoas com mau hálito deixaram a ilha durante a noite. Ninguém fica surpreso. Com uma nova consciência compartilhada de que a halitose foi erradicada de uma vez por todas na Ilha do Mau Hálito, todos vão para casa e desfazem as malas que prepararam para o caso de precisarem remar para longe naquela noite.

O que aconteceu aqui? Como o anúncio do alienígena pode ter levado a esse resultado, e como os ilhéus remanescentes no sétimo dia estão tão certos de que não têm mau hálito?

Para começar a entender como, pense no único caso em que o anúncio do alienígena poderia realmente ter fornecido novas informações a alguém. Seria o caso de haver apenas uma pessoa com mau hálito na ilha. Essa pessoa — vamos chamá-la de Sven — tinha um olfato funcional e interagia com todos os outros ilhéus, e sabia que ninguém mais tinha mau hálito. Mas Sven não conseguia dizer como era seu próprio hálito. Ele sabia, então, que ninguém na ilha tinha mau hálito, ou apenas ele o tinha. E como o anúncio do alienígena confiável eliminou a possibilidade de que ninguém mais tivesse mau hálito, Sven concluiu que ele, e somente ele, tinha. Então Sven saiu remando envergonhado naquela mesma noite.

Agora pense em todos os outros ilhéus neste caso. Todos sabiam que Sven tinha mau hálito. E antes da visita do alienígena, havia apenas duas possibilidades mutuamente exclusivas: ou apenas Sven tinha mau hálito, ou duas pessoas tinham (Sven e *eles próprios*). Todos esses ilhéus deram um grande suspiro (sem cheiro) de alívio quando acordaram na manhã seguinte à visita do alienígena e viram que Sven, seu vizinho cujo mau hálito era óbvio, tinha remado para longe. Por quê? Porque esse fato revela qual das duas possibilidades é a realidade: é aquela em que apenas uma pessoa tem mau hálito. E essa pessoa corretamente se identificou e foi embora. Todos os outros, portanto, sabiam que não precisavam fugir envergonhados, então foram para casa e desfizeram as malas.

A mesma lógica funciona quando o número de pessoas com mau hálito é maior que um. Se houver dois, por exemplo, ambos sabem que há duas possibilidades: um ilhéu com mau hálito ou dois. Quando eles acordam na primeira manhã após a visita do alienígena e veem que ninguém remou para longe durante a noite (como seria o caso se houvesse uma pessoa com mau hálito na ilha), eles são forçados a concluir que o número correto é dois e que eles são um dos dois. Então, ambos, independentemente, decidem remar naquela noite. O resto dos ilhéus — que sabiam que duas ou três pessoas tinham mau hálito — respiram aliviados quando acordam na segunda manhã e descobrem que o número verdadeiro era dois. Essas pessoas desfazem as malas e seguem com suas vidas até a próxima visita do alienígena. E assim por diante, até o nosso caso inicial de sete ilhéus com mau hálito.

Este exemplo é (mais do que um pouco) artificial, mas, como o conto das roupas novas do imperador, nos mostra como criar conhecimento comum pode mudar uma situação de forma rápida e profunda. O conhecimento comum aumenta a observabilidade e dá a todos a garantia de que todos observaram a mesma coisa. Ele elimina a negação plausível, tanto externa quanto internamente, e assim torna tanto o engano quanto o autoengano muito mais difíceis. O conhecimento comum frequentemente força as pessoas a confrontar realidades que elas prefeririam evitar. Uma vez que o visitante alienígena falou, era apenas uma questão de tempo até que todos os ilhéus com mau hálito fossem embora.

O conhecimento comum é o soro da verdade organizacional de muitas maneiras, e é por isso que os geeks de negócios gostam tanto dele. Eles trabalham para garantir que informações importantes não sejam apenas conhecimento mútuo, mas também conhecimento comum.

Os geeks dos negócios dão esse passo a mais porque as pessoas e os grupos se comportam de maneira diferente quando ninguém consegue convencer a si mesmo ou a qualquer outra pessoa de coisas que são contraditas pelo conhecimento comum. Um gerente na Bridgewater não gastará muito tempo falando sobre a importância de fazer a coisa certa se todos na empresa puderem ver que a pontuação de "coragem gerencial" atribuída pelos colegas do gerente é baixa. Os membros da equipe que trabalham em um projeto ágil não podem dizer a si mesmos que não estão ficando para trás, ou que todos os outros estão igualmente atrasados, ou que ninguém sabe o quão atrasados realmente estão, se são a única equipe cujos cartões ainda não estão na coluna Concluído do quadro kanban. Ninguém na equipe de câmera do iPhone na Apple vai continuar argumentando contra dar aos consumidores a capacidade de visualizar o fundo desfocado de retratos se toda a equipe estiver lá assistindo à demonstração mostrando o quão poderoso esse recurso é. Os geeks de negócios enfatizam o conhecimento comum — é parte de seu kit de ferramentas para uma transparência radical — porque eles reconhecem o quão poderosa é uma arma contra o autoengano, os clubes dos mentirosos e situações em que o imperador está nu.

## Por que Cumprimos

Penso que a abertura é importante por uma última razão. Ela ocupa um lugar especial entre as grandes normas geek porque estabelece uma forma crítica de policiamento comunitário — quando está funcionando bem, a abertura transforma todos em guardiões da cultura de uma organização. Esse policiamento comunitário reduz o risco de que a cultura seja distorcida ou sequestrada ao longo do tempo. Como o filósofo Dan Williams escreve sobre um aspecto da abertura:

> Um bom argumento para normas fortes[53] de liberdade de expressão não é um que leve à verdade, mas que seja uma forma de design de sistema que protege contra os danos produzidos por grupos pequenos, mas bem organizados, que impõem ortodoxias e tabus egoístas à população em geral. Quando isso acontece, você não pode desafiar as ortodoxias sem arriscar punição social. Ao defender normas em favor da liberdade de expressão, no entanto, você reduz o escopo e os custos de tal punição.

Os sócios de auditoria da Arthur Andersen eram um grupo pequeno, mas bem organizado, dentro da empresa. Eles impuseram uma ortodoxia egoísta de crescimento a qualquer custo e um tabu em se manifestar contra comportamento antiético. A ortodoxia e o tabu eram prejudiciais à organização e contrariavam diretamente seus valores declarados. Mas como a AA não tinha normas fortes de liberdade de expressão (Toffler descobriu, por exemplo, que os gerentes da empresa eram extremamente relutantes em se manifestar ou se manifestar contra os sócios), os sócios não foram desafiados.

Parte do motivo é que os gerentes da AA estavam preocupados em serem demitidos, ou pelo menos receber uma avaliação de desempenho ruim, se denunciassem o comportamento antiético de seu chefe. Mas esse não é o motivo todo. Acredito que nem seja o mais importante. Afinal, Toffler não trabalhava diretamente para o sócio que ordenou que ela dobrasse o que estava cobrando de um cliente. Ele não tinha autoridade para demiti-la; ele podia nem ter feito parte de sua avaliação de desempenho. Então por que ela concordou com ele?

O quebra-cabeça se aprofunda porque, antes de sua passagem pela Andersen, Toffler havia dedicado sua carreira a estudar e melhorar a ética empresarial, e se considerava disposta a falar e dizer a verdade ao poder. Sua descrição de si mesma em uma palavra era "desmistificadora". Após seu primeiro ano lecionando na Harvard Business School, seus alunos lhe deram uma lata de spray que eles rotularam como Repelente de Besteiras. No entanto, depois de apenas alguns anos trabalhando na Andersen, ela se viu, como relembra, "brigando com meus colegas, tão disposta a roubar um cliente quanto qualquer outra pessoa na empresa, supervisionando um trabalho que muitas vezes era moldado mais por restrições de tempo e honorários do que por expertise criteriosa"[54]. Ela não cedeu apenas uma vez a um pedido antiético; em vez disso, ela se tornou alguém disposta a cruzar a linha repetidamente. Pouco depois de deixar a Andersen, Toffler almoçou com um CEO com quem havia trabalhado durante toda a sua carreira. Como ela conta, ele foi direto com ela:

> "Você estava nos vendendo coisas que não achava que precisávamos [quando você estava na AA]." Então ele resumiu tudo em uma frase. "Barbara, essa não é a pessoa que eu conhecia", ele disse. Tive que concordar com ele. Aquela não era a versão de mim que eu conhecia[55].

Que força era poderosa o suficiente para torná-la irreconhecível até para si mesma? Em seu argumento a favor de uma norma de abertura citado alguns parágrafos atrás, o filósofo Dan Williams a identifica precisamente: é o risco de punição social.

Isso parece vago e insuficiente, não é? Como algo tão leve quanto "punição social" pode ser forte o suficiente para fazer com que uma eticista profissional se torne irreconhecivelmente antiética consigo mesma e com os outros depois de apenas alguns anos? É fácil ver como algumas mudanças nas circunstâncias seriam transformadoras. Se Toffler tivesse sido enviada para lutar nas trincheiras da Primeira Guerra Mundial, digamos, ou introduzida em um implacável cartel de drogas, ela poderia muito bem ter se tornado uma pessoa bem diferente. Mas ela se juntou a uma empresa de auditoria. Ela mudou de um emprego administrativo para outro, nada mais. E ainda assim, algo sobre as normas que ela encontrou na Andersen, e a punição social que ela sabia que enfrentaria se não as seguisse, a transformou em alguém diferente da "versão de mim que eu conhecia".

Para entender como isso aconteceu, e para encerrar nossa exploração final sobre nós, *Homo ultrasocialis*, vamos olhar não apenas para a norma de abertura, mas para as normas em geral. Como discutimos, as normas são os comportamentos que uma comunidade espera de seus membros. Nossas reputações dependem de quão bem seguimos as normas de nossas comunidades. Essas reputações são mantidas, espalhadas e atualizadas de uma forma distribuída e altamente eficaz: por fofoca.

"Fofoca" tem conotações negativas e também sexistas: tem sido usada como um rótulo desdenhoso para algo que as mulheres são propensas a fazer. Mas, na verdade, é algo que todos nós fazemos. O antropólogo Robin Dunbar e seus colegas coletaram amostras de conversas fluidas em muitos locais e descobriram que, em média, 65% do tempo[56] era dedicado a tópicos sociais — em outras palavras, fofoca — e apenas 35% a todo o resto: política, esportes, música e cultura, e tópicos técnicos.* Não houve uma diferença significativa na frequência de fofoca entre homens e mulheres.

Nós, *Homo ultrasocialis*, usamos a fofoca para compartilhar e espalhar informações sobre o quão bem os membros do grupo estão seguindo as normas. Meus colegas e eu, na academia de negócios, gastamos bastante tempo discutindo quem tem boas ideias, quem contribui proporcionalmente em projetos, quem toma mais crédito do que merece, quem é meticuloso com suas afirmações e dados, e, talvez de forma mais essencial, quem é simplesmente "inteligente". Como todos os humanos, fofocamos sobre coisas que importam para nós e com as quais realmente precisamos nos preocupar.

Essa fofoca cria nossa reputação e posição no grupo. É como se todos tivéssemos um display sobre nossas cabeças mostrando nossas "pontuações de normas" geradas por fofocas: nossas classificações de quão bem seguimos o código de conduta do grupo. Andy plagia? Ele falta às reuniões? Ele é verbalmente abusivo? Ele foge do trabalho, mas anseia pelos holofotes? Quando se envolve em um projeto, ele acelera ou desacelera? Meu display suspenso mostra minhas pontuações nessas e em muitas outras medidas para os membros da minha comunidade. Outros membros "veem" essas pontuações e agem de acordo. Eles também atualizam essas pontuações com suas fofocas sobre mim. Eu, é claro, faço o mesmo por eles.

Quando as normas são violadas, a comunidade pune o infrator. Como? Submetendo o infrator à exclusão social, o que é tremendamente doloroso e perturbador para nós, *Homo ultrasocialis*. Lembre-se, durante a maior parte da nossa história como espécie, os indivíduos precisavam fazer parte de um grupo para sobreviver. Para ajudar a garantir nossa sobrevivência, então, a evolução nos projetou para querer pertencer a um grupo. Parte desse processo envolve uma forte aversão a qualquer forma de exílio, ostracismo ou exclusão. Ser desprezado, receber um gelo, ver uma conversa animada ser silenciada assim que você entra em uma sala, ser expulso: tudo isso parece realmente péssimo. A evolução nos projetou para que a exclusão social *machuque*, porque essa exclusão é um assassino para os membros da nossa espécie.

* Todas essas conversas aconteceram na Europa. Pesquisas sobre fofoca entre pessoas não europeias mostram que a porcentagem de tempo dedicada à fofoca é ainda maior do que os 65% observados por Dunbar.

O neurocientista Matthew Lieberman conta a história sobre um experimento que ele e a psicóloga Naomi Eisenberger conduziram, onde submeteram pessoas desavisadas à exclusão social enquanto estavam em uma máquina de fMRI que rastreava com precisão sua atividade cerebral. Quando saíram da máquina, a força de suas reações foi surpreendente. Como Lieberman escreve, os sujeitos "começavam espontaneamente a falar conosco sobre o que tinha acabado de acontecer com eles. Eles estavam genuinamente zangados ou tristes[57] em relação ao que haviam passado".

Uma surpresa maior, no entanto, veio quando os pesquisadores estavam analisando os dados de fMRI que haviam coletado. Em dado momento, eles olharam para o computador de um colega que estava analisando dados de um estudo de fMRI de reações à dor física. Como Lieberman relembra, "Olhando para as telas, lado a lado, sem saber qual era uma análise de dor física e qual era uma análise de dor social, você não seria capaz de dizer a diferença"[58]. Dor física e dor social são tão intimamente relacionadas que o Tylenol realmente ajuda com ambas. Comparado a um grupo de controle, pessoas que tomaram uma dose diária de 1.000 miligramas[59] de Tylenol começaram a relatar significativamente menos dor social após um pouco mais de uma semana.

A punição social é universal entre grupos humanos porque é muito eficaz. Você não precisa designar um executor para sair por aí espancando as pessoas toda vez que elas violam uma norma. Tudo o que você precisa é de um grupo de humanos que tenham decidido coletivamente quais são as normas. Fofoca, reputação e dor social cuidarão das coisas a partir daí. Como Lieberman coloca, "Nossa sensibilidade à rejeição social[60] é tão central para o nosso bem-estar que nossos cérebros a tratam como um evento doloroso, independentemente de a instância de rejeição social importar ou não".

A definição final de norma, então, é que se trata de qualquer comportamento em que o descumprimento leva à punição por meio da rejeição social. Temos debatido há muito tempo o que mantém os grupos humanos unidos. Alguns assumem a visão exaltada de que o que nos une é o que amamos. Se, como disse Santo Agostinho em *A Cidade de Deus*, "um povo é uma assembleia de seres razoáveis[61] unidos por um acordo comum quanto aos objetos de seu amor, então, para descobrir o caráter de qualquer povo, temos apenas que observar o que eles amam". O outro lado, tal como expresso pelo dramaturgo Anton Chekhov, é que "o amor, a amizade, o respeito não unem as pessoas tanto quanto o ódio em comum por alguma coisa"[62]. Pesquisas recentes sugerem uma maneira muito diferente de olhar para a questão: quer amemos as pessoas ao nosso redor ou as odiemos, o que as une a nós em um grupo coerente é aquilo que decidimos coletivamente punir com a dolorosa rejeição social — com a ameaça ou efetivação do ostracismo do grupo. Em outras palavras, grande parte do que nos une são nossas normas.

Repetidamente, vimos como as normas sobrepujam as diferenças individuais e fazem com que a maioria, se não todas as pessoas de um grupo, se comporte da mesma maneira. As normas foram instrumentais para fazer com que os seminaristas de Princeton não fossem prestativos, os pacientes quenianos com tuberculose fossem altruístas e os funcionários de empresas como a Amazon e a Microsoft deixassem de agir como engrenagens no gigantesco maquinário burocrático para agir como proprietários empoderados.

No Google, e em muitas outras empresas geek, um designer recém-contratado que dissesse algo como "Não há necessidade de fazer testes A/B nessa alteração — sei que os usuários vão gostar mais", provavelmente teria um colega ou chefe explicando a norma para ele com uma conversa do tipo "Não é assim que fazemos as coisas por aqui". Se o designer não ouvisse, ele começaria a experimentar ostracismo e outros tipos de dor social: não ser convidado para reuniões, não ter muitas pessoas com quem almoçar, não ser consultado com muita frequência, não ser incluído em projetos e, eventualmente, não ter mais um emprego lá.

Da mesma forma, os gerentes da Amazon que se envolvem na antiga arte burocrática de tentar impedir o progresso de outra pessoa estão violando a norma de propriedade da empresa. Eles são conhecidos como "bloqueadores" e tendem a não durar muito. Só posso imaginar o que aconteceria com um engenheiro de software na Tesla que sugerisse a adoção de uma abordagem em cascata para desenvolver o código do próximo carro da empresa, ou o chefe de um programa de desenvolvimento de foguetes na SpaceX que insistisse que a equipe ficasse com o primeiro design que surgiu, não importando o que os testes revelassem. Ambas as hipóteses seriam violações da grande norma geek de velocidade que está em vigor nas duas empresas.

Uma das coisas mais loucas sobre nossa psicologia normativa é o quão flexível ela é. Existem alguns absolutos morais que são consistentes em todos os grupos humanos. Em nenhum lugar é aceitável, por exemplo, assassinar aleatoriamente membros do seu grupo. Fora desses absolutos, porém, há uma variedade aparentemente infinita. Pessoas em bandos de caçadores-coletores não têm papéis claramente definidos. Pessoas em reinos geralmente têm. Os holandeses tendem a ser bastante diretos, enquanto os japoneses não. Alguns grupos continuam a se submeter ao julgamento de anciãos e especialistas; outros adotaram o método científico. Os gerentes da AA eram extremamente relutantes em discordar de seus parceiros, enquanto os HubSpotters se sentem muito à vontade discordando de seu CEO. Por adotarem normas de ciência, propriedade, velocidade e abertura, os negócios geek são rápidos, livres, igualitários, baseados em evidências, autônomos e questionadores. A maioria das culturas de negócio da era industrial não é. Nossa psicologia normativa pode facilmente acomodar qualquer uma dessas opções.

## Organizações Autocorrigíveis

As normas defensivas e antiéticas da Arthur Andersen eram desagradáveis para Toffler, mas ela geralmente as seguia. Como ela escreve, "Uma das poderosas lições pessoais da minha experiência na Arthur Andersen é que, apesar da minha autoimagem como desmistificadora, minhas frequentes batalhas com meus chefes e um surto ocasional de 'faça do meu jeito', eu basicamente segui a cultura... Se você fica em um lugar por tempo suficiente,[63] você inevitavelmente começa a agir como a maioria das pessoas ao seu redor". Quando seus colegas estavam agindo de maneira indevida, eles esperavam que ela fizesse o mesmo — e ela fez. Normas certamente são fortes.

Felizmente, isso se aplica tanto a normas saudáveis, como abertura, quanto a normas defensivas prejudiciais. Se você se juntar a uma empresa onde a abertura é a norma — onde informações importantes como pontuações de gerentes e status de projetos são de conhecimento comum, onde falhas não condenam carreiras, onde líderes estão dispostos a mostrar vulnerabilidade e onde a liberdade de expressão é comum — você basicamente seguirá essa cultura. Você vai pegar as normas em vigor ao seu redor e começar a segui-las, porque é para isso que nós, *Homo ultrasocialis*, fomos projetados. Você vai se sentir mais confortável compartilhando, assumindo riscos e falando.

Você também começará a falar sobre violações de normas e outros comportamentos ruins se for isso que você vê seus colegas fazendo. Em outras palavras, você se juntará ao policiamento comunitário contínuo que mantém a cultura da empresa no caminho certo. É por isso que a abertura ocupa um lugar especial entre as grandes normas geek: é um mecanismo distribuído de autocorreção.

Organizações com normas defensivas não têm esse tipo de capacidade distribuída para autocorreção. Como resultado, elas podem se desviar bastante do caminho; uma enorme lacuna pode se abrir entre o que dizem sobre si mesmas e o que realmente fazem. O relatório anual de 1999 da AA, que descreveu "nossos valores essenciais: Integridade, Respeito, Paixão pela Excelência, Empresa

Unificada, Gestão, Crescimento Pessoal", parece uma piada de mau gosto, em retrospectiva. Mas o abismo entre as palavras da empresa e suas ações era tudo menos uma piada — e a essa altura o abismo era indiscutível. Os geeks de negócios continuam trabalhando na norma da abertura — apesar dos desafios que ela traz e do trabalho constante que ela envolve — porque não querem chegar a esse ponto. Para permanecerem fiéis a si mesmos e manterem suas normas de ciência, propriedade e velocidade, eles precisam permanecer abertos.

Para encerrar este livro, vamos usar o que aprendemos sobre uma grande norma geek de forma a criar uma quarta e última regra básica. A forma geral da regra é: *Moldar a ultrassocialidade dos membros do grupo para que a evolução cultural do grupo seja a mais rápida possível na direção desejada.* Para a norma de abertura, que ocupa um lugar especial porque atua como guardiã das outras normas, a regra básica se torna: *Aceitar desafios ao status quo e aumentar o conhecimento comum para combater a atitude defensiva e tópicos indiscutíveis.* É a melhor maneira de manter o jeito geek forte.

## Resumo do Capítulo

Muitas empresas têm normas do "Modelo 1": ter controle unilateral sobre os outros; esforçar-se para vencer e minimizar as perdas; suprimir sentimentos negativos. Isso parece sensato, mas na verdade é corrosivo porque cria uma cultura de defensividade e indiscutibilidade.

O Modelo 1 estrangula e esmaga as coisas sobre as quais os geeks de negócios são inflexíveis. Ele cria culturas corporativas que são o oposto de livres, rápidas, baseadas em evidências, igualitárias, questionadoras e autônomas.

Os geeks de negócios evitam ficar na defensiva adotando uma norma de abertura, que podemos definir como *compartilhar informações e ser receptivo a discussões, reavaliações e mudanças de direção.*

Os geeks percebem que os dois objetivos de "lutar para vencer e minimizar as perdas" são incompatíveis — que, a longo prazo, vencer exige conduzir experimentos, correr riscos e fazer apostas, e nem todas elas darão certo.

O conhecimento comum (uma forma extrema de compartilhamento de informações) é o soro da verdade organizacional.

Para a norma geek de abertura, a regra básica final é: *Aceitar desafios ao status quo e aumentar o conhecimento comum para combater a atitude defensiva e os tópicos indiscutíveis.*

A definição final de uma norma é que ela é qualquer comportamento em que a não conformidade leva à punição por meio da rejeição social.

A abertura ocupa um lugar especial entre as grandes normas geek: é um mecanismo distribuído de autocorreção.

## Pesquisa para Sua Organização

Essas dez afirmações podem ser usadas para avaliar até que ponto uma organização segue a grande norma geek de propriedade. Os entrevistados respondem a cada uma com um número entre um e sete, onde um significa "discordo totalmente" e sete significa "concordo totalmente".

1. Os líderes seniores aqui estão dispostos a ser vulneráveis e a admitir que estavam errados ou que não sabem a resposta.
2. Os gerentes e executivos aqui não querem ouvir más notícias.*
3. Os gerentes e executivos aqui esperam ser obedecidos sem serem questionados.*
4. Nós enfatizamos a vitória e suprimimos a negatividade.*
5. Existem muitos tópicos tabu aqui.*
6. As pessoas aqui frequentemente desafiam o status quo e falam quando discordam de um curso de ação.
7. Estar associado a um esforço fracassado não prejudica sua carreira nesta empresa.
8. Quando as pessoas discordam umas das outras aqui, elas o fazem respeitosamente.
9. As pessoas aqui raramente admitem que outra pessoa as fez mudar de ideia ou seguir um curso de ação diferente.*
10. As pessoas aqui acham que seus colegas conseguem lidar com feedbacks sinceros e críticas construtivas.

* As pontuações para essas afirmações precisam ser invertidas. Para fazer isso, subtraia a pontuação do entrevistado de oito. Por exemplo, se o entrevistado respondeu com seis, a pontuação invertida seria dois.

## Quatro Mantras Geek

*Ciência: Discuta sobre evidências.*
*Propriedade: Alinhe, então libere.*
*Velocidade: Itere com feedback.*
*Abertura: Reflita, não seja defensivo.*

# Conclusão

*Vitalidade, Se Não Imortalidade*

não adianta se preocupar com o Tempo
mas tínhamos alguns truques na manga

— *Frank O'Hara*

Nenhum dos geeks de negócios com quem conversei para este livro acha que descobriu a fonte corporativa da juventude. Eles não acham que suas empresas — ou de qualquer outra pessoa — descobriram como ter sucesso permanente. Nunca ouvi algo como "Nós descobrimos isso. Estaremos permanentemente no topo". Os líderes do Vale do Silício não são conhecidos como um grupo particularmente humilde, mas quando falo com eles não ouço muita arrogância sobre o futuro de longo prazo de suas empresas.

Há duas grandes razões pelas quais os geeks de negócios não acreditam em negócios imortais. A primeira é que inovação e competição são um golpe duplo que pode derrubar qualquer um. Digamos, por exemplo, que uma startup anuncie amanhã de maneira fidedigna que construiu um computador quântico funcional e de capacidade industrial. Isso abalaria as coisas, já que a maior parte da infraestrutura digital que construímos ao redor do mundo para garantir privacidade e segurança ficaria instantaneamente obsoleta. Comércio eletrônico, serviços financeiros, comunicações e outros setores importantes seriam abalados até o âmago. Além disso, o progresso em IA, otimização, simulação e vários outros aspectos fundamentais da computação experimentariam um, bem, salto quântico para a frente. Os incumbentes nessas áreas passariam por um momento difícil.

O TikTok, uma plataforma online para compartilhar vídeos curtos, é uma inovação de menor grau do que a computação quântica. Mas seu rápido crescimento provavelmente deixou algumas pessoas na Meta — a empresa controladora do Facebook e do WhatsApp — preocupadas. Essas duas plataformas de mídia social tinham escala global e fortes efeitos de rede, e ambas permitiam que os usuários postassem vídeos. Então, quanto espaço poderia haver para mais um serviço de compartilhamento de vídeos? Bastante, como se vê. O TikTok foi lançado em 2016; em 2021, tinha mais de 650 milhões de usuários[1] ao redor do mundo e era, como o *Wall Street Journal* colocou, "o aplicativo mais popular[2] do mundo". A lição da rápida incursão do TikTok no território da Meta é que a incumbência oferece muitas vantagens, mas nenhuma garantia. A única certeza é que alguém lá fora está desenvolvendo algo com o potencial de transformar radicalmente o seu setor.

Essa disrupção se torna muito mais fácil se os incumbentes sucumbirem a qualquer uma das disfunções organizacionais clássicas. A segunda, e principal, razão pela qual os geeks de negócios não acreditam na imortalidade corporativa é que essas disfunções continuam reaparecendo. Elas são tão difíceis de matar quanto o bicho-papão aterrorizando crianças em um filme de terror. Elas continuam a assombrar até mesmo os tipos de empresas que foram pioneiras no jeito geek. Eventos recentes mostram que as empresas de tecnologia da era da internet e seus líderes não são imunes aos danos autoinfligidos que atormentaram as empresas ao longo da era industrial.

O excesso de confiança no topo está vivo e bem no Vale do Silício. Como vimos no Capítulo 4, o excesso de confiança é "o mais 'difundido e potencialmente catastrófico' de todos os vieses cognitivos dos quais os seres humanos são vítimas". A grande norma geek da ciência deve atenuar seus efeitos fazendo com que todos — até mesmo o CEO — sigam as evidências e testem suas ideias por meio do debate. Mas essa norma parece ter sido deixada de lado quando Mark Zuckerberg orientou a empresa que ele fundou a perseguir o "metaverso".

Essa empresa costumava se chamar Facebook. Ela mudou seu nome para Meta no final de 2021 para mostrar o quanto levava o metaverso a sério, um ambiente online cuja "característica definidora",[3] de acordo com Zuckerberg, "é que você realmente sente que está presente com outras pessoas ou em outro lugar. Você pode olhar documentos, pode olhar um site, mas no futuro você estará *dentro* dele". Sua empresa vinha trabalhando para criar esse sentimento de presença por anos — e gastando muito dinheiro nisso — antes de mudar seu nome. Segundo uma estimativa, o investimento anualizado do metaverso da Meta foi de US$15 bilhões[4] até o final de 2022.

Para muitos observadores, a empresa não tinha muito a mostrar com todo esse esforço e investimento. O primeiro grande aplicativo destinado ao consumidor para o metaverso foi o *Horizon Worlds*, que foi lançado em dezembro de 2021. Era um aplicativo de realidade virtual 3D no qual os participantes podiam criar ambientes e interagir uns com os outros. Mas não atraiu muitos participantes. Documentos internos da Meta revelaram que, em outubro de 2022, o *Horizon* tinha menos de 200 mil usuários[5] por mês.

Sua popularidade era baixa inclusive entre as pessoas que trabalhavam nele. Vishal Shah, o vice-presidente do Metaverso da empresa, escreveu memorandos para a equipe do *Horizon* dizendo: "Não passamos tanto tempo no *Horizon*" e perguntando: "Por que isso? Por que não amamos tanto o produto[6] que construímos a ponto de usá-lo o tempo todo?"

Uma resposta veio de Adi Robertson[7], uma repórter do site de notícias de tecnologia *The Verge*. Ela analisou o Quest Pro de última geração da Meta, um headset de realidade virtual usado para navegar no metaverso. Robertson sentiu-se "constantemente enjoada" ao usar o dispositivo em seu modo padrão, mas mesmo depois de resolver o problema, ela descobriu que o Workrooms, o principal aplicativo destinado ao uso comercial, era "um dos piores aplicativos que já usei". Ela descreveu como era difícil marcar uma reunião virtual com colegas: "Mesmo após um ano inteiro de disponibilidade, a experiência do Workrooms é... como girar uma roleta projetada por Franz Kafka, onde o prêmio para quem ganha é uma reunião sofisticada no Zoom".

A visão de Zuckerberg para o metaverso não era compartilhada por muitos de seus funcionários. Uma pesquisa realizada em maio de 2022 descobriu que menos de 60%[8] da força de trabalho da Meta entendia a estratégia que fez a empresa mudar seu nome. Algumas pessoas evidentemente sentiam que, diante de desafios de negócio reais, como a ascensão do TikTok e de outros concorrentes e o crescimento lento, a obsessão de seu CEO com o metaverso era uma distração custosa. O *New York Times* relatou que alguns funcionários da Meta se referiam a projetos do metaverso com a sigla desdenhosa MMH, que significava "faça o Mark feliz"*.

Em outubro de 2022, o acionista da Meta, Brad Gerstner, escreveu uma carta aberta[9] a Zuckerberg chamando o investimento da empresa no metaverso de "superdimensionado e assustador, mesmo para os padrões do Vale do Silício" e pedindo que ele o reduzisse pela metade. Mas o CEO da Meta não precisa ouvir Gerstner, outros investidores ou mesmo seu conselho de diretores.

* Do original, *make Mark happy*. [N. da T.]

Zuckerberg detém[10] a maioria das ações com direito a voto de sua empresa, o que significa que há poucos controles institucionais sobre sua confiança de que o caminho que ele definiu para sua empresa é o certo.

Há ainda menos controle sobre Elon Musk no Twitter (atual X), já que ele é dono da empresa por completo. Suas ações com relação a ela foram caracterizadas pela grande confiança de que ele poderia obter o que queria, mesmo quando o que ele queria não era realmente possuí-la depois de concordar em comprá-la. Depois de assinar um contrato para adquirir o Twitter por aproximadamente US$44 bilhões em abril de 2022, ele tentou desistir[11] do acordo, alegando que foi enganado. O Twitter entrou com uma ação judicial para fazê-lo cumprir seu compromisso. Pouco antes do início do julgamento, Musk concordou novamente com a compra e, em 27 de outubro, tornou-se o dono da empresa.

Sua primeira grande mudança no negócio, lançada logo depois que ele entrou na sede do Twitter carregando uma pia[12] (uma forma bem literal de "canalizar" a ideia de que agora era ele quem mandava), foi tentar fazer com que mais usuários pagassem por ele. Em 2009, o Twitter começou a verificar contas[13] de celebridades, políticos e outros que provavelmente seriam personificados. Uma vez verificados, os usuários ganhavam um selo azul contendo uma marca de seleção branca adicionada aos seus perfis; isso ficou conhecido (imprecisamente) como um "selo azul". Nos anos seguintes, a verificação foi expandida sem custos para outras pessoas notáveis e para organizações como empresas e agências de saúde pública.

Musk decidiu derrubar o sistema de verificação do Twitter. Apenas algumas semanas após assumir como "chefe twit", ele anunciou que o selo azul viria com uma taxa de US$20 por mês. Em uma troca de tuítes com o autor Stephen King,[14] ele a reduziu para US$8. O serviço resultante, "Twitter Blue", foi lançado em 9 de novembro, disponível para qualquer pessoa com um ID Apple, um número de telefone e a disposição de pagar US$7,99 por mês. Esse dinheiro não comprava a verificação; em vez disso, aparentemente comprava a liberdade da verificação. Contas falsas de selo azul para George W. Bush e Tony Blair fizeram posts nostálgicos sobre a Guerra do Iraque. Uma conta falsa do Twitter Blue para a empresa farmacêutica Eli Lilly anunciou que a insulina agora era gratuita. O *Washington Post* criou contas falsas de selo azul para o comediante Blaire Erskine e o senador Ed Markey (com a permissão deles). Em 11 de novembro, Markey enviou uma carta[15] a Musk falando sobre sua conta falsa e observando: "Aparentemente, devido às práticas de verificação frouxas do Twitter e à aparente necessidade de dinheiro, qualquer um poderia pagar US$8,00 e se passar por alguém em sua plataforma. Vender a verdade é perigoso e inaceitável".

No momento em que a carta de Markey foi enviada, o Twitter já tinha colocado em pausa as novas inscrições no Twitter Blue "para ajudar a resolver problemas de falsificação de identidade"[16] (como dizia uma mensagem interna da empresa). Mas tanto a reputação da empresa quanto suas receitas foram prejudicadas pelo fiasco. Em 11 de novembro, a gigante agência de publicidade Omnicom recomendou[17] que seus clientes "pausassem a atividade no Twitter no curto prazo" por causa de "implicações potencialmente sérias". Empresas como Pfizer, General Mills, VW e General Motors já haviam decidido retirar anúncios do Twitter; elas aparentemente não se perturbaram com a ameaça "termonuclear de causar embaraço público"[18] tuitada por Musk aos anunciantes que boicotaram a plataforma. Como o Twitter obtinha cerca de 90% de sua receita[19] com anúncios, essa ameaça parecia imprudente. Na verdade, todo o plano inicial do Twitter Blue era. Musk tuitou que os clientes do Blue veriam metade dos anúncios, mas uma análise mostrou, como o *Washington Post* colocou, que o "1%[20] dos principais usuários dos EUA do Twitter — que por sua vez são os mais propensos a desembolsar US$8 — rendem ao serviço mais de US$40 por mês em receita [de publicidade]". Cada assinatura do Twitter Blue que reduzisse pela metade esses US$40, mas gerasse apenas US$8, destruiria a receita.

## Nós, o Problema

Há um problema que todas as empresas, geeks ou não, enfrentam, que é ainda mais profundo e mais penetrante do que líderes superconfiantes tomando decisões ruins. Somos nós. Todos nós. Queremos o que queremos, e nossos desejos frequentemente se desalinham dos objetivos das organizações das quais fazemos parte. Como vimos, criamos clubes de mentirosos e burocracias elaboradas. Formamos coalizões que lutam por território, depois lutamos para mantê-lo. Agimos de maneira defensiva e tentamos obter um controle unilateral.

Trabalhamos muito para ignorar a realidade quando a realidade nos faz sermos mal vistos. Punimos aqueles que violam normas, mesmo que essas normas — como ficar em silêncio sobre práticas antiéticas — sejam prejudiciais à organização.

Nossas empresas muitas vezes não querem que façamos essas coisas, mas "empresa" é um conceito muito remoto e abstrato para nós, *Homo ultrasocialis*. Autoimagem, posição social, prestígio e reputação, enquanto isso, são tão concretos e atraentes para nós quanto uma refeição deliciosa e rica em calorias. E perdas de status e exclusão social são tão dolorosas quanto uma dor de dente ou um coração partido.

Então, sempre há uma tensão profunda entre as organizações e as pessoas que as ocupam. Uma organização quer que seus membros busquem seus objetivos, enquanto os próprios membros querem perseguir os *seus* objetivos. O antropólogo Joe Henrich acredita que essa tensão existe desde que nós, humanos modernos, existimos. Como ele escreve, "A história sugere[21] que todas as instituições pró-sociais envelhecem e eventualmente entram em colapso nas mãos do interesse próprio... Ou seja, embora possa levar muito tempo, indivíduos e coalizões eventualmente descobrem como derrotar ou manipular o sistema para seus próprios fins, e essas técnicas se espalham e corroem lentamente quaisquer efeitos pró-sociais".

"Empreendimento cooperativo" é um bom sinônimo para "instituição pró-social", e uma empresa é, em grande parte, um empreendimento cooperativo. A percepção de Henrich nos dá razão para esperar que todas as empresas, de alguma forma, em algum momento, experimentem a antiga tensão entre seus objetivos e aqueles de indivíduos e coalizões.

Esta tensão certamente apareceu nas empresas tecnológicas do Vale do Silício. Em setembro de 2020, Brian Armstrong, o CEO da exchange de criptomoedas Coinbase, escreveu uma postagem de blog[22] sobre uma lacuna que ele percebeu entre os objetivos de sua empresa e os interesses de alguns funcionários:

> Tornou-se comum para empresas do Vale do Silício se envolverem em uma ampla variedade de ativismos sociais, mesmo aqueles não relacionados ao que a empresa faz, e certamente há funcionários que verdadeiramente querem isso na empresa em que trabalham...
>
> Embora eu ache que esses esforços sejam bem-intencionados, eles têm o potencial de destruir muito valor na maioria das empresas, tanto por serem uma distração quanto por criarem divisão interna... Acredito que a maioria dos funcionários não quer trabalhar nesses ambientes divisivos. Eles querem trabalhar em uma equipe vencedora, unida e progredindo em direção a uma missão importante.

Então, escreveu Armstrong em uma tentativa de realinhar a força de trabalho da Coinbase com objetivos da empresa,

Nós não:

- Debateremos causas ou candidatos políticos internamente que não estejam relacionados ao trabalho
- Esperaremos que a empresa represente nossas crenças pessoais externamente
- Assumiremos intencionalidades negativas ou não daremos [*sic*] suporte ao outro
- Assumiremos o ativismo fora da nossa missão principal no trabalho

A liderança da Kraken, outra empresa de criptomoedas, e da Basecamp, uma fabricante de software de colaboração de 20 anos, fizeram anúncios públicos semelhantes na mesma época. A reação pública a eles foi intensa e, muitas vezes, negativa. As mudanças também causaram turbulência interna. Mais de um terço[23] dos sessenta funcionários da Basecamp, por exemplo, anunciaram sua intenção de deixar a empresa. No entanto, em um tuíte publicado quase um ano após sua divulgação, Armstrong afirmou que tomou a decisão certa:[24] "Temos uma empresa muito mais alinhada agora, onde podemos nos concentrar em fazer o trabalho em direção à nossa missão. E isso nos permitiu contratar alguns dos melhores talentos de organizações onde os funcionários estão fartos de política, brigas internas e distrações".

Os pontos críticos culturais mudam com o tempo, mas a burocracia é eterna. É a maneira mais antiga e comum de "indivíduos e coalizões eventualmente descobrirem como derrotar ou manipular o sistema para seus próprios fins". Como vimos no Capítulo 5, a burocracia faz com que as empresas se tornem bagunças esclerosadas e não competitivas. Os gigantes da tecnologia de hoje resolveram muitos problemas difíceis, mas a atração gravitacional da burocratização ainda os atormenta.

Em seus primeiros anos, o Facebook era, aos olhos de muitos, uma empresa arquetípica da era da internet, uma que se manteve enxuta e se movimentou rápido. Mas, à medida que envelheceu e se tornou a Meta, ela encorpou e desacelerou. Em 2021, estava sendo descrita pelo colunista de tecnologia do *New York Times* Kevin Roose como uma "burocracia pesada"[25]. Seu crescimento e valorização dispararam durante a pandemia de Covid, mas à medida que os bloqueios diminuíram e as pessoas ao redor do mundo retornaram às interações presenciais, ficou claro que a Meta havia se tornado grande demais. Em demissões anunciadas no final de 2022 e 2023, a empresa cortou cerca de um quarto de sua força de trabalho.[26]

Em cartas e reuniões gerais que acompanharam essas reduções, Zuckerberg enfatizou que elas não eram apenas sobre redução de custos — elas também tinham a intenção de desmantelar a burocracia que havia sido construída. Ele enfatizou que os cortes de empregos "nos forçariam a encontrar maneiras de ser mais fragmentários[27] e fazer as coisas de forma mais eficiente" ao aparar "ambientes ou projetos onde há muitos cozinheiros na cozinha, o que é justamente um tipo de reclamação comum que ouço repetidamente em toda a empresa". Em 2023, o CEO da Meta passou a entender a natureza autoperpetuante da burocracia: "À medida que adicionamos grupos diferentes,[28] nossas equipes de produtos naturalmente contratam mais funções para lidar com todas as interações com esses outros grupos".

Mesmo na Amazon, uma empresa que consagrou o princípio de "viés para ação" e enfatiza a grande norma geek de propriedade mais do que qualquer outra grande organização com a qual estou familiarizado, a burocracia se insinua. O jornalista Brad Stone escreveu dois livros sobre a Amazon e seu fundador, Jeff Bezos. No segundo livro, *Amazon Unbound,* Stone conta como, conforme a empresa crescia, Bezos teve que intervir periodicamente para manter sua organização enxuta, focada em seus objetivos e no modo Dia 1. Em 2017, por exemplo, ele emitiu uma diretiva de "amplitude de controle" determinando que os gerentes assumissem mais relatórios diretos em vez de adicionar mais camadas ao organograma. De acordo com Stone, essa "guerra contra a burocracia"[29] causou enorme turbulência interna. Mas funcionou. O crescimento do número de funcionários diminuiu, as margens melhoraram e o lucro líquido mais que dobrou em 2018.

Mas a "gigantesca maquinaria operada por anões" continua se remontando. Em 2021, o site de notícias de tecnologia *The Information* estava relatando que Andy Jassy, o sucessor de Bezos como CEO, foi confrontado com uma burocracia crescente tanto no negócio de publicidade[30] da empresa quanto na AWS[31], onde "mais papelada e estilos de gestão mais rígidos" continuaram surgindo.

Como todos esses exemplos mostram, o jeito geek não é autossustentável sem esforço. Seus defensores me ressaltaram quanto trabalho é preciso para manter normas fortes de ciência, propriedade, velocidade e abertura, e como, mesmo quando elas estão em vigor, as disfunções clássicas ainda podem surgir. Mas ainda vale a pena perseguir e lutar por elas. Durante uma conversa que tive com Carl Bass, ex-CEO da Autodesk e mentor de muitos dos líderes mais jovens do Vale do Silício, chegamos à minha explicação favorita do porquê.

Carl e eu somos ambos de meia-idade. Concordamos que, por causa de nossas dietas melhores, exercícios mais regulares e outras melhorias no estilo de vida, somos mais saudáveis do que nossos pais eram na mesma idade. Essas melhorias não vão nos tornar imortais, mas definitivamente vão nos ajudar a viver vidas mais longas e saudáveis.

Elas também podem nos ajudar a acompanhar o ritmo dos mais jovens. Como diz a revista *Outside*, hoje em dia "atletas profissionais mais velhos[32] competem — e vencem — por décadas a mais do que antes". Isso não se deve somente a dietas paleo, banhos criogênicos, esteroides ou qualquer outro fator isolado. Em vez disso, se deve a inovações em muitas áreas diferentes — nutrição, treinamento, medicina esportiva e assim por diante — que agora estão sendo reunidas para permitir períodos mais longos de alto desempenho.

O jeito geek é um pacote semelhante de inovações. As grandes normas geek de ciência, propriedade, velocidade e abertura ajudam uma empresa a ter um desempenho de alto nível e competir com sucesso. Essas mesmas normas também ajudam uma empresa a sustentar um desempenho forte ao longo do tempo. Por quanto tempo? Essa é uma pergunta crucial, mas cuja resposta ainda desconhecemos. O jeito geek é muito novo. Ainda não sabemos o quanto ele estende a vida útil saudável de uma empresa, ou por quanto tempo ele pode ser sustentado diante das disfunções que estão presentes desde que as organizações existem.

Eu também não sei de onde virá a próxima geração de grandes empresas inovadoras, de rápido crescimento, que encantam clientes e investidores. Mas sei que elas não seguirão o manual de negócios da era industrial, porque esse manual simplesmente não funciona tão bem quanto o jeito geek.

Nos capítulos anteriores, vimos o porquê disso. As empresas que seguem o antigo manual dependem muito das opiniões e julgamentos de especialistas. Enquanto ouvem especialistas, no entanto, os especialistas ouvem seus módulos mentais de assessores de imprensa. E o trabalho de nossos assessores de imprensa não é chegar à verdade ou perceber a realidade corretamente. Em vez disso, é distorcer a realidade para nos fazer sentir bem conosco mesmos para que possamos ser bem vistos pelos outros. Os especialistas não são melhores do que o resto de nós em ignorar seus assessores de imprensa e ver as coisas de forma objetiva. Portanto, não podemos simplesmente confiar neles. Em vez disso, temos que fazê-los (assim como todos os outros) produzir muitas evidências e se envolver em muita discussão. Essas duas atividades estão no cerne da ciência, o melhor processo que já criamos para estarmos menos errados ao longo do tempo.

Os grandes projetos cuidadosamente planejados, comuns às empresas da era industrial, vão continuar saindo dos trilhos porque eles geram clubes de mentirosos. As pessoas envolvidas nesses esforços habitualmente enganam os outros e a si mesmas sobre o quanto estão progredindo. Quando esses enganos vêm à tona, geralmente é tarde demais para concluir um projeto no prazo. A única maneira segura de acabar com os clubes de mentirosos é parar todo o planejamento e começar a construir de uma forma que garanta alta observabilidade e baixa negação plausível. Os métodos de desenvolvimento ágil inventados e adotados pelos geeks fazem isso. Esses métodos também oferecem dois outros benefícios importantes: eles permitem que nós, imitadores naturais, aprendamos mais rapidamente e eles confundem a concorrência. As empresas que usam métodos pré-ágeis não são capazes de tirar proveito desses benefícios.

Por acreditarem na importância da coordenação, comunicação, processos multifuncionais e controle, as empresas que seguem o antigo manual se tornam mais burocráticas e esclerosadas com o tempo. O trabalho que deveria ser feito rapidamente fica atolado, boas ideias são bloqueadas e a política interna desempenha um papel cada vez maior em decisões importantes. Tudo isso acontece pela razão última de que nós, seres humanos ultrassociais, gostamos de status em todas as suas formas. O trabalho altamente coordenado nos oferece muitas maneiras de obtê-lo e, então, de resistir a abandoná-lo. Percebendo isso, os geeks de negócios trabalharam para criar ambientes nos quais as pessoas e as equipes são simultaneamente autônomas e alinhadas. Eles têm grande liberdade para agir de forma independente — com o mínimo de interfaces possível — e também sabem como seu trabalho se encaixa nos objetivos e estratégias gerais da empresa.

Como resultado de sua ênfase nas normas do Modelo 1 — esforçar-se para vencer, minimizar as perdas, estar no controle unilateral e suprimir a negatividade —, as empresas que seguem o manual da era industrial tornam-se defensivas. Seu pessoal se recusa a ceder um centímetro ou conceder um ponto. Eles preservam o status quo, se apegam a coisas que não estão dando certo e desencorajam conversas honestas. O fato de que eles estão fazendo todas essas coisas se torna algo indiscutível, assim como o fato de que os assuntos indiscutíveis existem. As pessoas que entram nessas empresas rapidamente percebem suas normas e ajudam a perpetuá-las. Como os geeks de negócios querem normas muito diferentes, trabalham com abertura em vez de atitude defensiva. Eles buscam feedback honesto, tendem a se engajar em conversas difíceis, reconhecem e tentam aprender com os fracassos e mudam de direção quando necessário.

As empresas que cresceram durante a era industrial têm que jogar fora o manual daquela era se quiserem ter uma chance quando os geeks chegarem à cidade. A ideia de que as empresas que seguem o manual antigo podem lutar efetivamente contra o jeito geek fazendo uma grande reorganização, adotando uma nova e ousada estratégia ou embaralhando a liderança é risível. Os incumbentes fizeram todas essas coisas nos últimos vinte anos; eles não interromperam a disrupção, nem mesmo a desaceleraram um pouco. O manual da era industrial produz empresas que se movem muito lentamente, erram com muita frequência, perdem muitos desenvolvimentos importantes, não aprendem nem melhoram rápido o suficiente e não conseguem dar ao seu pessoal a autonomia, o empoderamento, o propósito e a voz que eles querem e merecem. Essas são desvantagens intransponíveis quando os concorrentes começam a adotar o jeito geek.

## Resumo do Capítulo

Nenhum dos geeks de negócios com quem conversei para escrever este livro acha que descobriu a fonte corporativa da juventude. Eles não acham que suas empresas — ou de qualquer outra pessoa — descobriram como ter sucesso de forma permanente.

Há um problema que todas as empresas enfrentam. É que nós, humanos, queremos o que queremos, e nossos desejos ficam desalinhados com os objetivos das organizações das quais fazemos parte. Criamos clubes dos mentirosos e burocracias elaboradas. Formamos coalizões que lutam por território, depois lutamos para mantê-lo. Agimos defensivamente e tentamos estar no controle de forma unilateral. Trabalhamos duro para ignorar a realidade quando a realidade nos desfavorece. Punimos aqueles que violam normas, mesmo que essas normas — como não falar sobre práticas antiéticas — sejam prejudiciais à organização.

Há sempre uma tensão profunda entre as organizações e as pessoas que as compõem. Uma organização quer que seus membros se alinhem aos objetivos dela, enquanto os membros querem perseguir seus próprios objetivos. Os gigantes da tecnologia de hoje resolveram muitos problemas difíceis, mas a atração gravitacional da burocratização ainda os atormenta.

O jeito geek não é facilmente autossustentável. Seus defensores ressaltaram quanto trabalho é preciso para manter fortalecidas as normas de ciência, propriedade, velocidade e abertura, e como, mesmo quando elas estão em vigor, as disfunções clássicas ainda podem surgir.

Não sei de onde virá a próxima geração de grandes empresas inovadoras, de rápido crescimento, que encantam clientes e investidores. Mas sei que elas não seguirão o manual de negócios da era industrial, porque esse manual simplesmente não funciona tão bem quanto o jeito geek.

As empresas que cresceram durante a era industrial precisam jogar fora o manual daquela era se quiserem ter uma chance quando os geeks chegarem à cidade.

# Agradecimentos

Escrever este livro pareceu ser um esforço solitário. Escrever estes agradecimentos me faz perceber o quão errado é esse sentimento.

Três pessoas merecem gratidão especial por me aturarem enquanto eu me debatia tentando descobrir as coisas. A primeira é meu agente literário e consigliere Rafe Sagalyn, que continuou encontrando maneiras encorajadoras de dizer "não". Rafe era firme em sua crença de que havia um livro importante a ser escrito sobre o jeito geek e que eu era a pessoa para escrevê-lo. Ele estava igualmente convencido de que os primeiros vinte rascunhos da minha proposta de livro não estavam dando conta do recado.

Quando finalmente apresentei algo que não fosse um jargão embaraçoso, Rafe mostrou para alguns editores, incluindo Pronoy Sarkar da Little, Brown. Pronoy é mais direto que Rafe. Ao concordar em comprar o livro, ele me disse (até onde consigo me lembrar): "Você não vai escrever o livro descrito nesta proposta. Você vai escrever um livro melhor e maior". Respondi algo como: "Estou ansioso para trabalhar com você", enquanto pensava em uma resposta muito mais curta e grosseira. Mas Pronoy estava certo. Nós mesmos seguimos o caminho geek enquanto trabalhávamos juntos — iterando, discutindo e tentando não ficar na defensiva — e acabamos com um livro melhor e maior.

A terceira pessoa que me guiou foi meu grande amigo Erez Yoeli, um economista, teórico de jogos, pensador profundo e coautor do excepcional livro *Hidden Games.* Erez e eu começamos a falar sobre nós, humanos esquisitos, logo depois que nos conhecemos e nunca mais paramos. Ele instigou e clareou meu pensamento, me ensinou muito e sempre fez as perguntas certas. As combinações das ideias de Rafe, Pronoy e Erez acompanharam este livro desde o início. Se você encontrou algo que gostou nestas páginas, as chances são muito grandes de que um deles seja o responsável por isso.

Entrevistei um bando de geeks alfa ao longo deste projeto e sou grato a todos eles. As páginas anteriores contêm citações de minhas conversas com Nikesh Arora, Carl Bass, Patrick Collison, Sam Corcos, Liane Hornsey, Drew Houston, Steve Jurvetson, Vinod Khosla, James Manyika, Will Marshall, Satya Nadella, Yamini Rangan, Eric Schmidt, Sebastian Thrun, Hal Varian e Ardine Williams. Don Sull compartilhou dados de seu fascinante projeto "Culture 500" comigo, o que foi generoso para além da cortesia profissional normal. Reid Hoffman levou nossa conversa muito além ao se oferecer para escrever um prefácio; não sei bem como agradecer-lhe.

À medida que ideias nebulosas se transformam em um livro de não ficção, a parte "não ficção" se torna cada vez mais importante. Os fatos precisam ser verificados, as alegações apoiadas, os dados discutidos e assim por diante. Descobri há algum tempo que os alunos de MBA do MIT Sloan são colegas fantásticos para essas tarefas e trabalhei com três equipes deles: primeiro Roni Grader e Isaac Rahamin, depois Roni e Shahar Kidron Shamir, então Roy Reinhorn e Ziv Heimlich Shtacher. Eles deram suporte a muita coisa: prazos apertados, tarefas às vezes trabalhosas e um autor (eu) que alternava entre ser enlouquecedoramente vago ("Descubra se a capitalização de mercado dos EUA está ficando mais jovem") e enlouquecedoramente preciso ("Reduza a fonte do rótulo do eixo y em um ponto"). Eles trabalharam com competência, entusiasmo e bom humor. E precisaram de muito pouco incentivo para abraçar o jeito geek e começar a discutir produtivamente comigo.

Troquei ideias e rascunhos de manuscritos com muitas pessoas, e cada uma das conversas resultantes me ajudou a ver melhor algum aspecto do livro. Quero agradecer a Andrew Anagnost, Sinan Aral, Matt Beane, Erik Brynjolfsson, Thomas Buberl, Ed e Leslie Fine, Carter Gaffney, Adam Grant, Nancy Haller, Maika Hemphill, Carole Hooven, Karen Karniol-Tambour, Vanya Koonce, Ruth Luscombe, David McAfee, James Milin, Michael Muthukrishna, Krizia Quarta, Daniel Rock, Jonathan Ruane, Amy Shepherd, Mustafa Suleyman, David Verrill e Katherine Zarrella. Sei que esqueci algumas pessoas que deveriam estar nesta lista, e peço desculpas.

Também quero me desculpar pelos erros encontrados nestas páginas. Eles são a única parte do livro pela qual levo todo o crédito.

# Notas

## Introdução: A Revolução Incompreendida

1. **"tolo ou louco":** Tom Chatfield, "Social Media, Doctor Who, and the Rise of the Geeks", *BBC Future,* 4 de agosto de 2013, www.bbc.com/future/article/20130805-the-unstoppable-rise-of-the--geeks.
2. **"limitações da força muscular":** Erik Brynjolfsson e Andrew McAfee, *The Second Machine Age: Work, Progress, and Prosperity in a Time of Brilliant Technologies* (Nova York: W. W. Norton, 2016), loc. 82–101, Kindle.
3. **"o mais influente livro de negócios recentes":** "Harvard Business School Risks Going from Great to Good", *The Economist,* 4 de maio de 2017, www.economist.com/business/2017/05/04/harvard-business-school-risks-going-from-great-to-good.
4. **"os garotos pinup da galera de Davos":** John Thornhill, "When Artificial Intelligence Is Bad News for the Boss", *Financial Times,* 13 de junho de 2017, www.ft.com/content/14588e62-4f-88-11e7-bfb8-997009366969.
5. **Em 2018 a GE foi deslistada:** Matt Phillips, "G.E. Dropped from the Dow After More Than a Century", *New York Times,* 19 de junho de 2018, www.nytimes.com/2018/06/19/business/dealbook/general-electric-dow-jones.html.
6. **As receitas de publicidade em jornais dos EUA caíram:** Derek Thompson, "The Print Apocalypse and How to Survive It", *The Atlantic,* 3 de novembro de 2016, www.theatlantic.com/business/archive/2016/11/the-print-apocalypse-and-how-to-survive-it/506429/.
7. **As revistas não se saíram muito melhor:** Kaly Hays, "Magazines' Ad Revenue Continues Decline Despite Some Audience Growth", *Women's Wear Daily,* 22 de julho de 2019, https://wwd.com/feature/magazines-ad-revenue-continues-decline-despite-some-audience-growth-1203224173/.
8. **receitas de músicas gravadas caíram:** Paul Resnikoff, "U.S. Recorded Music Revenues 46 Percent Lower", *Digital Music News,* 15 de junho de 2021, www.digitalmusicnews.com/2021/06/15/us-recorded-music-revenues-46-percent-lower/.
9. **"um problema de definição":** Ben Thompson, "Sequoia and Productive Capital", *Stratechery,* 27 de outubro de 2021, https://stratechery.com/2021/sequoia-productive-capital/?utm_source=pocket_mylist.
10. **entrevista de 2010 com Bill Gates:** Mary Riddell, "Bill Gates: Do I Fly First Class? No, I Have My Own Plane", *Irish Independent,* 10 de outubro de 2010, www.independent.ie/business/technology/bill-gates-do-i-fly-first-class-no-i-have-my-own-plane-26691821.html.
11. **"dispostos a ser mal compreendidos":** John Cook, "Amazon's Bezos on Innovation", *GeekWire,* 7 de junho de 2011, www.geekwire.com/2011/amazons-bezos-innovation/.

12. **longa apresentação em PowerPoint:** "Netflix Culture: Freedom & Responsibility", *Slideshare,* 1º de agosto de 2009, www.slideshare.net/reed2001/culture-1798664.
13. **visto mais de 17 milhões de vezes:** "Netflix Culture", *Slideshare.*
14. **o que a COO do Facebook, Sheryl Sandberg, disse:** Nancy Hass, "Netflix Founder Reed Hastings: *House of Cards* and *Arrested Development*", *GQ,* 29 de janeiro de 2013, www.gq.com/story/netflix-founder-reed-hastings-house-of-cards-arrested-development.
15. **pediram que Hastings se juntasse ao conselho de administração do Facebook:** Hass, "Netflix Founder Reed Hastings".
16. **"Minha principal função":** Henry Blodget, "Jeff Bezos on Profits, Failure, and Making Big Bets", *Business Insider,* 13 de dezembro de 2014, www.businessinsider.com/amazons-jeff-bezos-on-profits-failure-succession-big-bets-2014-12.
17. **"Nós dois fomos para a escola Montessoriana":** Peter Sims, "The Montessori Mafia", *Wall Street Journal,* 5 de abril de 2011, www.wsj.com/articles/BL-IMB-2034.
18. **"mestre de seus atos":** "Maria Montessori Quotes", American Montessori Society, acessado em 13 de fevereiro de 2023, https://amshq.org/About-Montessori/History-of-Montessori/Who-Was-Maria-Montessori/Maria-Montessori-Quotes.
19. **Bezos também foi uma criança Montessoriana:** Sims, "Montessori Mafia".
20. **um estudo publicado na revista *Science*:** Angeline Lillard e Nicole Else-Quest, "Evaluating Montessori Education", *Science,* vol. 313, n. 5795 (2006), 1893–94, https://doi.org/10.1126/science.1132362.
21. **quantos começaram em escolas Montessorianas:** Josh Lerner, "How Do Innovators Think?", *Harvard Business Review,* 28 de setembro de 2009, https://hbr.org/2009/09/how-do-innovators-think.
22. **"constantemente fazendo perguntas":** "What Do Researchers at Harvard Think About Montessori?", *KM School,* acessado em 13 de fevereiro de 2023, www.kmschool.org/edu-faq/what-do-researchers-at-harvard-think-about-montessori/.
23. **"A educação deve ter como objetivo destruir o livre-arbítrio":** "Johann Gottlieb Fichte", *Wikiquote,* Wikimedia Foundation, acessado em 13 de fevereiro de 2023, https://en.wikiquote.org/wiki/Talk:Johann_Gottlieb_Fichte#:~:text=20.,their%20schoolmasters%20would%20have%20wished.
24. **"A grande maioria dos acadêmicos de negócios":** Gad Saad, *Evolutionary Psychology in the Business Sciences* (Heidelberg: Springer, 2011), https://epdf.pub/queue/evolutionary-psychology-in-the-business-sciences.html.
25. **"exceto à luz da evolução":** Theodosius Dobzhansky, "Nothing in Biology Makes Sense Except in the Light of Evolution", *American Biology Teacher,* vol. 35, n. 3 (1973), 125–29, https://doi.org/10.2307/4444260.
26. **"A evolução não parou no pescoço":** Ashutosh Jogalekar, "Why Prejudice Alone Doesn't Explain the Gender Gap in Science", *Scientific American, 22* abril de 2014, https://blogs.scientific american.com/thecurious-wavefunction/why-prejudicealonedoesntexplain-thegender-gap-in-science/.
27. **Daniel Dennett escreveu:** Daniel Dennett, *Darwin's Dangerous Idea* (Nova York: Simon & Schuster, 1995), 21.
28. **soam ainda melhor do que um Stradivarius:** Claudia Fritz, Joseph Curtin, Jacques Poitevineau e Fan-Chia Tao, "Listener Evaluations of New and Old Italian Violins", *Proceedings of the National Academy of Sciences,* vol. 114, n. 21 (2017), 5395–5400, https://doi.org/10.1073/pnas.1619443114.
29. **"consumidores vorazes de teoria":** Dina Gerdeman e Clayton M. Christensen, "What Job Would Consumers Want to Hire a Product to Do? Other", *Working Knowledge,* acessado em 13 de fevereiro de 2023, https://hbswk.hbs.edu/item/clay-christensen-the-theory-of-jobs-to-be-done.
30. **febre puerperal:** Ignaz Semmelweis, *Etiology, Concept, and Prophylaxis of Childbed Fever,* trans. K. Codell Carter (Madison: University of Wisconsin Press, 1983), 142–43.

31. **A notícia se espalhou:** Semmelweis, *Etiology,* 69.
32. **"vida parecia não ter valor":** Manya Magnus, *Essential Readings in Infectious Disease Epidemiology* (Sudbury, MA: Jones e Bartlett, 2009), www.google.com/books/edition/Essential_Readings_in_Infectious_Disease/gxub4qxc9j4C?hl=en&gbpv=1&dq=%22made+me+so+miserable+that+life+seemed+worthless%22&pg=PA7&printsec=frontcover.
33. **Em abril, a taxa de mortalidade materna:** Semmelweis, *Etiology,* 142–43.
34. **internado em um asilo vienense:** K. Codell Carter e Barbara R. Carter, *Childbed Fever: A Scientific Biography of Ignaz Semmelweis* (New Brunswick, NJ: Transaction Publishers, 2005), 76–78.
35. **taxa média *global* de mortalidade materna:** "Maternal Mortality Ratio", *Our World in Data,* acessado em 15 de fevereiro de 2023, https://ourworldindata.org/grapher/maternal--mortality?tab-chart.
36. **se afastaram da ideia de miasmas:** Thomas Schlich, "Asepsis and Bacteriology: A Realignment of Surgery and Laboratory Science", *Medical History,* vol. 56, n. 3 (2012), 308–34, https://doi.org/10.1017/mdh.2012.22.

## Capítulo 1: O Caminho Quádruplo para o Reino Geek

1. **Breakthrough Award:** Rachel Hoover e Michael Braukus, "NASA's LCROSS Wins 2010 *Popular Mechanics* Breakthrough Award", *NASA,* acessado em 13 de fevereiro de 2023, www.nasa.gov/centers/ames/news/releases/2010/10-86AR.html.
2. **A Planet agora escaneia a Terra todos os dias:** "Satellite Imagery Analytics", *Planet,* acessado em 13 de fevereiro de 2023, www.planet.com/products/planet-imagery/#:~:text=Planet%20operates%20more%20 than%20200,understanding%20of%20changing%20ground%20conditions.
3. **crescendo cerca de 40% ao ano:** Jordan Novet, "Amazon's Cloud Revenue Growth Rate Continues to Slow Down in Q3, Now Up 39%", *VentureBeat,* 23 de outubro de 2014, https://venturebeat.com/business/aws-revenue-3q14/.
4. **Doug Bowman, estava farto:** Douglas Bowman, "Goodbye, Google", *StopDesign* (blog), 20 de março de 2009, https://stopdesign.com/archive/2009/03/20/goodbye-google.html.
5. **"As raízes do bom design":** "A Selection of Quotes", *Paul Rand,* acessado em 13 de fevereiro de 2023, www.paulrand.design/writing/quotes.html.
6. **mostrou uma versão de uma página de resultados de pesquisa:** Brian Christian, "The A/B Test: Inside the Technology That's Changing the Rules of Business", *Wired,* 25 de abril de 2012, www.wired.com/2012/04/ff-abtesting/.
7. **"não queremos executivos de alto nível discutindo":** Michael Luca e Max H. Bazerman, "Want to Make Better Decisions? Start Experimenting", *MIT Sloan Management Review,* 4 de junho de 2020, https://sloanreview.mit.edu/article/want-to-make-better-decisions-start-experimenting/.
8. **um adicional de US$200 milhões:** Alex Hern, "Why Google Has 200m Reasons to Put Engineers over Designers", *The Guardian,* 5 de fevereiro de 2014, www.theguardian.com/technology/2014/feb/05/why-google-engineers-designers.
9. **"A maioria dos sites é péssima":** Christian, "A/B Test".
10. **O Google ainda emprega designers profissionais:** Jenny Brewer, "How Google Went from Being a Tech Company to a Design Company", *It's Nice That* (blog), 8 de março de 2022, www.itsnicethat.com/articles/google-visual-design-summit-creative-industry-080322.
11. **Glassdoor começou a publicar uma lista:** "Best Places to Work 2020", *Glassdoor,* acessado em 14 de fevereiro 2023, www.glassdoor.com/Award/Best-Places-to-Work-2020-LST_KQ0,24.htm.
12. **"mar de camisas de golfe":** Barbara Ley Toffler e Jennifer Reingold, *Final Accounting: Ambition, Greed, and the Fall of Arthur Andersen* (Nova York: Crown, 2004), 369–72.
13. **"personalizar demais seu escritório":** Toffler e Reingold, *Final Accounting,* 695.

14. **Katzenberg voou pelo país:** Kim Masters, "How Leonard Nimoy Was Convinced to Join the First *Star Trek* Movie", *Hollywood Reporter,* 27 de fevereiro de 2015, www.hollywoodreporter.com/news/general-news/how-leonard-nimoy-was-convinced-778379/.
15. **subiu para o número 1:** Don Hahn, *Waking Sleeping Beauty* (Burbank, CA: Stone Circle Pictures / Walt Disney Studios Motion Pictures, 2009).
16. **adquirida pela NBCUniversal:** Benjamin Wallace, "Is Anyone Watching Quibi? The Streaming Platform Raised $1.75 Billion and Secured a Roster of A-List Talent, but It Can't Get Audiences to Notice", *Vulture,* 6 de julho de 2020, www.vulture.com/2020/07/is-anyone-watching-quibi.html.
17. **Quibi, que Katzenberg lançou:** "Quibi", Wikipédia, última modificação em 22 de janeiro de 2023, https://en.wikipedia.org/wiki/Quibi.
18. **celebridades de Hollywood:** Brian Heater, "The Short, Strange Life of Quibi", *TechCrunch,* 23 de outubro de 2020, https://techcrunch.com/2020/10/23/the-short-strange-life-of-quibi/.
19. **quantas vezes o aplicativo foi baixado:** "Quibi", Wikipédia.
20. **número 3 na loja de aplicativos da Apple:** Sarah Perez, "Quibi Gains 300k Launch Day Downloads, Hits No. 3 on App Store", *TechCrunch,* 7 de abril de 2020, https://techcrunch.com/2020/04/07/quibi-gains-300k-launch-day-downloads-hits-no-3-on-app-store/.
21. **1,7 milhão de downloads na primeira semana:** "Quibi Reaches 1.7m Downloads in the First Week", *BBC News,* 13 de abril de 2020, www.bbc.com/news/technology-52275692.
22. **"Sim, o Quibi É Ruim":** Kathryn VanArendonk, "Yep, Quibi Is Bad", *Vulture,* 24 de abril de 2020, www.vulture.com/2020/04/the-bites-are-quick-and-bad.html.
23. **"Atribuo tudo":** Nicole Sperling, "Jeffrey Katzenberg Blames Pandemic for Quibi's Rough Start", *New York Times,* 11 de maio do 2020. www.nytimes.com/2020/05/11/business/media/jeffrey--katzenberg-quibi-coronavirus.html.
24. **O TikTok, por exemplo:** Adario Strange, "Netflix's New Short Video Strategy Aims to Succeed Where Quibi Failed", *Quartz,* 9 de novembro de 2021, https://qz.com/2086948/netflixs-new--short-video-strategy-could-prove-quibi-was-right.
25. **deficiências desconcertantes:** Wallace, "Is Anyone Watching Quibi?"
26. **Whitman teve um corte salarial de 10%:** Todd Spangler, "Quibi Says Senior Execs Taking 10% Pay Cut, Denies It's Making Layoffs", *Variety,* 2 de junho de 2020, https://variety.com/2020/digital/news/quibi-pay-cuts-layoffs-katzenberg-whitman-1234624653/.
27. **meta da empresa de 7,4 milhões:** Allie Gemmill, "How Is Quibi Doing? New Report Shows App May Miss a Subscriber Goal", *Collider,* 15 de junho de 2020, https://collider.com/quibi-subcri-ber-goal-report-new-details/.
28. **"explorando várias opções estratégicas":** Amol Sharma, Benjamin Mullin e Cara Lombardo, "Quibi Explores Strategic Options Including Possible Sale", *Wall Street Journal,* 21 de setembro de 2020, www.wsj.com/articles/quibi-explores-strategic-options-including-a-possible--sale-11600707806.
29. **o experimento Quibi estava terminando:** Dominic Patten, "Quibi's Jeffrey Katzenberg and Meg Whitman Detail 'Clear-Eyed' Decision to Shut It Down", *Deadline,* 22 de outubro de 2020, https://deadline.com/2020/10/quibi-shuts-down-jeffrey-katzenberg-meg-whitman-interview-ex-clusive-1234601254/.
30. **Uma autópsia no *Wall Street Journal*:** Benjamin Mullin e Lillian Rizzo, "Quibi Was Supposed to Revolutionize Hollywood. Here's Why It Failed", *Wall Street Journal,* acessado em 14 de fevereiro de 2023, www.wsj.com/articles/quibi-was-supposed-to-revolutionize-hollywood-heres-why--it-failed-11604343850?mod=hp_lead_pos5.
31. **devolveu a maior parte do dinheiro:** Todd Spangler, "Roku Acquires Global Rights to 75-Plus Quibi Shows, Will Stream Them for Free", *Variety,* 8 de janeiro de 2021, https://variety.com/2021/digital/news/roku-acquires-quibi-shows-free-streaming-1234881238/.

32. **Em 1º de dezembro:** Dominic Patten e Dade Hayes, "Quibi Officially Fades to Black, as Projected When Founders Announced Shutdown in October — Update", *Deadline,* 1º de dezembro de 2020, https://deadline.com/2020/12/quibi-fades-to-black-december-1-jeffery-katzenberg-meg-whitman-1234602207/.
33. **esses direitos foram vendidos:** Spangler, "Roku Acquires Global Rights".
34. **"nativo e somente para o telefone":** Josef Adalian, "Quibi Is Finally Here. Wait, What's Quibi?", *Vulture,* 6 de abril de 2020, www.vulture.com/article/what-is-quibi-explained.html.
35. **se recusou a comentar oficialmente:** Josef Adalian, "Quibi Is for Mobile Streaming and Mobile Streaming Only", *Vulture,* 6 de abril de 2020, www.vulture.com/2020/04/quibi-mobile-phone-app-streaming-tv.html.
36. **"em um ambiente de discurso tão arrogante":** Wallace, "Is Anyone Watching Quibi?"
37. **a certeza de Katzenberg era essencial:** Wallace, "Is Anyone Watching Quibi?"
38. **"uma incrível falta de conhecimento":** Wallace, "Is Anyone Watching Quibi?"
39. **"Eu digo, 'Onde estão seus dados?'":** Wallace, "Is Anyone Watching Quibi?"
40. **"Eu não finjo saber":** Kim Masters, "'A Bottomless Need to Win': How Quibi's Implosion Shapes Katzenberg's Legacy and Future", *Hollywood Reporter,* 24 de agosto de 2021, www.hollywoodreporter.com/business/businessnews/a-bottomless-need-to-win-how-quibis-implosion-shapes-katzenbergs-legacy-and-future-4083520/.
41. **Omakase:** Wallace, "Is Anyone Watching Quibi?"
42. **"lanche para cães à base de quinoa":** Wallace, "Is Anyone Watching Quibi?"
43. **"quase um beta":** Dade Hayes, "Jeffrey Katzenberg: Quibi Hit Covid-19 'Cement Wall,' but Slow Start Is Like a 'Beta' Allowing a Chance to Regroup", *Deadline,* 19 de junho de 2020, https://deadline.com/2020/06/jeffrey-katzenbergquibi-hitcement-wallcovid-19-but-slow-start-is-like-a-beta-launch-1202963453/.
44. **um tweet em 6 de abril:** Benedict Evans (@benedictevans), Twitter, 6 de abril de 2020, 4:41 a.m., https://twitter.com/benedictevans/status/1247081959962050561.
45. **"tudo, desde o elenco até o guarda-roupa":** JP Mangalindan, "Quibi Leaders' $1.7 Billion Failure Is a Story of Self-Sabotage", *Businessweek,* Bloomberg, 11 de novembro de 2020, www.bloomberg.com/news/features/2020-11-11/what-went-wrong-at-quibi-jeffrey-katzenberg-meg-whitman-and-self-sabotage.
46. **seus pontos de comparação:** Wallace, "Is Anyone Watching Quibi?"
47. **"Pegue as piores partes de Hollywood":** Mangalindan, "Quibi Leaders' $1.7 Billion Failure".
48. **mais de 55 anos:** Wallace, "Is Anyone Watching Quibi?"
49. **um resumo brilhante:** Wallace, "Is Anyone Watching Quibi?"
50. **"trabalho medíocre":** Michelle Conlin, "Netflix: Flex to the Max", *Businessweek,* Bloomberg, 24 de setembro de 2007, www.bloomberg.com/news/articles/2007-09-23/netflix-flex-to-the-max.
51. **enviaram DVDs para suas próprias casas:** Christopher McFadden, "The Fascinating History of Netflix", *Interesting Engineering,* 4 de julho de 2020, https://interestingengineering.com/culture/the-fascinating-history-of-netflix.
52. **O streaming na Netflix começou em 2007:** McFadden, "Fascinating History".
53. **todo o tráfego de internet downstream:** Todd Spangler, "Netflix Bandwidth Consumption Eclipsed by Web Media Streaming Applications", *Variety,* 12 de setembro de 2019, https://variety.com/2019/digital/news/netflix-loses-title-top-downstream-bandwidth-application-1203330313/.
54. **"o exército albanês vai dominar o mundo":** Dawn Chmielewski, "How Netflix's Reed Hastings Rewrote the Hollywood Script", *Forbes,* 7 de setembro de 2020, www.forbes.com/sites/dawnchmielewski/2020/09/07/how-netflixs-reed-hastings-rewrote-the-hollywood-script/?sh=210bb11e15df.

55. **atrás apenas da HBO:** Joe Otterson, "*Game of Thrones,* HBO Top Total Emmy Wins", *Variety,* 23 de setembro de 2019, https://variety.com/2019/tv/awards/netflix-hbo-2019-emmys-awards--game-of-thrones-1203341183/.
56. **assumiu a liderança em indicações:** Christopher Rosen, "HBO Thoroughly Defeated Netflix at the Emmy Awards", *Vanity Fair,* 21 de setembro de 2020, www.vanityfair.com/hollywood/2020/09/hbo-netflix-emmys-2020.
57. **recorde de quase cinquenta anos:** Stephen Battaglio, "Emmys 2021: Netflix Tops HBO with 44 Wins", *Los Angeles Times,* 19 de setembro de 2021, www.latimes.com/entertainment-arts/business/story/2021-09-19/emmys-2021-television-awards-scorecard-netflix-queens-gambit.
58. **"a barreira de uma polegada de altura das legendas":** Nicole Sperling, "From *Call My Agent!* to Hollywood Career", *New York Times,* 30 de julho de 2021, www.nytimes.com/2021/07/30/movies/camille-cottin-call-my-agent-stillwater.html.
59. **o programa mais popular da plataforma:** Carmen Chin, "*Squid Game* Soars to the Number One Spot on Netflix in the US", *NME,* 23 de setembro de 2021, www.nme.com/en_asia/news/tv/squid-game-soars-to-the-number-one-spot-on-netflix-in-the-us-3053012.
60. **quase uma centena de outros países:** Joe Flint e Kimberly Chin, "Netflix Reports Jump in Users, Calls *Squid Game* Its Most Popular Show Ever", *Wall Street Journal,* 19 de outubro de 2021, www.wsj.com/articles/netflix adds-more-users-than-it-predicted-boosted-by-squidgame-11634674211.
61. **colunista de mídia Ben Smith:** Ben Smith, "The Week Old Hollywood Finally, Actually Died", *New York Times,* 16 de agosto de 2020, www.nytimes.com/2020/08/16/business/media/hollywood-studios-firings-streaming.html.
62. **perda de US$47 bilhões:** James B. Stewart, "Was This $100 Billion Deal the Worst Merger Ever?", *New York Times,* 19 de novembro de 2022, https://www.nytimes.com/2022/11/19/business/media/att-time-warner-deal.html.
63. **a Netflix foi particularmente atingida:** Steve Inskeep e Bobby Allyn, "Netflix Is Losing Subscribers for the First Time in a Decade", NPR, 21 de abril de 2022, www.npr.org/2022/04/21/1093977684/netflix-is-losing-subscribers-for-the-first-time-in-a-decade.
64. **"não apostaria contra a Netflix":** Maureen Dowd, "Ted Sarandos Talks About That Stock Drop, Backing Dave Chappelle, and Hollywood Schadenfreude", *New York Times,* 31 de maio de 2022, www.nytimes.com/2022/05/28/style/ted-sarandos-netflix.html.
65. **"provavelmente uma mistura de setenta e trinta":** Tim Wu, "Netflix's Secret Special Algorithm Is a Human", *The New Yorker,* 27 de janeiro de 2015, www.newyorker.com/business/currency/hollywoods-big-data-big-deal.
66. **Como o designer Joshua Porter colocou:** Joshua Porter, "The Freedom of Fast Iterations: How Netflix Designs a Winning Web Site", *UIE,* 25 de março de 2016, https://articles.uie.com/fast_iterations/.
67. **"Greed" Hastings:** Greg Sandoval, "Netflix's Lost Year: The Inside Story of the Price-Hike Train Wreck", *CNET,* 11 de julho de 2012, www.cnet.com/tech/services-and-software/netflixs-lost--year-the-inside-story-of-the-price-hike-train-wreck/.
68. **"Qwikster soa como muitas coisas":** Jason Gilbert, "Qwikster Goes Qwikly: A Look Back at a Netflix Mistake", *HuffPost,* 7 de dezembro de 2017, www.huffpost.com/entry/qwikster-netflix--mistake_n_1003367.
69. **Elmo fumando um baseado:** Greg Kumparak, "The Guy Behind the Qwikster Twitter Account Realizes What He Has, Wants a Mountain of Cash", *TechCrunch,* 20 de setembro de 2011, https://techcrunch.com/2011/09/19/the-guy-behind-the-qwikster-twitter-account-realizes-what--he-has-wants-a-mountain-of-cash/.
70. **vídeo estranho e amador:** "Netflix CEO Reed Hastings Apologizes for Mishandling the Change to Qwikster", vídeo do YouTube, 2011, www.youtube.com/watch?v=7tWK0tW1fig.

71. **parodiado no *Saturday Night Live*:** "Netflix Apology", *Saturday Night Live,* exibido em 1º de outubro de 2011, vídeo do YouTube, carregado em 18 de setembro de 2013, www.youtube.com/watch?v=0eAXW-zkGlM.

72. **Empresário do Ano da *Fortune*:** Michael V. Copeland, "Reed Hastings: Leader of the Pack", *Fortune,* 18 de novembro de 2010, https://fortune.com/2010/11/18/reed-hastings-leader-of-the--pack/.

73. **"Qwikster foi uma ideia idiota":** Gilbert, "Qwikster Goes Qwikly".

74. **Man so much to plan:** Jay Yarow, "Guy Behind Qwikster Account Wants 'Bank,' Will Probably Get Nothing", *Business Insider,* 20 de setembro de 2011, https://businessinsider.com/qwikster-account-negotiations-2011-9).

75. **"Eu sabia que seria um desastre":** Reed Hastings e Erin Meyer, *No Rules Rules: Netflix and the Culture of Reinvention* (Nova York: Penguin Press, 2020), 141.

76. **"Socializar é um tipo de cultivo da dissidência":** Hastings e Meyer, *No Rules Rules,* 144.

77. **"Estamos focados em streaming":** Hastings e Meyer, *No Rules Rules,* 147.

78. **Como Schendel disse:** Hastings e Meyer, *No Rules Rules,* 147.

79. **"Sou apenas um pesquisador":** Hastings e Meyer, *No Rules Rules,* 148.

80. **"na Netflix temos bolsões":** Hastings e Meyer, *No Rules Rules,* 270.

81. **"inovação, velocidade e flexibilidade":** Hastings e Meyer, *No Rules Rules,* 271.

## Capítulo 2: Ajustado

1. **Como Warren Buffett disse:** "In the Short-Run, the Market Is a Voting Machine, but in the Long-Run, the Market Is a Weighing Machine", *Quote Investigator,* 17 de janeiro de 2020, https://quoteinvestigator.com/2020/01/09/market/.

2. **O índice Nasdaq, de alta tecnologia:** Dan Caplinger, "Just How Badly Did Stock Markets Perform in 2022?", *Nasdaq,* 30 de dezembro de 2022, www.nasdaq.com/articles/just-how-badly-did-stock-markets-perform-in-2022.

3. **Nove Grandes valores culturais:** Donald Sull, Charles Sull e Andrew Chamberlain, "Measuring Culture in Leading Companies", *MIT Sloan Management Review,* 24 de junho de 2019, https://sloanreview.mit.edu/projects/measuring-culture-in-leading-companies/.

4. **Mulheres representam apenas um terço:** Sam Daley, "Women in Tech Statistics Show the Industry Has a Long Way to Go", *Built In,* 31 de março de 2021, https://builtin.com/women-tech/women-in-tech-workplace-statistics.

5. **melhorou em apenas um ponto percentual:** Sara Harrison, "Five Years of Tech Diversity Reports — and Little Progress", *Wired,* 1º de outubro de 2019, www.wired.com/story/five-years-tech-diversity-reports-little-progress/.

6. **Uma análise de 2021 da Bloomberg:** Jeff Green, Katherine Chiglinsky e Cedric Sam, "Billionaire CEOs Elon Musk, Warren Buffett Resist Offering Worker Race Data", Bloomberg, 21 de março de 2022, www.bloomberg.com/graphics/diversity-equality-in-american-business/#xj4y7vzkg.

7. **"a primeira classificação desse tipo":** Daniel Roth, "Behind the Top Attractors: How We Discovered the World's Best Hirers and Keepers of Talent", LinkedIn, 20 de junho de 2016, www.linkedin.com/pulse/behind-top-attractors-how-we-discovered-worlds-best-hirers-roth/.

8. **A jornalista Suzy Welch destacou:** Suzy Welch, "LinkedIn Looked at Billions of Actions to See Who Is Winning the Talent Wars. Here's What I Learned", LinkedIn, 20 de junho de 2016, www.linkedin.com/pulse/linkedin-looked-billions-actions-see-who-winning-talent-suzy--welch/?trk-prof-post.

9. **baseadas em sete pilares:** "Top Companies 2022: The 50 Best Workplaces to Grow Your Career in the U.S.", LinkedIn, 6 de abril de 2022, https://www.linkedin.com/pulse/top-companies--2022-50-best-workplaces-grow-your-career-us-/.

10. **"As empresas de tecnologia elevaram o nível":** Welch, "LinkedIn Looked at Billions of Actions".
11. **alcançar representação feminina e minoritária suficiente:** Green et al., "Billionaire CEOs".
12. **frequentemente atribuída à escritora Dorothy Parker:** "This Is Not a Novel to Be Tossed Aside Lightly. It Should Be Thrown with Great Force", *Quote Investigator,* 19 de setembro de 2021, https://quoteinvestigator.com/2013/03/26/great-force/#:~:text=From%20a%20review%20by%20Dorothy,of%20the%20Algonquin%20Round%20Table.
13. **pesquisa da *Harvard Business Review*:** Gary Hamel e Michele Zanini, "What We Learned About Bureaucracy from 7,000 *HBR* Readers", *Harvard Business Review,* 10 de agosto de 2017, https://hbr.org/2017/08/what-we-learned-about-bureaucracy-from-7000-hbr-readers.
14. **maiores barreiras à inovação:** Scott Kirsner, "The Biggest Obstacles to Innovation in Large Companies", *Harvard Business Review,* 30 de junho de 2018, https://hbr.org/2018/07/the-biggest-obstacles-to-innovation-in-large-companies.
15. **"síndrome dos 90%":** David N. Ford e John D. Sterman, "The Liar's Club: Concealing Rework in Concurrent Development", *Concurrent Engineering,* vol. 11, n. 3 (2003), 211–19, https://doi.org/10.1177/106329303038028.
16. **praticamente nenhuma correlação:** Donald Sull, Stefano Turconi e Charles Sull, "When It Comes to Culture, Does Your Company Walk the Talk?", 21 de julho de 2020, https://sloanreview.mit.edu/article/when-it-comes-to-culture-does-your-company-walk-the-talk/.
17. **não mais do que metade dos funcionários:** Jim Harter, "Obsolete Annual Reviews: Gallup's Advice", *Gallup,* 28 de setembro de 2015, www.gallup.com/workplace/236567/obsolete-annual-reviews-gallup-advice.aspx.
18. **às vezes menos de 10%:** Art Johnson, "Aligning an Organization Requires an Effective Leader", *The Business Journals,* 12 de setembro de 2014, www.bizjournals.com/bizjournals/how-to/growth-strategies/2014/09/aligning-organization-requires-effective-leader.html.
19. **quarenta e sete horas:** Lydia Saad, "The '40-Hour' Workweek Is Actually Longer — by Seven Hours", *Gallup,* 29 de agosto de 2014, https://news.gallup.com/poll/175286/hour-workweek-actually-longer-seven-hours.aspx.
20. **quanto dormindo:** Jeffrey M. Jones, "In U.S., 40% Get Less Than Recommended Amount of Sleep", *Gallup,* 19 de dezembro de 2013, https://news.gallup.com/poll/166553/less-recommended-amount-sleep.aspx#:~:text=Americans%20currently%20average%206.8%20hours,nine%20hours%20sleep%20for%20adults.
21. **quase tanto tempo com seus colegas de trabalho:** Esteban Ortiz-Ospina, "Who Do We Spend Time with Across Our Lifetime?", *Our World in Data,* 11 de dezembro de 2020, https://ourworldindata.org/time-with-others-lifetime#from-adolescence-to-old-age-who-do-we-spend-our-time-with.
22. **70% disseram que continuariam trabalhando:** Isabel V. Sawhill e Christopher Pulliam, "Money Alone Doesn't Buy Happiness, Work Does", *Brookings,* 5 de novembro de 2018, www.brookings.edu/blog/up-front/2018/11/05/money-alone-doesnt-buy-happiness-work-does/.
23. **O cientista social Arthur Brooks:** Arthur C. Brooks, "The Secret to Happiness at Work", *The Atlantic,* 2 de setembro de 2021, www.theatlantic.com/family/archive/2021/09/dream-job-values-happiness/619951/.
24. **"confundidos pela cultura":** Boris Groysberg, Jeremiah Lee, Jesse Price e J. Yo-Jud Cheng, "The Leader's Guide to Corporate Culture", *Harvard Business Review,* janeiro–fevereiro de 2018, https://hbr.org/2018/01/the-leaders-guide-to-corporate-culture.
25. **"De qualquer maneira, você terá uma cultura":** Dharmesh Shah, "Culture Code: Building a Company You Love", LinkedIn, 20 de março de 2013, www.linkedin.com/pulse/20130320171133-658789-culture-code-building-a-company-you-love/.

## Capítulo 3: Ultra e Definitivo

1. **chimpanzés e orangotangos adultos:** Esther Herrmann, Josep Call, Hernàndez-Lloreda María Victoria, Brian Hare e Michael Tomasello, "Humans Have Evolved Specialized Skills of Social Cognition: The Cultural Intelligence Hypothesis", *Science,* vol. 317, n. 5843 (2007), 1360–66, https://doi.org/10.1126/science.1146282.
2. **começaram a cozinhar pelo menos parte de sua comida:** Ann Gibbons, "The Evolution of Diet", *National Geographic Magazine,* acessada em 13 de fevereiro de 2023, www.nationalgeographic.com/foodfeatures/evolution-of-diet/.
3. **cozinhar alimentos se tornou universal:** Graham Lawton, "Every Human Culture Includes Cooking — This Is How It Began", *NewScientist,* 2 de novembro de 2016, www.newscientist.com/article/mg23 230980-600-every-human-culture-includes-cooking-this-is-how-it-began/.
4. **"sua experiência mostra":** Richard Wrangham, *Catching Fire* (Nova York: Basic Books, 2009), 32.
5. **Há um debate:** Ann Gibbons, "The Evolution of Diet", *National Geographic,* https://www.nationalgeographic.com/foodfeatures/evolution-of-diet/.
6. **"dependência obrigatória":** Richard Wrangham e Rachel Carmody, "Human Adaptation to the Control of Fire", *Evolutionary Anthropology: Issues, News, and Reviews,* vol. 19, n. 5 (2010), 187–99, https://doi.org/10.1002/evan.20275.
7. **Se a evolução nos tornou:** L. V. Anderson, "Who Mastered Fire?", *Slate,* 5 de outubro de 2012, https://slate.com/technology/2012/10/who-invented-fire-when-did-people-start-cooking.html.
8. **"essencialmente cru":** "Lenny Kravitz Credits His Rockstar Physique & Energy at 56 to His Vegan Diet", *Peaceful Dumpling* (blog), 7 de outubro de 2020, www.peacefuldumpling.com/lenny-kravitz-vegan-diet.
9. **que eles não sabem:** "How Did the Sentinelese Not Know How to Make Fire?", *Reddit,* acessado em 13 de fevereiro de 2023, www.reddit.com/r/AskAnthropology/comments/1qwuxg/how_did_the_sentinelese_not_know_how_to_make_fire/.
10. **animais detentores de cultura:** Carolyn Beans, "Can Animal Culture Drive Evolution?", *Proceedings of the National Academy of Sciences,* vol. 114, n. 30 (2017), 7734–37, https://doi.org/10.1073/pnas.1709475114.
11. **"auge da cultura do chimpanzé":** Steve Stewart-Williams e Michael Shermer, *The Ape That Understood the Universe: How the Mind and Culture Evolve* (Cambridge: Cambridge University Press, 2021), loc. 19, Kindle.
12. **mas não se desenvolvem:** Gillian L. Vale, Nicola McGuigan, Emily Burdett, Susan P. Lambeth, Amanda Lucas, Bruce Rawlings, Steven J. Schapiro, Stuart K. Watson e Andrew Whiten, "Why Do Chimpanzees Have Diverse Behavioral Repertoires Yet Lack More Complex Cultures? Invention and Social Information Use in a Cumulative Task", *Evolution and Human Behavior,* vol. 42, n. 3 (2021), 247–58, https://doi.org/10.1016/j.evolhumbehav.2020.11.003.
13. **"Por 'cultura' quero dizer o grande conjunto":** Joseph Patrick Henrich, *The Secret of Our Success: How Culture Is Driving Human Evolution, Domesticating Our Species, and Making Us Smarter* (Princeton, NJ: Princeton University Press, 2016), loc. 3, Kindle.
14. **usar uma vara comprida como uma lança:** "Orangutan from Borneo Photographed Using a Spear Tool to Fish", *Primatology.net,* https://primatology.wordpress.com/2008/04/29/orangutan-photographed-using-tool-as-spear-to-fish/.
15. **"dois chimpanzés carregando um tronco juntos":** Jonathan Haidt, *The Righteous Mind: Why Good People Are Divided by Politics and Religion* (Nova York: Pantheon, 2012), loc. 237, Kindle.
16. **70 milhões de combatentes:** T. A. Hughes e John Graham Royde-Smith, "World War II", *Britannica,* 2 de fevereiro de 2023, www.britannica.com/event/World-War-II.

17. **19 mil anos para chegar a Proxima Centauri:** Matt Williams, "How Long Would It Take to Travel to the Nearest Star?", *Universe Today,* 26 de janeiro de 2016, www.universetoday.com/15403/how-long-would-it-take-to-travel-to-the-nearest-star/#:~:text=In%20short%2C%20at%20a%20maximum,be%20over%202%2C700%20human%20generations.

18. **"único objeto no universo conhecido":** David Deutsch, "After Billions of Years of Monotony, the Universe Is Waking Up", vídeo TED, 2019, www.ted.com/talks/david_deutsch_after_billions_of_years_of_monotony_the_universe_is_waking_up/transcript?language=en.

19. **mais de 80% da população da China:** "Urban Population (% of Total Population) — China", *World Bank,* acessado em 13 de fevereiro de 2023, https://data.worldbank.org/indicator/SP.URB.TOTL.IN.ZS?locations=CN.

20. **Em 1970, 10% de todos os nascimentos:** Riley Griffin, "Almost Half of U.S. Births Happen Outside Marriage, Signaling Cultural Shift", Bloomberg, 17 de outubro de 2018, www.bloomberg.com/news/articles/2018-10-17/almost-half-of-u-s-births-happen-outside-marriage-signaling-cultural-shift?leadSource=uverify+wall.

21. **Em 1945, um pouco mais de 11%:** Bastian Herre, Esteban Ortiz-Ospina e Max Roser, "Democracy", *Our World in Data,* acessado em 14 de fevereiro de 2023, https://ourworldindata.org/democracy.

22. **"maiores transições evolutivas":** Eörs Szathmáry e John Maynard Smith, "The Major Evolutionary Transitions", *Nature,* vol. 374, n. 6519 (1995), 227–32, https://doi.org/10.1038/374227a0.

23. **desenvolvimento dos cromossomos:** Jennifer S. Teichert, Florian M. Kruse e Oliver Trapp, "Direct Prebiotic Pathway to DNA Nucleosides", *Angewandte Chemie International Edition,* vol. 58, n. 29 (2019), 9944–47, https://doi.org/10.1002/anie.201903400.

24. **surgimento de células com núcleos:** "Eukaryotic Cells", em Geoffrey M. Cooper, *The Cell: A Molecular Approach*, 2ª ed. (Oxford: Oxford University Press, 2000).

25. **surgimento de organismos multicelulares:** "Ancient Origins of Multicellular Life", *Nature Communications,* vol. 533, n. 7 (2016), 441–41, https://doi.org/10.1038/533441b.

26. **surgimento de insetos sociais:** Phillip Barden e Michael S. Engel, "Fossil Social Insects", *Encyclopedia of Social Insects* (2019), 1–21, https://doi.org/10.1007/978-3-319-90306-4_45-1.

27. **"fantasticamente bem-sucedidos":** Joan E. Strassmann e David C. Queller, "Insect Societies as Divided Organisms: The Complexities of Purpose and Cross-Purpose", in *In the Light of Evolution: Volume I: Adaptation and Complex Design*, John C. Avise e Francisco J. Ayala, editores (Washington, DC: National Academies Press, 2007), 154–64.

28. **um dos experimentos mais famosos:** John M. Darley e C. Daniel Batson, *From Jerusalem to Jericho: A Study of Situational and Dispositional Variables in Helping Behavior* (Princeton, NJ: Darley, 1973), 100–108.

29. **artigo de 1864 na revista** *Reformed Presbyterian*: *The Reformed Presbyterian,* janeiro de 1855 a julho de 1858, 1862–76. Reino Unido: n.p., 1864.

30. **Para um programa de tratamento de TB no Quênia:** Erez Yoeli, Jon Rathauser, Syon P. Bhanot, Maureen K. Kimenye, Eunice Mailu, Enos Masini, Philip Owiti e David Rand, "Digital Health Support in Treatment for Tuberculosis", *New England Journal of Medicine,* vol. 381, n. 10 (2019), 986–87, https://doi.org/10.1056/nejmc1806550.

31. **"todo mundo tem planos até ser atingido":** "Everybody Has Plans Until They Get Hit for the First Time", *Quote Investigator,* acessado em 13 de fevereiro de 2023, https://quoteinvestigator.com/2021/08/25/plans-hit/.

32. **"Sobre Objetivos e Métodos da Etologia":** Nikolaas Tinbergen, "On Aims and Methods of Ethology", *Zeitschrift für Tierpsychologie,* vol. 20, n. 4 (1963), 410–33, https://doi.org/10.1111/j.1439-0310.1963.tb01161.x.

33. **"Lista de Vieses Cognitivos":** "List of Cognitive Biases", Wikipédia, acessado em 13 de fevereiro de 2023, https://en.wikipedia.org/wiki/List_of_cognitive_biases.

34. **"Julgamento sob Incerteza":** Amos Tversky e Daniel Kahneman, "Judgment Under Uncertainty: Heuristics and Biases", *Science,* vol. 185, n. 4157 (1974), 1124–31, https://doi.org/10.1126/science.185.4157.1124.
35. **"Ninguém jamais vai inventar uma aula de ética":** "Business Ethics", *Jonathan Haidt* (blog), acessado em 13 de fevereiro de 2023, https://jonathanhaidt.com/business-ethics/.

## Capítulo 4: Ciência

1. **Um podcast de Stanford de 2007:** "Winners Don't Take All", podcast, Centro de Inovação Social, Stanford Graduate School of Business, 29 de julho de 2007, https://podcasts.apple.com/us/podcast/winners-dont-take-all/id385633199?i=1000085430490.
2. **"O excesso de confiança foi chamado":** Scott Plous, *The Psychology of Judgment and Decision Making* (Philadelphia: Temple University Press, 1993).
3. **"A lista [de exemplos do viés de confirmação]":** Hugo Mercier e Dan Sperber, *The Enigma of Reason* (Cambridge, MA: Harvard University Press, 2018), Kindle.
4. **"nova fórmula para a Coca-Cola":** Mura Dominko, "This Is the Biggest Mistake Coca-Cola Has Ever Made, Say Experts", *Eat This Not That* (blog), 13 de fevereiro de 2021, www.eatthis.com/news-biggest-coca-cola-mistake-ever/.
5. **"uma das [decisões] mais fáceis":** Constance L. Hays, *The Real Thing: Truth and Power at the Coca-Cola Company* (Nova York: Random House, 2004), 116.
6. **testes de sabor conduzidos secretamente:** Hays, *Real Thing,* 116.
7. **8 mil ligações desse tipo por dia:** Christopher Klein, "Why Coca-Cola's 'New Coke' Flopped", *History,* 13 de março de 2020, www.history.com/news/why-coca-cola-new-coke-flopped.
8. **Old Cola Drinkers of America:** Klein, "Why Coca-Cola's 'New Coke' Flopped".
9. **"tirado minha liberdade de escolha":** Phil Edwards, "New Coke Debuted 30 Years Ago. Here's Why It Was a Sugary Fiasco", *Vox,* 23 de abril de 2015, www.vox.com/2015/4/23/8472539/new-coke-cola-wars.
10. **Pelo menos um processo foi aberto:** Klein, "Why Coca-Cola's 'New Coke' Flopped".
11. **vender produtos vintage por US$50 a caixa:** Steve Strauss, "The Very, Very Worst Business Decision in the History of Bad Business Decisions", *Zenbusiness* (blog), 1º de dezembro de 2021, www.zenbusiness.com/blog/the-very-very-worst-business-decision-in-the-history-of-bad-business-decisions/.
12. **Até Fidel Castro opinou:** Mark Pendergrast, *For God, Country, and Coca-Cola: The Definitive History of the Great American Soft Drink and the Company That Makes It,* 2ª ed. (Nova York: Basic Books, 2004), 362.
13. **"lamentamos":** Strauss, "The Very, Very Worst Business Decision".
14. **"depois de nos reunirmos todas as sextas-feiras à tarde":** Daniel Kahneman, *Thinking, Fast and Slow* (Nova York: Farrar, Straus and Giroux, 2011), loc. 245, Kindle.
15. **"Ele ficou em silêncio":** Kahneman, *Thinking,* loc. 246, Kindle.
16. **"As estatísticas que Seymour forneceu":** Kahneman, *Thinking,* loc. 247, Kindle.
17. **"Devíamos ter desistido":** Kahneman, *Thinking,* loc. 247, Kindle.
18. **Em seu livro de 2020, *The Knowledge Machine*:** Michael Strevens, *The Knowledge Machine: How Irrationality Created Modern Science* (Nova York: Liveright, 2020).
19. **Robert Kurzban e Athena Aktipis:** Strauss, "The Very, Very Worst Business Decision".
20. **a confiança é, de fato, sexy:** Norman P. Li, Jose C. Yong, Ming Hong Tsai, Mark H. Lai, Amy J. Lim e Joshua M. Ackerman, "Confidence Is Sexy and It Can Be Trained: Examining Male Social Confidence in Initial, Opposite-Sex Interactions", *Journal of Personality,* vol. 88, n. 6 (2020), 1235–51, https://doi.org/10.1111/jopy.12568.

21. **"Devemos ter perseverança":** "Marie Curie the Scientist", *Marie Curie,* acessado em 14 de fevereiro de 2023, www.mariecurie.org.uk/who/our-history/marie-curie-the-scientist#:~:text=Marie%20 Curie%20quotes,this%20thing%20must%20be%20attained.%22.
22. **"Se você não tem confiança em si mesmo":** Susan Ratcliffe, ed., *Oxford Essential Quotations* (Oxford: Oxford University Press, 2016).
23. **"você pode se divertir muito":** Joe Namath (@RealJoeNamath), "'When you have confidence, you can have a lot of fun. And when you have fun, you can do amazing things.' -Thought for the day #Jets #Alabama", Twitter, 3 de junho de 2011, 12:20 p.m., https://twitter.com/RealJoeNamath/status/76684619944169472.
24. **filme de David Mamet de 1987:** "*House of Games* Script — Transcrição do Diálogo", *Drew's Script-O-Rama,* acessado em 14 de fevereiro de 2023, www.script-o-rama.com/movie_scripts/h/house-of-games-script-transcript.html.
25. **Robert Trivers argumenta:** Robert Trivers, "The Elements of a Scientific Theory of Self-Deception", *Annals of the New York Academy of Sciences,* vol. 907, n. 1 (2006), 114–31, https://doi.org/10.1111/j.1749-6632.2000.tb06619.x.
26. **"Todo esse arranjo contraintuitivo":** Robert Trivers, *The Folly of Fools: The Logic of Deceit and Self-Deception in Human Life* (Nova York: Basic Books, 2014), loc. 9, Kindle.
27. **Em uma empresa analisada:** Seth Stephens-Davidowitz, *Everybody Lies: What the Internet Can Tell Us About Who We Really Are* (Nova York: Bloomsbury Publishing, 2018), loc. 107–8, Kindle.
28. **Adultos de meia-idade:** Trivers, *Folly of Fools,* loc. 143, Kindle.
29. **pesquisadores manipularam fotos:** Trivers, *Folly of Fools,* loc. 25, Kindle.
30. **Em um estudo particularmente diabólico:** Trivers, *Folly of Fools,* loc. 16, Kindle.
31. **"Devido à forma como a evolução opera":** Robert Kurzban, *Why Everyone (Else) Is a Hypocrite: Evolution and the Modular Mind* (Princeton, NJ: Princeton University Press, 2010), 9–22.
32. **design experimental inteligente:** Joseph E. Ledoux, Donald H. Wilson e Michael S. Gazzaniga, "A Divided Mind: Observations on the Conscious Properties of the Separated Hemispheres", *Annals of Neurology,* vol. 2, n. 5 (1977), 417–21, https://doi.org/10.1002/ana.410020513.
33. **"Não existe tal coisa como 'o paciente'":** Kurzban, *Why Everyone (Else) Is a Hypocrite,* 9–10.
34. **"uma vitória não é tão boa":** Andre Agassi, *Open: An Autobiography* (Nova York: Alfred A. Knopf, 2009).
35. **algumas pessoas que mentem muito raramente:** Kim B. Serota, Timothy R. Levine e Tony DocanMorgan, "Unpacking Variation in Lie Prevalence: Prolific Liars, Bad Lie Days, or Both?", *Communication Monographs,* vol. 89, n. 3 (2021), 307–31, https://doi.org/10.1080/03637751.2021.1985153.
36. **"um plano razoável":** Kahneman, *Thinking,* loc. 246, Kindle.
37. **"Os indivíduos mais politicamente informados":** Michael Hannon, "Are Knowledgeable Voters Better Voters?", *Politics, Philosophy & Economics,* vol. 21, n. 1 (2022), 29–54, https://doi.org/10.1177/1470594x211065080.
38. **escreverem uma história sobre si mesmos:** Sonya Sachdeva, Rumen Iliev e Douglas L. Medin, "Sinning Saints and Saintly Sinners", *Psychological Science,* vol. 20, n. 4 (2009), 523–28, https://doi.org/10.1111/j.1467-9280.2009.02326.x.
39. **"regra de ferro da explicação":** Strevens, *Knowledge Machine,* loc. 96, Kindle.
40. **Olhando para trás, Schally refletiu:** Strevens, *Knowledge Machine,* loc. 34, Kindle.
41. **"Toda a sua necessidade de vencer":** Strevens, *Knowledge Machine,* loc. 98, Kindle.
42. **"mais propensos a rejeitar seus próprios argumentos ruins":** Mercier e Sperber, *Enigma of Reason,* loc. 233, Kindle.
43. **"raciocínio solitário é tendencioso e preguiçoso":** Mercier e Sperber, *Enigma of Reason,* loc. 11, Kindle.

44. **"uma essência sublimada":** Hays, *Real Thing,* 114.
45. **"Não era apenas sobre o sabor":** Hays, *Real Thing,* 120.
46. **"testar literalmente tudo":** Stephens-Davidowitz, *Everybody Lies,* loc. 217, Kindle.
47. **"pré-visualizar o desfoque":** Joel M. Podolny e Hansen T. Morten, "How Apple Is Organized for Innovation", *Harvard Business Review,* novembro–dezembro de 2020, https://hbr.org/2020/11/how-apple-is-organized-for-innovation.
48. **"um dos recursos de câmera mais legais":** Holland Patrick, "You're Not Using iPhone Portrait Mode Correctly: Here's How to Fix That", *CNET,* 30 de maio de 2021, www.cnet.com/tech/mobile/youre-not-using-iphone-portrait-mode-correctly-heres-how-to-fix/.
49. **"um negócio muito gregário":** Robert J. Sternberg e Janet E. Davidson, *Creative Insight: The Social Dimension of a Solitary Moment* (Cambridge, MA: MIT Press, 1996), 329–63.
50. **Horowitz não ficou satisfeito:** Ben Horowitz, *The Hard Thing About Hard Things* (Nova York: HarperBusiness, 2014), loc. 13–14, Kindle.
51. **"Marc e eu, com o tempo, nos tornamos amigos":** Horowitz, *Hard Thing,* loc. 14, Kindle.
52. **Em uma entrevista de 2016:** Tim Ferriss, "Marc Andreessen (#163)", *The Tim Ferriss Show,* podcast, acessado em 14 de fevereiro de 2023, https://tim.blog/2018/01/01/the-tim-ferriss-show-transcripts-marc-andreessen/.
53. **data de meados da década de 1960:** Edgar H. Schein e Warren G. Bennis, *Personal and Organizational Change Through Group Methods: The Laboratory Approach* (Nova York: Wiley, 1965).
54. **homens são geralmente mais assertivos do que as mulheres:** Scott Barry Kaufman, "Taking Sex Differences in Personality Seriously", *Scientific American,* 12 de dezembro de 2019, https://blogs.scientificamerican.com/beautiful-minds/taking-sex-differences-in-personality-seriously/.
55. **pessoas neuroatípicas:** Xin Wei, Jennifer W. Yu, Paul Shattuck, Mary McCracken e Jose Blackorby, "Science, Technology, Engineering, and Mathematics (STEM) Participation Among College Students with an Autism Spectrum Disorder", *Journal of Autism and Developmental Disorders,* vol. 43, n. 7 (2012), 1539–46, https://doi.org/10.1007/s10803-012-1700-z.
56. **80 mil melhorias e correções de bugs:** Noam Cohen, "After Years of Abusive E-mails, the Creator of Linux Steps Aside", *The New Yorker,* 19 de setembro de 2018, www.newyorker.com/science/elements/after-years-of-abusive-e-mails-the-creator-of-linux-steps-aside.
57. **"Simplesmente se mate agora":** Jon Gold, "Torvalds to Bad Security Devs: 'Kill Yourself Now'", *Network World,* 8 de março de 2012, www.networkworld.com/article/2186639/torvalds-to-bad-security-devs---kill-yourself-now-.html.
58. **"Linus, você é um dos piores ofendedores":** Sage Sharp, e-mail, 15 de julho de 2013, www.spinics.net/lists/stable/msg14037.html.
59. **"Eu xingo quando não há argumento":** Linus Torvalds, e-mail, 15 de julho de 2013, https://lkml.org/lkml/2013/7/15/446.
60. **não seria mais desenvolvedor do kernel Linux:** Sage Sharp, "Closing a Door", *Sage Sharp* (blog), 14 de setembro de 2019, https://sage.thesharps.us/2015/10/05/closing-a-door/.
61. **confrontado pela** *The New Yorker*: Cohen, "After Years of Abusive E-mails".
62. **"Eu realmente estivera ignorando":** Michael Grothaus, "Linux Creator Linus Torvalds Apologizes for Being a Dick All These Years", *Fast Company,* 17 de setembro de 2018, www.fastcompany.com/90237651/linux-creator-linus-torvalds-apologizes-for-being-a-dick-all-these-years.
63. **acionistas da Computer Associates:** Ariana Eunjung Cha, "Judge Cuts Execs' $1-Billion Stock Bonus in Half", *Los Angeles Times,* 10 de novembro de 1999, www.latimes.com/archives/la-xpm-1999-nov-10-fi-31864-story.html.
64. **registrou imediatamente grande parte da receita:** Alex Berenson, "A Software Company Runs out of Tricks; the Past May Haunt Computer Associates", *New York Times,* 29 de abril de 2001,

www.nytimes.com/2001/04/29/business/a-software-company-runs-out-of-tricks-the-past-may--haunt-computer-associates.html.

65. **"mês de 35 dias":** "How Serious Was the Fraud at Computer Associates?", *Knowledge at Wharton,* acessado em 14 de fevereiro de 2023, https://knowledge.wharton.upenn.edu/article/how-serious-was-the-fraud-at-computer-associates/#:~:text=They%20paid%20more%20than%20they,once%20the%20practices%20were%20revealed.

66. **A SEC entrou com acusações de fraude:** "SEC Files Securities Fraud Charges Against Computer Associates International, Inc., Former CEO Sanjay Kumar, and Two Other Former Company Executives", SEC, acessado em 14 de fevereiro de 2023, www.sec.gov/news/press/2004-134.htm.

67. **Kumar, que havia sido CEO da Computer Associates:** Michael J. de la Merced, "Ex-Leader of Computer Associates Gets 12-Year Sentence and Fine", *New York Times,* 3 de novembro de 2006, www.nytimes.com/2006/11/03/technology/03computer.html.

68. **cultura de vendas agressiva:** Randall Smith, "Copying Wells Fargo, Banks Try Hard Sell", *Wall Street Journal,* 28 de fevereiro de 2011, www.wsj.com/articles/SB10001424052748704430304576170702480420980.

69. **12 mil novos produtos:** Bethany McLean, "How Wells Fargo's Cutthroat Corporate Culture Allegedly Drove Bankers to Fraud", *Vanity Fair,* 31 de maio de 2017, www.vanityfair.com/news/2017/05/wells-fargo-corporate-culture-fraud.

70. **3,5 milhões de contas falsas:** Kevin McCoy, "Wells Fargo Review Finds 1.4m More Potentially Unauthorized Accounts", *USA Today,* 31 de agosto de 2017, www.usatoday.com/story/money/2017/08/31/wells-fargo-review-finds-1-4-m-more-unauthorized-accounts/619794001/.

71. **mais de US$2,5 bilhões em multas:** "Attorney General Shapiro Announces $575 Million 50-State Settlement with Wells Fargo Bank for Opening Unauthorized Accounts and Charging Consumers for Unnecessary Auto Insurance, Mortgage Fees", Gabinete do Procurador-Geral da Pensilvânia, 28 de dezembro de 2018, www.attorneygeneral.gov/taking-action/attorney-general--shapiro-announces-575-million-50-state-settlement-with-wells-fargo-bank-for-opening-unauthorized-accounts-and-charging-consumers-for-unnecessary-auto-insurance-mortgage-fees/.

72. **"quando uma medida se torna uma meta":** Michael F Stumborg, Timothy D. Blasius, Steven J. Full e Christine A. Hughes, "Goodhart's Law: Recognizing and Mitigating the Manipulation of Measures in Analysis", *CNA,* setembro de 2022, www.cna.org/reports/2022/09/goodharts-law#:~:text=Goodhart%27s%20Law%20states%20that%20%E2%80%9Cwhen,order%20to%20receive%20the%20reward.

73. **tuitou uma foto sua:** Patrick Collison (@patrickc), "Hit our engagement metrics this weekend!", Twitter, 23 de junho de 2019, 8:33 p.m., https://twitter.com/patrickc/status/1142953801969573889?lang=en.

74. **"OKRs e remuneração":** John E. Doerr, *Measure What Matters: How Google, Bono, and the Gates Foundation Rock the World with OKRs* (Nova York: Portfolio/Penguin, 2018), loc. 181–82, Kindle.

75. **"Uma âncora zelosa":** Nicholas Negroponte, *Being Digital* (Nova York: Alfred A. Knopf, 1996).

76. **"você será atraído para a ciência em si":** Trivers, *Folly of Fools,* loc. 303, Kindle.

77. **"O estudo de livros":** Michel de Montaigne, *Essays,* trans. Charles Cotton (1686), https://hyperessays.net/essays/on-the-art-of-discussion/.

78. **engenharia do caos:** Scott Carey, "What Is Chaos Monkey? Chaos Engineering Explained", *InfoWorld,* 13 de maio de 2020, www.infoworld.com/article/3543233/what-is-chaos-monkey-chaos--engineering-explained.html.

## Capítulo 5: Propriedade

1. **discutido no site da CIA:** "The Art of Simple Sabotage", Central Intelligence Agency, 1ºde abril de 2019, www.cia.gov/stories/story/the-art-of-simple-sabotage/.

2. **"Os consultores estavam disponíveis agora":** Reed Hastings e Erin Meyer, *No Rules Rules: Netflix and the Culture of Reinvention* (Nova York: Penguin Press, 2020), 66 –67.
3. **"forma específica de organização":** Bert Rockman, "Bureaucracy", *Britannica,* acessado em 6 de janeiro de 2023, www.britannica.com/topic/bureaucracy.
4. **"Por mais que muitas pessoas reclamem":** "Max Weber Quotations", *QuoteTab,* acessado em 15 de fevereiro de 2023, www.quotetab.com/quotes/by-max-weber.
5. **pesquisa sobre burocracia:** Gary Hamel e Michele Zanini, "What We Learned About Bureaucracy from 7,000 *HBR* Readers", *Harvard Business Review,* 10 de agosto de 2017, https://hbr.org/2017/08/what-we-learned-about-bureaucracy-from-7000-hbr-readers.
6. **18% da força de trabalho:** Jena McGregor, "Zappos Says 18 Percent of the Company Has Left Following Its Radical 'No Bosses' Approach", *Washington Post,* 14 de janeiro de 2016, https://www.washingtonpost.com/news/on-leadership/wp/2016/01/14/zappos-says-18-percent-of-the--company-has-left-following-its-radical-no-bosses-approach/.
7. **"silenciosamente se afastou":** Aimee Groth, "Zappos Has Quietly Backed Away from Holacracy", *Quartz,* 29 de janeiro de 2020, https://qz.com/work/1776841/zappos-has-quietly-backed-a-way-from-holacracy.
8. **"distribuição promíscua":** Lawrence H. Summers, "Why Americans Don't Trust Government", *Washington Post,* 26 de maio de 2016, www.washingtonpost.com/news/wonk/wp/2016/05/26/why-americans-dont-trust-government/.
9. **vetocracias:** Ezra Klein, "Francis Fukuyama: America Is in 'One of the Most Severe Political Crises I Have Experienced'", *Vox,* 26 de outubro de 2016, www.vox.com/2016/10/26/13352946/francis-fukuyama-ezra-klein.
10. **40% mais rápido do que a economia americana:** "Reg Stats", Centro de Estudos Regulatórios, Escola Trachtenberg de Políticas Públicas e Administração Pública, Columbian College of Arts and Sciences, George Washington University, acessado em 15 de fevereiro de 2023, https://regulatorystudies.columbian.gwu.edu/reg-stats.
11. **reparos relativamente pequenos:** Summers, "Why Americans Don't Trust Government".
12. **comprar a Ferrari:** Angus MacKenzie, "What if Ford Had Bought Ferrari?", *Motor Trend,* 16 de junho de 2008, www.motortrend.com/features/what-if-ford-had-bought-ferrari-1895/. Acessado em 16 de março de 2023.
13. **3% dos lucros da Ford:** "Ford Co. Attains Record Earnings", *New York Times,* 5 de fevereiro de 1964, www.nytimes.com/1964/02/05/ford-co-attains-record-earnings.html#:~:text=Ford%20Motor%20Company%20registered%20record,equal%20to%20%244.42%20a%20share.
14. **secretária pessoal de Enzo Ferrari:** Luca Ciferri, "Story Reveals Why Enzo Ferrari Said No to Ford", *Automotive News,* 31 de agosto de 1998, www.autonews.com/article/19980831/ANA/808310794/story-reveals-why-enzo-ferrari-said-no-to-ford.
15. **"maquinário gigante operado por anões":** "Honoré de Balzac", *Wikiquote,* Wikimedia Foundation, 9 de janeiro de 2023, https://en.wikiquote.org/wiki/Honor%C3%A9_de_Balzac.
16. **mostrar sua formidabilidade:** Brian Barth, "The Secrets of Chicken Flocks' Pecking Order", *Modern Farmer,* 18 de outubro de 2018, https://modernfarmer.com/2016/03/pecking-order/.
17. **"movidos por uma profusão de desejos":** Will Storr, *The Status Game: On Human Life and How to Play It* (Londres: William Collins, 2022), 5.
18. **70% escolheram um emprego de status mais alto:** Storr, *Status Game,* 26.
19. **"não houve nenhum ponto":** Storr, *Status Game,* 89.
20. **"estima dada por outros":** Storr, *Status Game,* 89.
21. **estudos Whitehall:** M. G. Marmot, Geoffrey Rose, M. Shipley e P. J. S. Hamilton, "Employment Grade and Coronary Heart Disease in British Civil Servants", *Journal of Epidemiology & Community Health,* vol. 32, n. 4 (1978), 244–49, https://doi.org/10.1136/jech.32.4.244.

22. **"Foi a nova posição":** Storr, *Status Game,* 17.
23. **"indicadores objetivos de baixo status social":** Storr, *Status Game,* 17–18.
24. **"O suicídio é encorajado":** Jason Manning, *Suicide: The Social Causes of Self-Destruction* (Charlottesville: University of Virginia Press, 2020), 728.
25. **"tão real quanto o oxigênio ou a água":** Storr, *Status Game,* 19.
26. **"extremamente precisas":** C. Anderson, J. A. D. Hildreth e L. Howland, "Is the Desire for Status a Fundamental Human Motive? A Review of the Empirical Literature", *Psychological Bulletin,* 16 de março de 2015.
27. **mudou seus tons baixos:** Stanford W. Gregory and Stephen Webster, "A Nonverbal Signal in Voices of Interview Partners Effectively Predicts Communication Accommodation and Social Status Perceptions", *Journal of Personality and Social Psychology,* vol. 70, n. 6 (1996), 1231–40, https://doi.org/10.1037/0022-3514.70.6.1231.
28. **"tive que aprender da maneira mais difícil":** Christopher Boehm, *Hierarchy in the Forest: The Evolution of Egalitarian Behavior* (Cambridge, MA: Harvard University Press, 2001), 16.
29. **formidabilidade:** Aaron Sell, John Tooby e Leda Cosmides, "Formidability and the Logic of Human Anger", *Proceedings of the National Academy of Sciences,* vol. 106, n. 35 (2009), 15073–78, https://doi.org/10.1073/pnas.0904312106.
30. **"o lutador mais feroz":** "Mike Tyson? Sonny Liston? Who Is the Scariest Boxer Ever?", *Sky Sports,* 12 de novembro de 2015, https://www.skysports.com/boxing/news/12184/10045648/mike-tyson-sonny-liston-who-is-the-scariest-boxer-ever#:~:text=Mike%20Tyson%20(50%2D6%2DKO44)&text=Perhaps%20the%20most%20ferocious%20fighter,it%20he%20was%20intimidation%20personified.
31. **"conquistado por meio da força bruta":** Storr, *Status Game,* 328.
32. **general aposentado de quatro estrelas Bill Creech:** Bill Creech, *The Five Pillars of TQM: How to Make Total Quality Management Work for You* (Nova York: Truman Talley / Dutton, 1994), 387.
33. **acadêmica de administração Ruthanne Huising:** Ruthanne Huising, "Moving off the Map: How Knowledge of Organizational Operations Empowers and Alienates", *Organization Science,* vol. 30, n. 5 (2019), 1054–75, https://doi.org/10.1287/orsc.2018.1277.
34. **"Mostre-me o incentivo":** "The Psychology of Human Misjudgement — Charlie Munger Full Speech", vídeo do YouTube, carregado em 12 de julho de 2020, https://youtu.be/Jv7sLrON7QY.
35. **princípio de von Stauffenberg:** Aharon Liebersohn, *World Wide Agora* (autopublicação, Lulu.com, 2006).
36. **Bill Gates escreveu um memorando:** Bill Gates, "The Internet Tidal Wave", memorando, 26 de maio de 1995, Departamento de Justiça dos EUA, acessado em 1º de março de 2023, www.justice.gov/sites/default/files/atr /legacy/2006/03/03/20.pdf.
37. **quase US$620 bilhões:** Ashleigh Macro, "Apple Beats Microsoft as Most Valuable Public Company in History", *Macworld,* 21 de agosto de 2012, www.macworld.com/article/669851/apple-beats-microsoft-as-most-valuable-public-company-in-history.html.
38. **gasto bem mais de US$80 bilhões:** Lionel Sujay Vailshery, "Microsoft's Expenditure on Research and Development from 2002 to 2022", *Statista,* 28 de julho de 2022, www.statista.com/statistics/267806/expenditure-on-research-and-development-by-the-microsoft-corporation/.
39. **artigo da *Vanity Fair* de 2012:** Kurt Eichenwald, "Microsoft's Lost Decade", *Vanity Fair,* 24 de julho de 2012, www.vanityfair.com/news/business/2012/08/microsoft-lost-mojo-steve-ballmer.
40. **"O desenvolvedor concluiu":** Eichenwald, "Microsoft's Lost Decade".
41. **"As pessoas perceberam":** Eichenwald, "Microsoft's Lost Decade".
42. **"Marc Turkel":** Eichenwald, "Microsoft's Lost Decade".

43. **Em 2011, a Microsoft piorou a sua situação, que já era ruim:** Stephen Miller, "'Stack Ranking' Ends at Microsoft, Generating Heated Debate", *SHRM,* 20 de novembro de 2013, www.shrm.org/resourcesandtools/hr-topics/compensation/pages/stack-ranking-microsoft.aspx.
44. **"todos os funcionários atuais e antigos":** Eichenwald, "Microsoft's Lost Decade".
45. **engenheiro da Microsoft Brian Cody:** Eichenwald, "Microsoft's Lost Decade".
46. **"Pessoas responsáveis por recursos":** Eichenwald, "Microsoft's Lost Decade".
47. **"as pessoas planejavam seus dias":** Eichenwald, "Microsoft's Lost Decade".
48. **"Sempre que tinha uma pergunta":** Eichenwald, "Microsoft's Lost Decade".
49. **"Eu queria montar uma equipe":** Eichenwald, "Microsoft's Lost Decade".
50. **debandada total:** Sky News Australia, "Stunning Toilet Paper Feeding Frenzy Caught on Camera", vídeo do YouTube, 10 de março de 2020, https://youtu.be/df6K9qMr67w.
51. **Amazon e outros sites o reprimiram:** Mary Jo Daley e Tom Killion, "Amazon Is Playing Whack-a-Mole with Coronavirus Price Gouging, and It's Harming Pennsylvanians", *Philadelphia Inquirer,* 13 de abril de 2020, www.inquirer.com/opinion/commentary/coronavirus-covid-price-gouging-amazon-online-retail-toilet-paper-20200413.html.
52. **O CEO do Walmart foi ao programa *Today*:** Sharon Terlep, "Americans Have Too Much Toilet Paper. Finally, Sales Slow", *Wall Street Journal,* 13 de abril de 2021, www.wsj.com/articles/americans-have-too-much-toilet-paper-it-is-catching-up-to-companies-11618306200.
53. **"bolsões de disponibilidade menor do que o normal":** Lisa Baertlein e Melissa Fares, "Panic Buying of Toilet Paper Hits U.S. Stores Again with New Pandemic Restrictions", *Reuters,* 20 de novembro de 2020, www.reuters.com/article/us-health-coronavirus-toiletpaper/panic-buying-of-toilet-paper-hits-u-s-stores-again-with-new-pandemic-restrictions-idUSKBN2802W3.
54. **processos de negócios sincronizados:** David A Garvin, "Leveraging Processes for Strategic Advantage", *Harvard Business Review,* setembro–outubro de 1995, https://hbr.org/1995/09/leveraging-processes-for-strategic-advantage.
55. **A carta de 2016 abre com uma explicação:** Amazon Staff [Jeff Bezos], "2016 Letter to Shareholders", *About Amazon,* 17 de abril de 2017, www.aboutamazon.com/news/company-news/2016-letter-to-shareholders.
56. **"livre de responsabilidades concorrentes":** Colin Bryar e Bill Carr, *Working Backwards* (Londres: Pan Macmillan, 2022), 54.
57. **"A Amazon é formada por centenas":** Benedict Evans, "The Amazon Machine", *Benedict Evans* (blog), 4 de fevereiro de 2021, www.ben-evans.com/benedictevans/2017/12/12/the-amazon-machine.
58. **"projetos multifuncionais":** Bryar e Carr, *Working Backwards,* 72.
59. **"eliminar a comunicação, não incentivá-la":** Bryar e Carr, *Working Backwards,* 72.
60. **"seguinte da Quarterly Business Review":** Hastings e Meyer, *No Rules Rules,* 63.
61. **um processo de gerenciamento chamado V2MOM:** Marc Benioff, "Create Strategic Company Alignment with a V2MOM", *The 360 Blog,* Salesforce.com, 5 de dezembro de 2022, www.salesforce.com/blog/how-to-create-alignment-within-your-company/.
62. **"Quando eu estava na Oracle":** Marc R. Benioff e Carlye Adler, *Behind the Cloud: The Untold Story of How Salesforce.com Went from Idea to Billion-Dollar Company — and Revolutionized an Industry* (San Francisco: Jossey-Bass, 2010), 225.
63. **apresentou a Benioff:** Eugene Kim, "These Are the Five Questions Salesforce Asks Itself Before Every Big Decision", *Business Insider,* 15 de fevereiro de 2023, www.businessinsider.com/salesforce-v2mom-process-2015-2.
64. **"expandimos o escopo":** Benioff, "Create Strategic Company Alignment".
65. **"o maior segredo da Salesforce.com":** Benioff e Adler, *Behind the Cloud,* 225.

66. **"apenas 7% dos funcionários":** Art Johnson, "Aligning an Organization Requires an Effective Leader", *The Business Journals,* 12 de setembro de 2014, https://gottareadsomethinggood.com/2019/03/28/how-to-create-alingment-within-yourcompany-in-order-to-succeed-by-marc-benioff/.
67. **"State of the American Manager":** Jim Harter, "Obsolete Annual Reviews: Gallup's Advice", *Gallup,* 30 de janeiro de 2023, www.gallup.com/workplace/236567/obsolete-annual-reviews-gallup-advice.aspx.
68. **qual dos três e-mails receberia:** Bryar e Carr, *Working Backwards,* 63.
69. **"O processo do NPI não era amado":** Bryar e Carr, *Working Backwards,* 64.
70. **"fita adesiva e engenharia WD-40":** Luke Timmerman, "Amazon's Top Techie, Werner Vogels, on How Web Services Follows the Retail Playbook", *Xconomy,* 29 de setembro de 2010, https://xconomy.com/seattle/2010/09/29/amazons-top-techie-werner-vogels-on-how-webservices-follows-the-retail-playbook/.
71. **"pareçam hippies chapados":** David Streitfeld e Christine Haughney, "Expecting the Unexpected from Jeff Bezos", *New York Times,* 17 de agosto de 2013, www.nytimes.com/2013/08/18/business/expecting-the-unexpected-from-jeff-bezos.html.
72. **"era tão exagerada":** chitchcock [Chris Hitchcock], "Stevey's Google Platforms Rant", *Gist,* acessado em 15 de fevereiro de 2023, https://gist.github.com/chitchcock/1281611.
73. **"O [novo, modular] ambiente de desenvolvimento da Amazon":** Charlene O'Hanlon, "A Conversation with Werner Vogels", *ACM Queue,* 1º de maio de 2006, https://dl.acm.org/doi/10.1145/1142055.1142065.
74. **"Nossa pesquisa anual com funcionários":** Satya Nadella, Greg Shaw e Jill Tracie Nichols, *Hit Refresh* (Nova York: HarperCollins, 2017), 66–67.
75. **"encontrar significado em nosso trabalho":** Chris Ciaccia, "Satya Nadella Is Quoting Oscar Wilde in His First Email as Microsoft CEO", *TheStreet,* 4 de fevereiro de 2014, www.thestreet.com/technology/satya-nadella-is-quoting-oscar-wilde-in-his-first-email-as-microsoft-ceo-12305159.
76. **"debater e discutir são essenciais":** Nadella, Shaw e Nichols, *Hit Refresh,* 81.
77. **"agilidade, agilidade, agilidade":** Nadella, Shaw e Nichols, *Hit Refresh,* 51.
78. **"Nossa cultura era rígida":** Nadella, Shaw e Nichols, *Hit Refresh,* 100.
79. **"experiência individual extraordinária":** Nadella, Shaw e Nichols, *Hit Refresh,* 5.
80. **"O dr. Gervais estava curioso":** Nadella, Shaw e Nichols, *Hit Refresh,* 5.
81. **"paixões e filosofias pessoais":** Nadella, Shaw e Nichols, *Hit Refresh*, 5–6.
82. **"A guerra é mais antiga":** John Tooby e Leda Cosmides, "Groups in Mind: The Coalitional Roots of War and Morality", em *Human Morality and Sociality: Evolutionary and Comparative Perspectives,* Henrik Høgh-Olesen, editor (Londres: Palgrave-Macmillan, 2010): 91–234.
83. **"pateticamente fáceis de formar":** Robert Trivers, *The Folly of Fools: The Logic of Deceit and SelfDeception in Human Life* (Nova York: Basic Books, 2011).
84. **"Em uma sessão de preparação intensa":** Nadella, Shaw e Nichols, *Hit Refresh,* 67.

## Capítulo 6: Velocidade

1. **uma plataforma inteiramente nova:** https://newsroom.vw.com/vehicles/the-electric-vehicle-module/.
2. **"design inteligente, identidade e tecnologias visionárias":** "First Member of the ID. Family Is Called ID.3", *Volkswagen,* acessado em 2 de março de 2023, www.volkswagenag.com/en/news/2019/05/VW_brand_ID3.html#.

3. **mais de 33 mil pessoas:** Mark Kane, "Volkswagen ID.3 1st Reservations Hit 33,000", *InsideEVs,* 13 de setembro de 2019, https://insideevs.com/news/370583/33000-have-reserved-volkswagen--id3-1st/.
4. **A *Manager Magazin* da Alemanha relatou:** Michael Freitag, "Volkswagen AG: Elektroauto ID.3 MIT Massiven Softwareproblemen", *Manager Magazin,* 19 de dezembro de 2019, www.manager-magazin.de/unternehmen/autoindustrie/volkswagen-ag-elektroauto-id-3-mit-massiven--softwareproblemen-a-1301896.html.
5. **Tesla foi pioneira:** Steve Hanley, "Volkswagen Has 'Massive Difficulties' with ID.3 Software, Previews ID.7 Bulli", *CleanTechnica,* 22 de dezembro de 2019, https://cleantechnica.com/2019/12/22/volkswagen-has-massive-difficulties-with-id-3-software-previews-id-7-bulli/.
6. **esforço frenético:** Michael Freitag, "(M+) Volkswagen AG: Herbert Diess Muss Den Start Des Id.3 Retten", *Manager Magazin,* 20 de fevereiro de 2020, www.manager-magazin.de/unternehmen/volkswagen-ag-herbert-diess-muss-den-start-des-id-3-retten--a-00000000-0002-0001-0000-000169534497.
7. **"completo absurdo":** R/Teslainvestorsclub, "More Problems at Volkswagen", *Reddit,* 5 de fevereiro de 2020, www.reddit.com/r/teslainvestorsclub/comments/f950gs/more_problems_at_volks wagen_translation_from/. Tradução para o inglês da *Manager Magazin,* "Volkswagen — Showdown in Hall 74".
8. **não aconteceriam antes de setembro:** "ID.3 1st Deliveries Begin in Early September", *Volkswagen Newsroom,* 10 de junho de 2020, www.volkswagen-newsroom.com/en/press-releases/id3-1st--deliveries-begin-in-early-september-6122.
9. **retirou Diess do cargo:** "VW's Diess Was Stripped of Key Role amid Infighting, Reports Say", *Automotive News Europe,* 9 de junho de 2020, https://europe.autonews.com/automakers/vws--diess-was-stripped-key-role-amid-infighting-reports-say.
10. **longas filas de ID.3s:** Fred Lambert, "Tesla Updating Software of a Fleet in Parking Lot Looks Like the Aliens Are Coming", *Electrek,* 7 de fevereiro de 2021, https://electrek.co/2021/02/07/tesla-updating-software-fleet-parking-lot-aliens-coming/.
11. **"A partir de agora":** "Volkswagen Introduces Over-the-Air Updates for All ID. Models", 13 de setembro de 2021, www.volkswagenag.com/en/news/2021/09/Volkswagen_introduces_Over--the-Air_Updates.html.
12. **"Após meses de atraso":** Stephen Menzel, "Digitalisierung Im Auto: ID-Modelle Von Volkswagen Bekommen Endlich Neue Software", *Handelsblatt,* 22 de julho de 2022, www.handelsblatt.com/unternehmen/industrie/digitalisierung-im-auto-id-modelle-von-volkswagen-bekommen--endlich-neue-software/28538284.html.
13. **Diess anunciou que estava deixando o cargo:** Jay Ramey, "Here's Why VW Ousted Its CEO, Herbert Diess", *Autoweek,* 25 de julho de 2022, www.autoweek.com/news/green-cars/a40706421/vw-ceo-herbert-diess-ouster-evs-cariad-electric-models/.
14. **"o estado do setor automobilístico":** Stefan Nicola, "Porsches Postponed by Buggy Software Cost VW's CEO Herbert Diess His Job", Bloomberg, 25 de julho de 2022, www.bloomberg.com/news/articles/2022-07-25/porsches-postponed-by-buggy-software-cost-vw-s-ceo-his-job#x-j4y7vzkg.
15. **Enquanto isso, a Tesla:** Steven Loveday, "How Often Does Tesla Send OTA Updates and How Important Are They?", *InsideEVs,* 10 de janeiro de 2022, https://insideevs.com/news/559836/tesla-ota-updates-revealed-explained/.
16. **mudanças mais substanciais:** Bianca H., "A Timeline of All Software Updates: Tesla Model 3 Fleet", *Movia News,* 21 de janeiro de 2021, https://movia.news/software-updates-model-3/.
17. **As taxas de falha se mantiveram estáveis:** Herb Krasner, "New Research: The Cost of Poor Software Quality in the US: A 2020 Report", *CISQ,* Consortium for Information and Software Quality, acessado em 15 de fevereiro de 2023, http://it-cisq.org/pdf/CPSQ-2020-report.pdf.

18. **"quase impossível":** Ralph Vartabedian, "Years of Delays, Billions in Overruns: The Dismal History of Big Infrastructure", *New York Times,* 28 de novembro de 2021, www.nytimes.com/2021/11/28/us/infrastructure-megaprojects.html.
19. **"Previsões excessivamente otimistas":** Daniel Kahneman, *Thinking, Fast and Slow* (Nova York: Farrar, Straus and Giroux, 2011), 250.
20. **conversou com mais de uma dúzia de ex-funcionários:** Mikko-Pekka Heikkinen, "Knock, Knock, Nokia's Heavy Fall", *Dominies Communicate* (blog), 15 de fevereiro de 2016, https://dominiescommunicate.wordpress.com/2016/02/15/knock-knock-nokias-heavy-fall/amp/.
21. **Quando o trabalho começou:** Kurt Eichenwald, "How Microsoft Lost Its Mojo: Steve Ballmer and Corporate America's Most Spectacular Decline", *Vanity Fair,* 24 de julho de 2012, www.vanityfair.com/news/business/2012/08/microsoft-lost-mojo-steve-ballmer.
22. **"isto é o melhor que a Microsoft conseguiu fazer":** Don Tynan, "The 15 Biggest Tech Disappointments of 2007", *PCWorld,* 16 de dezembro de 2007, https://web.archive.org/web/20071219030508/www.pcworld.com/printable/article/id,140583/printable.html.
23. **alguns parágrafos francos:** Willie Brown, "When Warriors Travel to China, Ed Lee Will Follow", *San Francisco Chronicle,* 27 de julho de 2013, www.sfgate.com/bayarea/williesworld/article/When-Warriors-travel-to-China-Ed-Lee-will-follow-4691101.php.
24. **orçamento inicial para o Terminal Transbay:** Joshua Sabatini, "SF to Bail Out Transbay Project After Costs Nearly Double", *San Francisco Examiner,* 28 de abril de 2016, www.sfexaminer.com/news/sf-to-bail-out-transbay-project-after-costs-nearly-double/article_15e626fd-3b00-5cb-1-878b-11ccd09b1e8a.html.
25. **trabalhadores encontraram falhas estruturais:** Phil Matier e Andy Ross, "Transbay Transit Center Closed After Crack Found in Steel Beam", *San Francisco Chronicle,* 25 de setembro de 2018.
26. **tantos grandes projetos são concluídos com atraso:** David N. Ford e John D. Sterman, "The Liar's Club: Concealing Rework in Concurrent Development", *Concurrent Engineering,* vol. 11, n. 3 (2003), 211–19, https://doi.org/10.1177/106329303038028.
27. **Um gerente que eles entrevistaram:** Ford e Sterman, "Liar's Club".
28. **"As estimativas da fração do trabalho concluído":** Robert Laurence Baber, *Software Reflected* (Nova York: North-Holland, 1982).
29. **[Um] engenheiro executivo:** Ford e Sterman, "Liar's Club".
30. **"a consequência, é claro":** Ford e Sterman, "Liar's Club".
31. **"pequeno retiro de três dias":** Caroline Mimbs Nyce, "The Winter Getaway That Turned the Soft ware World Upside Down", *The Atlantic,* 8 de dezembro de 2017, www.theatlantic.com/techno logy/archive/2017/12/agile-manifesto-a-history/547715/.
32. **75% falharam completamente:** Dean Leffingwell, *Scaling Software Agility: Best Practices for Large Enterprises* (Upper Saddle River, NJ: Addison-Wesley, 2008), 19.
33. **descreveu o cascata pela primeira vez:** Winston W. Royce, "Managing the Development of Large Software Systems: Concepts and Techniques", Proceedings, IEEE WESCon, agosto de 1970, 1–9, https://blog.jbrains.ca/assets/articles/royce1970.pdf.
34. **"uma reunião maior de anarquistas organizacionais":** Nyce, "Winter Getaway".
35. **Bob Martin, que enviou os convites:** Nyce, "Winter Getaway".
36. **O manifesto, que tomou forma:** "Manifesto for Agile Software Development", 2001, https://agilemanifesto.org/.
37. **Uma pesquisa de 2015:** Pedro Serrador e Jeffrey K. Pinto, "Does Agile Work? A Quantitative Analysis of Agile Project Success", *International Journal of Project Management,* vol. 33, n. 5 (julho de 2015), 1040–51, https://doi.org/10.1016/j.ijproman.2015.01.006.
38. **"mesmo malfeita, a Ágil supera":** Nyce, "The Winter Getaway".

39. **Standish Group:** Anthony Mersino, "Why Agile Is Better Than Waterfall (Based on Standish Group Chaos Report 2020)", 1º de novembro de 2021, https://vitalitychicago.com/blog/agile-projects-are-more-successful-traditional-projects/.

40. **"O kanban tem apenas duas regras":** Alex Rehkopf, "What Is a Kanban Board?", *Atlassian,* acessado em 15 de fevereiro de 2023, www.atlassian.com/agile/kanban/boards.

41. **atrasaram a introdução planejada:** Simon Hage, "VW-Aufsichtsrat Fürchtet Folgen des Softwarechaos im Wettbewerb mit Tesla", *Der Spiegel,* 20 de maio de 2022, www.spiegel.de/wirtschaft/unternehmen/vw-aufsichtsrat-fuerchtet-folgen-des-softwarechaos-im-wettbewerb-mit-tesla-a-d28a2c76-6acf-436a-800a-f636cbe76b84.

42. **modelos Porsche e Audi:** Stefan Nicola, "Porsches Postponed by Buggy Software Cost VW's CEO Herbert Diess His Job", Bloomberg, 25 de julho de 2022, www.bloomberg.com/news/articles/2022-07-25/porsches-postponed-by-buggy-software-cost-vw-s-ceo-his-job?sref=iW3WrQuv.

43. **Uma história de maio de 2022:** Hage, "VW-Aufsichtsrat Fürchtet Folgen Des Softwarechaos".

44. **exercício simples para equipes pequenas:** Peter Skillman, "The Design Challenge (Also Called Spaghetti Tower)", *Medium,* 14 de abril de 2019, https://medium.com/@peterskillman/the-design-challenge-also-called-spaghetti-tower-cda62685e15b.

45. **TED talk de 2010:** Tom Wujec, "Build a Tower, Build a Team", Vídeo TED, 00:50, acessado em 15 de fevereiro de 2023, www.ted.com/talks/tom_wujec_build_a_tower_build_a_team?language=zh.

46. **"não perdem tempo":** "Peter Skillman Marshmallow Design Challenge", Vídeo do YouTube, 27 de janeiro de 2014. www.youtube.com/watch?v=1p5sBzMtB3Q.

47. **"A maioria das pessoas começa":** Wujec, "Build a Tower".

48. **"Nós fazemos tudo errado":** Eric Ries, *The Lean Startup: How Today's Entrepreneurs Use Continuous Innovation to Create Radically Successful Businesses* (Nova York: Currency, 2011).

49. **espécie de mantra pessoal:** Reid Hoffman (@reidhoffman), "You may have heard me say: If you're not embarrassed by the first version of your product, you've launched too late [www.linkedin.com/pulse/arent-any-typos-essay-we-launched-too-late-reid-hoffman]", Twitter de 29 de março de 2017, 1:46 p.m., https://twitter.com/reidhoffman/status/847142924240379904?lang=en.

50. **para começar seu swing corretamente:** Mark Mulvoy, "The Little Big Man", *Sports Illustrated,* 12 de abril de 1976, https://vault.si.com/vault/1976/04/12/the-little-big-man.

51. **"Qualquer um que viaje muito em companhias aéreas":** Tom Wolfe, *The Right Stuff* (Nova York: Farrar, Straus and Giroux, 1979).

52. **Craig administrou choques elétricos dolorosos:** K. D. Craig e K. M. Prkachin, "Social Modeling Influences on Sensory Decision-Theory and Psychophysiological Indexes of Pain", *Journal of Personality and Social Psychology,* vol. 36, n. 8 (1978), 805–15.

53. **a evolução cultural pode ser muito rápida:** Joseph Patrick Henrich, *The Secret of Our Success: How Culture Is Driving Human Evolution, Domesticating Our Species, and Making Us Smarter* (Princeton, NJ: Princeton University Press, 2016), 219–20.

54. **"São nossos cérebros coletivos":** Henrich, *The Secret of Our Success,* 212.

55. **"Mova-se Rápido e Quebre as Coisas":** Henry Blodget, "Mark Zuckerberg on Innovation", *BusinessInsider,* 1º de outubro de 2009, https://web.archive.org/web/20210209195313/www.businessinsider.com/mark-zuckerberg-innovation-2009-10?r=US&IR=T.

56. **"Eu pesquisei e consultei sobre megaprojetos":** Bent Flyvbjerg, "Make Megaprojects More Modular", *Harvard Business Review,* novembro–dezembro de 2021, https://hbr.org/2021/11/make-megaprojects-more-modular.

57. **A City Circle Line de Copenhague:** Flyvbjerg, "Make Megaprojects More Modular".

58. ***parcialmente* aberta em 2017:** Nick Paumgarten, "The Second Avenue Subway Is Here!", *The New Yorker,* 6 de fevereiro de 2017, www.newyorker.com/magazine/2017/02/13/the-second-avenue-subway-is-here.
59. **"Os módulos de túnel":** Flyvbjerg, "Make Megaprojects More Modular".
60. **"A distância de frenagem do Tesla":** Patrick Olsen, "Tesla Model 3 Falls Short of a *CR* Recommendation", *Consumer Reports,* 30 de maio de 2018, www.consumerreports.org/hybrids-evs/tesla-model-3-review-falls-short-of-consumer-reports-recommendation/.
61. **Musk tuitou:** Elon Musk (@elonmusk), respondendo a @ElectrekCo e @FredericLambert, Twitter 21 de maio de 2018, 9:31 p.m., https://twitter.com/elonmusk/status/998738003668357120.
62. **"A *CR* agora recomenda o Model 3":** Olsen, "Tesla Model 3 Falls Short".
63. **"Ver algo atualizado tão rapidamente":** Neal E. Boudette, "Tesla Fixes Model 3 Flaw, Getting Consumer Reports to Change Review", *New York Times,* 30 de maio de 2018, www.nytimes.com/2018/05/30/business/tesla-consumer-reports.html.
64. **dois terços de toda a carga útil:** Kate Duffy, "Elon Musk Says SpaceX Is Aiming to Launch Its Most-Used Rocket Once a Week on Average This Year", *Business Insider,* 4 de fevereiro de 2022, www.businessinsider.com/elon-musk spacex-falcon-9-rocket-launch every-week-payload-2022-2.
65. **Um relatório da NASA de 2018:** Harry Jones, "The Recent Large Reduction in Space Launch Cost", 48ª Conferência Internacional sobre Sistemas Ambientais, 2018.
66. **apresentação que Musk fez:** Dave Mosher, "Elon Musk Just Gave the Most Revealing Look Yet at the Rocket Ship SpaceX Is Building to Fly to the Moon and Mars", *Business Insider,* 22 de setembro de 2018, www.businessinsider.com/elon-musk-spacex-pictures-big-falcon-rocket-spaceship-2018-9.
67. **feita de aço inoxidável:** Ryan Whitwam, "Elon Musk Explains Why the Starship Will Be Stainless Steel", *ExtremeTech,* 24 de janeiro de 2019, www.extremetech.com/extreme/284346-elon-musk-explains-why-the-starship-will-be-stainless-steel.
68. **"Tudo para Starship":** Florian Kordina, "SLS vs. Starship: Why Do Both Programs Exist?", *Everyday Astronaut,* 1º de maio de 2020, https://everydayastronaut.com/sls-vs-starship/.
69. **Kordina estava certo:** "List of SpaceX Starship Flight Tests", Wikipédia, 5 de fevereiro de 2023, https://en.wikipedia.org/wiki/List_of_SpaceX_Starship_flight_tests.
70. **contrato de US$2,9 bilhões:** Kenneth Chang, "SpaceX Wins NASA $2.9 Billion Contract to Build Moon Lander", *New York Times,* 16 de abril de 2021, www.nytimes.com/2021/04/16/science/spacex-moon-nasa.html.
71. **voo inaugural foi originalmente programado para 2016:** Christopher Cokinos, "By the Numbers: The Space Launch System, NASA's Next Moon Rocket", *Astronomy,* 2 de setembro de 2022, https://astronomy.com/news/2022/09/by-the-numbers-the-space-launch-system-nasas-next-moon-rocket.
72. **"nenhum obstáculo de engenharia incomum":** David W. Brown, "NASA's Last Rocket", *New York Times,* 17 de março de 2021, www.nytimes.com/2021/03/17/science/nasa-space-launch-system.html.
73. **adiado 26 vezes:** Joey Roulette e Steve Gorman, "NASA's Next-Generation Artemis Mission Heads to Moon on Debut Test Flight", *Reuters,* 16 de novembro de 2022, www.reuters.com/lifestyle/science/nasas-artemis-moon-rocket-begins-fueling-debut-launch-2022-11-15/.
74. **inspetor geral da NASA:** Eric Berger, "Finally, We Know Production Costs for SLS and Orion, and They're Wild", *Ars Technica,* 1º de março de 2022, https://arstechnica.com/science/2022/03/nasa-inspector-general-says-sls-costs-are-unsustainable/.
75. **em torno de US$8 bilhões:** Berger, "Finally, We Know Production Costs".
76. **US$150 a US$250 milhões:** Ian Vorbach, "Is Starship Really Going to Revolutionize Launch Costs?", *SpaceDotBiz,* 19 de maio de 2022, https://newsletter.spacedotbiz.com/p/starship-really-going-revolutionize-launch-costs.

77. "'*Se um cronograma é espaçado, está errado*'": Elon Musk, *Wikiquote,* Wikimedia Foundation, https://en.wikiquote.org/wiki/Elon_Musk.
78. **"o pensador militar mais influente":** Robert Coram, *Boyd: The Fighter Pilot Who Changed the Art of War* (Nova York: Little, Brown, 2002), 7.
79. **29 missões na Guerra da Coreia:** Coram, *Boyd,* 52.
80. **a abordagem de Boyd para o combate aéreo:** Harry Hillaker, "Tribute to John R. Boyd", *Code One,* 28 de janeiro de 2015, www.codeonemagazine.com/f16_article.html?item_id=156.
81. **"Enquanto ainda era um oficial júnior":** Coram, *Boyd,* 5–6.
82. **"Devemos operar em um ritmo mais rápido":** "The OODA Loop: How Fighter Pilots Make Fast and Accurate Decisions", *Farnam Street,* 19 de março de 2021, https://fs.blog/ooda-loop/.
83. **O plano de batalha revisado da Tempestade no Deserto:** Coram, *Boyd,* 425.
84. **menos de cem soldados americanos foram mortos:** "Operation Desert Storm", *U.S. Army Center of Military History,* https://history.army.mil/html/bookshelves/resmat/desert-storm/index.html#:~:text=During%20air%20and%20ground%20operations,and%20105%20non%2Dhostile%20deaths.
85. **"o exército iraquiano entrou em colapso":** *Congressional Record,* vol. 143, n. 37 (20 de março de 1997), www.govinfo.gov/content/pkg/CREC-1997-03-20/html/CREC-1997-03-20-pt-1-PgS2610-2.htm.
86. **depoimento de 1991 ao Congresso:** "Colonel John Boyd on OODA, People, Ideas, and Technology" (user clip de "U.S. Military Reform After Oper. Desert Storm", 30 de abril de 1991), C-SPAN, 23 de dezembro de 2019, www.c-span.org/video/?c4841785%2Fuser-clip-colonel-john-boyd-ooda-people-ideas-technology.
87. **os softwares estão devorando o mundo:** Marc Andreessen, "Why Software Is Eating the World", *Wall Street Journal,* 22 de agosto de 2011, www.wsj.com/articles/SB10001424053111903480904576512250915629460.
88. **Ao deixar seu emprego:** Elisabeth Behrmann, "VW Software Issues Point to iOS and Android-Like Future for Cars", Bloomberg, 14 de setembro de 2022, www.bloomberg.com/news/articles/2022-09-14/vw-software-issues-point-to-ios-and-android-like-future-for-cars.

## Capítulo 7: Abertura

1. **"Cliente, investidor público":** Barbara Ley Toffler e Jennifer Reingold, *Final Accounting: Ambition, Greed, and the Fall of Arthur Andersen* (Nova York: Broadway Books, 2004), loc. 3055–58, Kindle.
2. **"O que são esses US$75 mil?":** Toffler e Reingold, *Final Accounting,* loc. 56–60, Kindle.
3. **"dinheiro suficiente na cidade de Chicago":** Toffler e Reingold, *Final Accounting,* loc. 213–14, Kindle.
4. **Os sócios da AA eram francos:** Flynn McRoberts, "The Fall of Andersen", *Chicago Tribune,* 1º de setembro de 2002, www.chicagotribune.com/news/chi-0209010315sep01-story.html.
5. **multa de US$82 milhõese:** Reuters, "Andersen to Pay $82 Million in S. & L. Pact", *New York Times,* 16 de agosto de 1993, https://www.nytimes.com/1993/08/06/business/andersen-to-pay-82-million-in-s-l-pact.html.
6. **cerca de 11 mil clientes, em grande parte idosos:** Toffler e Reingold, *Final Accounting,* loc. 2454, Kindle.
7. **US$300 milhões em receitas:** Roni B. Robbins, "McKessonHBOC Crisis Engulfs Charles McCall", *Atlanta Business Chronicle,* 21 de junho de 1999, www.bizjournals.com/atlanta/stories/1999/06/21/story8.html.

8. **A Boston Chicken faliu:** Bill Richards e Scott Thurn, "Boston Chicken's Andersen Suit Has Similarities to Enron Case", *Wall Street Journal,* 13 de março de 2002, www.wsj.com/articles/SB1015973324421792O.
9. **sociedade de propósito específico:** "Enron Lesson No. 2: Special Purpose Entities", *Credit Pulse,* acessado em 13 de fevereiro de 2023, www.creditpulse.com/accountingfinance/lessons-enron/enron-lesson-no-2-special-purpose-entities.
10. **aproximadamente 3 mil SPEs:** "Enron Lesson No. 2".
11. **Andrew Fastow:** Toffler e Reingold, *Final Accounting,* loc. 3318–20, Kindle.
12. **memorando interno da AA:** Toffler e Reingold, *Final Accounting,* loc. 3328, Kindle.
13. **US$100 milhões por ano:** Toffler e Reingold, *Final Accounting,* loc. 3333–34, Kindle.
14. **a Andersen escreveu seu próprio obituário:** Lisa Sanders, "Andersen Will Stop Public Audits", *CBS MarketWatch.com,* 16 de junho de 2002, www.marketwatch.com/story/andersen-says-wont-audit-public-companies-any-more.
15. **"pequena obra-prima de hipocrisia":** Toffler e Reingold, *Final Accounting,* loc. 3678–81, Kindle.
16. **após uma ligação de vendas em 1996:** Toffler e Reingold, *Final Accounting,* loc. 1623–25, Kindle.
17. **computador Univac I:** McRoberts, "The Fall of Andersen".
18. **40% da receita da AA:** Toffler e Reingold, *Final Accounting,* loc. 1367–68, Kindle.
19. **o negócio de auditoria da Andersen estava crescendo:** Toffler e Reingold, *Final Accounting,* loc. 1403–4, Kindle.
20. **"Todos esses caras têm que voar de primeira classe":** Toffler e Reingold, *Final Accounting,* loc. 1450–51, Kindle.
21. **"Nos escritórios de Nova York":** Toffler e Reingold, *Final Accounting,* loc. 1394–1402, Kindle.
22. **Suas normas incluem:** Chris Argyris, *Reasons and Rationalizations: The Limits to Organizational Knowledge* (Oxford: Oxford University Press, 2004), loc. 8–9, Kindle.
23. **"mindset de raciocínio defensivo":** Argyris, *Reasons and Rationalizations,* loc. 1–2, Kindle.
24. **"O discurso defensivo prospera":** Argyris, *Reasons and Rationalizations,* loc. 2, Kindle.
25. **"o melhor guia de negócios":** Jack Welch e Suzy Welch, *Winning* (Nova York: HarperCollins, 2005).
26. **"manipulações frenéticas, vagas e otimistas":** Thomas Gryta e Ted Mann, *Lights Out: Pride, Delusion, and the Fall of General Electric* (Boston: Mariner / Houghton Mifflin Harcourt, 2021), 4.
27. **"Immelt raramente recuava":** Gryta e Mann, *Lights Out,* 69.
28. **"Não havia espaço para verdades rigorosas":** Gryta e Mann, *Lights Out,* 246.
29. **"Tenho que ressaltar":** Katie Paul, "Exclusive: Meta Slashes Hiring Plans, Girds for 'Fierce' Headwinds", *Reuters,* 1º de julho de 2022, www.reuters.com/technology/exclusive-meta-girds-fierce-headwinds-slower-growth-second-half-memo-2022-06-30/.
30. **"portas de mão única":** Jeff Bezos, Carta de 2016 da Amazon aos acionistas, www.sec.gov/Archives/edgar/data/1018724/000119312516530910/d168744dex991.htm.
31. **"uma alta capacidade de autorreflexão":** Argyris, *Reasons and Rationalizations,* loc. 15, Kindle.
32. **"O problema mais sério":** Marc Andreessen (@pmarca), "The most serious problem facing any organization is the one that cannot be discussed", Twitter, 11 de março de 2022, 6:53 p.m., https://twitter.com/pmarca/status/1502432636865691648.
33. **prêmio Just Do It:** Craig Timberg e Jia Lynn Yang, "Jeff Bezos, the *Post*'s Incoming Owner, Known for a Demanding Management Style at Amazon", *Washington Post,* 7 de agosto de 2013, www.

washingtonpost.com/business/technology/2013/08/07/b5ce5ee8-ff96-11e2-9711-3708310f-6f4d_story.html.

34. **carta de 2018 aos acionistas:** Jeff Bezos, "2018 Letter to Shareholders", 4 de abril de 2019, www.aboutamazon.com/news/company-news/2018-letter-to-shareholders.

35. **"falha colossal":** Ron Amadeo, "Amazon Alexa Is a 'Colossal Failure,' on Pace to Lose $10 Billion This Year", *Ars Technica,* 21 de novembro de 2022, https://arstechnica.com/gadgets/2022/11/amazon-alexa-is-a-colossal-failure-on-pace-to-lose-10-billion-this-year/.

36. **O YouTube, por exemplo:** Dominic Basulto, "The 7 Greatest Pivots in Tech History", *Washington Post,* 2 de julho de 2015, www.washingtonpost.com/news/innovations/wp/2015/07/02/the--7-greatest-pivots-in-tech-history/.

37. **mais de 2,5 bilhões de usuários:** Daniel Ruby, "YouTube Statistics (2023) — Trending Facts & Figures Shared!", *Demand Sage,* 5 de janeiro de 2023, www.demandsage.com/youtube-stats.

38. **o Twitter, que começou:** John Koetsier, "The Legendary Pivot: How Twitter Flipped from Failure to Success", *VentureBeat,* 19 de novembro de 2012, https://venturebeat.com/entrepreneur/the--pivot-how-twitter-switch-from-failure-to-success-video/.

39. **o Instagram, originalmente um jogo baseado em localização:** Megan Garber, "Instagram Was First Called 'Burbn'", *The Atlantic,* 2 de julho de 2014, www.theatlantic.com/technology/archive/2014/07/instagram-used-to-be-called-brbn/373815/.

40. **o Slack, também nascido de um jogo impopular:** [Drew] Houston, "The Slack Story: How Pivoting Led to a $27 Billion Acquisition", *BAMF,* 8 de agosto de 2021, https://bamf.com/slack--story-how-pivoting-led-to-a-27-billion-acquisition/.

41. **o Pinterest, que era originalmente um aplicativo de compras para dispositivos móveis:** Steve O'Hear e Natasha Lomas, "Five Super Successful Tech Pivots", *TechCrunch,* 28 de maio de 2014, https://techcrunch.com/gallery/five-super-successful-tech-pivots/slide/2/.

42. **"Só a verdade é engraçada":** Rick Reynolds: Only the Truth Is Funny, IMDb, acessado em 2 de março de 2023, www.imdb.com/title/tt0251372/.

43. **mesmo propósito para a HubSpot:** Dharmesh Shah, "The HubSpot Culture Code", *HubSpot Slides,* 24 de junho do 2021, https://network.hubspot.com/slides/the-hubspot-culture-code-1f8v-20t3a.

44. **Rangan se juntou à HubSpot:** www.prnewswire.com/news-releases/hubspot-announces-first-ever-chief-customer-officer-yamini-rangan-300975698.html.

45. **assumiu o lugar de Halligan:** www.hubspot.com/company-news/yamini-rangan-ceo-brian-halligan-executive-chairman.

46. **Melhores Lugares para Trabalhar da Glassdoor:** www.glassdoor.com/Award/Best-Places-to--Work-LST_KQ0,19.htm.

47. **Melhor CEO para Mulheres:** www.comparably.com/news/best-ceos-for-women-2022/.

48. **"Todos têm acesso igual":** Shah, "The HubSpot Culture Code".

49. **"Todos os resultados financeiros":** Reed Hastings e Erin Meyer, *No Rules Rules: Netflix and the Culture of Reinvention* (Nova York: Penguin Press, 2020), 108–9.

50. **feedback numérico:** Richard Feloni, "Employees at the World's Largest Hedge Fund Use iPads to Rate Each Other's Performance in Real-Time — See How It Works", *Business Insider,* 6 de setembro de 2017, www.businessinsider.com/bridgewater-ray-dalio-radical-transparency-app--dots-2017-9.

51. **de Hans Christian Andersen:** "The Emperor's New Clothes", Hans Christian Andersen Centre, acessado em 2 de março de 2023, https://andersen.sdu.dk/vaerk/hersholt/TheEmperorsNewClothes_e.html.

52. **um quebra-cabeça lógico:** Morris T. Friedell, "On the Structure of Shared Awareness", *Systems Research and Behavioral Science,* vol. 14, n. 1 (31 de dezembro de 1968), 28–39, https://doi.org/10.1002/bs.3830140105.
53. **"Um bom argumento para normas fortes":** Dan Williams (@danwilliamsphil), Twitter, 23 de agosto de 2022, 7:42 a.m., https://twitter.com/danwilliamsphil/status/1562042572490657792.
54. **"expertise criteriosa":** Toffler e Reingold, *Final Accounting,* loc. 3982–83, Kindle.
55. **"não era a eu que eu conhecia":** Toffler e Reingold, *Final Accounting,* loc. 3288–91, Kindle.
56. **65% do tempo:** R. I. M. Dunbar, "Gossip in Evolutionary Perspective", *Review of General Psychology,* vol. 8, n. 2 (junho de 2004), 100–110, https://doi.org/10.1037/1089-2680.8.2.100.
57. **"genuinamente zangados ou tristes":** Matthew D. Lieberman, *Social: Why Our Brains Are Wired to Connect* (Nova York: Crown/Archetype, 2013), 54.
58. **"não seria capaz de dizer a diferença":** Lieberman, *Social,* 58.
59. **dose diária de 1.000 miligramas:** C. N. DeWall, G. MacDonald, G. D. Webster, C. L. Masten, R. F. Baumeister, C. Powell, D. Combs, D. R. Schurtz, T. F. Stillman, D. M. Tice e N. I. Eisenberger, "Acetaminophen Reduces Social Pain: Behavioral and Neural Evidence", *Psychological Science,* vol. 21 (2010), 931–7.
60. **"Nossa sensibilidade à rejeição social":** Lieberman, *Social,* 67.
61. **"assembleia de seres razoáveis":** Augustine of Hippo, *Wikiquote,* Wikimedia Foundation, https://en.wikiquote.org/wiki/Augustine_of_Hippo.
62. **"ódio em comum por alguma coisa":** Anton Chekhov, *Wikiquote,* Wikimedia Foundation, https://en.wikiquote.org/wiki/Anton_Chekhov#Note-Book_of_Anton_Chekhov_(1921).
63. **"Se você fica em um lugar por tempo suficiente":** Toffler e Reingold, *Final Accounting,* loc. 3986–90, Kindle.

## Conclusão

1. **650 milhões de usuários:** L. Ceci, "Number of TikTok Users Worldwide from 2018 to 2022", *Statista,* 5 de setembro de 2022, www.statista.com/statistics/1327116/number-of-global-tiktok-users/.
2. **"o aplicativo mais popular":** Meghan Bobrowsky, Salvador Rodriguez, Sarah E. Needleman e Georgia Wells, "TikTok's Stratospheric Rise: An Oral History", *Wall Street Journal,* atualizado em 5 de novembro de 2022, www.wsj.com/articles/tiktoks-stratospheric-rise-an-oral-history-11667599696.
3. **"característica definidora":** Mark Zuckerberg, "Founder's Letter: Our Next Chapter", *About Facebook,* 28 de outubro de 2021, https://about.fb.com/news/2021/10/founders-letter/.
4. **investimento [...] foi de US$15 bilhões:** Martin Peers, "On Metaverse Spending, Zuckerberg Doesn't Care What Critics Say", *The Information,* 26 de outubro de 2022, www.theinformation.com/articles/on-metaverse-spending-zuckerberg-doesn-t-care-what-critics-say.
5. **200 mil usuários:** Jeff Horwitz, Salvador Rodriguez e Meghan Bobrowsky, "Company Documents Show Meta's Flagship Metaverse Falling Short", *Wall Street Journal,* 15 de outubro de 2022, www.wsj.com/articles/meta-metaverse-horizon-worlds-zuckerberg-facebook-internal-documents-11665778961.
6. **"Por que não amamos tanto o produto":** Alex Heath, "Meta's Flagship Metaverse App Is Too Buggy and Employees Are Barely Using It, Says Exec in Charge", *The Verge,* 6 de outubro de 2022, www.theverge.com/2022/10/6/23391895/meta-facebook-horizon-worlds-vr-social-network-too-buggy-leaked-memo.
7. **de Adi Robertson:** Adi Robertson, "Meta Quest Pro Review: Get Me Out of Here", *The Verge,* atualizado em 22 de novembro de 2022, www.theverge.com/23451629/meta-quest-pro-vr-headset-horizon-review.

8. **menos de 60%:** Mike Isaac e Cade Metz, "Skepticism, Confusion, Frustration: Inside Mark Zuckerberg's Metaverse Struggles", *New York Times,* 9 de outubro de 2022, www.nytimes.com/2022/10/09/technology/meta-zuckerberg-metaverse.html.
9. **uma carta aberta:** Meghan Bobrowsky, "Meta Investor Urges CEO Mark Zuckerberg to Slash Staff and Cut Costs", *Wall Street Journal,* 24 de outubro de 2022, www.wsj.com/articles/meta-investor-urges-ceo-mark-zuckerberg-to-slash-staff-and-cut-costs-11666634172.
10. **Zuckerberg detém:** Katie Canales, "'The Most Powerful Person Who's Ever Walked the Face of the Earth': How Mark Zuckerberg's Stranglehold on Facebook Could Put the Company at Risk", *Business Insider,* 13 de outubro de 2021, www.businessinsider.com/mark-zuckerberg-control-facebook-whistleblower-key-man-risk-2021-10.
11. **tentou desistir:** Jacob Kastrenakes, "Elon Musk Officially Tries to Bail on Buying Twitter", *The Verge,* 8 de julho de 2022, www.theverge.com/2022/7/8/23200961/elon-musk-files-back-out-twitter-deal-breach-of-contract.
12. **carregando uma pia:** Elon Musk (@elonmusk), "Entering Twitter HQ — let that sink in!", Twitter, 2:45 p.m., 26 de outubro de 2022, https://twitter.com/elonmusk/status/1585341984679469056.
13. **verificar as contas:** Amanda Holpuch, "Why Does Twitter Verify Some Accounts?", *New York Times,* 2 de novembro de 2022, www.nytimes.com/2022/11/02/us/twitter-verification-elon-musk.html.
14. **com o autor Stephen King:** Elon Musk (@elonmusk), "We need to pay the bills somehow! Twitter cannot rely entirely on advertisers. How about $8?", Twitter, 1:16 a.m., 1º de novembro de 2022, https://twitter.com/elonmusk/status/1587312517679878144.
15. **Markey enviou uma carta:** Ashley Capoot, "Sen. Ed Markey Hits Back at Elon Musk After His Response to Questions About Impersonation", CNBC, 13 de novembro de 2022, www.cnbc.com/2022/11/13/sen-ed-markey-hits-back-at-elon-musk-after-his-response-to-questions-about-impersonation-.html.
16. **"problemas com falsificação de identidade":** Zoe Schiffer (@ZoeSchiffer), "NEW: Twitter has suspended the launch of Twitter Blue and is actively trying to stop people from subscribing 'to help address impersonation issues,' per an internal note", Twitter, 9:54 a.m., 11 de novembro de 2022, https://twitter.com/ZoeSchiffer/status/1591081913166745601.
17. **Omnicom recomendou:** Mia Sato, "Another Major Ad Agency Recommends Pausing Twitter Ad Campaigns", *The Verge,* 11 de novembro de 2022, www.theverge.com/2022/11/11/23453575/omnicom-media-group-twitter-advertising-pause.
18. **"termonuclear de causar embaraço público":** Elon Musk (@elonmusk), "Thank you. A thermonuclear name & shame is exactly what will happen if this continues", Twitter, 7:37 p.m., 4 de novembro de 2022, https://twitter.com/elonmusk/status/1588676939463946241.
19. **90% de sua receita:** Clare Duffy e Catherine Thorbecke, "Elon Musk Said Twitter Has Seen a 'Massive Drop in Revenue' as More Brands Pause Ads", *CNN Business,* 4 de novembro de 2022, www.cnn.com/2022/11/04/tech/twitter-advertisers.
20. **"1% dos principais":** Elizabeth Dwoskin, "Musk Issues Ultimatum to Staff: Commit to 'Hardcore' Twitter or Take Severance", *Washington Post,* 16 de novembro de 2022, www.washingtonpost.com/technology/2022/11/16/musk-twitter-email-ultimatum-termination/?utm_source=pocket_saves.
21. **"A História sugere":** Joseph Patrick Henrich, *The Secret of Our Success: How Culture Is Driving Human Evolution, Domesticating Our Species, and Making Us Smarter* (Princeton, NJ: Princeton University Press, 2016), loc. 3353, Kindle.
22. **escreveu uma postagem de blog:** Brian Armstrong, "Coinbase Is a Mission Focused Company", *Coinbase* (blog), 29 de setembro de 2018, www.coinbase.com/blog/coinbase-is-a-mission-focused-company.

23. **Mais de um terço:** Casey Newton, "Inside the All-Hands Meeting That Led to a Third of Basecamp Employees Quitting", *The Verge,* 3 de maio de 2021, www.theverge.com/2021/5/3/22418208/basecamp-all-hands-meeting-employee-resignations-buyouts-implosion.

24. **tomou a decisão certa:** Brian Armstrong (@brian_armstrong), "1/ Wanted to share some thoughts on the recent Coinbase story around our mission", Twitter, 8:01 p.m., 30 de setembro de 2021, https://twitter.com/brian_armstrong/status/1443727729476530178.

25. **"burocracia pesada":** Kevin Roose, "The Metaverse Is Mark Zuckerberg's Escape Hatch", *New York Times,* 29 de outubro de 2021, www.nytimes.com/2021/10/29/technology/meta-facebook-zuckerberg.html.

26. **um quarto da sua força de trabalho:** Clare Duffy, "Meta's Business Groups Cut in Latest Round of Layoffs", CNN, 24 de maio de 2023, https://www.cnn.com/2023/05/24/tech/meta-layoffs-business-groups/index.html.

27. **"maneiras de ser mais fragmentários":** Naomi Nix, "Mark Zuckerberg Unveils 'Scrappier' Future at Meta After Layoffs", *Washington Post,* 25 de maio de 2023, www.washingtonpost.com/technology/2023/05/25/meta-layoffs-future-facebook-instagram-company/.

28. **"À medida que adicionamos grupos diferentes":** Mark Zuckerberg, "Update on Meta's Year of Efficiency", *About Facebook,* 14 de março de 2023, https://about.fb.com/news/2023/03/mark-zuckerberg-meta-year-of-efficiency/.

29. **"guerra contra a burocracia":** Brad Stone, *Amazon Unbound: Jeff Bezos and the Invention of a Global Empire* (Nova York: Simon & Schuster, 2022), 264.

30. **negócio de publicidade:** Mark Di Stefano e Jessica Toonkel, "Amazon's Ad Staffers Flee amid Complaints of Bloat, Bureaucracy", *The Information,* 24 de junho de 2022, www.theinformation.com/articles/amazons-ad-staffers-flee-amid-complaints-of-bloat-bureaucracy.

31. **na AWS:** Kevin McLaughlin, "AWS' New CEO Faces a Fresh Challenge: Bureaucracy", *The Information,* 12 de julho de 2021, www.theinformation.com/articles/aws-new-ceo-faces-a-fresh-challenge-bureaucracy.

32. **"atletas profissionais mais velhos":** Graham Averill, "The Secret to Athletic Longevity Is Surprisingly Simple", *Outside Online,* 17 de maio de 2018, www.outsideonline.com/health/training-performance/athletic-longevity-secrets-play-on-book/.

# Sobre o Autor

Andrew McAfee é um dos principais pesquisadores da MIT Sloan School of Management e cofundador da Iniciativa do MIT sobre economia digital. Ele estuda como o progresso tecnológico altera o mundo. Ele mora em Cambridge, Massachusetts.

# Índice

## A



## B

## C



## D



## E

## T



## U



## V



## W



## Y



## Z